羊城春秋

广州城市历史研究手记

潘安　郭惠华　许滢　孙永生　著

中国建筑工业出版社

前　言

广州，一座因水而生，因水而兴，因水而变的城市，开元于秦朝。

初，秦将屠睢率50万军民南下，不幸遇袭身亡。后，任嚣承军民统帅之职，继续南下。时，监察御史史禄成功开凿灵渠，中原补给可由湘江经灵渠直达西江，岭南与中原一体化架构初见雏形。

任嚣征服岭南后，有两处可作为岭南首府的选址。一处在北部湾，是当时中国下南海，向西航行，可抵印度及阿拉伯世界的成熟港区；另一处在珠江口，是当时可直接通过水运到达中原，尚待开发的港区。最终，秦朝选择了珠江口，广州城市应运而生。

广州，一座偏于一隅的岭南府城。它的诞生与成长更多的是顺从于城市发展的自然规律，而较少受制于中原固有的城市模式。丰富的水资源哺育着广州，也制约着广州。广州自建城以来，一直围绕着江河水系，寻求着城水共生共存，也不断突破着城市发展的边界。

自秦至唐，广州水患不断。唐朝初期，广州还是一个很小很小的城市，其规模远远小于唐长安城中的一个市场。当时广州城内的房屋是以茅棚和竹寮为主构成的。破败拥挤的城市环境和它承担的国家对外通商的使命是极不相称的。

唐朝中期，政府开始在民间推广使用秦砖汉瓦，具有近1000年历史的广州迎来了第一次城市蜕变。经历这次蜕变之后，广州才呈现出世俗世界普遍认为城市应该有的样子。广州之所以在唐朝能够具备城市的基本特征，是因为唐朝时期广州成为中国的南大门，代表中国海外贸易官方形象的船舶司和船舶使相继出现在广州。

就城市而言，历经唐、宋，广州传统城市的格局和规模基本定型。唐朝中期解决了永久性建筑的材料问题，为后来广州本土建筑风格的形成与城市风貌的创建奠定了基础。宋朝解决了城市基本形态、规模与有效建设用地问题。直至明朝，古城墙基本稳定。但城市功能沿珠江继续向西拓展的态势还在继续，清朝末期，广州城市空间直逼荔湾湿地，沿珠江一线密密麻麻地布满了高高低低的建筑，直至1859年英法联合租用沙面，沿珠江向西发展的广州城市空间结构基本稳定。

沿江向西发展是广州传统城市建设的基本方向。

北京路是广州传统城市中轴线，历代城墙与北京路交界处的城门遗址正是广州城市历史文脉的重要节点，城市的重要建筑、商肆也在这一带云集。

广州，一座辐射华南的国家中心城市。它于20世纪初，吸取了西方最先进的城市规划建设思想，构建了近代城市空间架构，开始了广州城市的第二次蜕变。

引起这次城市蜕变的核心要素是机动车时代的突然降临。民国政府采取的最有效的手段是拆城墙，筑马路；卖庙产，筹路款。广州近代城市中轴线的起义路原本只是一片寻常的建成区，就是这个时期拆建出来的。

民国政府通过连拆带建，打造了广州近代城市中轴线。其北缘起自越秀山中山纪念碑，经中山纪念堂、政府大楼、中央公园、广州解放纪念碑、海珠广场、海珠桥，一直到河南的刘王殿。

我们需要认真地感谢民国广州政府，因为他们非常认真地研究了广州城市规划。毫不夸张地说，当时广州城市规划界的理论水平和实践与世界步伐是一致的。因此，面对伟大的变革，他们采用了非常正确的方式进行应对。

民国时期，广州的城市规划已经明确了向东延伸和跨江发展为广州城市拓展的主要方向。并且，在整个20世纪，广州都是沿着这个规划思路在不断地实施、完善。

民国广州政府对城市作出的最大贡献是将工业区放置在河南。这一举措为广州城市未来60年的发展留下了无比珍贵的完整空间。在河南发展工业是要付出代价的，其最为首要的代价是要改航运跨江方式为陆运跨江方式。为此，国民政府不惜血本，引进海外技术力量，修建跨越珠江水面的海珠大桥，沟通了老城区与海珠岛的联系。海珠大桥通车后，国民政府还试图架设一座跨江大桥，连接老城区与芳村的陆路交通。

同时，民国政府还有一个非常明智的举措，就是将机场由城东迁移到城北，为广州北部商圈的形成提前埋下了伏笔。广州早期的实验机场是设置在城市东部的二沙岛和天河。后来民国政府将机场搬到旧城北部，与工业区隔着旧城相望，使得老城区道路打通具有了更加不凡的意义。工业区和机场同时避让天河区，为后来城市的发展留下了足够的空间，这个看上去不经意，实质上意义深远的决策，历久而愈见其英明。足以说明当时政府对城市发展方向研究得透彻，目光放得长远。

民国政府在广州东部地区留下了一连串城市新的增长点。如：东山权贵区、五山高校区、黄埔船务区。这三个区域在相当一段时间内曾经是广州城市发展的脊梁。现在再来看这三个布点，它们全都大胆地跳出当时的城区，尤其是黄埔船务区的选择，当初的规划者没有因技术与经济水平有限就简单地选择建设江河内港，而是直接跨越式地直奔海港，到现在还意义深远。我们不得不钦佩20世纪初那些规划大师们的远见卓识，好像围棋开局时随意地投了几颗孤子，其实是广州历史上第一次战略性、全域性的规划布局。在他们的规划中，广州城市格局已经拉得足够开，以致我们后面50年间只是继续把他们的思想落到实处。

民国政府对广州的另一个贡献是提供了兼容并蓄的建筑创作基地。唐朝之后，岭南风韵的建筑日渐凸显，建筑个性和城市特征走向成熟。民国时期，政府再次主动引进中国官式建筑风格和西方传统建筑风格。两种风格在广州城区集结碰撞，既争奇斗艳又相互包容。

1949年到2000年的50年间，广州城市建设可以划分为两个阶段：前30年可以概括为：健康发展、稳步前进；后20年可以概括为：活力迸发、顶峰发展、代价惨重。

解放后，广州需要建立应对时事的城市建设模式。这种模式的探索试验就是越秀山体育场的建设和华南土特产交流会举办。越秀山体育场是动员全体市民参与，在极短的时间内修建的体育场，这是全民义务投入城市建设方式和成果的一次检验。随后的华南土特产交流会则是创建了一个更为复杂的模式。交流会筹建集时事需求、全民参与、经济振兴及建筑风格探索为一体，成功地创建了广州新时代的建设模式，同时也推出了广州地方风格的基本模式。

1955年的中苏友好大厦开幕，1956年的中国出口商品展览会举办，1957年的首届广交会开展，确定了广州对外贸易桥头堡的地位。此后的30年，广州以外贸桥头堡的需求为主导，沿着广州既有的规划思路不断地建设，不断地开辟，不断地创造，留下了许多不朽之作。

1952年，中山大学入主康乐园，比较有效地改善了海珠岛的人员结构、社会地位和功能结构。1960年，连接主城和芳村的珠江大桥正式开通。这座自起步到通车历经24年的大桥，包含了太多的辛酸，浸透了太多对跨江发展的渴望和韧性。在珠江大桥建设前前后后的时间里，广州造纸厂、造船厂、修造厂、钢铁厂和重型机械厂相继建成。河南重工业基地的布局和骨架搭建基本完成。同时，广佛及12县区域规划同步完成，广州与周边城市的空间关系得到了进一步明确，并得到官方的肯定。

在大规模建设河南工业区的同时，城市并没有放弃对东部地区的改造。解放后，广州在城市的东北部建设了邮电新村、建设新村，引导市民中优秀分子东移。后期又建设了华侨新村，引进了友谊商店，为城市东部再次注入国际色彩，增加了东部区域的活力。同时，中山一院、省医院、省体育场、烈士陵园等公共场所的质量和环境的提升，对城市重心形成了较强大的拉力。

在相当长的一段时间内，广州城市北部受白云山脉的影响、珠江航道的牵引，以及菊湖残迹的制约，一直处于半发展状态。白云机场的投入使用增加了城市北部的拉力，但真正改变北部城区定位和功能的是新火车站和新广交会。随着水运势力的衰减，陆路、铁路和空运日益强大的条件下，白云机场、火车站和广交会三者合力构成的流花北部商圈是历史的必然。

在广州沿着不同方向发展的同时，也创造了众多别开生面的建筑，这些建筑综合形成的广派建筑风格逐渐浮出、呈现。广派是相对于京派和海派而言的，京派重在对中国官式建筑风格的传承，海派重在西方古典建筑风格的移植，广派追求的是现代建筑风格的创造。从华南土特产交流会十大建筑的创造到北园酒家的面世，是现代建筑初期落户广州的阶段，也是广派风格形成的阶段。而泮溪酒家、双溪别墅、白云山庄、兰圃、广州宾馆、矿泉客舍等建筑特色的探索，属于现代建筑研究深化阶段，也是广派建筑成熟发展阶段。东方宾馆、白云宾馆、友谊剧院和广交会馆则是现代建筑风格在广州鼎盛的阶段，也是广派建筑风格的顶峰时期，曾对全国建筑界产生井喷式影响。

秉承重视规划的传统，广州曾在1954～1956年的三年时间里编制了8稿城市总体规划。密集的总体规划编制既表现出政府对规划的重视，也反映了政府对未来城市的迷茫。而后，在1961年、1972年和1976年，三次中国政治风暴转折期的时候，广州都会编制一轮城市总体规划。这是不可多得的历史财富！它既折射了政府对城市建设和环境改善的渴望和期待，也反映了城市规划对政府的附依。1984年，广州市政府编制的第14轮城市总体规划获国务院批准，这是广州第一部具有法定地位的规划。

“文化大革命”结束之后，广州市政府首先着眼的工作是建成区内的交通环境整治。在“文革”前和“文革”中，为了配合机场、火车站和广交会，广州市政府首先打通的是城市北部交通脉络，这里包括大北立交的建设和人民路的开通。而后，政府的重点则放到向东发展的交通节点上。广州大道、区庄立交、中山路立交、天河立交就是为了应对天河体育中心和火车东站同步运行，在这段时间里先后完成的。1987年，六运会成功举办之后，城市的重点再次转移到南北交通的纾解方面。人民路高架桥和东濠涌高架桥是广州的一个伟大创举，解决了城市南北交通的主要问题。广州大桥、人民桥、海印桥、江湾大桥加密了跨江路网的密度。客村立交、洛溪桥将南北通道延伸至番禺。东风路的快速化、解放南路的扩宽、康王路的建设都在试图让城区内的交通更加便捷。

交通的发展自然是城市需求的表现。在政府致力于城区交通改善期间，正值广州活力大规模迸发时期。经历“文革”多年压抑之后，广州活力迸发表现的形式是多样的。高第街、上下九和西湖路灯光夜市的沸腾是草根阶层参与市场，并为使之活力化的标志。友谊商店平民化是市井商贸发达的一个标志。南方大厦顾客爆棚，经营面积一扩再扩，说明市场的需求与供应逆差的存在。白天鹅宾馆对市民开放是娱乐消费市场平民化的标志，也是社会进步的一个重要标志。这个时期标志太多了，这些扑面而来的众多标志将高低贵贱放到同一个市场平台上，代表着广州市场经济的成熟。表现城市活力的另一个重要特征是经济开发区的出现。五羊新城的建设代表着居住小区的完善，反映的是城市基本功能达到一个新的水平。1992年小平同志南巡讲话，将广州经济大潮再次推向新的巅峰。

让广州在朝气蓬勃、意气风发、一路凯歌、迅猛发展的途中产生纠结的是城市曾经一度失去了目标。

六运会是较早产生这种纠结的案例。六运会主场馆选址在原天河机场区域。天河机场是石牌校区和广州城区的绿化隔离带。天河机场的停用和东山的崛起让这个隔离带岌岌可危。六运会给天河带来无限的发展空间，场馆仍按隔离带的方式进行设计和建设。因此，并没有延伸南北轴线空间。珠江新城规划和东站的选址彻底打碎了隔离带的美梦。由于规划思路前后的不一致，至今天河体育中心与珠江新城、东站的空间关系仍不顺畅。无论如何，我们在肯定城市核心区东移价值的同时，不能不对规划落后于建设表示遗憾和抱歉。

新轴线诸多不和谐之处，是城市高速发展，众人应对不及，必然要付出代价的一个案例。二沙岛住宅开发准备将公共资源私有化是一个因规划缺失导致管理失控的案例。珠江彩虹的灯光污染是现代领导对现代城市表现形式判断失误的一个案例。飞龙世界，世界大观，航天奇观，番禺梦幻影城等是经营主体对市场认知不足的案例。荔湾广场是对文化价值估价不清，暴殄天物的一个案例。在机场，开发区，城市经济良性有序的发展的同时，我们也因为城市的大政方针的缺失，城市规划定位和发展方向的缺失，城市经济目标、空间目标和管理目标的缺失，导致管理的缺失和盲目发展，城市环境恶化达到了极致。

当广州挣扎于城市环境恶化的时候，金融风暴突然降临，城市经济备受打击，广州为此付出了诸多惨痛的代价。

痛定思痛，从环境整治入手，痛改前非。

1997年，广州启动109项形象工程，提出拆违建绿的口号。边整治城市环境，边寻找解决城市问题的办法。广州拆违建绿的109项形象工程得到了市民的阵阵喝彩。随后，广州加大了城市环境整治力度。如：将珠江南岸沿江30米范围内的商用地改为绿化用地，将东站对面的商业用地改为绿化用地，拆除珠江彩虹，拆除人民南路匝道，确定1470公顷果园保护区范围等。

广州，一座正走向国际区域中心的城市。21世纪元年，广州城市总体战略规划横空出世，全新重构了广州现代城市框架，拉开了城市格局，确定了城市未来的发展方向。广州城迎来了第三次蜕变。

在解放后的50年里，广州的城市规模虽有扩展，但城市空间依然是承传着民国时期建构的模式，围绕着旧城区逐步向外蔓延。但民国的广州是按200万人口设想的，至20世纪末，广州常住人口已经超过1000万，重构广州成为历史的必然。

广州战略规划跳出了民国政府确立的“云山珠水”的空间格局，跃升为“山、城、田、海”的大山大海格局，变民国政府的“跨江发展”为“跨江面海”发展，变广州“江河城市”为“滨海城市”。按2000万人口的规模，按国际交通枢纽中心的定位，按建设国际区域中心城市的目标，通过有机疏散、开辟新区和拉开建设等措施，全新建构了现代城市格局。如果说，唐宋时期，奠定了广州传统城市的空间格局；民国时期，奠定了广州近代城市的空间格局；

那么就一定可以说，广州战略规划奠定了广州现代城市的空间格局。

按战略规划，广州重新规划打造了城市新中轴线，其北缘起自白云山南麓燕岭公园，沿广州东站、天河体育中心、花城广场、海心沙、广州塔、岭南广场、湿地公园，直至珠江后航道中的南海心沙岛，全线12公里。

广州战略规划具有跨时代的意义，它明确了南拓北优东进西联的空间战略方针，明确了山城田海的空间格局，明确了三纵四横的生态廊道，明确了用地、交通和生态三大要素是未来城市发展的重要主题。

广州战略规划曾经在全国引发震动，并在国际规划界产生深远影响，后来国内有200多个城市相继编制了自己城市的战略规划。

在战略规划的指引下，广州大刀阔斧地开始了史无前例的城市环境改造与城市框架重建工作。历经十年的努力，终于取得再次的辉煌。

在这十年里，广州重构了城市行政管理架构：除撤番禺市、花都市，改番禺区、花都区外，另新增萝岗区提升开发区成果，强化东进战略；新增南沙区，江海通道重心南移，力推南拓战略；合并东山越秀，培育越秀（含东山）、天河、萝岗（含黄埔）三大经济强区，构建城市东进的经济轴；荔湾、芳村合并，统筹广佛联络，加快西联战略的进程。

在这十年里，广州重组了三大对外交通布点：新建武广客运站，迁改白云机场、开辟南沙港，通过对外交通枢纽的重建，拉开城市布局。同时将交通建设重点从改善建成区通行环境转变为主动引领城市的发展方向。如，新光快速路、南沙港快速路、猎德大桥、科韵路、新滘南路等，道路建设先于城市需求。自此，城市交通被动局面得到改善。

在这十年里，广州以重点建设项目推动战略规划实施。如，新体育馆、奥林匹克中心、大剧院、会展中心、省博物馆、大学城、西塔、“小蛮腰”、图书馆、少年宫等等一系列“高大上”的城市项目加快了广州走出困境的步伐。

在这十年里，广州通过新项目的选址实现战略规划的蓝图。大学城选址如此，亚运城选址也是如此；城市交通枢纽选址如此，城市经济布局也是如此。

在这十年里，广州极力维护城市生态安全格局。强化白云山、万亩果园的保护措施，控制海鸥岛等一批尚未开发的处女地。

历经十年的磨难，历经十年的奋斗，历经十年的努力，广州终于能够拿出一个像样的城市奉献给亚运。

亚运盛会不过几十天的光景。亚运之后，广州还要继续自己的生活。南沙自贸区也许是广州后亚运时代的新起点。

广州，一座因水而生，因水而兴，因水而变的城市。纵横的水网、广袤的田园、浩瀚的大海、包容的城市，历经一次次蜕变，继续寻求着与资源环境共生共存的城市发展之路。

诚然，我们规划广州的人口规模可以达到1500万或2200万，并非指当下的城市建设目标，而是模拟人口达到这个规模的时候，广州的城市环境和生态环境将会是什么样子。也许2000万是广州城市资源环境对人口容量的极限。这个人口规模可能在20年后，可能在50年后，可能在100年或200年后出现，也可能永远不会出现。我们祈祷广州的人口永远不会超过这个规模。城市的发展必须要留有空间，城市的资源不能在我们一代人手中消耗殆尽。

或许，城市的边界就在这里！

目　录

第一章　空间格局的形成

秦朝，六国人统。始皇南拓北御，征服岭南大片土地，始设南海郡，桂林郡和象郡。岭南三郡由南海郡尉统领，首府设在广州。

广州之所以能够担此大任，原因在于西江和北江交汇于广州。西江和北江是中原与岭南往来的主要通道。控制广州，就等于控制了中原进入岭南的门户。因此，只要岭南是中国的一部分，广州就是岭南首府的唯一的选择，没有第二。

即便是天生的首府命，广州历史上也曾被狠狠地贬损了一次。

话说秦汉交替之际，天下大乱，岭南王赵佗举旗独立，建南越国。为了南越国的生存，赵佗前后五代斡旋于秦汉两朝，最终还是没有逃掉覆灭的命运。公元前111年，汉武帝对南越国失去了耐心，一举摧毁了赵氏王朝，并在盛怒之下，将岭南首府从广州迁至梧州辖区内的广信。至此，广州沉寂了数百年。

应该说，汉武帝不是在冷落广州，而是在放弃岭南地区。汉朝起起落落近四百年的历史中，除了偶尔去北部湾出出海，搞点山海奇珍之外，几乎在岭南没有什么建树。一个没有什么建树的年代，一个没有什么建树的地区，首府自然也没有什么建树。汉朝的岭南首府广信没有作为的程度达到了登峰造极的地步，以至于时间跨度不足两千年的今天，我们居然找不到广信城城市存在的痕迹。只能依靠考古学家左推理、右判断，才能了解广信的大体方位。

毫无疑问，汉武帝废黜广州是一个错误的决定。但是，在那个慢生活的年代，这个错误决定经历三百余年的磨砺才得以纠正。公元217年，三国时期吴国交州刺史步骘审时度势，决然将岭南首府从广信返迁广州，以期利用西江和北江通道，加强对岭南地区的控制。此时，中国航海技术日新月异，海路交通已经完善。从吴楚地区走东江或海路到达岭南的第一站也必定是广州。换句话说，西江、北江、东江和沿海等四条由中原进入岭南地区的主要通廊最终均交会于广州。

步骘是伟大的，步骘的决定是英明的。步骘之后广州保持着岭南首府的地位，直至今日。

广州恢复岭南首府地位后500余年的时间里，在城市建设方面没有太多的成就。唯一能够让人难以忘怀的是其对水系的治理。数百年的理水努力功不可没，为唐朝突然来临的海上贸易活动奠定了扎实基础。

俗话说，水可载舟，也可覆舟。

广州虽因水而生，却也因水为患。

广州城市因江海而创建，因江海而取得岭南首府的桂冠。但是，波浪滔天的江水、潮汐潮涌的海面、频频爆发的山洪也无时无刻不在威胁广州城市。

广州与江海的关系是相互抗争、相互妥协、共生共存的关系。早期的广州城市形态变化往往都是伴随着水系的演绎，城市建设活动也往往与水发生着千丝万缕的关系。应该说，广州城市的历史是顺应水系的基本规律，并给予适时的人为干预的历史。

湖泊是城市与江海关系的媒介。通过湖泊可以缓解江海水患给城市带来的压力，通过湖泊可以紧密江海与城市的关联。早期广州城市就是利用湖泊的作用与功能，在如狼似虎的水网中生存下来的。

广州历史上曾有三个非常著名的湖泊：菊湖、兰湖和西湖。这三个湖泊在相当长的一段历史中对广州的安全生存、生活补给和经济发展都起到了非常重要的作用。

菊湖，是为了应对“江水秋咸”和“白云山洪”而修建的人工湖泊。

所谓“江水秋咸”，是指大潮期间江海交汇处的海水逆江而上，短时间内占领部分淡水空间，并会在淡水水域残留少量海水成分的一种自然现象。

这种自然现象最为直观、也最为壮观的表现是钱塘江大潮。它曾经引发无数文人骚客为之折腰。

在广州，南海水域的海水潮汐直接推动珠江水面的潮涌，大潮期间，海水涌入珠江引发的江水倒灌虽没有钱塘江那么壮观，但也时常发生。南海的潮汐会导致珠江水域中海水与江水会师的“咸淡交汇线”上上下下不断地漂移。秋季，是这个“咸淡交汇线”最为活跃的季节。这个季节，“咸淡交汇线”甚至会逆江而上，移至城市附近，致使携带着海水成分的珠江水直接渗入地下水。如遇大潮、台风、暴雨等恶劣自然现象助虐，携带海水的珠江水倒灌进广州城里也时有发生。故每逢秋季，广州城内井水咸涩在所难免。

所谓“白云山洪”，是指每年秋天暴雨时节，山洪无规律地涌入城中，城市安全隐患颇为严峻。“小雨成流，中雨成洪，大雨成灾”是山水穿越广州城区的客观描述。

最早想到要解决这两个问题的人是交州刺史陆胤。他在岭南平叛之余，带领广州军民挖湖修渠，意图通过人工水渠将白云山的蒲涧帘泉水和暴雨期间的洪流分左右两个支流治之。其中右支部分水体被引导至甘溪，排入珠江；左支部分则流入人工湖。

所谓甘溪，顾名思义，水质甘甜的溪流。甘溪的称谓表达了当年广州市民对其水质的敬仰，也反证了广州市民饱受咸涩井水煎熬的事实。至今，我们仍可听闻以蒲涧帘泉水为卖点的白云猪手之类的美食。甘溪经文溪，或称越溪，沿城市东侧流入珠江。

人工湖蓄水成功之时，恰值秋岁，野菊花洋洋洒洒开满人工湖的四周。故人工湖有“菊湖”之称。因菊湖水源大部分来自于被誉为广州第三泉的白云山蒲涧帘泉水，故菊湖形成之后，就有“蒲涧众溪汇湖洋”之说。随着菊湖规模逐渐成形，城市饮水问题也逐渐得到解决，山洪隐患降至最低，百姓得以安居乐业。

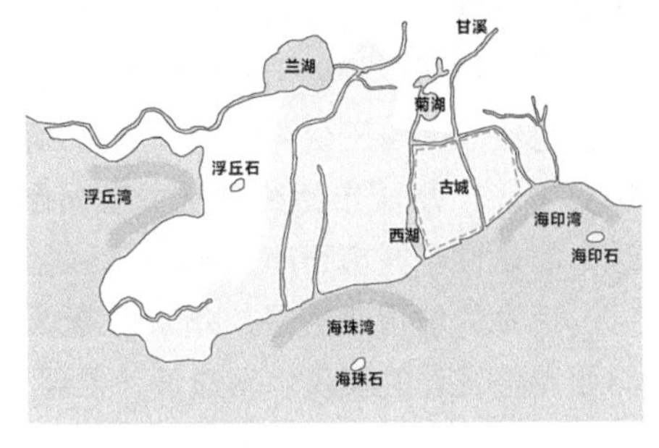

图1-1　菊湖、兰湖与甘溪

唐宋时代是菊湖的鼎盛时期。唐代，白云山的甘溪和东溪均注入菊湖。那个时期的菊湖，东自今天的黄华路，西至中山纪念堂，南抵东风路，北枕越秀山，淼淼水波衬映着遍地菊花，景象十分壮观。菊湖是广州历史上最大的人工湖。宋代羊城八景中的“菊湖云影”，描述的就是这一绚丽景观。

南宋之后，气候干旱，雨水逐年渐少，东溪的水源日渐不足，广州距海日远，“江水秋咸”的问题日益淡化，菊湖蓄水饮用的功用逐渐减弱，蓄水量慢慢减少，排洪功能得以凸显。菊湖与清水濠通过沟渠贯通，并纳入六脉渠的体系①，以助排涝，兼顾起交通运输的功能。菊湖由蓄水转为排洪之后，水面逐渐干枯。

①菊湖沿南北向凿通，把水引入清水濠和西湖（这两条由大学士发动开凿的渠涌，后来被称为“文溪”，也就是“六脉渠”中的左一脉、左二脉）

如果说，菊湖的出现是为了解决城市的饮用水和防止山洪对城市的冲击，那么就可以说，兰湖的出现则是为了建立接纳来自中原船舶的基地和防止因西江、北江河水泛滥造成对广州城市的伤害。

兰湖也称芝兰湖，鼎盛时期的湖水面积约2.6平方公里。

兰湖，临北江的低洼地积水形成，是从中原走水道进入广州的第一码头。兰湖及其周边形成的湿地是阻挡西江、北江河水泛滥时冲击广州的第一道防线。

这个广州与中原联络的重要交通枢纽与驷马涌相通，湖水面积东起双井街，西抵洗马桥，南达西山，北至桂花岗。

从西江或北江进入广州的船只都经驷马涌到兰湖边靠岸。因为象岗就在兰湖东侧，所以兰湖也就自然而然地成了一个理想的避风塘。

到了唐代，通商的频繁使这里成为一个重要的码头，当时的南海县衙也曾经较长时间设于这里。这个湖泊由于天然的内秀和政商的发展，周边逐渐集聚了许多名胜佳景。明代“羊城八景”中有“象山樵歌”，说的就是这一带的景致。在古籍《楚庭稗珠录》有诗曰：“芝兰生深林，无人常自芳。君子处阶前，明德惟馨香。游鱼牣置罗，好鸟名鸳鸯。微风动林岸，此心共回翔。”可以想见，当时的兰湖周边是怎样一幅和谐生动的写意长卷。

南汉时期，刘龑向西南通浚，疏通兰湖水道，其港口码头的作用得到了进一步加强。

西湖最初的功能和兰湖的功能比较相近。西湖曾经是广州接待来自水路客人的官方基地，也是阻挡珠江正面冲击广州城市的天然屏障。

西湖位于广州城市的正南方向。就地理位置而言，西湖位于番山和禺山之西，也位于南越王公署西南，故有西湖之称。事实上，由秦至宋的一千多年的历史中，广州城市始终都是由东向西发展的，因此，西湖不是位于城市的西边，而是位于城市正南方向。

西湖的位置曾经是广州水系流入珠江的重要出水口。2000年4月在惠福路与西湖路发现的秦汉水闸遗址，再现了当年西湖景色的壮观，也解析了珠江水系与城市水系的攻防关系。

严格地说，西湖属于半官方的人工湖泊。由于处于城市与珠江交界线的中心位置，促使西湖染上了诸多行政色彩。按照中国传统的风水格局理念，正南门是代表一个城市的礼仪之门，凡属于政府要员、政府要客和其他尊贵的来访者，进出广州必然会以西湖为站点。因此，西湖成为官方的重要接待基地是必然的。

西湖也是人为干涉最多的湖泊。西湖水闸遗址显示其基本功能是调剂水系流动。当珠江水位飙升的时候，水闸下落，防止珠江水入城；当珠江水位下降的时候，水闸提升，将城市余水排入珠江。闸起闸落之间，完成了城市水系与珠江水系的交换，为城市赢得了最大利益。

图1–2　药洲遗址——位于今越秀区教育路（摄于2015年）

兰湖、菊湖和西湖中，西湖的寿命最短。其原因是广州城市规模扩展的主要手段之一是围江造城。公元917年，刘龑据岭南称帝，定都广州。这一时期他平番山、禺山和坡山，填平部分西湖湿地，开辟为城市建设用地。西湖至此“堕落”为城内官方苑囿园林，失去了调剂水系的作用。

相传刘龑将甘溪的一部分水流经人工水渠汇入西湖，又曾聚集神士在湖中的一个洲上炼丹，制长生不老药，故西湖又被叫作药洲、仙湖。宋朝之后，西湖是城市饮用水源地之一。

随着南汉国的覆灭，广州城区不断南扩，西湖首当其冲遭受城市建设的碾压，现如今已不复存在。

西湖是古代广州三大湖中最为风光的人工湖。刘龑治理西湖、开辟药洲，经整理后的西湖除了蓄洪的功能外，更多的是为城市和宫廷提升了生活情趣。就园林建设而言，西湖是成功的。现在的人们可以从西湖路这个路名，通过“药洲遗址”的名牌和残存在南方剧院里的一方池塘中落叶泛起的点点涟漪去追忆它往日的风采，同时，也忘却了它曾经是广州特别重要的水利功能。

盛唐时期，菊湖、兰湖和西湖规模与功能均达到最佳状态。三湖是确保广州安全立足水网并能得到健康发展之本。

回首当年，我们依稀可以这样描绘广州城市与山水格局的关联：滚滚珠江由西北而来，途经广州急转向东，贴临城市南部边界呼啸而下，直奔大海。珠江在广州留下了两个半岛，三个水湾。即，城市南部的番禺半岛和坡山半岛，两个半岛穿插三个水湾湿地。番禺半岛东为海印湾，坡山半岛西为浮丘湾，两半岛之间是海珠湾。城市北倚郁郁苍苍的越秀山和白云山，涓涓流水顺势而下，途中分为两路，一路奔向海印湾，另一路进入菊湖，再注入西湖，终经海珠湾流入珠江。城市东部有兰湖与珠江相隔，是接待中原方向远道客船的基地，兰湖最终经浮丘湾再度与珠江汇合。

珠江潮汐叠涌，气候温暖，风光秀丽。城内水陆交融，河涌相承。城郊内港码头星罗棋布，水利便捷，水资源丰富。岭南水城的气质不言自明。

故有后人如此评价广州城市：“包山带海……五岭峙其北，大海环其江，众水汇手前，群峰拥其后”①。

①（清代）陈梦雷

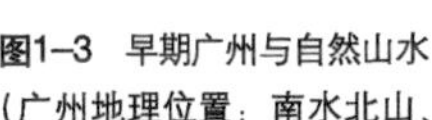

图1–3　早期广州与自然山水（广州地理位置：南水北山、最佳城池选址——包山带海）

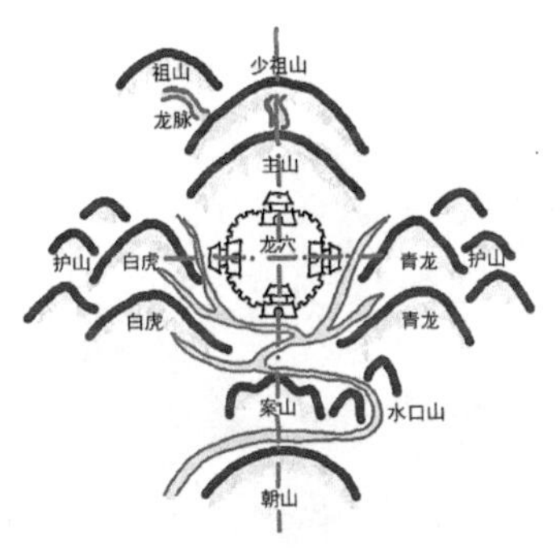

书至唐朝，广州的水患问题已经得到了解决。水系带给广州的不再是忧患，而是更多的利益。水系建构了城市对外交通网络，支撑着高效率低成本的海外商贸活动；水系曾经承载着部分城市交通功能；水系被誉为城市的血脉，为城市提供养分，为城市排除毒素；水系是城市防卫的天然屏障，攻防兼备，维系着广州的安全；水系防洪调蓄，为驻扎“云山珠水”之间的脆弱城市提供安全保障。水系为城市提供良好的自然景观和休憩场所。

唐朝是中国海上贸易突飞猛进的时代，也是广州因水而兴的时代。

由于海上贸易需求量的喷发，广州一日之间转变为世界贸易大港。各色人种纷至沓来，各类船只川流不息，各种交易络绎不绝。

繁忙的货物与繁忙的人群游走于水陆之间，广州积累千年的湖泊体系再次发挥出它的巨大潜力。湖泊的功能不仅仅是障水系统、排洪系统、调蓄系统，也不仅仅是防御系统、景观系统、生活娱乐系统，更重要的是它在水陆交通系统中起到了枢纽作用。

在广州展现出其极具海上贸易优势的外部环境的同时，也暴露出其城市自身的弱点。

唐朝中期之前，广州城市遍布竹棚草寮。老百姓不懂如何烧制砖瓦，只能以茅草为盖，泥巴为墙，畏畏缩缩地生活在难以遮风避雨的简陋房屋中。城市形象着实令人汗颜。

大唐盛世，长安城已经是举世闻名的国际都会，秦砖汉瓦早已是坊间百姓建筑的基本形式，被运用得滚瓜烂熟。而在广州城区，砖瓦建筑居然还仅仅是达官贵人以及官府衙门、庙宇道观的专属，的确有损于“岭南首府”、“海上贸易基地”的称号。痛定思痛，唐朝中期数任广东刺史励精图治教百姓烧砖制瓦，历经数十年，广州城区终于用砖瓦建筑取代了竹棚草寮。这个时期广州建筑风格基本是来自于距离岭南最近的苏宁风格。

有了唐朝的基础，到了宋朝，广州传统城市格局基本定型。

宋代在中国历史上是一个比较有争议的朝代。《清明上河图》[①]记录的生活风俗是宋朝。

也许是曾经饱受军人之祸，宋朝自开国起就尚文轻武，“好铁不打钉，好

① 《清明上河图》是北宋画家张择端仅见的存世精品，是中国十大传世名画之一，属国宝级文物，现藏于北京故宫博物院。清明上河图宽25.2厘米，长528.7厘米，绢本设色。作品以长卷形式，采用散点透视构图法，生动记录了中国12世纪北宋汴京的城市面貌和当时社会各阶层人民的生活状况，是汴京当年繁荣的见证，也是北宋城市经济情况的写照。

图1-4　唐朝砖瓦建筑开始普及

唐木构建筑遗址

宋砖筑城墙

宋修城砖戳印拓本

男不当兵”的话头，就是从那时传下来的。甚至宋太祖的遗嘱是：“你们子孙相传，绝对不能杀一个读书人。”所以，直到南宋，都还守着不杀士大夫的遗训。正是因为宋代对文人的优待，中国的历史文化在遭遇唐末五代的混乱黑暗之后终于迎来复兴，故而有人曾将宋代喻为中国的文艺复兴时期。而宋代也的确担得起这个名号。中国古代的四大发明除了造纸术之外，其余三项均出现于宋代，后代所谓宋学——又称理学，也在此时奠定基础，宋代的数学、天文学、冶炼和造船技术，以及火兵器的运用等，都在世界上处于一流水准。当时的宋人甚至懂得用活塞运动制造热气流，并由此发明了风箱，据说它后来传入欧洲，英国人是根据这一科学原理才发明了蒸汽机。

因此，有人说宋朝是中国历史上最繁华的朝代，经济、文化、科技、农业、工商业、手工业等诸多方面都达到了世界巅峰。宋代是中国历史上唯一一个没有抑制工商业的朝代，并且极力发展对外贸易。宋代城市的规模很大，两宋的首都汴梁（今开封）和临安（今杭州），都已超过100万人口，而当时欧洲最大的城市才10多万人，巴黎直到路易十四时期（相当于康熙年间）才50万人。宋代的企业规模也很大，已经有了雇用五六千工人甚至更多工人的大企业。我们现在最喜欢用来比较的GDP，在宋代的时候占了全世界GDP总量一半以上，绝对是世界第一。如果说宋代是中国历史上最富的朝代应该没有人反对，宋真宗时有个宰相叫王旦，他说“京城资产百万者至多，十万而上，比比皆是”，这是一个什么概念呢？按照有关史料记载，汉代的巨富所拥有的财富也就相当于宋代的五万钱而已，也就是说宋代的任何一个中产之家在汉代都是数一数二的大富豪。也许正是因为国富民富丰衣足食，宋人才可以从品茶制陶精致生活到诗词歌赋纵情山水，才有了那些才下眉头却上心头的婉约情愫，那些大江东去、栏杆拍遍的英雄豪迈。

不过，也有人说宋代是中国历史上最弱的朝代。在军事上屡受外敌之辱，是一个老打败仗，老出投降派的朝代。钱穆老先生曾说：“汉唐宋明清五个朝代里，宋是最贫最弱的一环，专从政治制度上看来，也是最没有建树的一环。”及至元蒙横扫中原的时候，四处屠城，民众流离失所，大量的中原人士举族南迁。中国文明的巅峰时代，随着宋代的灭亡而凋残，唯有一些星火在南迁中被艰难地存留下来。其实，宋之亡，不仅仅是一个王朝的覆灭，更是一次超越了一般性改朝换代的历史性巨大变故。用那个时代的话来说，叫作“亡天下”；用今天的话来说，可以称作“文明的中断”。所以，有那伶仃洋里的惶恐，有那白了少年头的悲切。

当然，史学家陈寅恪先生曾乐观地认为“华夏民族之文化，历数千载之演进，造极于赵宋之世。后渐衰微，终必复振。”陈先生高瞻远虑，不知算不算预言了今天中国梦的复兴。

文明的中断也好，文化的南迁也罢，中原大地一片狼藉之际，却是偏安南域的广州古城基本成形之时。岭南首府广州，在宋朝真正成了手工业中心、商业中心和对外通商中心。

宋朝广州继承了南汉国的浪漫，番山、禺山和坡山消失之后，便推出了海印石、海珠石和浮丘石。三石与三湾呼应，熠熠生辉。

宋朝广州秉承数百年治水传统，在城区内完成了六脉渠的建构。六条兼排水、防洪、防火、通航等功能于一体的城市水系，如同一个生命体有了经脉，经脉通了，城市也就有了生机。故有“青山半入城，六脉皆通海”的赞誉，也有“古渠有六，贯串内城，可通舟楫。使渠通于濠，濠通于江海，城中可无水患，实会垣之水利”的描述。六脉渠是城市运输和市民生活的联系体，同时承担排泄污水、防范山洪和提供防火水源的功能。

宋朝广州一如既往地向珠江要地，通过珠江北岸南移，促进城区不断南扩。城市的空间在逐渐增大，容量也随之增长。同时，六脉渠为城市提供了更多更完整的建设空间，保证广州城市建设和发展走向正轨，唐宋时期奠定的城市基础一直影响到明清，乃至民国年代。

宋朝广州开始用砖砌城墙。从此，结束了岭南首府建筑用材远远落后于中原近千年的历史。

广州海上商贸特性形成于唐宋，而且日渐其浓厚。宋朝之后，商贸成为广州城市发展及演变过程中的一条主要脉络。

唐朝解决了建筑材料问题，宋朝解决了城市空间问题。以唐朝的砖瓦建筑、宋朝的城市格局为起步，广州开始营造自己的城市。

最初的广州城市建筑以江南以及北方建筑样式为蓝本，结合本地气候和地理环境做了适当的改良，但并未形成鲜明的特点。广州坊间一度曾传有“苏州样，广州匠”的说法，讲的就是早期广州建筑界的状况，而且，这种状况在民间一直延续到民国后期。

图1–5 “六脉渠”与宋城

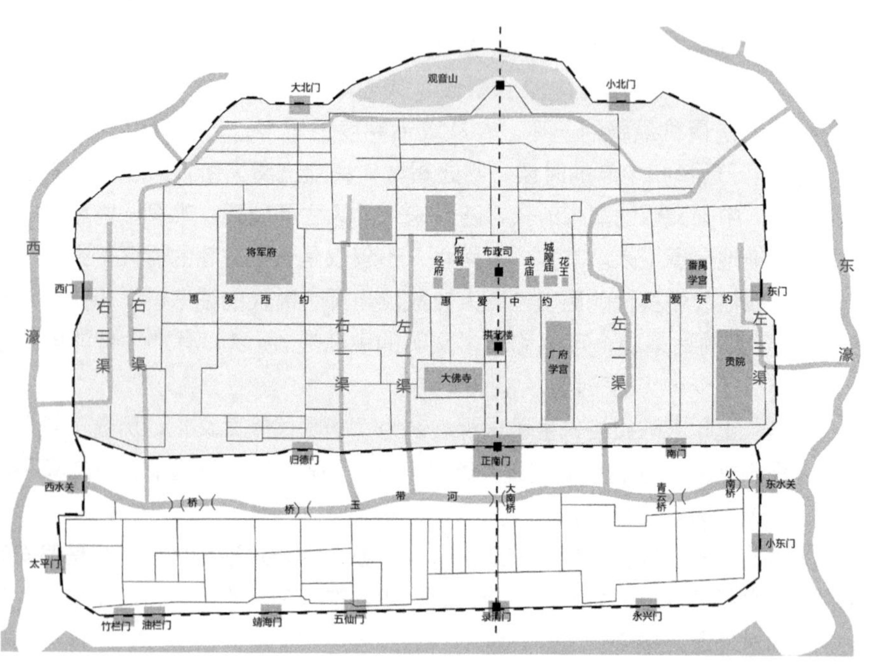

明朝后期，西方建筑风格逐渐进入岭南。西方建筑以石构为主，东方建筑以木构为主，东西方两种风格迥异的建筑在广州发生激烈的碰撞。大量的商贸交流活动教会了广州人如何充分利用众多外来的思想和技术。虽然这个时期的本土建筑尚未成形，但是在外商内贸活动中摸爬滚打几百年的广州人自然懂得如何抓住机遇，迎接挑战，汲取不同建筑风格的养分。

以岭南首府的大度，以经营商贸的睿智，广州在谋划属于自己的建筑。一种以务实浪漫、谦敬自然、情怀淡淡为风格特征的岭南建筑呼之欲出。

明清时期，广州陆陆续续地出现了一些具有本土特色的建筑。

1380年，永嘉侯朱亮祖在重组广州城垣的时候，顺手在城墙北端最高处搭建了镇海楼。这座由红砂岩和红砖砌筑的五层建筑，着实抓人眼球。虽说广州地处中国南域，是火神祝融的辖区，使用红色并无不妥。但这么大的体量，采用红色一贯到底，确为罕见。虽说镇海楼颜色使用有其独到之处，但红色毕竟不是广州城市的固有色，镇海楼之后，再无类似建筑出现。

另一个能够代表广州园林特色的建筑是余荫山房。

余荫山房也称余荫园，占地面积1598平方米，始建于1864年，是清代举人邬彬的私家花园。

余荫山房以小巧玲珑、布局精细、山水交融的艺术特色著称。在不足2.5亩地范围内，亭台楼阁、堂殿轩榭、桥廊堤栏，穿插布置，应有尽有。方圆百步随处可见古树参天，奇花夺目。园中“夹墙竹翠”、“虹桥印月”、“深柳藏珍”、“双翠迎春”四个颇有园趣的景观配合砖雕、木雕、灰雕、石雕，令满园生辉。余荫山房虽然残留着江南园林的影子，但就园林造诣和风格而言，已自成一体，独立成派。

图1-6

图1-7

图1-6　广州镇海楼——位于越秀山小蟠龙岗上
图1-7　番禺余荫山房

陈氏书院是广州城市中颇有本土风韵的代表性建筑。

清朝，广东各县市名门望族大兴在广州建书院之风。书院功能多以供同宗子弟读书和参加科举考试为主,同时兼顾祭祖的宗祠功能。

由广东省七十二县陈姓宗亲合资于1888年兴建的陈氏书院，俗称陈家祠，以规模宏大、装饰华丽的特色在众书院中脱颖而出。

谈起陈氏书院，众人最为津津乐道的是木雕、石雕、砖雕、陶塑、灰塑、彩绘和铜铁铸器等装饰工艺。简练粗放的构筑手法和精雕细琢的装饰工艺相互

图1-8　岭南书院

广州陈家祠——位于今荔湾区中山七路（陆琦提供）

得朋书院——位于今白云区新市街

越秀书院——位于今北京路越秀书院街（来源：广州市城建档案馆）

广雅书院山长楼——今广雅中学所在地（来源：《岭南书院》）

映托，使书院在庄重淡雅中透出富丽堂皇。

真正改变广州城市形象，并能代表广州建筑特征的是骑楼。

广州地处岭南，炎热潮湿，雨水丰富，且商贸繁荣，故市民酷爱室外活动。骑楼建筑首层架空，具有防晒、遮风、挡雨的功能，能够为商业活动提供更多的空间和便利，为市民提供更实用舒适的购物环境、行走环境和城市生活环境。从建筑的角度来讲，骑楼属于灰空间范畴，它具有室外空间的特质，也有部分室内空间的效果。

据说，骑楼是两千多年前地中海敞廊建筑进化形成的一种建筑形式。在亚热带和热带地区，这种建筑形式颇受欢迎。我们之所以把骑楼建筑归结为广州地方特色，是因为骑楼深深地浓化着广州的地域文化，体现着广州的南国风情，折射着广州城的气质和内涵。在一段时间里，这种建筑形式几乎占据了整个广州城区，是广州建筑的代表。

骑楼建筑何时现身广州已无从考证，我们能够确认的是随着国际商贸的深化、资本的输入输出和科技文化的传播，骑楼建造技术达到炉火纯青的地步，民国时期的广州迎来了骑楼发展高峰期。

有史料记载的骑楼街，首推长堤大马路。而后，一德路、人民南路、中山五路骑楼街接踵而至。

骑楼的大规模出现，曾引起政府的高度重视。

1912年广州颁布的《广东省城警察厅现行取缔建筑章程及施行细则》提出了骑楼的概念，并规定："凡堤岸及各马路建造铺屋，均应在自置私地内留宽八英尺建造有脚骑楼，以利交通。"

1918年广州市颁布了有关骑楼的建筑规范《广州市市政公所取拘建筑十五英尺骑楼章程》，对骑楼的结构和构造做了非常详细的技术要求，并强调了五层骑楼的建设要求。同期颁布的《马路两楼铺物请领骑楼地缴价暂行简章》按7个等级对骑楼的地价和度量方法做了规定[①]。

1920年广州市再度颁布《广州市市政公所布告订定建筑骑楼简章》。

1921年广州市颁布《广州市促进马路两旁空地骑楼地建筑规程》，强调建筑马路时必须留有空地建筑骑楼。

1923年广州市再次颁布《广州市催迫业户建筑骑楼办法》，公布《广州市市政章程例规》和《本市新辟各马路承领骑楼地征费办法》。

此后，铺天盖地的骑楼街大有席卷整个广州城区的趋势，如火如荼的骑楼街建设，占据了城市的每一个角落。到1930年，广州建成了将近40公里的骑楼街。从德宣路到同福路，从龙津路到东华东路无处不见骑楼的身影。其中，60%骑楼街集中在中山路以南、越秀路以西的"老城"。过于密集的商业街和骑楼街令许多城市的公共场所和礼仪空间都淹没在骑楼街的汪洋大海之中。程天固称这是"畸形的设计"。国民革命军广东编遣区特派员陈济棠笑言广州是一个"大商场"，因为当时广州各种商店有2万多间，平均每50个广州人便有1间商铺。陈济棠认为因有骑楼而不能种树是不能接受的。他率先在广九车站至白云路区间进行现代新式马路建设的尝试。新马路由双行道、绿化隔离带、无骑楼建筑构成。

1932年国民政府正式出面干涉骑楼建设，颁布《广州市修订取缔建筑章程》，规定白云路、盘福路、人民北路、文德路、广卫路、广仁路、吉祥路、东风西路不得建造骑楼。

《广州市修订取缔建筑章程》颁布之后，广州大兴土木建设骑楼建筑的热潮告一段落。

①甲等是一德路、永汉路（今北京路）、惠爱中路（今中山五路），乙等是惠爱西路（今中山六路和中山七路）、惠爱东路（今中山四路）、桂香南路（今市政府之南）、丰宁路，丙等是大南路、归德路、公园路、万福路、财政北路、越秀南路，丁等是长庚路、文德路、吉祥路，戊等是越秀中路、文明路，己等是盘福路、大东路（今中山三路、中山四路），庚等是盘福北路、越秀北路。

骑楼的是是非非终难评说，但骑楼街的快速消失不能说不是一件憾事。现广州留存下来的骑楼街散布在东山区、越秀区、荔湾区和海珠区的10余平方公里范围内。广州的36条、约20公里长的骑楼街与福州的茶亭街，海南的得胜沙、博爱路，北海的珠海路、中山路等都已经成为城市的宝地，得到了很好的呵护。这些幸存的骑楼街被追忆、被重拾，用其独特的方式述说着历史片段的珍贵。

骑楼不仅仅具有遮阳避雨的实用功能，其装修装饰也颇具特色。

骑楼的墙体可谓风格迥异、丰富多彩。

漫步在骑楼街上，我们可以看到巴洛克或洛可可的建筑装饰风格，也可以看到哥特式的建筑形式；可以看到中国古典卷草图案，也可以看到岭南的佳果与吉祥纹饰，甚至可以看到满洲窗高高置于墙体中。实体墙上的浮雕、各式开窗形式、线脚、阳台、铁艺等，只要你能想到的外墙装饰形式，在骑楼街上，我们都能找到。市井生活、风土人情、异域风貌无一不可反映在骑楼上。人民南路、北京路、第十甫路、上下九路、中山路、解放路，都是广州骑楼街的代表。

例如，号称曾经是中国第一高楼的新亚大酒店首层，采用的就是骑楼形式，而且被认为是广州最大最豪华的骑楼建筑。设计人杨锡宗以石砌拱券形柱廊处理骑楼的外观形式，券心处以漩涡装饰，风格雄伟，线角明朗而细部丰富。

又如，北京路科技书店采用的是仿哥特式骑楼建筑，强烈的垂直线条和拉

图1-9　骑楼

海口得胜沙

海口博爱路

广州骑楼——位于今荔湾区恩宁路

广州骑楼——位于今白云区均禾街

长的拱形窗表现了明显的哥特式装饰意味，给人以富丽堂皇、典雅舒适的感觉，极具西洋古典美。

再如，上下九路的骑楼建筑饰面以结合满洲窗装饰的仿巴洛克风格为主。仿巴洛克式的骑楼在东南亚一带和我国南方城市的骑楼中被普遍采用。这些巴洛克装饰既不同于古典式的严谨，也区别于17世纪巴洛克风格的繁琐与追求曲线、动感，而是在构图稳定的基础上加上巴洛克装饰，多运用在山花装饰及女儿墙的曲线中。

漫步在骑楼街上，我们也可以体验生活百味：今天被寻常的广州百姓所津津乐道的陶陶居、莲香楼等久负盛名的茶楼建筑，正是藏身在骑楼街中，它们演绎着广州人的茶楼文化，书写着广州人美食至上的生活情趣。在遮阳与隔热的功能方面使商业实用性变得尤为突出，变成了广州人的至爱。

漫步在骑楼街上，我们还可以假想那些已经消失的骑楼街：白天的喧闹随着夕阳的隐退渐渐散去，夜晚的宁静跟随着石板路上脚步叩起的回响接踵而来。蜿蜒的骑楼一眼望不到边，连绵的路之尽头，隐藏着这座城市多少的兴衰荣辱、喜怒哀乐。

广州骑楼与地中海敞廊的主要区别在于：广州骑楼通常都是与竹筒屋连为一体的建筑。同样，我们仍然无法考证竹筒屋是何时现身广州的。根据目前已有的资料分析，竹筒屋大规模出现在广州应该是19世纪的事情，大约比骑楼出现早一个世纪。

竹筒屋的特点是面宽小、进深大，因而可以在有限的土地上盖出更多的房子。对于亚热带这样阳光充沛、雨量丰富的地区，特别是像广州这样土地资源稀缺、人口密集、商业繁荣的城市，竹筒屋是一种非常有价值的居住建筑形式。

天井、冷巷、阳台等建筑要素是竹筒屋必备的空间节点，也是极具南方建筑特色的空间形式。由于有了天井、冷巷、阳台等建筑要素，竹筒屋可以解决南方居住建筑必须要解决的遮阴避雨问题。由于有了天井、冷巷、阳台等建筑要素，竹筒屋的纵向进深可以拉得很长很长，房屋可以建得非常紧凑，建筑密度可以达到极限。由于有了天井、冷巷、阳台等建筑要素，居住空间可以变得非常精彩，建筑组合可以非常灵活。

民国时期，随着西方建筑技术的传入，竹筒屋的形式更加丰富多彩：混凝土的使用，建筑层数开始增加；装饰元素在传统的木雕、石雕基础之上扩展到工艺铁花、水泥装饰等；平屋顶也越来越多。这种建筑形式被人们赋予“洋房”的称呼。

骑楼建筑形式出现之后，竹筒屋很快就与骑楼结合为一体。当然，竹筒屋的数量远远大于骑楼。应该说，广州骑楼的背后一定是竹筒屋，竹筒屋的前面不一定都是骑楼。骑楼建筑形式与竹筒屋建筑形式快速“联姻”，统治了广州城区。

作为高密度的居住建筑形式，竹筒屋的弱点也是不言而喻的。

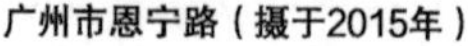
广州市恩宁路（摄于2015年）

广州市恩宁路（摄于2015年）

广州市北京路科技书店

莲香楼——位于今广州市荔湾区第十甫路（摄于2015年）

陶陶居——位于今广州市荔湾区第十甫路（摄于2015年）

广州市荔湾区上下九步行街（摄于2015年）

鸡公榄——位于今广州市荔湾区上下九步行街（摄于2015年）

咸煎饼

肠粉

马蹄糕

双皮奶

蛋挞

萝卜糕

图1-10　骑楼市井生活

图1-11　地中海敞廊

图1-12　竹筒屋冷巷

竹筒屋阳台

竹筒屋外观

竹筒屋墙面装饰

竹筒屋装饰

不管你喜欢骑楼、竹筒屋也好，不喜欢骑楼、竹筒屋也好，骑楼和竹筒屋曾经充满广州主城区的大街小巷是不争事实。另外，在骑楼和竹筒屋集中区的东西两翼还有两类民居建筑同期并存，它们分别是西关大屋和东山别墅。

清末民初，广州的城市建筑仍然以传统建筑形制为基础，但已经不同程度地受到西方建筑元素的影响，开始往多元化的建筑形式发展。西关大屋和东山别墅是这个时期的代表作。

在广州，素有“有钱住西关，有权住东山”的说法。在《广州番鬼录·旧中国杂记》[①]中，对第一次鸦片战争前后广州城市日常生活景象有许多描写，它们从侧面反映出当时以十三行为载体的中西方贸易活动情况，同时也记录了与之相关联的西关大屋和私家园林。十八甫早在明朝已是商业聚集地，随着名

①（美）威廉·C·亨特著．广东人民出版社，2010年

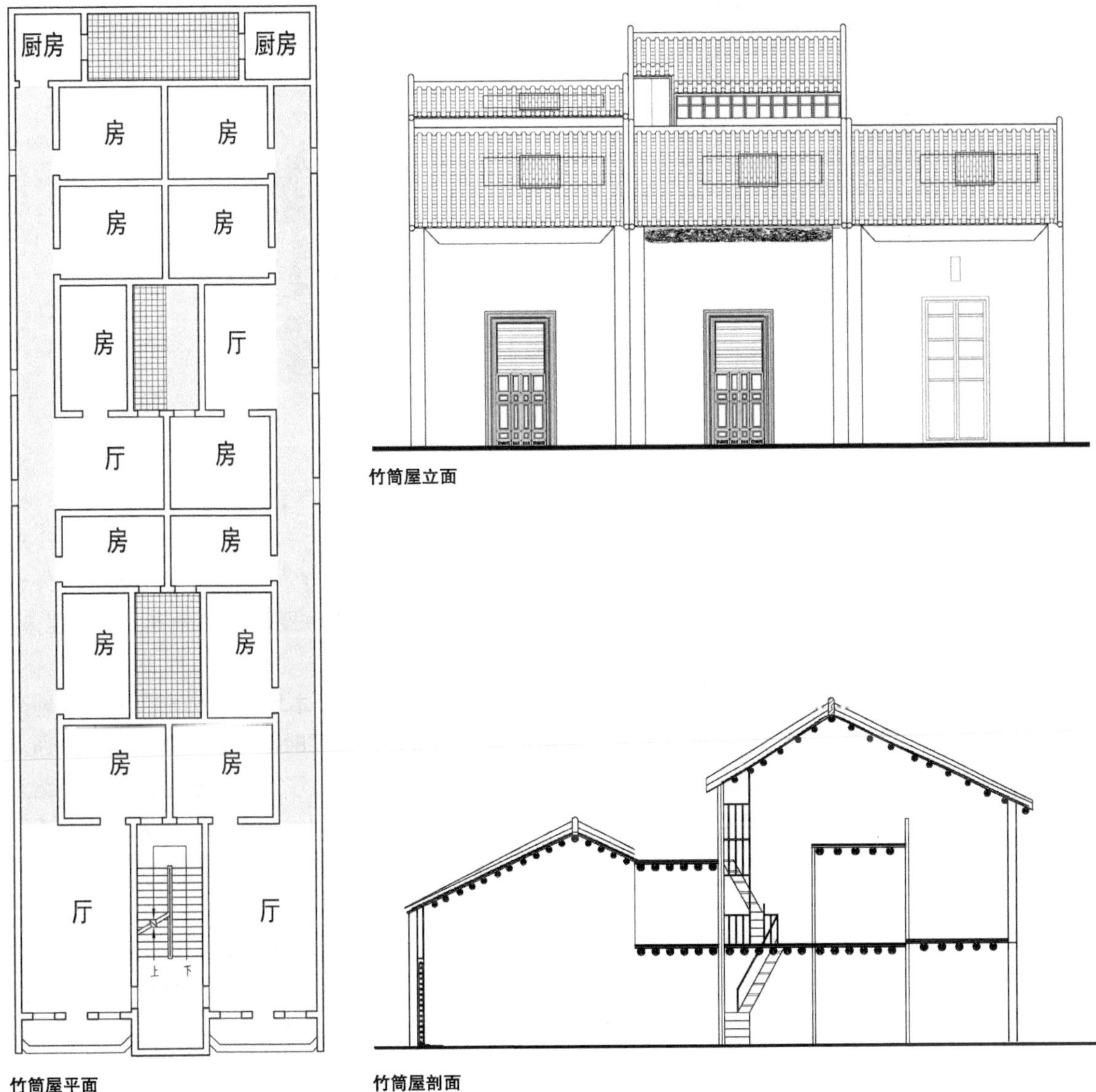

竹筒屋立面

竹筒屋平面

竹筒屋剖面

门望族、官僚巨贾不断集聚，到了清末，在这一带逐渐形成了广州城西的“西关角”①，许多豪门富商都乐于在此兴建生活居所，它们规模大且装修豪华。这一建筑类型慢慢形成了规模，后被统称为“西关大屋”。

西关大屋在平面形制上仍带有中原民居正堂屋的影子，一般三间面阔、左右对称，但重点是，在此基础上，建筑当中注入了许多岭南特色，如矮脚吊扇门、趟栊，正厅设天官和土地神位，屋中设有小天井，屋侧辟青云巷等，这些建筑细节的衍生都是顺应岭南地区的气候和传统习俗而产生的。西关以富有人家为多，“西关大屋”某种意义上也是本土豪族的象征。这也暗示了西关一带家丁兴旺与商业高度发达的某种内在联系。

东山别墅以暖色外墙配以门窗为基调，与西关大屋的青石青砖墙体仅留一

①今天的宝华路、多宝路、宝源路、逢源路一带。

西关大屋厅堂

西关大屋趟栊

西关大屋平面

图1–13　西关大屋

扇厚重的大门的建筑造型迥异。

东山别墅也称东山花园洋房。据《广州概览》[①]记载："东山本为郊外一村落，以广九铁路经此入世，欧美侨民，有的在铁路附近卜居者。民国以来，建筑西式房舍者日众，遂成富丽之区。"

①1941年

1911年，广九铁路通车前后，许多外国人和本地富商纷纷在东山择地建宅，创造了"地价日境，屋宇日盛"的奇迹。民国时期，军政官僚也因交通便利、环境清幽等因素，在此兴建别墅、官邸，形成了以恤孤院路、新河浦路为核心的别墅群。历史上许多曾经叱咤风云的人物都与东山别墅有关，如：毛泽东、陈济棠、廖仲恺、汪精卫、李济深、白崇禧等，造就了"有权住东山"的传说。

东山别墅的建筑形式可分为两类：花园别墅和洋楼。花园别墅前后有庭院。洋楼多为红砖外墙，装饰线条简洁，较少庭院。无论是别墅，还是洋楼，均以西方古典建筑片段为装饰，多有柱式门廊和大阳台，并夹杂着本地的元素，造型丰富，形态各异。

比如，占地2000多平方米的葵园是比较经典的中西合璧建筑，主楼楼高两层半，面宽40米，进深30米，黄墙绿顶。室内客厅、住房、客房功能清晰。园内花卉争艳，环境幽雅，清静宜人。

比如，被称为"西曲中词"的隅园。建筑以仿英国建筑风格为主，室内装修使用了从英国进口的地砖、壁炉和洗漱室用具。开敞的凹阳台和室外的水池、水井却表露了本地情怀。前、后花园种植的花旗杉、红棉树，相拥成翠，典雅别致，具有明显的风水格局。

比如，三层高的简园。对称布局的主体建筑朝南，开券拱式门楼，飘出的阳台，仿希腊的柱式，米黄色的外墙，出檐处的几何图饰都彰显了对西方文明的追求和对本土文化的眷念。

东山别墅的崛起，昭示着广州城市东进序幕的拉开。

图1-14　东山别墅

宋子文故居——位于今农林上路二横路1号
（来源：《广州市文物普查增编》）

简园——位于今越秀区培正路

励庐——位于今东山均益路17号

自唐宋推广秦砖汉瓦，确定传统城市基本框架，至明清精雕细刻，广州传统城市在清末达到了巅峰。民国时期，广州城市突然华丽转身，在很短的时间内由传统城市营造进入现代城市建设，确定了广州现代城市的基本格局。

我们之所以说广州现代城市基本格局是民国时期奠定的，是因为现代城市的几个基本要素都是在民国时期奠定的。

首先，建筑类型丰富，形式多彩。

民国时期广州本土建筑风格基本成型，竹筒屋、骑楼、西关大屋和东山别墅成为城市建筑主流。同时还有纪念建筑、宗教建筑、文教建筑、商业建筑、旅业建筑和办公建筑等现代城市公共建筑点缀其中。这些公共建筑或以西方古典建筑为蓝本，或以东方传统建筑为模式，或综合东西方建筑风格为手段，创造出千姿百态的建筑样式。其中，有些建筑出自海外建筑师之手，有些建筑为本土设计师的杰作。从建筑功能多样化、建筑形式多样化，到建筑设计者多样化，都展现了现代城市必备的开放性格。

1916年建造的粤海关大楼、广东邮务管理局大楼和1919年建造的广东省财政厅大楼超越了传统城市办公建筑的概念，体量庞大，借用西方古典建筑蓝本，创造了现代办公建筑的气质与特色。

1912年建造的广东省立中山图书馆、1931年建造的中山纪念堂、1931年

平和大押是目前广东省内保存最大的当铺建筑——位于今白云区均禾街道

石室——位于越秀区一德路

东亚大酒店是广州解放第一面红旗升起的地方——位于今长堤大马路

图1–15　民国时期出现的各式建筑

建造的广州市府合署办公楼，继承东方传统建筑风格并发扬光大，营建了浓郁的本土建筑环境，又不失现代建筑的特色。

1930年建造的岭南大学马丁堂、1937年建造的爱群大厦，汲取中西方传统建筑的精华，展现了岭南首府和中国大港的固有胸怀。

有了这些基础，1949年后曾经名噪一时的广派建筑风格适时迸发，我们将在第六章详细讨论。

其次，现代交通工具全面引进广州。

应该说，在广州城市建设史中能够与宋朝六脉渠媲美的只有民国时期的城市道路网络。在那个大搞拆迁，大建马路的年代，广州现代道路网络以梦幻般的速度瞬间形成。

在这里我们需要提到一个细节。1912年《广东省城警察厅现行取缔建筑章程及施行细则》中规定："凡堤岸及各马路建造铺屋，均应在自置私地内留宽八英尺建造有脚骑楼，以利交通。"这条规定的意思是要将行人赶到骑楼之下，马路让给机动车。商铺主要在自家的土地上留出供城市行人交通的空间，虽有霸王条款，滥用公权的嫌疑，但仍不失为城市道路人车分流的经典案例。从这个意义上来讲，骑楼是为了避让机动车而专门开辟的人行道。只是这个人行道不是由城市提供的，而是由商家提供的。

当然，就城市交通而言，无论是骑楼模式，还是陈济棠的街道绿化，都说明机动车已经大面积进驻广州，城市政府对现代城市交通特征与需求的研究颇为深入与到位。

对现代城市交通研究不仅仅表现在道路方面，还反映在对外交通枢纽的营造方面。民国时期，大沙头是广州重要的交通枢纽，通往香港和武汉的铁路客运站在这里，来往于珠江的水运码头在这里。早期机场也曾在这里逗留，后搬至天河与白云。多层次的交通方式、便捷的转运方式，为广州现代城市的成就赢得了不少加分。

广东省立中山图书馆（始建于1912年）——位于今越秀区文明路

粤海关大楼（始建于1916年）——位于今荔湾区沿江西路29号

广东邮务管理局大楼（始建于1916年）——位于今荔湾区沿江西路43号

广东省财政厅大楼（始建于1919年）——位于今越秀区北京路北

南方大厦（始建于1918年）——位于今荔湾区沿江西路49号

岭南大学马丁堂（1930）——位于今中山大学内东北角

中山纪念堂（始建于1931年）——位于今越秀区东风中路259号

广州市政府合署（始建于1934年）——位于今府前路1号

图1-16　民国时期公共建筑集锦

还有，城市规划体系已经建成，城市管理进入规范化、程序化阶段。

就骑楼而言，我们看到从1912年到1932年，广州市政府颁发了无数个文件。从鼓励支持骑楼建设，到限制观望骑楼建设，随客观环境变化不断调整、修正政府行为。应时而为，应势而动，是现代城市政府必备的行为准则。

陈济棠在评说骑楼的时候曾经引用数据是：每50个广州人有1间商铺，依据是广州有2万多间商店。这种量化分析城市问题和人均的概念是现代城市管理者常用的科学手段，是城市走向现代化的一个标志。

在民国时期，广州曾经成立过广州市审美委员会，专门负责对城市重点建筑的审查。在民国时期，广州曾经出台过多种类型的规划。大到城市格局，小到道路等专项规划，细到居住区建筑类型，无所不包，无所不有。仅1928~1932年的5年时间里就编制了十余种规划。这个时期，上至“国家大总统”孙中山，中至“岭南王”陈济棠，下至“技术官僚”程天固，无一没有一套颇有说服力的完整规划理论。这说明一套现代城市规划体系框架在广州已经初具雏形。

广州 1928 ~ 1932 年规划编制一览表　　表 1-1

序号	编制时间	规划名称	编制单位
1	1928年9月	发展广州市东南区域及整治河道案	城市设计委员会
2	1928年	修正筹建广州市模范居住区章程	广州市政府
3	1928年	辟芳村为工业区	工务局
4	1929年	广州市政实施计划书	广州市政府
5	1929年	广州市之建设计划	广州市政府
6	1929年	建筑平民村舍原则	广州市政府
7	1929年	发展市区及填筑河道案	工务局
8	1930年7月	拓展市民住宅区计划	工务局
9	1930年8月	建设河南之新计划	工务局
10	1930年	广州工务之实施计划	工务局
11	1932年	辟大沙头为商业区	建设厅
12	1932年8月	广州市城市设计概要草案	广州市政府

最能说明广州在民国时期已经步入现代城市行列的是广州制定了城市功能分区规划，基本确立河南工业区、西部商圈、东部北部居住区等区域功能。更为难能可贵的是民国政府按照这个规划理念开始实施城市的拓展。

破城发展是现代城市建设必经之路。1918年，广州市政公所成立后发出“拆城墙，筑马路”的第一号公告曾经引起众多攻击和批评，我们姑且不再评说。破城发展的确有很多途径，活生生地将宝贵的城墙拆掉，不能不说是一种笨得不能再笨的办法。但是，我们也不能不承认拆掉城墙的确加速了广州城市现代化建设的进程。

广州城市西部的十三行曾经引领广州对外商贸往来达半个多世纪之久，

1928年广州街道图（来源：广州市城建档案馆）

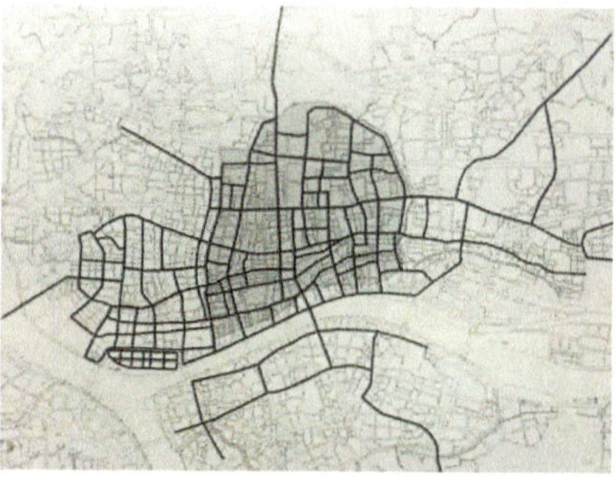

图1–17　民国初期广州路网图（现代城市交通枢纽）

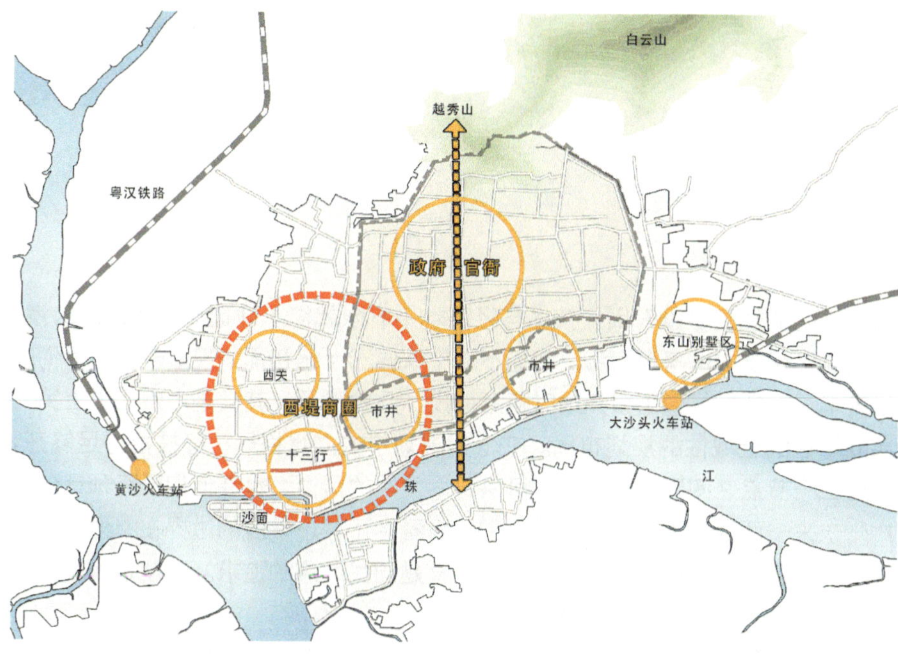

图1–18　民国时期广州城市功能分区图（广州西堤商圈）

十三行被焚毁之后，这个区域的商贸活动仍然十分活跃。城墙拆除之后，老城区的南部商业片区与十三行旧址片区和西关片区共同构建了广州西堤商圈，主导着广州商贸的经济命脉，而后的几次经济复兴也都是从这里起步的。

纵观广州城市历史，自秦始皇在广州设立城府以来，向西拓展一直是城市空间主推方向。民国时期，城市向东发展战略变成了广州城市拓展的主攻方向。民国政府为此打下了坚实的基础。

我们可以先简单梳理一下解放前广州城市向东发展的基本脉络。首先是规划布点，由西往东，从东山别墅群建设，到石牌中山大学的创办，再到黄埔港的兴建；然后，围绕这些布点，由点及面，逐步形成一个一个有影响力的功能相对完整的新片区，这些新片区不断地向四周漫延扩展，逐渐成片连接，构成了广州不断向东推进的发展轴。

在100年后的今天，我们再来看这三个布点，全部大胆地跳出了当时的老城区，尤其是振兴黄埔港区的选择，及至今天黄埔仍然离中心城区有不近的距

图1-19　广州城区向东延伸发展轴

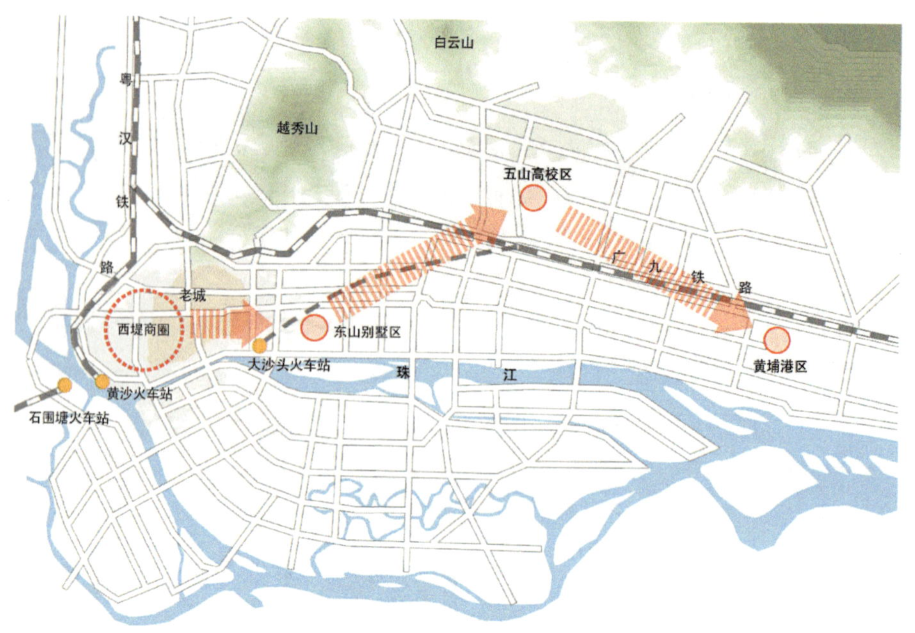

离。当初的规划者没有因为技术与经济水平有限就简单地选择建设江河内港，而是直接跨跃式地直奔海港。我们不得不钦佩20世纪初那些规划建设大师们的远见卓识，他们好像围棋开局时随意地投了几颗孤子，其实是广州历史上第一次战略性的全域性的规划布局。在他们规划中的广州格局已经被拉得足够开，在这三个节点之间预留了那么多可供日后发展的留白，也许他们已经预计到了广州未来一两百年的发展，甚或他们已经看到了城市发展的边界在哪里。

将珠江南岸地区纳入城市的版图一直是国民政府的追求。这就是为何当年政府不惜代价建造海珠桥的原动力。

民国时期，广州政府对河南的功能定位有些摇摆。1930年，时任广州工务局局长的程天固在编著《广州工务之实施计划》时就明确了发展河南的大计——开发河南岛，并将其规划为港口、商业、住宅区和新的行政区，并在松岗、得胜岗一带划定新的市中心，与珠江北岸中央公园北侧的市府合署遥相呼应，设置了市府合署、美术馆、博物馆和其他行政部门的公共建筑，二者以30米宽的大道相连，将近代城市中轴线向河南地区延伸。1932年，广州市政府公布的《广州市道路系统图》提出了河南地区的道路规划设想，将河南刘王殿周边地区规划为新的市中心，并以此为中心设置了方格形的路网。

由于历史的原因，以上计划均未能实现。否则，今天的海珠区定是另外一番景象。不过，近代河南地区建设工业区的设想得以实现，为广州近现代工业发展奠定了基础，带动了居住人口的外迁，不但打破了江河的藩篱，引领城市向南拓展，也为广州城市的后续发展预留了更多更自如的空间。

广州城市北部一直是历朝历代城市拓展的空白点。一则是因为风水与龙脉的关系，许多政府官员不愿意去触碰这个地区。另一个原因是珠江的引力过

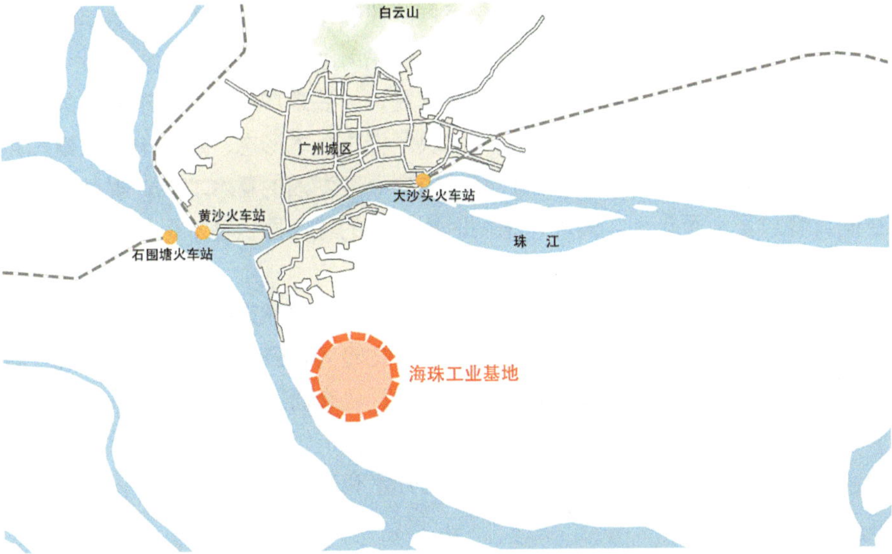

图1-20 海珠工业基地

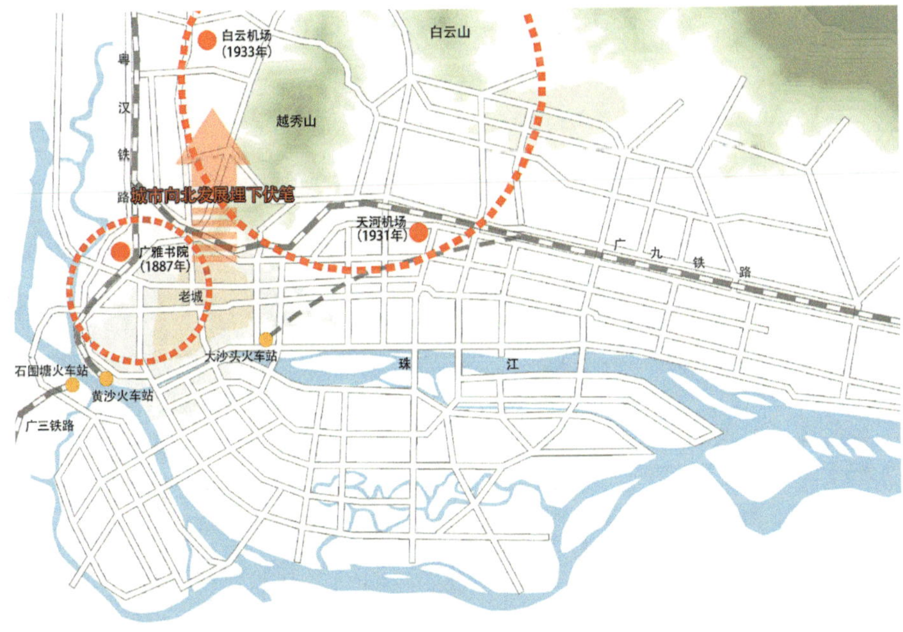

图1-21 广雅书院与机场

大，城市北部在相当长的一段时间内没有拓展的价值。

城市北部最有历史价值的开发是两广总督张之洞于1887年创办的广雅书院。这是晚清洋务派创办诸多书院中最具影响的一个，在经历了20世纪初欧风西雨的冲刷和民族资本主义的洗礼后，广雅虽数历沧桑战火，却如中流砥柱，书写着广州地区教育的繁荣和昌盛。广雅书院为城市向北发展预埋了一个节点。

对于城市北部的发展，国民政府也没有什么作为。但是，它无意之中在城市北部布置的两个节点却为今后广州向北发展埋下了伏笔和确定了方向。这两个节点是天河机场与白云机场。

总而言之，我们对广州城市历史发展阶段有两个基本判断。

一个判断是广州传统城市基本格局是唐宋时期确定的。

唐朝时期解决了永久性建筑的材料问题，为后来广州本土建筑风格的形成与城市风貌的创建奠定了基础。宋朝解决了城市基本形态、规模与有效建设用地问题。六脉渠的最终形成，取代了城市中心区湖泊的蓄水功能，规整了城市空间，释放了大量土地。同时，宋朝时期扩大的城区面积基本上是明清时期城区内的有效建设范围。

另一个判断是广州现代城市基本格局是民国时期确定的。

民国时期，广州城市的建筑功能呈多样化趋势，公共建筑基本满足现代城市需求，本土建筑风格雏形显现。各种类的现代交通工具已经落户，城市对外交通枢纽基本形成。城市规划体系已经建成，城市管理进入规范化、程序化阶段。城市拓展方向明确，并按照规划理念开始有序实施。

第二章　西部商圈的复兴

唐宋时期，广州的城市形象和规模终于可以与岭南首府相匹配了。土坯城墙换成了青砖城墙，茅草棚屋换成了砖瓦民居，城内功能分区明确，城外商贸活动鼎盛。后经元明清的认真打理和精心运作，终于将这座传统城市推向了巅峰。民国时期，广州城市华丽转身，在极短的时间内，由传统城市的鼎盛状态转变为现代城市的初级状态。

就城市格局的拓展而言，民国政府做了两件大事。一件是明确城市发展方向，并投子定位，为广州未来发展奠定基础。另一件是拆城墙，筑马路，消除已建城区的空间隔阂，构筑与城市规模相匹配的大西堤商圈。

广州城市解放之时遭国民党军队扫掠破坏，百废待兴，经济捉襟见肘，且遇列强全方位封锁，如何渡过难关，确实是一个严肃的命题。加之香港历经50余年的历练正在快速崛起，粤港关系微妙，广州城市经济从何处起步，需要缜密策划，周全安排，谨慎行事。

我们看到的是广州在新中国成立之初，以西堤商圈为支点，步步为营，环环相扣，将其地理优势、人文优势和城市固有的优势发挥到极致，最终解决了经济发展问题，冲破了浓雾，见到了城市未来的曙光。

当然，我们在描述广州复兴的过程中，也会牢牢记住自己的本行，将主城区的空间关系顺手理清楚。

图2–1　国民党撤出广州时炸毁的海珠桥（来源：南方日报档案室）

1949年1月10号，随着淮海战役的结束，数十年来战争留下的创痕逐渐淡化，北方大地恢复了固有的生机。4月，中国人民解放军成功地跨越了长江。渡江战役将苟延残喘的国民政府赶到了广州，将和平留给了北方。

1949年10月是金色的季节，天高云淡，秋高气爽。徐徐秋风拂煦着北方无垠原野，金色的庄稼、褐色的大地，与红色、黄色和墨绿的深秋林木交相辉映，编织出一幅天然的和平景象。这个月的1号，中华大地的新政权诞生了。

而10月的岭南，夏日的酷暑还迟迟不肯离去，共产党和国民党两大阵营的部队还在做最后的较量。在过去五个月的时间里，中国人民解放军一路南下，几乎没有悬念地攻克了国民党军队各地守军。9月22号，国民党军队的“粤湘赣防线”成为泡影，中国人民解放军进入了岭南地区。

在北方欢天喜地庆祝新中国诞生的时候，中国人民解放军已经掌控了清远、花县、从化、增城、博罗等广州外围要塞。11日，中国人民解放军15兵团的127师击溃国民党美械装备的307团，抵达佛冈[1]，后128师挺进花县。

14日拂晓，128师的382团抵达距离广州不到10公里的人和桥[2]。17时30分，张实杰团长率领382团抵达沙河墟，后兵分两路：抢占黄沙码头、占领国民党的“总统府”和“行政院”。随后，128师383团也立即从北郊沿中华北路[3]入城，直接扑向海珠桥。15兵团44军的先头部队也从东面挺进广州。三支部队迅速控制了“总统府”、“行政院”、“国防部”、“绥靖公署”、“省政府”等重要机关和工厂仓库等重要目标。次日，当金色的太阳冉冉升起的时候，长堤东亚酒店升起了广州解放的第一面红旗。

①解放军先头部队15兵团43军127师抵达距离广州不到100公里的佛冈。

②人和桥跨越流溪河，长300米，是连接花县和广州的重要桥梁，也是解放军进入广州的必经之路。382团突然抵达，阻止了国民党守桥部队的炸桥计划。

③即现在的解放路。

由此，1949年10月14日，被确定为广州解放日。

我们不能用兵不血刃来形容广州解放，但当时的国民党部队除了搞一些破坏之外，的确没有什么挣扎的能力。解放广州过程中规模最大的一次战斗，仅仅是382团2营在黄沙码头遭遇了尚未逃窜的敌军后勤，活捉了2000多名敌人，俘虏了4个团长、3个副团长，缴获了大汽车40多辆、小汽车20多辆，击沉5艘船只。对于一个拥有100多万市民的特大城市来讲，这样的战斗的确不足挂齿。

人民解放军进驻广州。

廣州市軍事管制委員會佈告

一九四九年十月二十日

主任葉劍英　副主任賴傳珠

获得解放的地方，一律实行军事管制，成立军事管制委员会统一军事、政治、经济等管制事宜。图为广州市军事管制委员会成立的布告。

图2-2　广州解放（来源：南方日报档案室）

尽管广州解放没有惊天动地的战事硝烟，尽管广州解放没有出现可歌可泣的战斗英雄，但并不妨碍我们对广州解放意义的认识和理解，并不妨碍我们为广州解放留下具有历史意义的记忆痕迹。广州解放两年后，1951年的“八一”建军节，广州市人民政府将当年人民解放军382团和383团初次踏入广州走过的中华路更名为解放路。广州市政府在解放路的大北门旧[4]址举办了隆重命名大会，朱光副市长作了命名说明，叶剑英市长主持了剪彩仪式。

④南越王博物馆附近

明清时期，广州北部城墙共开设两个城门：大北门和小北门。大北门通往韶关、湖南，小北门通往江西。

从战略意义上讲，大北门远远超过小北门。清朝驻粤八旗兵统帅就驻扎在大北门里。从防卫角度来看，大北门由象岗、木壳冈和三灶冈三个小山岗拱卫，易守难攻。1841年三元里村民曾在大北门追杀英军；1854年李文茂曾率领洪兵起义军进攻大北门；张太雷也曾指挥红军在大北门战斗。

图2–3 解放路

20世纪30年代的中华路（今解放路）（来源：网络）

2000年的解放路（来源：广州市国家档案馆）

当时，大北门以北的城外道路为大北直街，城内的道路被称为四牌楼长街。四牌楼长街全长四里，由五行长条石块铺砌而成，两侧为骑楼建筑，长街上因有四座表彰名宦、学者的牌坊而得其名，这是广州城市最具汉文化底蕴的街道。四牌楼长街南端是归德门[①]。归德门外是直通珠江的小市街。

①位于大德路附近

1930年，国民政府大张旗鼓修马路时将大北直街、四牌楼长街和小市街统称为中华路。1951年人民政府命名其为解放路。从这条街道名称的演变，我们不难窥探出广州市人民政府命名解放路的更深层次意义。

道路命名是纪念广州解放的一个方式，树立雕像是纪念广州解放的另一种方式。在广州解放十周年之际，由广州市人民政府委托雕塑家尹积昌完成了广州解放纪念雕像的创作。雕塑被安放在起义路和珠江交汇的海珠广场上。这个雕像引起我们三个话题。

与广州解放纪念雕像同时现身广州的还有越秀山中的五羊石雕。两个雕塑同时设计，同时创作，同时树立。一个纪念广州创世，一个纪念广州解放。一个屹立在越秀云巅，一个守卫在珠江河畔。两个雕塑，一南一北，守望相辅。五羊雕像共用130多块花岗石塑成，后来成为广州重要的地方标志之一。广州解放纪念雕像阅历略有坎坷。1969年，“文化大革命”狂潮中的红卫兵小将以一个莫须有的罪名将守卫珠江十年的广州解放纪念雕像拆除了。1979年，由潘鹤、梁明诚重塑雕像，1980年，雕像再次被安置在原雕像位置。1949，1959，1969，1979，四个十年的变化，勾勒出广州城市四十年风风雨雨的轨迹。

图2-4　广州解放纪念雕像与五羊雕像（摄于2016年）

广州解放纪念雕像所在的海珠广场是宋朝六脉渠水利工程的副产品。如第一章描述，珠江广州河段的历史上有三个水湾，海印湾、海珠湾和浮丘湾。由于六脉渠的出现，主城区内排洪泄涝问题基本解决，海珠湾和西湖失去了存在的意义。故而，这一湾一湖很快被填平，转为城市建设用地。1953年，广州市人民政府在海珠湾地域范围的空地上修建了海珠广场。这个由林克明先生设计的海珠广场曾经是广州唯一的滨江广场，广场东与由海印湾衍生的东湖湿地遥相呼应，西与由浮丘湾衍生的荔湾湖湿地隔城相望。

最后一个话题是与广州解放雕像位置有关的，被现代广州人称为广州传统中轴线的起义路。

起义路是不是广州的传统中轴线，这是一个很值得商榷的问题。因为起义路是1919年由内街拓宽的一条马路。换句话说，起义路的历史不足100年。相比较具有2200年历史的广州城来讲，起义路太年轻了，如何能承担起广州传统中轴线的重任。

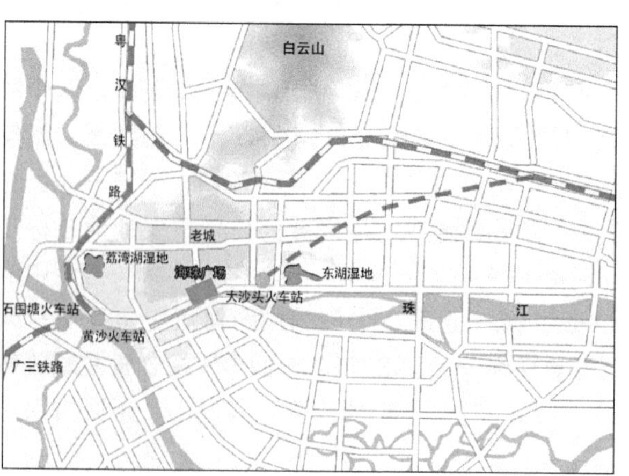

图2-5　海珠广场与东湖湿地、荔湾湖湿地

起义路建成之初被称为维新路，1948年更名为中正路，两年后恢复原名，仍叫维新路。起义路的名字始于“文化大革命”，1966年维新路更名为起义路，距今不足50年历史。起义路的命名源于1927年12月的广州起义。当年工人赤卫队和起义士兵曾占领位于该路的旧广州公安局和旧保安大队，并就地建立了广州公社。红卫兵小将用这个典故冠以路名，其中意味颇深。无论如何，维新也好，中正也好，起义也好，都是近现代常用语，在真正的传统社会中，这些名词是难以融入主流社会的。

起义路被冠以传统中轴线之后，其北延伸到中山纪念碑，向南延伸至海珠桥。现在让我们来清点一下积淀在这条轴线上的历史痕迹。

越秀山冈峦起伏，由7个山岗和3个湖泊组成[①]，面积共86万平方米，海拔仅70米的越秀山是白云山的余脉。越秀山古称尧山，也曾经叫过粤秀山、越王山，还有观音山。越秀山之所以叫粤秀山、越王山，是因为山上有疑似周夷王时期的“楚庭”遗址，也有疑似南越王赵佗家族的墓地群，还有疑似越王台故址的存在。越秀山之所以叫观音山，是因为明朝永乐年间都指挥使花英曾在越秀山顶建观音阁，后孝宗弘治间进士湛若水将其拆除。观音阁存世时间不长，但在坊间影响颇深，直至民国时期观音山的称呼仍流传于民间。越秀山西南部人工的痕迹很重，除上述疑似遗址外，还有镇海楼、三元宫等，均聚集在越秀山的西南部，越秀山的中部以东相对自然、清净、淳朴。越秀山历史积淀厚重，是广州城市依赖的中流砥柱。但是，越秀山与起义路相关的历史建筑都是在1919年之后建成的。

位于越秀山上的中山纪念碑建于1929年，建筑方案出自于吕彦直[②]先生之手。位于越秀山脚下的中山纪念堂与中山纪念碑同期建设，并出于同一建筑师之手。中山纪念堂原址曾经是孙中山就任非常大总统的总统府，后被陈炯明夷为平地。1925年孙中山先生去世后，由李济深谋划在总统府旧址上建设中山纪念堂，并得到了陈济棠的支持。建筑于1929年动工，1930年建成。中山纪念堂目睹了1936年广州各界人士禁烟大游行，也见证了1945年日本23军司令田中久一向国民党第二方面军司令张发奎签署降书的历史场面[③]。1956年，由雕塑家尹积昌依据孙中山先生在中山大学讲演的造型所创作的水泥镀铜雕像被安放在纪念堂前。1998年，水泥雕像更换为铜像。

中山纪念堂的南面是广州第一公园，这个地方曾经是历朝权贵的花园，于1921年改造成公园，后更名为人民公园。陈济棠主政广东时期将公园临近纪念堂的区域腾挪出来，建设了国民市政府合署办公大楼，即现在的广州市人民政府。大楼于1929年开始征集方案，1930年选择了林克明先生的设计图样，1931年始建，1934年落成[④]。

人民公园南端是起义路，起义路南端是建于1929年的海珠桥，海珠桥南是延伸至海珠区的江南大道。

通过清点这些节点，我们不难发现，这条轴线既不是唐宋广州传统城市格局形成时期的中轴线，也不是明清广州传统城市鼎盛时期的中轴线，而是民国政府在打造现代城市时努力突出、刻意追求的中轴线，是20世纪广州的中轴

①越井岗、蟠龙岗、桂花岗、木壳岗、长腰岗、鲤鱼头岗等七个山岗和东秀湖、南秀湖、北秀湖。

②吕彦直（1894—1929年）

③1945年9月16日上午10时，日本23军司令田中久一在中山纪念堂舞台上向国民党第二方面军张发奎司令签署降书。数十人见证了这段历史。1947年3月27日，田中久一在流花桥被枪决。

④原设计总面积38000多平方米，工程分三期进行，第一期工程由南生公司承造。第二、三期工程未能实施。

图2-6 起义路

民国时期起义路上的公安局（来源：南方日报档案室）

海珠广场与起义路（来源：广州市国家档案馆）

线。解放后，广州市人民政府在这条轴线上安置了两个雕塑，建设了一个广场，强化了这条轴线的存在。

其实，我们并不难理解为何国共两党都对广州起义路产生如此浓烈的兴趣。自唐朝以来，广州沿珠江发展已成定式。城市东西舒展，南北局促，空间形象呈矮胖状。明清时期，虽然城墙走向越秀山，但北部发展缓慢，西部日益火爆，城市空间形象仍无多大改变。民国时期，造桥技术翻天覆地，海珠桥应运而生，为改变城市空间形象带来一线生机。由越秀山经起义路，跨海珠桥，直抵海珠岛，城市南北轴线延长，足以与城市东西空间匹配。

而后的城市轴线东移，莫不是在寻求南北广袤的发展空间。事实上，起义路的传统中轴线称谓，也是因为城市新轴线引起的。

既然起义路传统中轴线是20世纪叠加在老城区的。那么，探寻广州古城中

图2-7 城市轴线

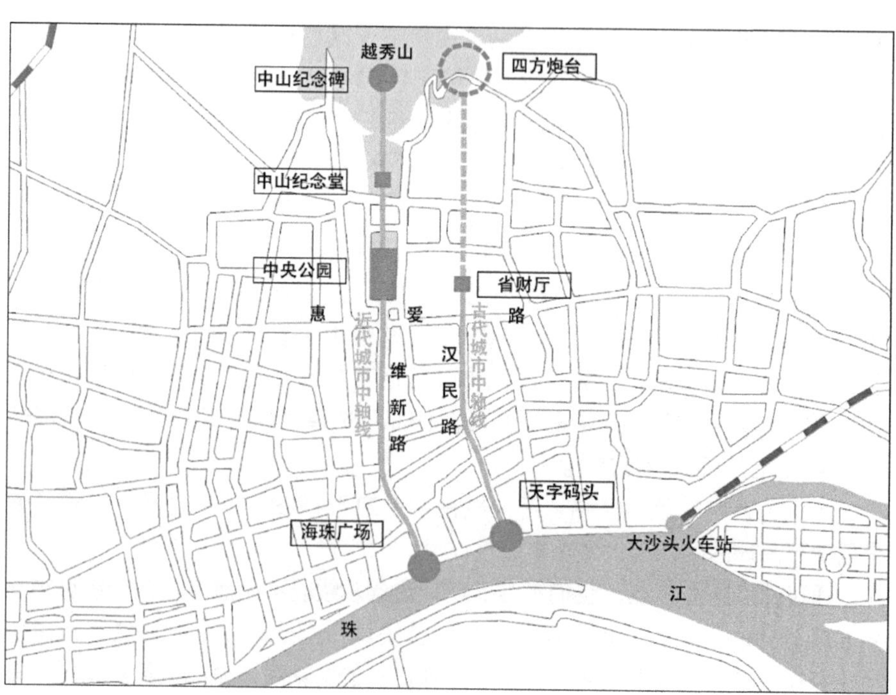

轴线的过程中，我们自然会把目光转向具有“千年古道”之称的北京路。

北京路始建于唐朝，繁荣于宋朝，发展于清朝。根据目前的考古资料显示，唐朝之前这里还没有筑路的痕迹。

唐朝时期，北京路初建的时候，番山、禺山等众多山岗尚存。南汉时期，山岗多被削平，原山岗位置建构了双阙。宋灭南汉后，将广州南部城墙南移。1244年，双阙改建为双门楼，故北京路时称双门底街[①]。清朝，双门楼以北称承宣直街，南称雄镇直街，城门外称永清街。但百姓仍称双门底街。双门底街南至珠江天字码头，是高官富豪登陆广州的重要地点，码头设有接官亭。双门底街北至番司，是广州最高官府所在地。辛亥革命后双门底街更名为永汉路，番司被改建为财政厅。后为纪念胡汉民，永汉路一度更名为汉民路，解放后又用回永汉路旧称。1966年，“文化大革命”时期更名为北京路。

①北京路、大南路口

沿着北京路向北一直延伸，便是越秀山四方炮台的遗址。仅仅听名字，我们就可以想到这是一个四面临风的高地，是广州古老城市的靠山，也是一座质朴，但能通天地灵气的山峰。

如果一定要讲广州传统中轴线的话，北京路北有四方炮台高岗、官府，南有双底门、码头，是由南进入广州城的官方通道，无疑就是广州唐宋元明清时期的中轴线。而且，这条中轴线避开了南越王家族的墓群，避开三元宫，空间上与越秀山峰直接关联，按照传统风水理论，成为广州古城的中轴线责无旁贷。只是明清之后，政府在这条轴线上没有任何动作，而原本清晰的轴线随着城市的发展逐渐淹没在不知所云的杂乱建筑群中。

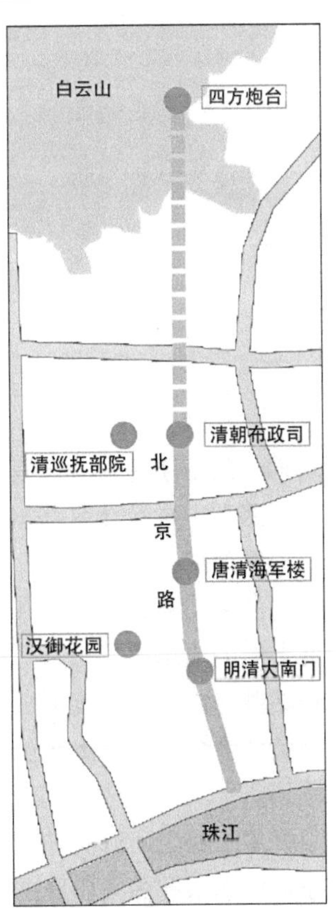

图2–8　北京路上的历史遗迹

北京路被冷落了。

北京路之所以被冷落，甚至于被起义路取代，除了南北空间局促，古城向西拓展迅速等因素之外。还有一个重要的因素，就是广州的东西方向的道路功能非常强大，其中，最有代表性的是中山路。

中山路是清朝的通衢大街，古称惠爱街，1940年更名为中山路。这里的商铺鳞次栉比，曾聚集了70多家老字号店铺。沿着中山路方向，我们可以看到很多历史遗迹：秦番禺城、秦汉造船工地、西汉南越国宫署、唐清海军楼、南汉御花园、明大佛寺、明城隍庙、明清大南门、清朝布政司、巡抚部院、广东都司、清庐江书院、民国时期公安局及保安大队，乃至于光孝寺、六榕寺等。当然，有些遗迹与其他三条南北向道路关系更为密切些。

中山路的风头明显压过了北京路。而在民国

图2–9　中山路上的历史遗迹

秦造船工地遗址（来源:《广州志》）

曲流石渠遗址（来源:《广州秦汉考古三大发现》）

西汉南越王宫署遗址（来源:《南越国遗址》）

大佛寺现状（摄于2016年）

光孝寺

六榕寺（来源:《全国重点文物保护单位 广东文化遗产》）

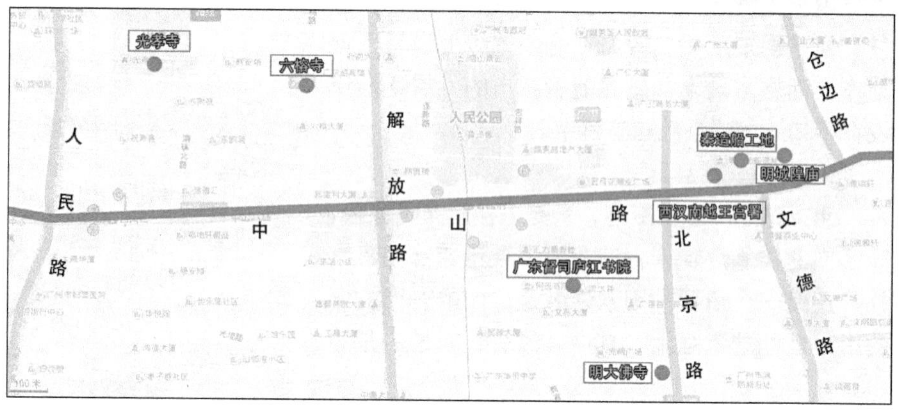

时期，几乎所有对城市有影响的大型公共建筑和跨江桥梁都集中在刚刚开辟的起义路上，导致北京路与起义路关系的尴尬。

解放路、起义路、北京路和中山路在空间上呈“卌”形布局。其中，东西走向的中山路起着统领和关联三条南北走向道路的作用。没有中山路，三条南北方向的道路呈“川”形布局，会失去核心的作用。只有中山路和三条南北向道路共同作用，才能形成广州古城的核心。甚至可以说，即使没有起义路，也不会对这个核心有太大的影响。但是，没有中山路，这个核心的作用将会大大削弱。

中山路之所以有如此重大的作用，是广州城市所处的地理环境导致的。由于珠江水系和白云山脉的阻隔，限定了广州南北方向的发展，城市向东西方向延伸成为必然。即便是道路系统棋盘化的今天，山水阻隔不再成为城市发展的障碍，广州东西向道路的密度和作用仍不输于南北向的道路。

从中华路到解放路，从维新路到起义路，从永汉路到北京路，从惠爱路到中山路，单单从道路名称变化的角度来看，我们就可以感觉到广州城市文化对任何一个时期的新生事物都较少持排斥和歧视的态度。民国时期打造的城市轴线广州接受了，“文革”时期道路的重新命名广州接受了。不重虚名，实用至上是广州城市文化的基因。坦然接受社会的变革，不无缘无故地变革，也许这就是广州作为商都的一个比较明显的特征。

我们之所以在描述广州解放的过程中，引导出解放路、起义路、北京路和中山路的历史，其目的是要表述两个客观事实：首先，广州城市东西方向的发展空间要远远大于南北方向。其次，广州城市文化中冥顽不化的因子存量非常少。

无论如何，广州空间结构形成的脉络是从东西拓展到东西南北综合发展的过程，支持这一过程的是广州海纳百川、实用至上的商都性格。在后面的章节中，笔者将围绕这个主题，按照时间顺序逐一展开，这里就不一一赘述了。

现在，让我们言归正传，重新回到广州解放初期，看看这座城市究竟发生了什么。

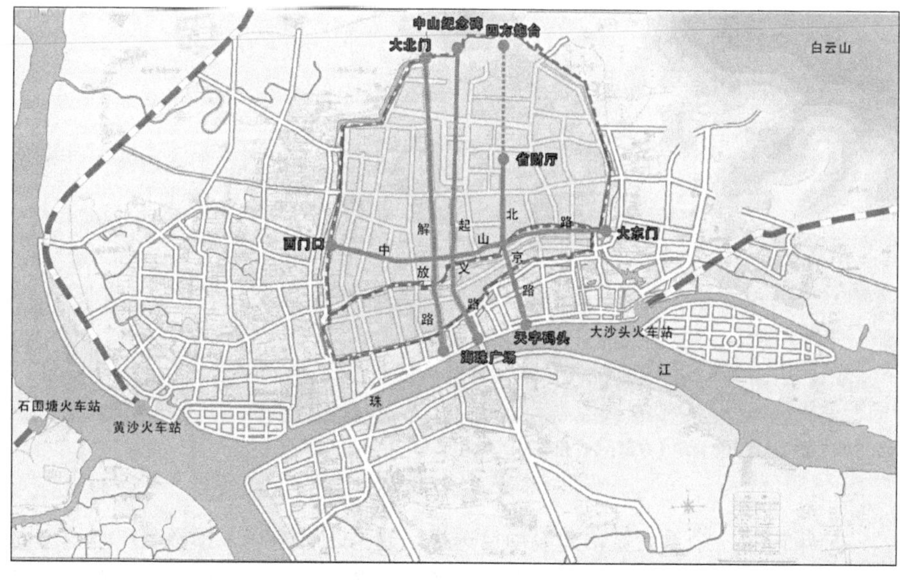

图2-10　广州古城的核心

1949年10月14号广州解放后，中国人民解放军广州市军事管制委员会于10月20口成立。11月11日（现在的孩子喜欢把这个日子称为光棍节，那个时候还没有这个概念），广州举行庆祝广州解放及人民解放军入城仪式。广州刚刚解放的时候为中央直辖市，1950年改为中南军政委员会领导。叶剑英元帅是中华人民共和国成立后首任广州市长。

面临一个百废待兴的广州，叶剑英、方方、邓华、赖传珠等中南军政委员会领导，开始尝试城市机能的恢复。他们选择的第一个城市建设项目的建设地点在越秀山中，项目内容是把一个叫作观音山体育场的废墟改建成能容纳万人的演出场所。因为，在举行庆祝广州解放及人民解放军入城仪式后有一场文艺演出。在广州这个寸土寸金的城市，要找出一个能容纳万余名观众的场地不是一件容易的事情。

最后，他们选中了越秀山中这块三面环山、荒置多年的泥地足球场。经过略加整理，环境虽然简陋，但文艺演出很成功。1950年元旦，广州市政府又在这里举办了体育竞技与表演等庆祝活动。

解放初期，每个城市都会频繁地举行各种大型的群众集会、文艺汇演和体育竞技等各类活动。因而，相对固定的活动场所对每个城市都是很重要的。1950年3月，广州市政府开始对这个长180米、宽83米的场地及周边环境进行整治建设，沿着三面山体建设了连续看台，建成像模像样的大型体育场。工程于10月完工，并命名为越秀山体育场。随即，这里便迎接了广州市第一届人民体育运动会。

越秀山体育场建设的意义是：工程是由上万名广州市民组成的劳动大军与专业施工队伍共同完成的。按照当时的经济条件，即便是利用山坡做看台，也是一项巨大的工程。有了广大市民的参与和奉献，特别是年轻人的义务劳动，工程才得以在8个月之内顺利完成。这是广州市民参与城市建设迈出的第一步，也是关键的一步。

图2-11　叶剑英市长号召市民义务劳动开辟越秀山体育场（来源：《广州志》）

1953年建成的越秀山体育场（来源：《广州志》）

广州市第一个重大城市建设项目选择了越秀山体育场，预示着广州城市面貌必将与重大体育赛事有着千丝万缕的关联。事实也正是如此，六运会、九运会和亚运会召开的同时，广州的城市面貌也得到了一次又一次的升华。

1950年的越秀山体育场改造工程是对广州市政府城建能力的考验，是一次小试牛刀。当时广州面临的真正难题是经济如何复兴。1951年的华南土特产展览交流会则充分展示了广州人民的聪明与才智，还有那敢为天下先的精神。

20世纪50年代初期的中国，军事战争结束了两大阵营的军事对立，但政治较量、经济争斗、文化渗透非但没有因战争的结束而有所缓解，反而愈演愈烈，剑拔弩张的态势依旧。可以说，狼烟未泯，硝烟依旧。其主要表现形式为西方世界对中国的经济封锁与外交牵制。封锁与反封锁成了那个年代的流行语和代名词。能否突破封锁、盘活经济成了新政权生存的先决条件。

图2-12　越秀山体育场（来源：广州市国家档案馆）

那个时候，“谷贱伤农”、“货积伤厂”已经很严重了，农副土特产品积压在农民手中，猪鬃、茶叶、草帽辫、蚕丝无法换取现金。工商用品囤积在库房里，没有销售渠道，资金无法回笼，厂方不得不缩工或停产。产生这种结果的原因，既有敌对阵营对中国封锁的因素，也有国内市场网络不通畅的因素。

换个角度讲，新政权要恢复国民经济，要安定社会秩序，要改善人民生活，就要物价稳定，就要财经统一，就要市场规范。然而，全国经贸系统得到了统一管理之后，立马就面临着市场大面积瘫痪、商业资本严重不足的窘境。所以，一代商界枭雄荣毅仁先生曾这样告诉时任政务院副总理陈云先生：“你要取得江南农民对政府的信任，只需做一件对事情：收茧。”这句朴实得不能再朴实的语言道出了一个真实而又不能再真实的道理。

1950年5月8日，上海、天津、武汉、广州、北京、重庆、西安七大城市工商管理巨头聚集首都，商量如何应对当前形势，如何破解难题。他们破天荒地提出了一个口号：“为人民作好生意是光荣的”。他们提出的思路是：面向农村拓展物质交流空间、大规模开展城乡物质交流活动和强化市场渠道疏导力度，通过国内市场先解决货物出路问题，再通过拓展国际市场解决发展问题。

于是，20世纪50年代初期就有了：恢复原有集市，建立新集市、庙会；建立货栈、过载行；召开土产会议，组织城乡物资交流会等一系列活动。那个时候，城乡贸易着实让城乡经济火了一把。

客观地说，举办物资交流会，既有经济意义，又有政治意义。

其经济意义是：恢复地区经济，繁荣各地商业，恢复和发展工农业生产，活跃金融和运输，提高农民的购买力，增加国家财政收入。

其政治意义在于：粉碎帝国主义的经济封锁，粉碎敌特分子的破坏，巩固工农联盟，巩固人民民主统一战线，巩固新生政权。

1950年11月，华北地区组织了土产交流会。随后的两个月里，北京、河北、山西、察哈尔、平原等5省市23个专区、89个县先后召开了城乡物资交流会。国营贸易公司收购粮食50亿斤、棉花600万担、鲜蛋94万斤。供销社也大张旗鼓地收购农副土特产品。政府开始有计划地介入城乡物资交流。

在全国的城乡物资交流的浪潮中，广州市工商联筹委会于1951年4月23日成立物资交流指导委员会。6月，将物资交流指导委员会与辅导委员会合并，更名为物资交流促进委员会，并成立华南土特产展览交流大会筹委会。7月10

图2-13 西堤灾区与海珠桥北废墟

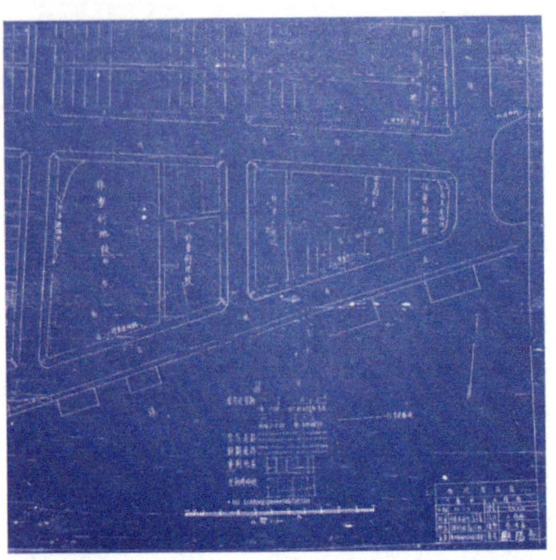

西堤灾区图，1947年，工务局编制（来源：《五羊城脉》）

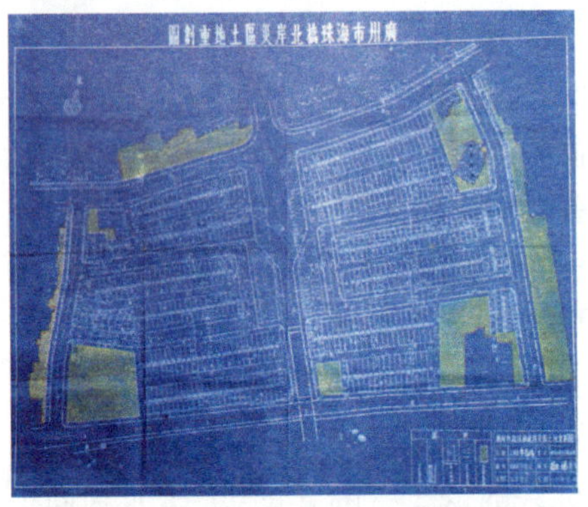

海珠桥北岸灾区土地重划图，1949年地政局编制（来源：《五羊城脉》）

日华南土特产展览交流会筹备工作正式启动。

华南土特产展览交流会，号称是七大巨头会议之后全国第三个大规模的展览交流大会，是一次检阅华南经济力量的大会，是对华南土特产的总调查、总交流、总宣传，是中国南方地区打响反封锁的第一枪，对恢复华南地区经济有一定的影响。

当时，华南土特产展览交流会有两个选址。一个是海珠桥北废墟，是国民党撤退时海珠桥爆炸并引发大火吞噬周边建筑造成的，后来这里改造为海珠广场并安放了广州解放纪念雕像，成为起义路中轴线的一个重要节点。另一个是西堤灾区，即西堤旷区，是日本侵略者1938年10月20号攻占广州时狂轰滥炸引发大火，连续烧了四天三夜造成的。

最终，华南土特产展览交流会选址在西堤灾区。

西堤灾区包括南方大厦、市邮局、美印厂等，面积有8.7万平方米左右。交流会后来留下的面积约4万平方米。

我们之所以说华南土特产展览交流会展示了广州人民敢为天下先的精神，是因为广州采取与其他地区完全不同的方式建造了展馆。

当时，天津、武汉等国内的展览交流会会场通常为搭建临时性的竹棚或草棚作展馆，展览会结束后，场地一拆而光，剩下空地一块，难留一丝半毫痕迹。

这种做法是很容易理解的。举个例子，我们看到的农村秋收季节的打麦场就是临时打造的。每到秋天，农民往往先割除一片庄稼，将土地碾平压实，作为打麦场。秋收后，打麦场又恢复为农田。周而复始，一年一年地重复打麦场与农田的变换。农民之所以不厌其烦地一次又一次地重复，而不去建一个永久性的打麦场，是因为在这块土地上收获农作物的价值远远高于重复打麦场与农田变换所付出劳动的价值。

中国科举制度跨越了几个朝代，有上千年的历史。但是留下来的科举考场却寥寥无几。其道理也与打麦场相似，科举考场多数都是临时建筑，我们称之为考棚。一年中就那么两三天科举考试，如建永久性建筑似乎很划不来。但是，也为我们今日难觅往日考场风范留下遗憾。

图2-14　物资交流会场内情景（来源：《百年广州》）

在讨论华南土特产展览交流会时候，以林克明先生为代表的广州专业人士提出了不同的看法。认为展览馆不同于打麦场和考棚，因为展览结束后还可以作为市民的活动场所。最终，中共中央华南分局和省政府拍板：华南土特产展览交流会用半永久性的砖木建筑展览馆代替草棚搭建。

为此，广州成为那次交流会浪潮中唯一留下历史痕迹的交流会。广州留下了一批具有时代特征、华南风采的永久性建筑，延续了时代文脉。广州增添了一处被叫作文化公园的环境优美、内涵丰富的活动场所。

与越秀山体育场的筹建模式相似，华南土特产展览交流会也是由政府、专家以及社会各界人士共同参与筹建的。其中，教授、专家、教师、学生、干部、工人和多个机关团体的参与人数达5000余名。

政府仍然是交流会的主导，成立了筹备委员会。筹委会主任委员由时任广州市副市长的朱光先生担任，秘书长由华南分局办公室主任林西先生担任①。筹委会架构齐全完整，由办公室和专业委员会构成。

①办公室从各厅局、各地市抽调了一大批干部，由秘书、总务、财务、宣传、征集布置、联络、警卫、业务处等部门组成。

业务处是办公室的骨干单位。业务处处长由广州市工商联筹委会主任委员林志澄担任，业务处的交易科设立了广东省内各专区和华东、华北、西南、西北、东北各地的联络小组。

专业委员会担负展览会的总体规划、展馆设计、环境装饰设计、美化绿化和展览布置等工作②。其中，建筑工程委员会几乎囊括全广州市一流的建筑设计师、美术师、园艺师等建筑工程技术人才，如邓恳、林克明、余清江、金泽光、杜汝俭、夏昌世、陈百齐、郭尚德、符罗飞、冯禹能、黄适、黄远强、谭天宋等。交流会的建筑由十馆两部一场构成③。即由十个展览馆，两个服务部，一个零售商场构成。中山大学建筑系的教授、专家，每人负责设计一个展馆，林克明先生为展馆设计的总负责人④。

②专业委员会分别为：业务指导委员会、建筑工程委员会、美术工作委员会。

③十馆：物资交流馆、工矿馆、日用品工业馆、手工业馆、食品馆、农业馆、水果蔬菜馆、林产馆、水产馆、省际馆；两部：交易服务部和文化娱乐部；一场：一个零售商场。

④会场建筑面积达11.76万平方米。

交流会的场馆基本上以现代建筑为主调，简单明了，不施粉黛，极少装饰，功能至上，给人耳目一新的感觉，并保持至今，实属不易。相比较而言，1953年一代建筑宗师杨廷宝先生设计的北京和平宾馆就没有那么运气了。和平宾馆也是纯粹极致的现代建筑，但被当时的苏联专家批评为资产阶级构成主义的作品。以至于杨廷宝先生后来改变风格，设计了具有民族风格的北京火车站、人民大会堂等作品。

虽然现代建筑在一段时间内没有受到国内的待见，处于窘迫的状况。但广州似乎没有受到太大的影响，我们将在后面提到的广派建筑风格源头可以追溯到华南土特产展览交流会的场馆。广州城市文脉的延续应该归功于华南特有的文化氛围和广州独具的商都底蕴。

1951年10月14日，华南土特产展览交流会如期正式开幕。至11月中旬止，交易总额已达30.17亿元。过去，华南地区的土特产很是依赖海外市场，当出口呈现困难时，交流会及时救火，确立扭转外销为内销的方向。通过交流，加深了解，建立国内商业关系，保证了土特产品的出路。

1951年底，华南土特产展览交流会顺利闭幕。广州于1954年和1955年又举办了两次华南物资交流大会。通过几次交流会，基本解决了本地待出口土特产的滞销问题。“出口转内销”规避了过分依赖出口贸易所带来的隐患，这一词汇在相当一段时间里曾流行于大江南北。通过几次交流会，加深了国内商户的相互了解，商户间建立了贸易联系，保证了土特产品的出路。

此后，一些规模不等的境内外经济贸易和物质交流会陆陆续续在这里举办。

随着华南土特产展览交流会的结束，广州市政府开始对未来的商业物流发展做了更为长远的谋划和精密的策划。这个谋划和策划的结晶是南方大厦复建。

南方大厦的前身是由蔡昌、蔡兴两兄弟创建于1914年的大新公司。当年，大新公司与新新、先施和永安并列为广州四大百货公司。大新公司有两个主打商厦，一个在城内，一个在城外。

城内的商厦位于中山五路，是大新公司的总部，取名为城内大新，现在叫作新大新百货大厦。新大新大厦旁的昌兴街，就是源于蔡氏两兄弟的名字。

城外的商厦就在西堤灾区内，是大新公司的分店，建成于1922年，取名城外大新。12层的城外大新曾经号称中国第一高楼，建筑内有螺旋车道、客用电梯、游乐场及空中花园等摩登时尚的设施，在国内赫赫有名。后来的天津劝业场和上海沙逊大厦①是步其后尘建设的。

①城外大新比天津最高楼劝业场早6年，比上海最高楼沙逊大厦早7年。

1937年抗日战争爆发后，蔡氏兄弟将城内大新的货物全部转移到城外大新，原本的目的是冀望为大新公司保留下一部分资产。没有料到的是1938年日军未进广州，一番狂轰滥炸，城外大新惨遭摧毁，屋倒物亡，导致大新公司所有资产付诸一炬。大新公司由此沉寂了相当一段时间。

1951年底华南土特产展览交流会顺利闭幕后，广州市政府便着手城外大新的复建工作。1954年，一座充满生机的商厦再次屹立在珠江岸边。同时，它也有了新的名字：南方大厦。到了20世纪80年代，南方大厦的商品销售额、实现利润和缴纳所得税均为全国国营百货商店之首。

南方大厦建成之后，与华南土特产展览交流会址上不定期的物资交流会，以及爱群大厦、广州海关、邮政局，还有西濠二马路、人民南路上的大大小小商铺，海珠广场上大大小小的建筑共同构建了广州商业中心，昭示着民国时期打造的广州西部大商圈再度复兴。

西部大商圈曾因十三行的存在而成为广州的商业中心，因民国政府拆城墙而扩大规模，因华南土特产展览交流会活动和南方大厦重建而再度复兴。所不同的是：十三行时期的商圈以外贸为主，南方大厦时期的商圈以内销为主。

图2-15　南方大厦（来源：广州市城建档案馆）

无论如何，西部大商圈的复苏是广州城市经济步入正常轨道的标志。广州市人民政府接下来需要考虑的问题是如何打开国门。

随着广州城市内贸市场步入稳定期，外贸复苏的趋向也初现端倪。由于地理条件的限制和城市扩展需求量增大，广州打开国门所迈出的第一步是建设中苏友好大厦。

我党执政初期，比较缺乏管理国家的经验与能力，党员干部的整体知识水平较低。比如，当时华北地区150万党员中有130万是文盲或半文盲，区委以上领导中有50%左右没有文化或文化不高。这是中国很需要海外帮助的时期，也是西方世界对中国进行经济封锁最严重的时期。当时，与中国建立友好关系的国家只有20多个。因此，苏联是中国唯一可以依靠和信任的外援。两个国家在20世纪50年代度过了一段非常甜美的“蜜月期”。

在这个大背景下，广州市人民政府于1955年为了举办苏联经济文化成就展览会而筹建了中苏友好大厦。足以见得广州对中苏友好的重视和对外贸破冰的渴望。

就空间而言，大厦选址跳出了西部大商圈，定点在流花路，这里属于古兰湖湿地范围，曾经是广州城市接待来自北江和西江客船的地方。当然，广州城市北部的以往功能是以行政办公和居住为主的，兰湖只是珠江水域中的一个避风港湾，是上游船舶到广州后的停靠点，真正的贸易往来还是要沿水路绕道城市南部进行交易。从这个意义来讲，中苏友好大厦是广州市人民政府试图摆脱珠江引力，将商贸活动引向城市北部的重大举措。

中苏友好大厦在广州城市北部开辟了一块新天地。虽然在后来的一段时间里，城市北部并没有因为中苏友好大厦的存在而快速发展，但其空间战略布点的价值在20年后得以充分地发挥。

中苏友好大厦主厅长60米，宽20米。大厦广场坐落一尊象征中苏友好的巨型雕塑，气势颇为宏大。大厦于1955年10月5日正式开馆，苏联经济文化成就展览会如期举行。展馆展示了来自于苏联的大量展品，广场摆放了各式各样的

图2-16　1957年第一、二届广交会在中苏友好大厦举办（来源：《广州市设计院建院50周年作品集》）

汽车。即便是对于见多识广的广州人来讲，那次展览也是一次机会难得的视觉盛宴。中苏友好大厦也成为广州城市北部的地标。

建国初期，我国有两条外贸通道，一条是连接莫斯科与北京的铁路，一条是连接香港与广州的铁路。北京与国际社会主义阵营联系密切，广州则面向多元的世界。因此，尽管当年全国有很多中苏友好大厦，在众多大厦中，唯一高大上的项目则是在北京。而广州则需要承担起自己的责任，向世界伸出友谊之手。

如果说，我们曾经拥有过海上丝绸之路和陆路丝绸之路，那么也可以说，新中国成立后，我们拥有了北京—莫斯科之路和广州—香港之路。从地理位置和历史关系的角度来看，广州远离国家政治中心，外贸出现偏差时，可纠错的余地大。具有千年的外贸经验和“一口通商”的历史，也让广州在建立国家外贸基地的过程中展现出开放、自由、灵活的一面，完全担负起国家外贸桥头堡的功能。苏联经济文化成就展览会的成功举办大大刺激了广州人对外开放的渴望和对外交流的信心。他们企盼更多更大的国际展览会能在广州举办。因此，广州的中苏友好大厦只是一个过程，真正的重头戏是广交会的横空出世。

图2-17 建国初期的两条外贸通道

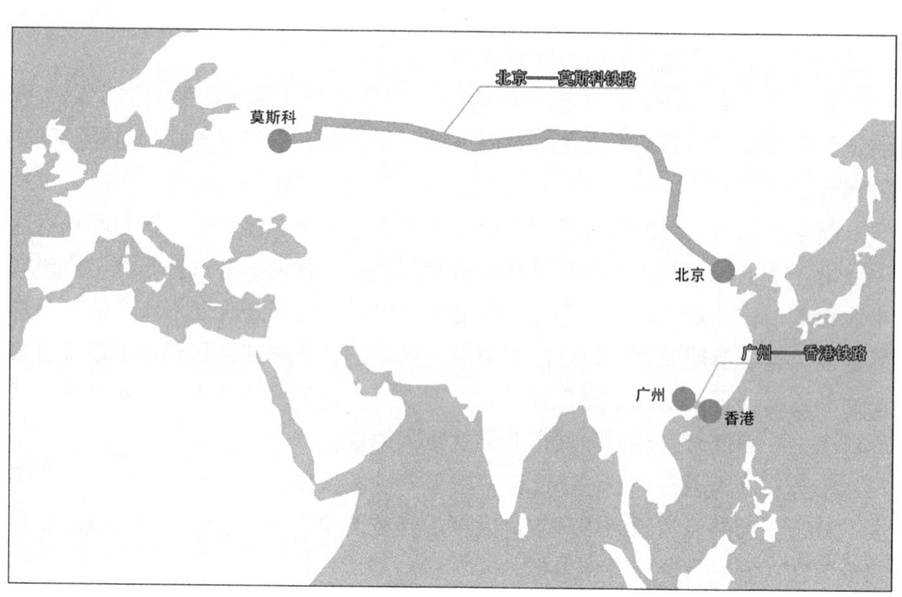

1956年，时值中国对私营工商业进行大规模社会主义改造，大力发展国营经济和合作社经济，私有经济逐渐淡化，国家对商业的统筹的能力得到加强，商品品质有了保障。

在这个基础上，广东省外贸局提出：由外贸部和广东省人民委员会在广州中苏友好大厦举办一次全国性的中国出口商品展览会，获得周恩来总理同意，国务院批准。11月10日中国国际贸易促进委员会来到广州，主办了这次展览会。展览会汇集了国内近万种出口商品，与数十个国家和地区达成5000万美元的交易额。这次展览会的基本特点是：集中展出、当面洽谈、看样成交。中国出口商品展览会的模式得到了中央政府的充分肯定。为此《人民日报》还发表了阐述展览会意义的社论，足以见得当时中央政府对这次展览会的重视。

也许是广州人的虔诚，也许是广州城市的特殊地理位置，也许是广州历史积淀的外贸基因，也许是广州市政府的努力争取，在第一个五年计划即将结束之际，在中国出口商品展览会成功举办之后，中央政府同意广东省关于举办出口商品交易会的请求。1957年3月，经国务院批准，外贸部下发了《中华人民共和国对外贸易部同意四月份举办出口商品交易会》的文件。

中国出口商品展览会和中国出口商品交易会虽只有两字只差，但意义完全不同。中国出口商品交易会的召开，标志着中国外贸大门在岭南首府悄然打开，也标志着广州内商与外贸并重发展态势的起步。

1957年4月，第一届中国出口商品交易会借用中苏友好大厦的展览空间如期举办，周恩来总理出席了交易会。首次中国出口商品交易会的成果是丰富的。在展馆不足1.8万平方米的空间里，安排了13个交易团的1万多种展示商品，接待了来自19个国家和地区的1223人次客商。第一年的成交额达8657万美元，占当年全国创收现汇总额的20％。首届交易会成功举办的同时，中国出口商品交易会也在谋划每年两届交易会的永久会址。

中苏友好大厦虽然有良好的展览空间，但周边的城市建设并未成熟，城市功能尚不齐全。因而广交会的固定会址又重返西堤大商圈。

1958年，侨光路中国出口商品陈列馆如期建成，中国出口商品春季交易会在这里成功举办，时值国民经济建设第二个五年计划全面实施和对外贸易迅速发展的时期。这一年的出口成交额达1.5亿美元。

1958年，国务院周恩来总理在陪同朝鲜民主主义人民共和国金日成主席参观中国出口商品秋季交易会出口商品时，认为展馆面积偏小，空间局促，应当考虑再建一个更大的陈列馆。

随之中国出口商品陈列馆筹建委员会成立，并将目标锁定在起义路南端的海珠广场附近。当时，海珠广场也处于改造过程中，中国出口商品陈列馆的出现无疑将会大大提升海珠广场的景观品质。于是，中国出口商品陈列馆筹建委员会与广州市新建、改建海珠广场领导小组携手共建，于中华人民共和国成立十周年之际完成了两个大型工程。

国庆期间，起义路中国出口商品陈列馆和解放广州纪念雕像同时出现在广州市民的视野里。与此同时，一批对外商业商务设施围绕着海珠广场也在谋划和筹建之中，“小型涉外商务建筑”悄然兴起，以交易会为核心的公共商业中心区后期淡然而出。

图2-18　1958年侨光路2号中国出口商品陈列馆（来源：《百年广州》）

1959年中国出口商品秋季交易会搬迁至起义路新馆。1960年和1961年是国家经济困难的时期，广交会的出口额度仍然有4.1％和17.5％的增长。虽然起义路展馆使用面积达4万平方米，远远大于侨光路展馆的使用面积，但仍不能跟上中国出口商品交易会发展的步伐。1963年，仅仅使用了4年的起义路展馆就明显不够用了。1963年中国出口商品秋季交易会不得不再次启用侨光路展馆作分馆。

1966年，是一个十分特殊的时期，“文化大革命”爆发了。中国出口商品交易会成立了展卖品审查小组，对672个出口商品类别逐一审查。才子佳人、帝王将相、神佛鬼怪等疑似“四旧”内容的工艺品无一幸免，一律下架。3万多种展品减为2万。对参加广交会的外商也多了一些要求，比如要佩带毛主席像章，要手握红宝书，甚至还要背诵着毛主席的语录。

尽管有如此的严格审查，尽管有如此让人啼笑皆非的要求，中国出口商品交易会在“文革”期间的出口成交额竟只增不减，而且平均每年递增达23.9%，不能不说这是一个奇迹。我们只能轻轻地对中国出口商品交易会说：你选择广州是英明伟大的。

1968年，中国出口商品交易会再次增加分馆。这次分馆目标锁定在华南土特产展览交流会会址。那个时候，会址已经改为文化公园。文化公园中有个“谊园”，中国出口商品交易会临时分馆就设在那里。

从严谨的字面意义上来看“中国出口商品交易会”，它和广州并没有必然的联系。但是，在很多非正式场合我们更喜欢用“广交会”代替“中国出口商品交易会”。原因是广州与“中国出口商品交易会”难以割舍，在其发展中起到了十分伟大的作用。极端一点地说，没有广州的文化根基和社会氛围就不会有“中国出口商品交易会”，至少“中国出口商品交易会”不会发展如此顺利。

图2–19　1959年起义路中国出口商品陈列馆（来源：《百年广州》）

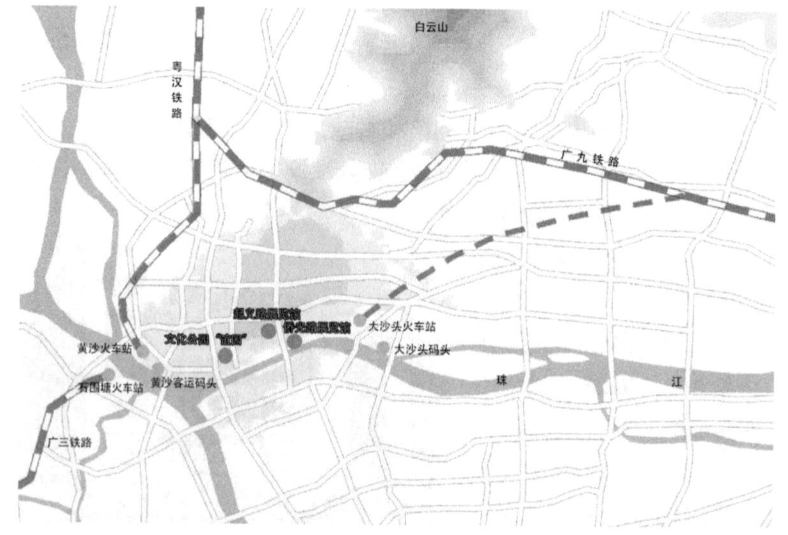

图2–20　广交会分馆分布

图2-21　爱群大厦——位于今越秀区沿江西路113号（摄于2016年）

当然，“中国出口商品交易会”顺利发展也与香港有关。粤港关系在某个时期具有“国际通道”的作用，香港与大陆的贸易是国家外商外贸的“晴雨表”。“文化大革命”时期，中央多次提出“香港有别于内地”的观点。“中国出口商品交易会”在“文革”期间的交易额不降反升，不能说与香港稳定没有关系。

1970年，中国出口商品交易会的场地不足问题已经非常严重了，特别是1972年《中美联合公报》发表之后，欧美商人到会人数剧增，新馆建设迫在眉睫。最终，中国出口商品交易会又回到中苏友好大厦原址去建设新的会址。

在结束本章节的讨论之前，我们还需要提到一个名字：爱群大厦。

因为，从第一届广交会到第十届广交会的开幕、闭幕酒会都是由爱群大厦一手包揽的。早期参加广交会的港澳同胞、华侨来宾也是很中意爱群大厦的。

爱群大厦是同盟会会员陈卓平先生于1934年10月动工，1937年4月落成的。自建成以后，爱群大厦一直以64米的高度自居广州第一高楼。直至1968年，第一高楼的称号才被广州宾馆“抢走”。

1949年到1959年的十年是广州走出战争废墟奔向正常城市的十年。在这十年里，广州城市机能恢复的成就主要集中表现在商贸网点的建设与对外贸易基地的建设方面。

华南土特产展览交流会的成功举办和南方大厦的崛起标志着广州在国内商贸地位的恢复和西堤大商圈的成功复兴。西堤大商圈原本是广州的传统外贸基地。从西来初地、十三行、沙面、石室、光塔等遗址遗迹，我们不难找出当年海外贸易的影子。华南土特产展览交流会成功举办和南方大厦复建之后，西堤大商圈演变为广州内贸的重要基地。曾几何时，南方大厦被认为是广州西堤大商圈的标志与骄傲。初次到广州而不进南方大厦都会让人难以理解。

中苏友好大厦的出现促进了广交会的诞生。广交会的几度易址描绘出广州引领全国外贸发展，率先突破西方世界经济封锁的轨迹，也进一步确定了广州外贸桥头堡的传统地位，并主导了后来半个多世纪广州城市的发展方向。广交会曾经脱离西部大商圈而独立存在，暗示着广州城市格局即将改变的必然性与可行性。最后，外贸基地脱离西堤大商圈，脱离北部商圈，向东发展的客观因素是城市对外交通方式的改变。当城市外贸不再依赖于水上运输的时候，外贸基地必然会选择更为合理的交通节点。

无论如何，在解放最初的十年里，广州的内、外贸基地都是在城市核心区的西部地区。

在西堤大商圈复兴的同时，随着城市人口的增加，城市建设重点也迈开了向东发展的步伐。

第三章　城市东进的延续

唐朝广州城市西部出现了番坊区，这是西堤大商圈的起源。清朝十三行成为西堤大商圈的核心，后来沙面的出现加重了西堤大商圈的权重。广州主要的对外贸易活动都是从西堤大商圈衍生出来的。所谓千年商都，所谓岭南首府，其经济根基就在西堤大商圈。民国时期，西堤大商圈进行了一次比较有效果的整合，空间品质、交通环境和商贸条件都有较大的提高。但空间余量也随之日渐减少。城市发展方向出现逆转。向东拓展成为城市建设的主流。

解放之初，面对西方世界对中国的经济封锁，广州选择西堤大商圈作为经济复兴的重点，着力修复国内商贸体系，并成功地打开了对外贸易的大门。商贸的重新崛起为广州活力恢复奠定了基础，同时，广州并没有放松东部建设的步伐。

与城市西部如火如荼的商贸活动场景迥然不同。20世纪之前，广州城市东部还是一片尚未开发的处女地。岗台、丛林、田野和散落的村庄、少量的庙宇紧紧抓住了民国时期城市规划师的眼球，城市空间向东扩展的战略一锤定音。

民国时期，广州完成了向东发展的战略布局，并沿着珠江已经实施了一部分建设。解放初期，城市向东发展的重点放在了东北部的建设，以期完善东部城市功能，寻求更大步地向东跨越的机遇。

如果说，解放初期广州重振西堤大商圈是源于当时的国际形势和国内政治经济发展的需要。那么就可以说，广州城市东部大规模的建设则是基于城市功能的完善、历史的积淀和东部空间潜在的环境容量。

图3–1　20世纪前尚未开发东山（来源：广州市城建档案馆）

过去，广州西部是商贾聚集的地方，西城外的区域是人声鼎沸、市井喧哗、商贸繁荣的码头和商号。广州东部是学子聚集的地方，东城外的区域是松林茂密、人烟罕见、寂静安宁的岗阜和台地。少数寺庙和村庄点缀其中，愈显扑朔迷离。

明清时期，东城外还没有开发，大部分学子聚集在孔庙周围。孔庙，也称番禺学宫，位于广州通衢大道旁，距东城门不远。因民国时期农民运动讲习所租借这里举办第六期学习班而名声大震。孔庙之所以能够名声大震的一个重要原因是恰值我们伟大的领袖毛泽东同志任第六期农民运动讲习所的所长。

《番禺县志[①]》说宋朝时期，广州的学宫在城东南5里，后来惨遭摧毁。明朝洪武年间，广州知县将学宫由东城墙外搬进东城墙内，成为广州地区最高学府，也兼顾祭祀孔子的孔庙功能。

①清朝同治年间。

每年农历的二月和八月，学宫内都会举行盛大庄重而又不失古雅的典礼，以祭祀孔子。在花岗石雕琢的棂星门下，在大成殿、崇圣殿、尊经阁内外的虔诚学子会用这种隆重的方式表达他们对圣人的敬畏。1906年，学宫改为番禺中学堂的八桂中学。

1924年7月到1926年9月，正值第一次国共合作时期，为了配合即将进行的北伐战争，培养更多的农民运动干部，由澎湃组织创建了全国农民运动讲习所。讲习所一共举办了六届培训班，培养了800多名革命干部，其中很多成长为优秀的中国共产党党员，比如广东第一位女党员高恬波（第一届学员）、曾任广东省委第一书记的王首道等（第六届学员）。其中，第六届全国农民运动讲习所于1926年5月在这个清朝番禺学宫[②]举办。

②广州农民运动讲习所旧址位于今中山四路42号，原为番禺学宫，始建于明洪武三年，清代重建。现正门悬挂着周恩来1953年题写的“毛泽东同志主办农民运动讲习所旧址”横匾。

1926年，学宫将大部分用房租给了农民运动讲习所。第六届农讲所师生的阵容颇为壮观。毛泽东任所长，教员有周恩来、萧楚女、彭湃、恽代英、阮啸仙、赵自选等，共有来自全国20个省区的300多名学生，这些学生毕业后立即奔赴各地从事革命活动，为中国革命作出了重要贡献。

与学宫隔路相望的是清朝万木草堂。1891年，康有为租借“邵氏书院”[③]部分房舍作为讲堂，创办了万木草堂。

③邵氏书院建于清嘉庆九年（1804年），是三间三进、两天井、硬山顶的祠堂式建筑（今中山四路长兴里3号）。

康有为以孔学、佛学、宋明理学为体，采用中西并重的教育内容，宣传社会改良思想，开展相关政治活动，成为戊戌变法的策源地。其后，虽迁址两次，从卫边街的邝氏宗祠（今广卫路附近），到广府学宫仰高祠（今文明路广州市第一工人文化宫内），学堂一直都是在广州老城的东部发展。

万木草堂陆续培养出了梁启超、陈千秋、徐勤、韩文举、麦孟华、曹泰等一批著名的维新变法人才。

与学宫和万木草堂隔着城墙相望的是位于东郊的东较场。

广州城市四周地区的环境都很有个性，只有东部适于安置较场。广州城市南面是滚滚东流的珠江，临江土地寸土寸金，不可能安置较场。城市西部商贾如云，较场自然很难插足。大北门外是直通韶关的官道，不适于较场。只有东部和东北部能够安排较场。所以，广州只能安排两个较场。一个在大东门外，叫东较场。一个在小北门外，叫北较场。其中，东较场是主较场。

所谓较场，就是冷兵器时代操练和比武的场所。隋朝的中原部队比较勤奋，每个月都要跑到较场操练一番，检阅一番。明清时代，部队操练没有隋朝那么有规律，那么频繁。但时不时也会跑到较场操练一番，看看训练的效果。

图3-2　番禺学宫与万木草堂

番禺学宫崇圣殿

万木草堂——位于今中山四路长兴里3号（来源：广州市国家档案馆）

2001年改造后的万木草堂（来源：广州市国家档案馆）

1906年东较场举行广东省第一次运动大会（来源：《百年广州》）

1991年广东省人民体育场（来源：《广州志》）

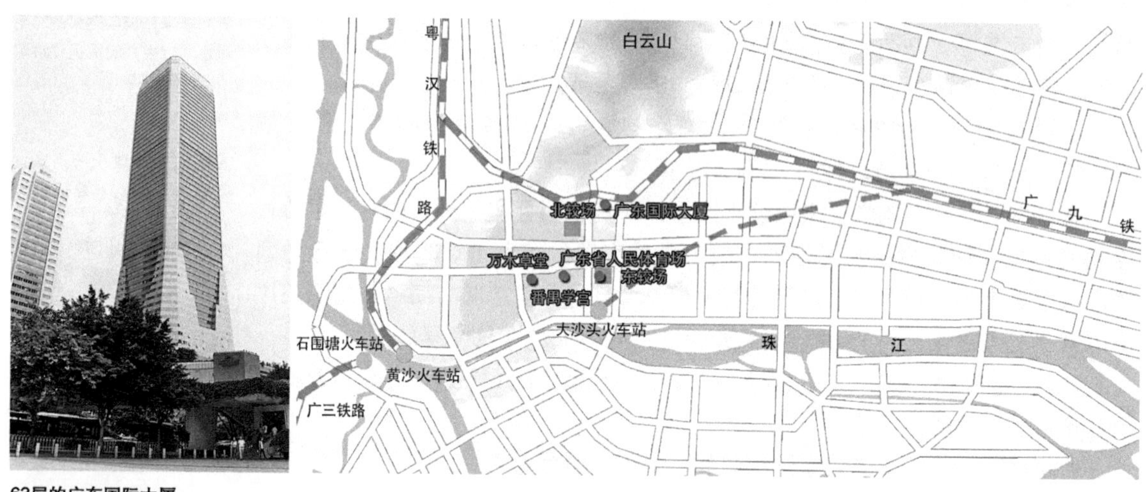

63层的广东国际大厦

图3-3　东较场、广东省人民体育场与广东国际大厦

较场的特点是部队操练时人嘶马鸣，部队离开，一切都会归于原状。冷兵器时代结束后，很多较场会在确定城市发展格局中发挥重要作用。

明洪武前，广州东较场和孔庙都位于东城外，文臣武将自然也会向这里集中。后来，孔庙被毁，荒郊野岭也的确不适于文弱书生频繁奔波。孔庙由城外移至城内，但仍与东较场隔城相望。文臣武将相聚区域变化不大。城东有权、城西有钱的城市格局在这个时期已初显端倪。

随着冷兵器时代的结束，各地较场纷纷转型。广州东较场华丽转身，成为城市重要活动和大型聚会的公共场所，见证了20世纪后广州诸多重大事件的发生。

1906年，以奥林匹克竞赛规则为蓝本的广东省第一次运动会就是在这里召开的。这是奥林匹克运动传入中国的一个重要的里程碑。

1916年，民国政府的第72号大总统令明确公布广州东较场为永远公共运动场，时称广东省公共运动场。这一决定无疑激发了后来铺天盖地的别墅群建设浪潮，对东山地区的开发起到了推波助澜的作用。

1921年、1922年的北伐誓师会，1925年的孙中山先生追悼会，1926年国民党第二次代表大会开幕后的盛大阅兵等都是在这里举行的。1927年的广州起义也是从这里启程的。

1932年东较场上出现了占地13万平方米的田径比赛场地，并被正式命名为广东省立体育场。1950年更名为广东省人民体育场。1953年，建设了可容纳8000名观众钢结构的看台。

北较场在冷兵器结束后，沉寂了相当一段时间。直至20世纪末，一鸣惊人，成为城市商业重地。其中，名噪一时的“63层”，即广东国际大厦，颇为引人注目。

广州东城外建设的第一次浪潮始于20世纪初期，浪潮过后，留下了一片的洋洋洒洒的东山别墅群。东山别墅群逐渐形成非官方的政治中心，发展成为城市的扩展区，再后来，东山别墅群又成为现代政治和经济领军人物的主要活动场所。

按照传统的说法，“东山”的地名来自于东山寺。东山寺的名称最早见于明朝初期。但是，有关东山寺的起源却有两个版本。

一个版本出自于明朝吴中编撰的《广州志》，其卷二十五《寺观》记载：1179年宋朝僧人宗真与周侍郎曾在广州城市东部地区建六祖寺。明洪武年间，朱元璋皇帝规范佛教管理，大搞寺庙关停并转，严控寺庙数量。广州百余座寺庙在这个时期也不无例外地大规模整合，六祖寺与其他寺庙合并，并改名为东山寺。

另一个版本则说，东山寺为时任明朝广东提举市舶太监韦眷①的大作。因此，东山寺也被戏称为“太监寺”，后朱见深皇帝曾赐名为“永泰禅寺”。因东山寺前殿供奉着真武大帝，故也有真武庙之称。

无论哪个版本，都确定了一个事实：这座位于广州东城外八里的寺庙是在明朝初年以“东山寺”名字展现在世人面前的。历史上，广州人习惯将珠江称作海，将丘陵称作岗，将相邻成片岗台称作山。故而东山寺周边岗阜连片的地区被称为“东山”②。至今，我们打开东山地区的地图，仍可以看到龟岗、烟墩岗、竹丝岗、马棚岗等诸多以岗为特征的地名。1931年，广州市在东山寺遗迹旁设立东山区公所③。由此，“东山”这一地名得到了官方的认可。

①韦眷，字效忠，广西宜山人。明代广东提举市舶太监。

②旧时的东山，范围并不大，主要是指广州城东郊的东山寺周围即今署前路东山口龟岗一带。

③署前路。

民国之前，广州城区之所以没有向东发展，原因在于东部连绵岗阜的自然地貌。当年，南汉国削平番山、禺山两个不大的山岗，将城区向南推进，就在史书上闹得沸沸扬扬。何况东山连片岗阜，在这个区域搞建设自然不是当时技术水平力所能及的。

广九铁路是撬动东山开发的支点。借助广九铁路和海外的技术力量，东山别墅区群建设才得以如火如荼地展开。

1901年，《辛丑条约》签订后，大批海外势力涌入中国大办事业[①]。1907年，广州历史上使用年限最长的一条铁路——广九铁路[②]“华段”动工建设，它和广九铁路的“港段”是同期建设的，由清政府出资，并由杰出的华人铁路建筑设计师、工程师詹天佑担任顾问。广九铁路从广州经由深圳罗湖连接香港，是百年来中国大陆与香港之间的一条重要的运输大动脉和对外贸易的主通道，也是广州借助香港优越的地理位置巩固国内对外贸易口岸的重要渠道。广九铁路的终点站坐落在大沙头岛西侧对岸，即现在越秀区大沙头白云路一带，当时这里还处于城市东南面的边缘地带。广九铁路开始建设，终点就是东山岗群。铁路部门在今天的东园附近建设了十余栋供工程师们居住的住宅，还建设了高尔夫球场。

与此同时，东山一带的城市建设初现端倪。美国南方浸信会广州分会也进入东山岗群，于1907年先后兴建了福音堂、礼堂、神道学校、恤孤院、培道女子学堂、安老院、慕光盲人学校、美华浸信会书局、医院、中外传教士住宅等建筑[③]。培正学堂校舍于1908年在烟墩岗落成[④]。

1909年，广九火车站[⑤]建成，成为广州城市向东拓展的标志，继而撬动了东山地区大面积的开发。

1910年，美国的安息会建设了教堂、学校和医院[⑥]，奠定了东山与海外华侨千丝万缕的关系。

1911年，广九铁路通车，东山成为海外华侨，军政官僚和买办富商择地建宅的首选。相对于基本成型街巷密布的老城，这里对外交通便利，空间开阔，建设尺度自由，也许更适合有钱有闲有想法的新权贵阶层。在解放前夕还曾更名为“火车东站”。

第一次世界大战之后，华侨、教授、洋行买办、官僚等一些受过良好教育，具有较好文化素养的时尚人群逐渐取代教会成为东山地区的新主人。随着铁路、城市道路的建设和航空业的发展，简园、明园、春园、葵园等一栋栋小洋楼拔地而起。龟岗、烟墩岗、寺贝通津、恤孤院路、庙前西街一带原本林木茂密的岗台，转眼间变成连片的中西合璧的小洋楼，最高峰时期，有600多栋小洋楼星罗棋布在东山地区，形成一片较具规模的街村。

随着小洋楼的出现，“东山少爷”的说法也不胫而走。与之相对的是“西关小姐”。“东山少爷”与“西关小姐”的另外一个说法是“有钱住西关，有权住东山”。代表时尚的东山少爷和代表传统的西关小姐定位了广州城市演化的时间和空间两个要素。这些俗谚比较精准地注解了广州权贵文化的地域特征，

①《辛丑条约》，亦称《辛丑各国和约》、《北京议定书》，是清朝政府与英国等11个国家在义和团运动失败、八国联军攻入北京后签订的一个和平协定。条约签订于1901年，辛丑年，故名“辛丑条约”。

②它是广州第二条铁路，第一条是建于1903年的广三铁路。

③今寺贝通津、恤孤院路、庙前西街、培正路一带。

④由浸信会中国教徒、华侨李济良、冯景廉、廖德山、余德宽等捐资。

⑤广九火车站也标志着广州工业化的发端，原本应该作为历史建筑好好保留，可惜没有。

⑥在今犀牛路、三育路、福今路。

图3-4 广九火车站

民国时期大沙头火车站——位于今越秀区大沙头白云路（来源:《五羊城脉》）

广九火车站原址现状（摄于2016年）

也形象地反映了广州城市建设重点由西向东转移的时代特征。

还有一个能给时尚东山加分的重要因子，就是广州大沙头航空基地的筹划与建设。在大面积小别墅建设的同时，临近东山别墅群的航空局也在悄然谋划中。航空局、飞机场、飞机制造厂和航空学校相继在大沙头出现。那个时候，大沙头忽然之间变成了警卫森严的航空基地。广州制造的第一架战斗机“乐士文一号”是在大沙头机场首次试飞的。1920年至1923年，大沙头机场至少拥有9架以上水陆飞机。

中国航空事业重要基地，这个称号不可谓不时尚。

后来大沙头机场搬迁至天河机场。这里又成了水上客运中心。

除了校场、孔庙、机场，铁路和水上客运中心支持东山别墅群建设外，还有一个重要城市公共服务机构在主推东山别墅群的发展。这个公共服务机构就是中山医学院附属医院。

事情的源头要从1909年创建的广东公医医学专门学校谈起。

1909年，美国教会筹办的博济医学堂停办。学堂停办的原因是学生反对一些不合理措施，从而激化了矛盾，终致一拍两散。为免学生失学，由广州绅商和各界名士四十余人[①]捐款募资，创办了广东公医医学专门学校。

1910年，广东公医医学专门学校附设公立医院。随后附设公立医院进入选址、兴建阶段。几经波折，历时8年，选址于百子岗、蟾蜍岗[②]的附设公立医院终于1918年3月建成。附设公立医院建设期间正值第一次世界大战期间，钢材极为缺乏，建材价格均十分昂贵。据说，附设公立医院前后花费了18多万元，当时这的确是一笔巨款。

1925年，随着广东公医学校并入广东大学，附设公立医院的名字也改为广东大学附属第一医院。1926年10月，随着广东大学更名而改名为中山大学

①包括潘佩如（清候补道台，广州河南巨绅），钟宰荃（广州西关绅士），李煜堂（香港富商，曾出钱助孙中山革命，曾任广东财政厅长），黄砥江（广州黄祥华如意油店东、公医第四届毕业生），李树芬（英国医学博士，曾帮助孙中山革命，曾任广东卫生厅厅长），赵秀石（广州绅士）等。

②现在的越秀区中山二路1号。

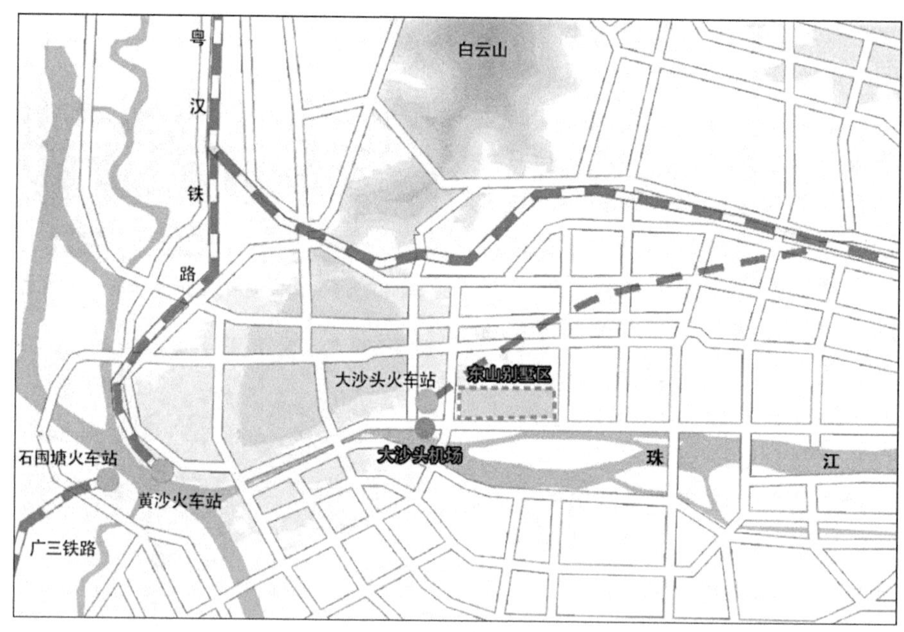

图3-5　东山别墅群与大沙头机场

附属第一医院。1953年9月，全国大专院校调整，中山大学医学院与岭南大学医学院、光华医学院合并为华南医学院。1956年改名为广州医学院，1957年改名为中山医学院，1985年更名为中山医科大学附属第一医院，2001年又更名为中山大学附属第一医院。

历史就像一个圈，周而复始，其实无论名称如何变化，中山一院在广东医学界的权威地位一直没变。当初确定选址并建设完成后，与五山高校区产生了同样的效果。大批师生在这里生活学习，不仅带旺了原本荒芜的东郊乱岗之地，而且随着各项市政设施的不断配套，医院周边也渐渐发展成新的城区。

与西关地区相对单纯的以商业繁荣而著称不同，解放前广州东郊的东山地区自开始建设以来就是各类政治活动密集的地区。

1923年6月，中国共产党第三次全国代表大会在东山地区的恤孤院后街的一个普通民房中召开。这也是中国共产党至今在广州召开过的唯一一次全国代表大会，陈独秀、李大钊、毛泽东、蔡和森、陈潭秋、恽代英、瞿秋白、张国焘、李立三、项英等中共早期领导人参加了会议，这次会议对后来的中国革命产生了重要的影响。

1924年1月，孙中山先生在共产国际和中国共产党的帮助下，在原东山地区的清朝贡院内[①]主持召开了国民党第一次全国代表大会，标志着国共两党的第一次合作以及革命统一战线的形成。在今国民党“一大”会址的周边有中共广东区委、中华总工会、省港罢工委员会、农民运动讲习所和广东妇女解放协会等大量早期革命活动场所。

以东山别墅群为主形成的东山权贵区，在民国时期日渐发展成为完整的城

①国民党一大会址，位于今文明路215号广东省博物馆院内，原为清朝贡院，1908年改作两广优级师范学堂，辛亥革命成功之后，这里更名为广东高级师范学堂，1924年改为广东大学，1926年改名为中山大学。

设计图

1936年中山大学附属第一医院（百子岗）

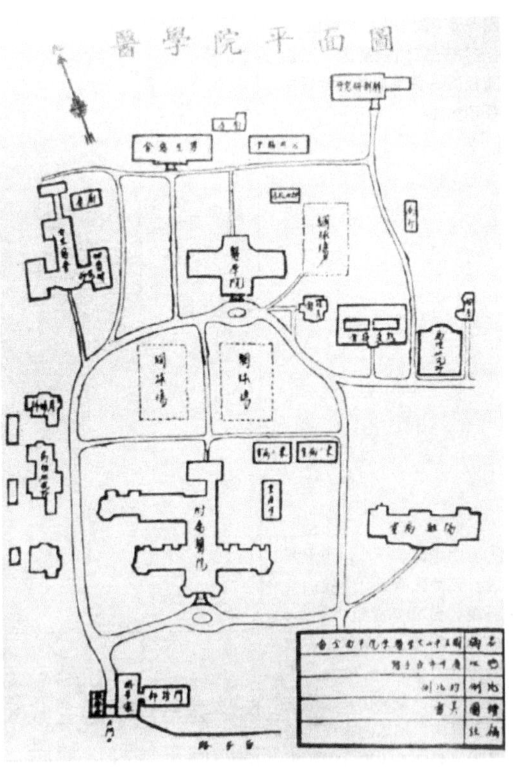

图3-6　中山一院——位于今中山三路58号（来源：《中山大学附属第一医院院史（1910—2010）》）

中共三大会址——位于今恤孤院路3号（摄于2016年）

国民党一大会址——位于今越秀区文明路215号（摄于2016年）

图3-7　政治遗迹

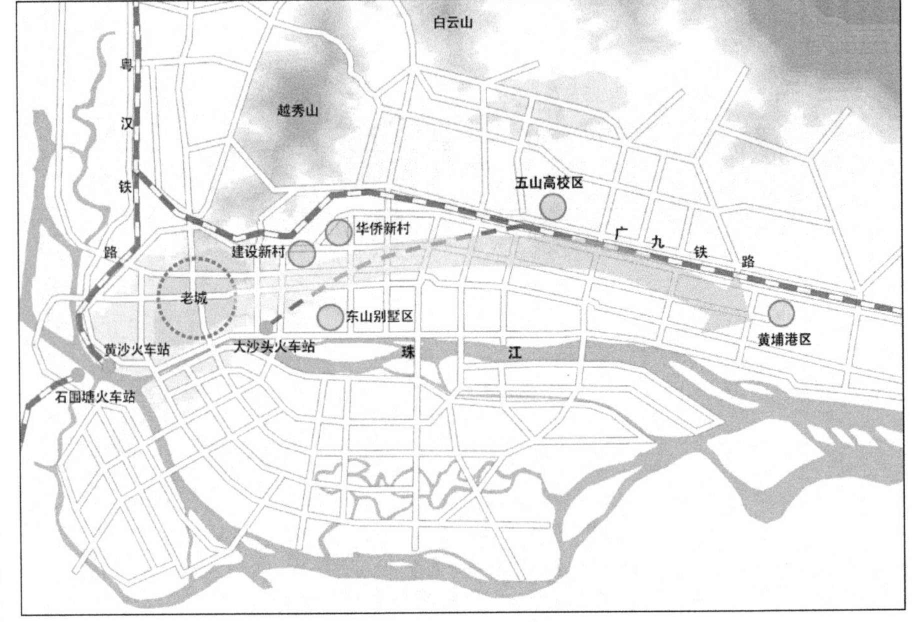

图3-8　向东发展的脊梁（老城—东山别墅区—五山高校区—黄埔船务区地理关系示意图）

区，并与当时的主城区连成一体，承担起城市的部分功能，广州城的建设开始由西向东偏移。随后，五山高校区发展迅速，至民国末期，已经发展成为成熟的社区。与此同时，黄埔船务区也逐渐成型，成为广州历史最悠久的造船修船基地，也是广州最早的现代工业发祥地。这三个片区在相当一段时间内是广州城市一路向东发展的脊梁，在解放后广州城市总体规划的多个方案中也一直是城市发展轴线上的三大组团核心区域。

五山[①]高校区是以民国时期的第一中山大学[②]为基础，后逐步扩展而形成的广州现代高等教育基地。

中山大学原名广东大学。1924年2月孙中山先生将广东高等师范、广东法科大学、广东农业专科学校合并，创办了广东大学。建校初始，学校的校舍是分散在市区各处的，师生都十分不便。为此，孙中山先生在广州东郊石牌划定了新校区的建设用地，并提出了80年不落后的建校方针。1926年8月，为纪念辞世的孙中山先生，广东大学正式更名为中山大学。

1927~1930年，戴季陶任校长期间，按“就山水所宜，草定规模”的原则，由当时著名的建筑师杨锡宗初步拟定了校园规划草案。而真正的大规模校园建设则是在1932年邹鲁[③]再次担任校长后。他四处奔波筹措资金，专门制定了六年三期的建设计划，其中第一期由杨锡宗主持，第二期由林克明主持，第三期由余清江主持。整个建设基本按之前拟定的规划草案进行，没有因为换了校长而大修大改，所以，终于在1938年日军入侵前，用短短六年的时间初步完成了校区建设，实现了孙中山先生的遗愿，得以“完成总理之付托，树一最高学府，以救中国救民族”。

第一中山大学的规划建设堪称中国近代大学规划建设的典范。从山水校园

①五山地区位于广州市天河区。该地区有五个主要山头环绕，分别是嵩山、茶山、黑山、象岗山、凤凰山，故名五山。其中，嵩山、茶山、黑山、象岗山在华南农业大学内，凤凰山在华南理工大学内。五山地区因汇集了华农、华工等重点高校，中科院能源研究所、广东省农科院等研究机构，以及一大批中专院校，而成为广州科研教育的汇集地，是广州著名的文化街区。

②民国时期国内共有五所中山大学：第一中山大学（广东大学）；第二中山大学（武昌大学）；第三中山大学（浙江大学）；第四中山大学（南京大学）；第五中山大学（河南大学）。本文中仅提及第一中山大学，故以下简称为中山大学。

③原名邹澄生（1885—1954），广东大埔人，民国时期著名政治家，中山大学首任校长。其教育主张是“国民不分男女都要普遍接受教育，小学国家办，中学由地方和生产部门分类办，大学由中央或部门办；实行教学与社会生产相结合，由消费型向生产型转化；改革教材，将智育与德育结合起来等”。

图3-9　1930年的中山大学

20世纪30年代的中山大学石牌校区（来源：《五羊城脉》）

民国时期中山大学法学院

民国时期中山大学文学院

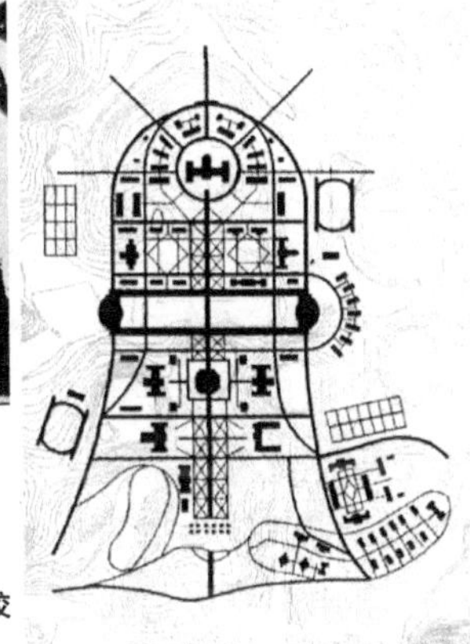
1930年石牌中山大学新校舍草案（根据1934年《中山大学成立十周年新校落成纪念册》中的校园规划草图整理绘制）

空间、校园规划体现的中国传统思想文化、校园建设务实与长远发展等方面，不仅对当时的城市建设、岭南建筑有很强的引导示范效应，也很值得现在的高校建设借鉴。第一中山大学校区建成后，周边的相关配套设施也日益完善，充满朝气的师生们为广州东郊注入了新鲜的活力与动力。

据说校区建设之初，少不了要开山辟路，附近的农民以破坏风水为由曾多有阻碍，学校的师生们通过向农民传授先进的农业技术和文化知识,有效地缓解了政府、学校与农民之间的矛盾，工程项目得以顺利推进。校园建成后，师生们还通过举办农业科技展览会、民众阅报栏、民众墟日图书馆、学习班等多种方式为民服务，并邀请农民代表参观校园、参加学校的运动会等，形成了和睦的邻里关系。到1935年中大校园二期工程完工时，一派“四乡皆载酒舞狮助庆”而和乐融融的景象。“向民众学习、为民众谋福利”成为中山大学的“石牌(今五山）精神”之一。我们今天的城市建设者在征地拆迁过程中遇到的难题或许可以从这里受到一点启发。

第一中山大学校区的选址脱离了当时的老城区，用地规划充裕，为后续长远发展预留了足够的空间，及至今天仍有可供建设的用地，这无疑是要归功于当年的规划建设者富有远见，肯定也离不开当政者的战略眼光和魄力。

后来，第一中山大学拆分为华南理工大学、华南农业大学和中山大学等院校。此后几十年间，五山及其附近地区先后建设了华南师范大学、暨南大学、

图3-10　中山大学、华工、华农的地理关系图
图3-11　柯拜船坞旧址——位于今黄埔区长洲岛

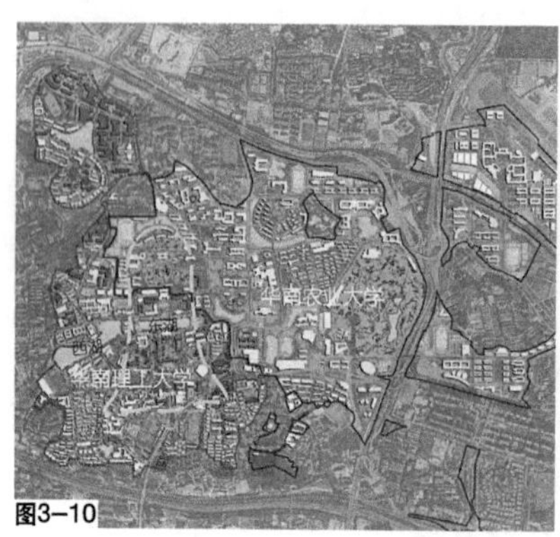

图3-10

图3-11

广东农业科学研究院等数十所大专院校和科研机构，中山大学建校之初所预言的“文化城”已经形成，这里已经成为广州市的高校科教文化区。

如果说，东山别墅群的兴起，是广州城沿珠江向东发展的自觉蔓延。那么，就可以说，五山高校群的出现是广州城向东发展的主动跳跃。而黄埔港群的建设则是历史积淀留下的必然结果。当然，自觉蔓延也好，主动跳跃也好，历史积淀也好，都需要在合适的环境中，有合适的城市管理者，给予合适的刺激，才能取得合适的效果。

东山别墅群如此，五山高校群如此，黄埔港群开发也是如此。

黄埔港群的发展，首先要感谢康熙和乾隆。康熙规定外轮不得进入广州，船舶修理必须在长洲岛进行。乾隆指定黄埔港为进入广州的外轮唯一的停泊口。至此，长洲岛便成为外轮停泊、维修、补给和进口物资集散之地，成为船舶修造中心和声名显赫的对外通商贸易口岸。

同治年间，海禁开放，广州外贸港口日益繁荣。1845年，英国人柯拜在长洲兴建了第一个外国人开设的船坞，这是属于中国早期近代资本主义的工厂，也是中国近代造船工业的开始，产业工人也由此诞生。长洲的洪福市、坪岗和深井的安来市成为通商贸易和来往人员的集散地、居住地。

广州琶洲岛上有一个叫作黄埔的小村庄，广州海关原来就在这里办公，故名：黄埔海关和黄埔港。1865年黄埔港口和黄埔海关迁至长洲岛北岸，仍沿用旧名，长洲岛由此始称黄埔岛。

长洲岛的水域和地域远比黄埔村宽广，搬迁后的黄埔海关和黄埔港有了大施拳脚、一展宏图的空间。依托广州外港发展起来的船舶工业和临港产业以及大量的产业工人，成为一股不可小觑的拉动广州城市东进的力量。

1876年，清政府回购了黄埔船坞，兴办军事工业和军事教育，先后设水雷局、鱼雷局、黄埔船局等军事工业组织，成为清末海军四大船坞[①]之一。并同时创办军事学校，组建新军。校名先后有“西学馆”、“实学馆”、“博学馆”、“广东水陆师学堂”、“广东陆军速成学堂”、“广东黄埔水师学堂”等。辛亥革命后，民国政府延续了长洲的军事工业和军事教育事业。1912年，广东政府改广东水师工业学堂为“广东海军学校”，改陆军小学堂为“陆军小学校”。

①其余三处是：福建马尾、天津大沽、辽宁旅顺。

1924年，伟人孙中山在广州创办了两所高等学府，一所是位于五山的“广东大学”，另一所则是位于长洲岛的“陆军军官学校”，即黄埔军校。有人如是说：这“一文一武”两所大学，“一个用来打破旧的，一个用来建设新的”，既是孙中山先生教育思想的载体，更是他救国救民理想的载体，成为广东近代史上的精神象征。冷兵器时代广州城市东侧有较场、孔庙，文臣武将守望相助。孙先生创建的两所学校仍旧是在城市东侧，仍旧是文武守望，只是空间距离更大了一些。

“广东大学”后来更名为中山大学，我们在五山高校群中略有叙述。黄埔军校是在陆军小学校和海军学校校址上创办的。黄埔军校培育的子弟直接主导了中国历史的进程和发展方向，也为黄埔地区的价值抹上了一层浓浓的政治色彩。虽然，孙中山先生在创办两所院校后的第二年就与世长辞了，但两所院校后来的辉煌成就在中国近现代史、军事史和军事教育史上都留下了不菲的一页。

1932~1938年间，国民政府在鱼珠码头东侧建设万吨级的深水码头和仓库，史称“黄埔新埠”，实现了孙中山先生在《建国方略》中提出的建设南方大港的设想。

现在的长洲岛除保存黄埔军校本部外，还有俱乐部、孙总理纪念室、孙总理纪念碑、东征阵亡烈士墓、北伐纪念碑、中正公园（今黄埔公园）遗址、济深公园遗址、仲恺公园遗址、中山公园遗址、中正楼遗址、黄埔中正学校遗址、教思亭、袖海亭等一批与军校有关的史迹。

民国期间，广州城市东部区域出现了东山别墅群、五山高校群、黄埔港

黄埔军校大门

黄埔军校——位于今黄埔区长洲岛

鱼珠码头

图3–12　黄埔港鱼珠码头

群。三大群组空间上遥相呼应，功能上互为依托，为广州城市向东发展建构了良好的框架。

新中国成立后的最初十几年里，广州利用社会主义计划经济体制的优势，以划拨土地形式①为抓手，主导城市东部几个建筑群组的功能完善和空间拓展，强化了城市向东发展的态势。其重点在于完善东山区的城市功能，建构大沙头对外交通枢纽，改善城市东部人员结构，提升国际交往环境，增加大型公共服务设施。同时，利用中山大学固有基础，扩展五山高校教育基地规模。并将黄埔港群建设成华南地区第一大港。

①主要是单位、工厂和公房用地。

广州城市东部城市建设与西部西堤大商圈复兴是同步展开的。东部建设以建设新村和邮电新村为起点，引导市民中的优秀分子迁入东部地区。后期又建设了华侨新村，引进了友谊商店，为城市东部再次注入国际色彩，增加了东部区域的商贸活力。在完善了中山一院、省医院、省体育场、烈士陵园等公共场所环境的同时，还通过广九火车站与粤汉铁路线连通建构铁路中心，并在附近打造了大沙头客运港口，构建城市对外交通枢纽。

城市发展的策略是先易后难，由北及东，在解决当下燃眉问题的同时完善城市基本结构。

始建于1951年的建设新村是广州解放初期建设中规模较大的工人新村。因是建设局负责建设，故取名建设新村。它是1949年后第一个政府拨款兴建的工人新村，也是广州城市规划建设的新起点。当时，国家的经济实力有限，不可能拿出大量的资金用于住宅建设。建设指导思想是先解决大量无房市民的居住问题，选择在工厂或旧城区的边缘建设一些住宅区②，以满足社会主义生产城市的工业生产需要。

②集中分布在环市东、滨江东和江南大道三个地区。

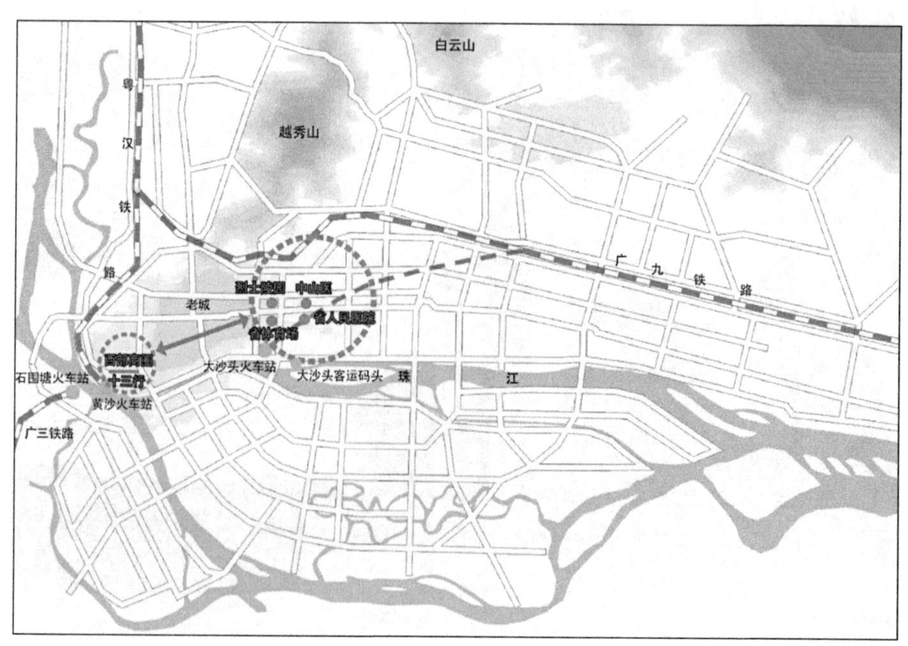

图3-13　广州城市发展路线图

1952年，市政府成立了工人福利事业建设委员会，负责筹建工人住宅，具体负责单位是市建设局。项目选址在老城东部的孖鱼岗[①]一带，面积约13.3公顷。

①今东风东路至环市东路之间，建设大马路至建设六马路一带。

1953年刚刚建成的建设新村包括60栋平房家属楼和4栋两层的单身宿舍，安置了近5000名工人及其家属在此居住。当然，这些入住的工人大都是建设系统的技术骨干、先进工作者或援外专家。随后在50年代后期，广州市房管局、建设局、建工局等单位陆续在建设新村建造3~4层的工人住宅楼房，还开辟了400米跑道的运动场。

受苏联标准的影响，建设新村整体采用条式住宅的行列式布局，6条南北纵向道路和2条东西向的道路[②]和水系将用地分为12个住宅组团，每个组团由3~12栋住宅构成，建筑间距达到十几米，是檐口高度的2倍。新村内规划建设有粮油店、肉菜市场、医疗站、托儿所、戏院、运动场等配套设施。基本上就是一个功能完备的生活居住社区。

②南北向道路自西向东分别为建设大马路至建设六马路，东西向为建设中马路及南部壕沟（今建设横马路）。

图3–14　建设新村

20世纪80年代的建设新村

建设新村现状

与建设新村相邻的邮电新村的情况与之大体相同。邮电新村的用地规模同样较大，规划结构为新村—住宅群二级，建筑群体组合为简单的行列式。村内设有明确的街坊及基本生活单元的划分，除个别单身宿舍为二层楼房外，其余均为简易的平房，通风、朝向好，并有户外庭院。因为没有过境交通道路穿越，居住环境比较安静，并且由道路与住宅旁的庭院绿化构成了新村的绿化系统，与岭南地区的气候条件比较匹配。这些居住小区重视绿化环境的理念和做法在全国都应该是领先的。

此后，仅1954~1958年间，工人福利事业建设委员会就围绕各工业区编制了罐头厂、苎麻厂、华侨糖厂等多个工人住宅区规划。这些工人住宅区规划也都是学习苏联经验，采取街坊形式，即规划结构为住宅—街坊—住宅群三级，并综合考虑了公共设施等配套建设，很快就小成规模，投入生产生活。一片片包括厂区、生活区、公共配套设施及内部完善路网的独立工业小区就此建设形成。这些小区星罗棋布，自成气候，对周边地区也都产生了或多或少的影响，虽然没有立竿见影地引领城市的发展，却对城市空间的拓展起到了落子成局的推动作用。这是后话。

解放前的西关地区，依托优越的内港资源拥有大量的纺织业、商贸业，是

图3-15　华侨新村（来源：广州市城建档案室）

买办和资本家集聚的区域。解放前的城东部地区是洋人和华侨集聚的地区。解放之后，受到地理条件和行政区划的限制，广州的西部已经没有了多余的发展空间，而东部的洋人、华侨聚集区也同样无法作为支撑城市空间拓展的主要动力，建设新村和邮电新村的建设配合着东部产业的发展，大量的产业工人的出现也取代了早期的洋人、华侨，改变了东山一带的人文结构，成为引领城市空间向东部拓展的新动力。

以建设新村为代表的住宅建设全面照搬苏联标准，虽然一定程度上缓解了解放初期住宅紧缺的燃眉之急。但这种机械照搬的规划建设模式也带来了一系列的问题。比如，由于气候的巨大反差，苏联模式的住宅并不适用于我国大部分的地区，尤其是湿热气候的广州问题更为突出。

1954年，广州改为省辖市，由中南军政委员会领导划归为广东省领导。城市建设更加注重落到实处。国家的侨务政策和外交形势都有较大的变化，广州的中苏友好大厦和中国出口商品交易会都在酝酿之中。

第一个五年计划期间，中国人民开始对苏联模式进行一些反思，当时正值毛泽东同志提出“百家争鸣，百花齐放”方针引起广泛影响的时期，国内住宅建设开始进入创新实验的新时期。广州华侨新村就是在这样的时代背景下诞生的，并成为新中国成立后的首个房地产项目。

为吸引华侨回国投资，1954年7月中央侨务扩大会议提出关于便利华侨建筑房屋与兴办公益事业的要求。同年，在归国华侨联谊会[①]的建议下，广州市第一届人民代表大会决定建设华侨新村。11月，广州市政府成立了以时任广州副市长菲律宾华侨黄长水为领导的“华侨新村筹建委员会”。

筹建委员会下设“华侨新村规划设计委员会”，由时任中国建筑学会广州分会理事长的林克明主持，成员包括黄适、陈伯齐、金泽光、佘畯南、麦禹喜、余清光、姚泽衡等中国建筑学会广州分会的建筑师和华南工学院建筑系的教授们，专门组建的华侨新村基建工程队负责具体施工。

华侨新村选址用地为山脚丘陵地带，主要由蟠龙岗、玉子岗、蚬壳岗三个山岗组成，位于城市东北方向，距离市中心中央公园3公里，属于北郊白云山风景区范围，与邮电工人新村和建设新村隔路相望[②]。华侨新村与市中心相邻，公共配套设施齐全，道路出行便利，兼顾了风景优美和生活便利的双重需求。

①解放初期国家社会经济恢复稳定，看好国内的发展形势，许多华侨侨眷纷纷回国。1953年成立的广州华侨联谊会，专门负责归国华侨、侨眷的接待以及华侨事务的管理工作。

②今环市中路与恒福路之间。

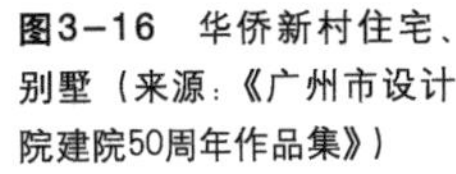
图3-16　华侨新村住宅、别墅（来源：《广州市设计院建院50周年作品集》）

华侨新村的规划布局并没有完全摆脱苏联模式的影响，其规划设计理念在一定程度上还受到了1928年广州市政府指定建设的马棚、竹丝两岗“模范住宅区”的影响。但在建筑单体设计方面，华侨新村结合地势和岭南的地域气候特征进行了创新探索。华侨新村首期规划用地20万平方米，建设2至3层的独院式住宅200多栋以及少数集体公寓，容纳居住人口3500多人，配套建设了小学、幼儿园、礼堂、图书馆、百货商店、邮局、医疗所、运动场等公共服务设施。首期居住区以中部的华侨小学等公共建筑为中心进行布局，在其周边的三个山岗上以内部主要道路划分为6个居住组团，每个组团包括独立住宅30~60户不等。华侨新村的主入口设在南侧的环市路上，并结合低洼地开辟了人工湖，形成入口景观。

整个小区参考苏联标准，一般两三层单栋独立式住宅用地大概280平方米左右，建筑密度为35%，住宅建筑在满足防火、日照间距的基础上，周边都留有2.5米以上的绿地，保证了华侨对居住私密性生活习惯的要求。

华侨新村的独院式住宅大都采用标准化的设计模式，分为甲、乙、丙、丁四种标准户型。当时正值全国对复古主义和形式主义设计思潮的批判时期，原本倡议采用的红墙绿瓦风格改成了符合华侨国外居住习惯的平顶造型。四种标准户型，结合华侨的生活习惯和岭南湿热的地域气候，均采用了宽大阳台、深远的门廊以及上人屋顶和屋顶花园，构成了华侨新村独具风格的特色景观，并对以后的住宅设计产生了深远的影响。

1955年5月，由广州市长主持了华侨新村的奠基仪式。截止到1958年，实际建成120多栋住宅，以及华侨小学、幼儿园等第一批公共服务设施。华侨新村建设期间，中国出口商品交易会已经步入常态化。广州东西两翼的涉外项目的建设和使用加快了城市步入国际的步伐。

华侨新村建设期间，凡是有意投资建设的华侨只需要提出申请、查看场地、交付一定比例的定金，即可在一定的时间内入住新房，大大简化了华侨建设新房的手续。为了吸引华侨在新村投资建房，政府严格保护华侨住宅的私人产权，并允许进行买卖和租赁，且相关的政策没有随着时间或经济形势的改变而调整。

出台各项华侨优惠政策的同时，政府还加大华侨新村的宣传力度，1958年后，由建筑工程出版社出版了集结成册的《广州华侨新村图册》，并由新华书店发行。这是解放后国内最早的房地产广告宣传，在计划经济体制下具有重要的创新意义。华侨新村还时常接待国家领导人、华侨组织、著名华侨以及外国领导人、专家等，成为广州甚至是全国华侨政策的宣传、展示窗口。

华侨新村的建设既有特殊时期的时代烙印，又跳出了固有模式，结合地域特征，吸取海外经验，开创了社会主义计划经济时代下的私有住宅建设管理模式，应该算是解放后我国以市场为导向的房地产开发的第一次探索。

图3-17

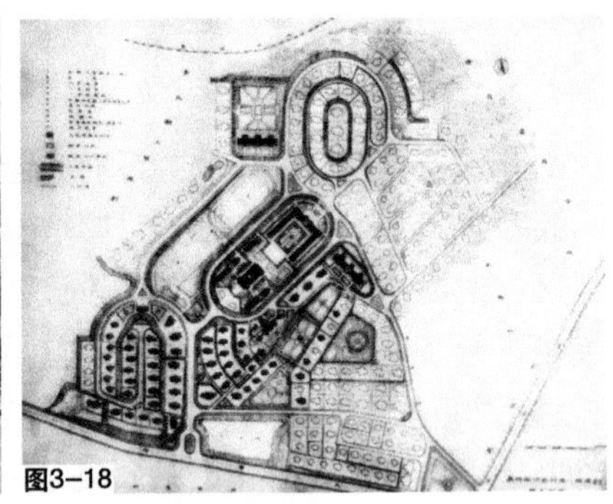
图3-18

图3-17　何香凝当年为华侨小学题写的校名
图3-18　华侨新村规划图（来源：《规划广州》）

随着归国华侨、侨眷的增多，华侨新村于1961年在一期规划的基础上扩大规划范围，二期规划用地范围沿环市路向东西两侧延伸，东侧至先烈路，西侧以广北联络线和环市路为界延伸至登峰路。二期新增规划用地50余万平方米，计划建设独院式住宅400栋以及部分集体公寓和公共服务设施。然而，到了20世纪60年代中期，受国内政治形势的影响，二期的规划设想并未能实现，华侨新村的建设告一段落。从1954年开始筹建华侨新村至1965年，共建成华侨住房11.12万平方米，没有达到首期规划建设200万平方米的目标。后来，二期的规划用地被淘金小区等现代楼盘使用，这是后话。

随着“文化大革命”的爆发，华侨新村的建设戛然而止。“文化大革命”中后期，建设新村、邮电新村、华侨新村所在地区逐渐缓慢地融入城区。白云机场、流花路、广交会、火车站与白云宾馆和环市东路扩建项目又在广州北部商圈建构中发挥着作用。

“文化大革命”结束以后，全国经济恢复发展，建设新村、华侨新村及周边地区加快了融入城区的速度。由于有大量的可利用土地，尤其是环市东路沿线建设的兴起，该地区从东部郊区逐渐成为城市中心地区。

“文革”后，华桥新村被列入历史保护地段，严禁拆建。2000年，华侨新村被公布为广州市第一批历史文化保护区，也是目前广州市唯一一片解放后建成的历史文化街区①。2014年，同样是解放后建成的白云宾馆、花园酒店和广东国际大酒店，被公布为广州市第一批历史建筑②。

从广州城市东北部建设的轨迹，一直可以感受到广州城市建设的一脉相承，从20世纪初到解放初的这段时期，为了解决城市居民和产业工人的住房问题，广州没有在老城内搞大拆大建，而是理性地沿着老城城界开始外扩，所以有了东山别墅群，有了建设新村、邮电新村、和平新村，后来又有了友谊商店、花园酒店的落点，有了90年代环市路东部商圈的形成。改革开放后，随着城市大踏步地东进，城市的中轴线也开始东移，广州又开始了新一轮的东进战略，这在后面的章节再叙。

①据《广州历史文化名城保护规划》(2014年)，广州共46片历史文化街区，其中历史城区内部23片，历史城区外部3片，华侨新村位于历史城区外。

②2014年12月，经广东省政府、省住建厅同意，广州市公布历史建筑名单共478处。

1954年，注定是广州城建史上辉煌的一年。建设新村、邮电新村、南方大厦落成，华侨新村、中苏友好大厦、中国出口商品交易会在酝酿中。这一年，还有两个重要的水上交通项目在快速推进中。

图3-19　华侨新村现状

1954年，广州将40多家私营船务行组织起来，以大沙头为基地，形成联营模式。为了备战墨尔本第16届奥运会，1954年10月，时任国务院副总理兼国家体委主任的贺龙元帅到广州视察，定点二沙岛上的“颐养园”③为新中国第一个体育训练基地。同年，国家体委拨款200万元用于基地的建设④。该工程同解放时被国民党军队炸毁的海珠桥修复、“苏联建设成就展览馆”一起是广州的三大重点工程。1956年，二沙岛体育训练基地竣工，同年国家游泳队入驻二沙岛。1956年，大沙头客运站改造与二沙岛基地建设同步完成。

③清末时期，顺德籍名医梁培基参照北京的颐和园，在二沙岛创办广东省第一家旅馆医院“颐养园”。园中设有手术室、药房、中西厨房，以及园林景观等。

④工程主要内容是将2万平方米的“颐养园”楼房改建为运动员宿舍，同时征地扩建15公顷的体育场馆。后来为筹办1987年六运会，二沙岛又增建了广东省体育馆和网球场。

大沙头客运站在实施全行业公私合营合并之后，成为广州连接珠江流域沿岸各大、中、小城镇的水路客运始发点和终点。日最大通过量曾达到4万人次。

二沙岛是珠江中心河段，因水流缓慢导致流沙淤积而形成的河心小岛，因成岛晚于大沙头，故名“二沙头”，后称二沙岛。整个岛呈叶状，东西长3250米，南北宽600米，面积126公顷，四周环水，风光优美。二沙岛体育训练基地竣工后，国家游泳队入驻。这里培养出了我国体育史上的第一个世界纪录创造者、第一个世界冠军和第一个打破世界游泳纪录的运动员。

二沙岛体育训练基地与海珠桥修复、中苏友好大厦曾经是广州三大重点工程。海珠桥于1950年修复，中苏友好大厦于1955年开馆，二沙岛体育训练基地于1956年投入使用。

大沙头客运站、二沙岛体育训练基地西邻东堤桥、海珠桥，东依东山别墅群，北望华侨新村，为广州东进的第一个节点画上了完美的句号。

1954年快速推进的另一个水上交通项目是黄埔港的建设。

图3-20　大沙头客运站与二沙岛体育训练基地

位于大沙头的广九铁路广州站（来源：《百年广州》）

二沙头训练基地跳水台（来源：广州市设计院）

图3-21　广州杠铃式空间格局

文冲船厂——位于今黄埔区红山街

文冲船厂宿舍（来源：广州市设计院）

黄埔港（来源：南方日报档案室）

黄埔船厂现状

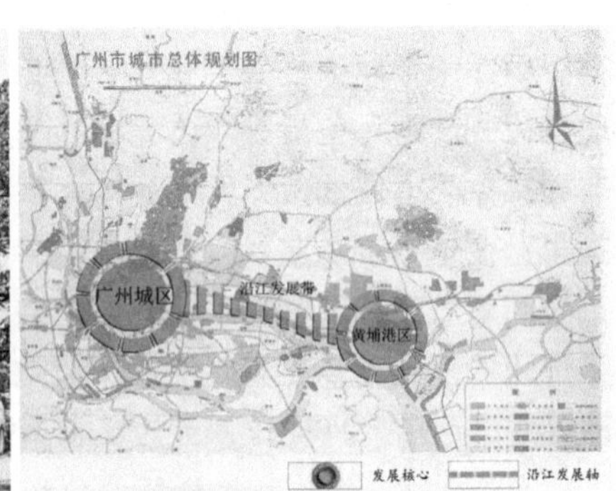

黄埔港在1954年建成了2个3000吨级泊位，3座木码头。1960年，又建成了2个万吨级泊位，1个3000吨级泊位。1967年，再建成2个万吨级泊位。至此，黄埔港真正成了华南地区的第一大港，成为广州航运中心区域，承担了大型港口制造、航运和服务职能。同时，围绕黄埔港周边，建设了大量的滨港产业和配套的工人住宅区，如广东黄埔外运公司码头、文冲船厂，改造柯拜船坞为黄埔船厂，建设汽车客运站等。

长洲岛依然是那个长洲岛，但在广州空间结构的权重地位得到了进一步加强。长洲岛上中国人民解放军的军事基地继续保留，但城镇建设开始发生变化，逐渐成为一个农工商学兵各业齐兴的小城镇。长洲岛与黄浦区乃至后来发展的开发区共同构成城市东部组团。广州哑铃式空间格局在逐步形成中。

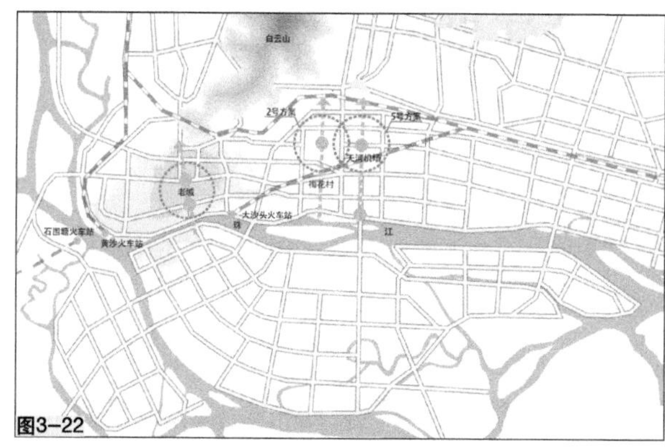

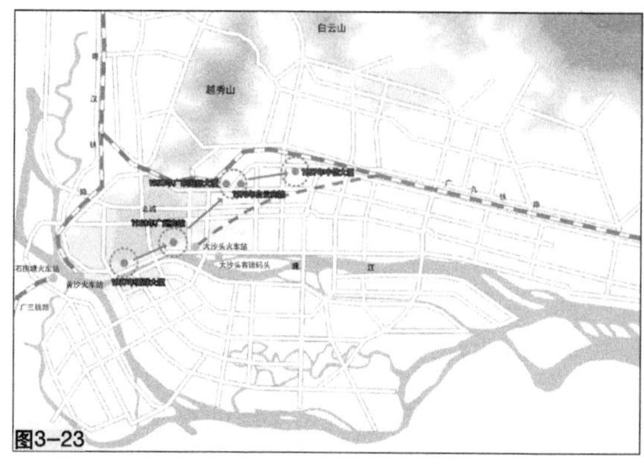

图3-22 广州城市总体规划的城市中心选址示意图（第2、5方案）

图3-23 广州市标志性建筑东进示意图

解放后，城市东进的思路一直萦绕在广州的城市建设中。1954年广州城市总体规划的第2方案中提出将天河机场一带规划建设为新的城市中心。1955年的第5方案中提出将新的城市中心位置规划东移至梅花村以北。林林总总的建设和规划都在表达着这个城市发展的方向。

最能让广大市民们直观感受到广州东进节奏的是城市制高点不断东移。

位于珠江之畔长堤的爱群大厦1937年建成并开业使用。共15层、总高度为64米的爱群大厦①被誉为“南中国之冠”，也是广州真正意义上的第一座高层建筑。这一纪录保持了31年后，27层总高86.51米的广州宾馆于1968年建成，一举打破了全国建筑高度的纪录，成为广州城市建设的重要标志。1976年建成的白云宾馆主楼33层总高114.05米，再次刷新了全国高层建筑的纪录。1991年，广东国际大厦建成并投入使用，这个被广州市民称之为“63层”的高层建筑，曾以198.4米的绝对优势，一度是20世纪90年代中国大陆层数最多、高度最大的高层建筑，是广州这一时期的标志性建筑。1997年竣工建成的中信大厦，位于广州新城市轴线北端，共80层，高391米，建成时是中国最高建筑，也是世界最高的混凝土大厦。

这些曾经让广州市民充满自豪感的标志性建筑，曾伴随着广州城市空间的不断东进，由西向东，由南向北，撕开了城市发展的空间。

①爱群大厦由建筑师陈荣枝、李炳垣设计，是广州第一幢钢框架结构高层建筑。

第四章　跨江发展的努力

跨江发展是民国政府的一个梦。

水是生命之源，逐水而居是人之天性。人类早期的居民点就是在江河附近产生的，后来居民点不断扩大而渐渐形成城市，城市又以江河为依托，不断生长发展。

中国是个河流众多的国家，自古就有择水而居、倚江建城的传统，大大小小的河流从不同城市的内部或周边穿过。"凡立国都，非于大山之下，必于广川之上；高毋近旱，而水用足；下毋近水，而沟防省。"[①]这是中国古代都城的选址原则之一，西安、洛阳、开封、南京、杭州……这些曾经的古都，无一例外，城内或城外都有一条江河蜿蜒而过，可见江河对城市的发展建设有着举足轻重、不可或缺的作用。江河在城市演进过程中，既是居民生产生活用水的主要来源，又是便利的运输交通通道，必要的时候在军事上还是保护城市的天然屏障。

①出自《管子·乘马》。

通常来说，从传统城市走向现代城市的过程都会经历三个阶段：冷兵器时代，受生产力与生产方式的限制，城市只能缓慢发展。城墙尺寸受山河形态和礼制的制约，城市空间规模受城墙尺寸制约，城市空间突破城墙扩张的可能性小，破城发展的门槛高；第二阶段是冷兵器时代结束后，随着城市生产力的提升以及城墙存在意义的消失，城市可以在高山大川限定的范围内自由扩展，城市与山水的联系方式更加多元化，城市空间与山水空间呈相互咬合态势，唇齿相依；最后，随着技术水平和经济实力的不断提升，城市终于可以驾驭高山大川，城市规模扩张不再受自然山水的制约。唯一能制约城市无节制扩展的因子是生态。广州亦不例外。

广州是一座因水而生，因水而兴，因水而变的城市。丰富的水资源哺育着广州，也威胁着广州；滋润着广州，也制约着广州。所以，广州自建城以来，一直在关注江河水系，寻求城水共生共存的方式方法。从历史文献中，我们可以看到大量有关山水的描述。比如，广州三山：番山、禺山、坡山。广州三湾：海印湾、海珠湾、浮丘湾。广州三湖：菊湖、兰湖、西湖。广州三石：海印石、海珠石、浮丘石。

据记载，古代广州人曾称珠江为海[②]，当时的水位应该比现在要高，江面更加宽阔，想来也的确颇有海的气势。广州与珠江的关系是此消彼长的关系。自秦汉至明清，广州填江扩城纵向发展的陆地是其建城之初的两倍。作为岭南首府城市，扩展城市规模责无旁贷。作为江边小城，填江造地无异于与虎谋皮，需要看看你的驾驭江水的本领。广州城市驭水历史大致可分为三个时期。

②时至今日，仍有广州本地人称珠江南北两岸的沿江路和滨江路为"海皮"。

图4–1　城市与山河的关系

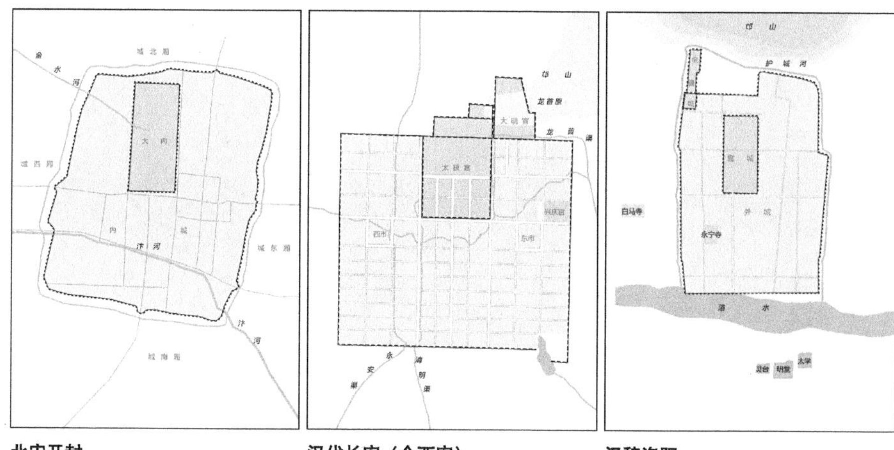

北宋开封　　**汉代长安（今西安）**　　**汉魏洛阳**

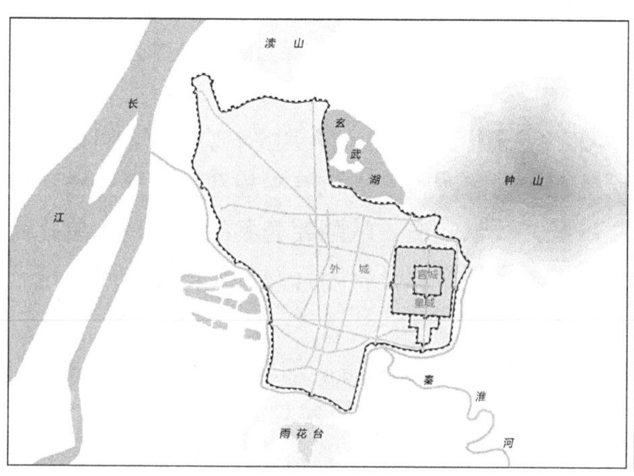

明代南京

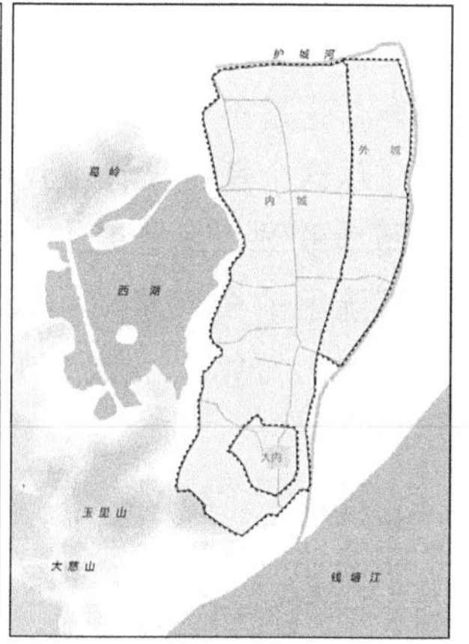

南宋临安（今杭州）

早期是理顺城市与山水的关系，中期是建构人与水的和谐关系，这两个时期属于城市发展必然会经历的第一个阶段，后期是城市凌驾江水之上的关系，是属于第二和第三阶段。

宋朝是广州城市驭水历史上第一个转折点，因为宋朝有一个非常著名的六脉渠系统。宋朝之前，广州饱受着江湖的困扰与折磨。我们发现的秦汉造船遗址、水闸遗址以及西湖的传说都出现在城市的核心区域，可见城市空间是多么的支离破碎。六脉渠出现之后，城市内的水系规整而又清晰。尽管广州老城[1]东西宽不足十余公里，就有六条溪流穿过，可见水网密度之大。这个时候，菊湖在消退之中，西湖转为城市建设用地，海珠湾被陆地取代，海印湾和浮丘湾走向湿地。城市可以自主发展，与江湖关系慢慢淡漠，城市结构趋于稳定。唯有城南珠江冲积仍旧不断，岸线也不断南拓，及至明清时期珠江两岸边线基本定形。所谓五次扩城[2]也就此画上完美的句号。

宋朝之后，广州对山水的关注重点转移到人与水和谐共建领域。发达的水网与珠江水系交织在一起，构建了广州商贸的脉络，既是城内外重要的交通运

①现在人们一般习惯将明洪武年间所筑的广州城称为“老城”或“旧城”。

②一是秦汉之际，赵佗称帝，将任嚣城扩大到周长十里；二是三国东吴时期，刺史步骘把交州治所从广信迁到南海郡，把城向北扩展；三是五代时期，刘龑将禺山凿平，城垣向南扩展；四是北宋庆历和熙宁年间，修筑中城、东城、西城三城，南宋开庆年间，筑东西雁翅城直至江边；五是明洪武年间，将宋三城合一，并向东面和北面扩展，把越秀山包在城内，嘉靖年间，在城南加筑外城。

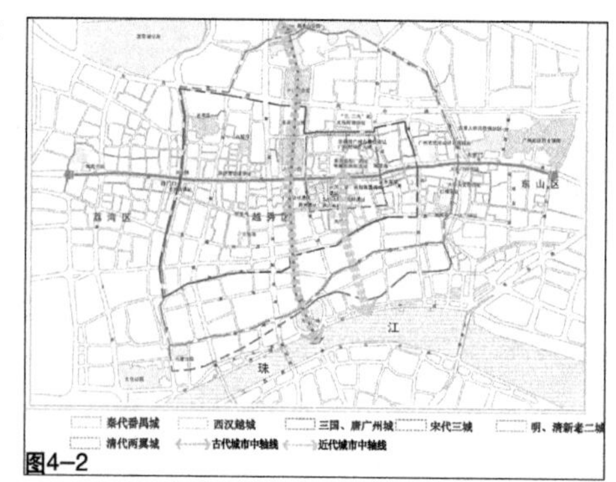

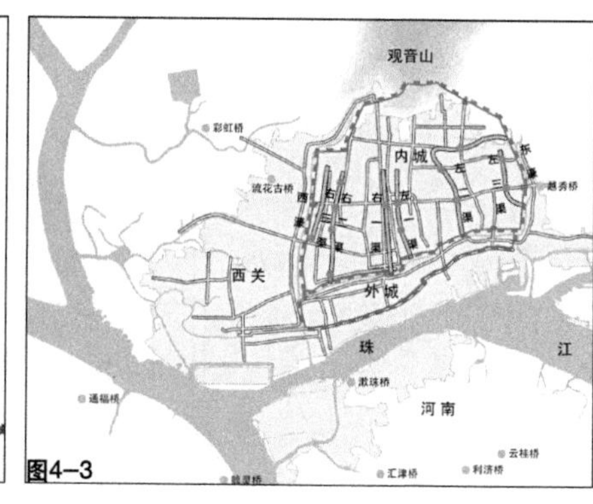

图4-2 广州古城五次扩建示意图
图4-3 桥梁与六脉渠

输通道，也有利于改善城市给排水、防洪泄洪、消防、交通运输、环境等多方面条件。虽然六条具有天然屏障的溪流也给城市的陆路交通带来诸多不便，但通过桥梁的建设可以将被分割的城市重新缝合起来。就当时的技术水平和能力而言，这是不难做到的。

从这个角度来看，我们可以毫无顾忌地歌颂六脉渠的丰功伟绩，可以毫无保留地歌颂六脉皆通海的优美环境。同时，我们也有兴趣探讨和探究横跨这些溪流上的桥梁意义和人文景观。我们知道，从隋朝著名的赵州桥（单孔跨度37米）开始，我国的建桥技术水平不断提升，跨江对建桥的制约已经越来越小。

作为一个水网发达的城市，桥梁的建设及其背后的文化内涵已经成为广州历史文化的重要组成部分。广州人很早就意识到桥梁对生产生活的重要作用，建设了彩虹桥、越秀桥、大东门桥等许多跨河（涌）桥。据统计，截止到清代，广州至今可以考证建设年代等信息的桥梁有62座。其中，保存较好的有汇津桥、石井桥、云桂桥、利济桥、通福桥、毓灵桥等；目前仅有部分遗迹残存的包括宝石桥、漱珠桥、流花古桥等；而石牌桥、彩虹桥、越秀桥等随着溪流的干涸而湮灭在城市的建设之中，它们中的部分演化为地名，顽强地留在人们的脑海中。

彩虹桥，始建于宋代，清代又名长桥，位于今荔湾区荔湾路与西华路一带。一千多年前，广州城西澳口涌、驷马涌一带水道开阔，并设有戙船澳码头，这里是进入广州的交通要道，也是兵家必争之地。南汉时期，为进一步改善交通，此处建桥，长桥远望如彩虹横空，故名“彩虹桥”，民间有一种说法，这个桥名是南汉皇帝刘龑到兰湖巡视时起的。

彩虹桥位于进入广州城的水陆交通要道，它当年优美的景色曾吸引了不少文人墨客。明代诗人赵介①有一首诗专门描述了彩虹桥当年的恢宏气势和繁华景象。“桥断冲波百步遥，何时鞭石驾长桥？苍龙饮水涵秋月，蝃蝀②横空锁暮潮。此柱无人题驷马，夕阳有客系栏桡。蹇驴晓踏新泥滑，恰似灞桥春色消。”据说当年赵诗人之所以诗兴大发，是因为和朋友一起来彩虹桥看风景，一时兴起爬上了桥栏上的桥墩，一个不小心跌入水中，所幸被过往的船家救

①字伯贞，番禺人，生年不详，死于明太祖洪武二十二年，明初南园五先生之一。

②音dì dōng，彩虹的别名。

起，朋友们都以为他是失足落水担心不已，没想到浪漫的诗人却说是因为景色太美情难自禁，一心想与彩虹桥共同融入画中，也成为他人眼中的风景。这算是一段佳话。

此外，北宋太平兴国年间（公元982年），孔子后裔孔承休举家迁居广州城西彩虹桥，成为广州孔氏和珠三角孔氏的始迁祖①。清光绪十五年（1889年），时任两广总督张之洞在广州城西的彩虹桥附近创建了广雅书院②。这些都给彩虹桥增添了历史的厚度。

时光荏苒，沧海桑田，如今的澳口涌、驷马涌早已淤塞，百步长桥③也已不复存在。但其所在之地，仍被人称为彩虹桥，并有彩虹横街、彩虹东街、彩虹大厦等名字，成为历史的记忆。

东风中路有一个公共汽车站名叫越秀桥站，绝大多数新老市民都知道这个站点，但越秀桥在哪儿？估计很多市民就不知道了。桥还在，在东风东路和越秀北路交接处靠南边，东濠涌高架桥下面，离东风路才二十几米。

就在几十年前，东濠涌两侧还是傍水人家的低矮棚屋，常常有人在河里洗菜淘米、洗衣，也常有人在河涌里网鱼，是一个典型的岭南水城景观。当时，东濠涌上有多座桥梁。其中，今东风路一带的桥梁，名曰“越秀桥”④。1933

①据同治《南海续志》记载，“至圣裔孙居粤东者，宋有处士承休，居广州城西彩虹桥。”

②即今广雅中学。

③彩虹桥在解放前被改建成了一座钢筋混凝土的小桥。

④越秀桥的始建年代至今无从考究。

图4-4 彩虹桥和石井桥

彩虹桥现状——位于今荔湾区西华路104号（摄于2015年）

石井桥现状——位于今白云区石井街石谭路边

年至1934年，广州市政府筹款[①]治理东濠涌，并将东濠涌上的五座桥梁[②]全部重建，越秀桥便是其中之一。

①1934年，市政府会议决议将建筑宅地税增加2成，限期2年，作为治理东濠涌的专款。

②东濠涌沿线的五座桥梁分别是竺横沙桥、小东门桥、东华路桥、大东门桥、越秀桥。

时至今日，越秀桥所在的东风路由一条安静的狭窄的马路变成了车水马龙的城市主干道，而南北向的东濠涌高架也成了城市的交通要塞。如今的越秀桥已经被纵横交错的城市高架桥覆盖，桥梁基本失去交通功能。

这座现存的越秀桥正是1935年整理东濠涌水患时重建的，桥的西侧立有《整理东濠下游碑记》[③]碑石，桥东还有一块立于1935年12月的石碑，上有“越秀桥”[④]三字，肥硕有力。现在的越秀桥整个被东濠涌高架覆盖，净空只有2米左右，压抑、透不过气来！当我们在桥上暗暗指责后来者对前辈的大不敬时，也感谢后来者没有一拆了之，给市民留下了一处历史的回想。

③1936年3月，东濠涌下游工程基本完成，为记录这次治水过程，政府在越秀桥西侧立起石碑，上刻由广州工务局长文树声撰写的《整理东濠下游碑记》。今石碑扔在，惟碑文中“市长刘公纪文”、“工务局局长文树声”，“文革”时被人凿去。

④其落款姓名被挖空。

从中华路到解放路、从维新路到起义路、从永汉路到北京路、从惠爱路到中山路的道路名称变化，说明广州人不重虚名。在讨论彩虹桥、越秀桥、石牌桥等由桥名演化为地名的过程中，我们依然能体会到广州人不重虚名的特质。桥梁消失了，在没有其他因素的干扰下，广州人仍然会沿用桥梁留下的名称，而不会做无意义的更名去寻找新的噱头。有人认为广州人很注重口头上的吉祥，其实不然，悠久的商贸历史造就了广州人务实的精神，少有夸夸其谈与无缘无故的革新，路名演变如此，桥名演变也是如此。相同境况的还有广州的古城门，20世纪初由于开辟马路，广州的古城门被逐一拆除，虽然有点令人惋惜，但这些古城门大多化作了地名，比如大南路、朝天路、靖海路、小北路等等，一直沿用至今，一直活在广州市民的生活里。

当然凡事都有特例，地铁6号线团一大广场站，明明是在越秀南区域，不知是哪个阿谀之人放着在广东省和香港、澳门都知名的“越秀南”[⑤]不用，非要改名叫“团一大广场”，让全市人民吐槽，让本省外地人“抓瞎”。

⑤越秀南因越秀南汽车客运站成名，该汽车客运站邻近当时的火车客运站（大沙头），1950年始建，全省各地来省城广州基本都要经过越秀南，故在广东全省和香港、澳门都有很高知名度。

总的来讲，广州人淡然处世的态度不仅仅给我们留下了清晰的城市发展轨迹，而且在现实中面对水系变迁也能够不急不躁，顺应自然环境的变化，很多城市建设都是在水到渠成的状态下完成的。

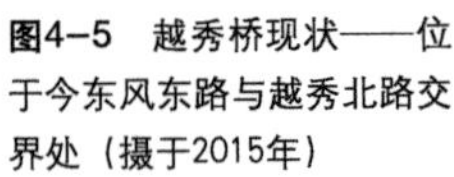

图4-5　越秀桥现状——位于今东风东路与越秀北路交界处（摄于2015年）

因此，广州城内涌渠之上的众多桥梁及其给城市带来的种种便利，虽然会引发人们对跨江发展的期待和架设跨江桥梁的渴望。但这种期待和渴望还是在顺势而为的理性中度过了漫长的岁月。直至清顺治年间，河南城区建设才开始起步。直至清光绪年间，跨江建桥一事才正式提出，由于资金紧张，未能实现。1920年，国民政府再次提出，仍觉时机尚未成熟。直至1929年，跨江建桥的梦想才得以实现。

从顺治年间到民国建桥的260年里，河南地区依靠水运船渡跨江发展颇为顺利，城市建设取得了不小的成就。

1661年，珠江两岸边线基本稳定，清政府逐渐突破珠江天然屏障的限制，向珠江对岸的“河南”地区[①]扩展，南岸城市建设开始起步。南岸建设始于跃龙里[②]盐埠码头以及仓库的建造，后来这里被冠以广州河南地区城市建设发源地的称号。十三行鼎盛时期，部分商贸活动出现外溢现象，河南地区借此有了跳跃式发展。大量的商贾开始在河南地区云集，开办各类商行，经营水果、茶叶、中药等土特产的收购、加工、销售及运输等。工商业的繁荣带动了河南人口的增加，住宅区的建设也随之兴起。清末时期，航运优势催生了珠江南岸的河南地区开始以传统商贸业和居住功能为主的城市“萌芽”。

①本章所指的“河南”地区，即珠江广州河段前后航道之间的海珠岛。下同。

②即今南华路和同福路一带的地区。

这个时期，有两个标志性的城市景观说明河南地区的城市框架已经基本形成。一个是明末建的漱珠桥，另一个是民国时期出现骑楼街。

漱珠桥飞架于漱珠涌之上。据说清代河南的漱珠涌一带风光秀丽，沿线酒幡招展，夜夜笙歌，是清代达官富商寻欢作乐之地，也是文人骚客吟咏消遣之所。其两岸集聚了大量的园林建筑，包括海幢寺、伍家花园、南墅等。当时的文人，如果没有来漱珠涌逍遥过，都不好意思说自己是才子。清代诗人曾在诗中[③]这样描述：“家家亲教小红箫，争荡烟波放画桡。住绝名虾鲜绝蟹，夕阳齐泊漱珠桥。”今南华中路与南华西路交界处的漱珠桥是由清代河南著名的福建籍十三行富商潘家所建。

③《城西泛春词》，作者何仁镜，字小范，顺德人，清末诗人。

河南骑楼街略晚于漱珠桥，是基于河南住宅群的建设，与老城区的骑楼发展是同步进行的。

现今的洪德大街、洲头咀大街、岐兴街等地是始建于清同治、光绪年间的连片住宅区。早期建设的住宅区延续了广州西关住宅区建设的模式，由南北向的主干道和东西向的次干道组成方格网形状的街道系统。

图4-6 漱珠桥现状——位于今海珠区南华中路与南华西路交界处

清光绪年间，官办工业开始进驻河南地区，包括鱼雷局①、士敏土厂②等，纺织、彩瓷、轻工、木材、机器修造等工业也相应地开始在河南地区兴起，并成行成市。白鹤洲、同福大街一带也开始出现了新的住宅区。后来建造的住宅区受地形的限制，没有采用统一的系统格局。

20世纪初期，工业大道沿线仍是沼泽和农田，但依托便利的水运条件，海珠岛的南石头地区就已经开始出现了工业企业。1912年，顺德籍民族资本家薛广森就在这里开办了协同和机械厂。1928年，广州纸厂在南石头村西侧建成，这是广州拥有的第一家用于生产生活用纸的机械造纸厂。

进入民国时期以后，大量的工业和道路、桥梁建设，带动了“河南”、“河西”工业区的快速发展。民国初年，珠江南岸的南华路和同福路一带已经被工商业和住宅区完全占据。1918年广州市政公所成立，拆城墙修马路，制定并实施了骑楼街建筑的政策和规范。河南地区也在这个时期修建了南华西路、洪德路和同福路三条骑楼街。抗战前大批华侨、官员和富商的别墅聚集于此，至今保留了以民国时期为主的大量近代传统建筑。这三条街所在的地区也是明清以来广州河南地区传统城市空间演进的历史见证。直到抗战前南华西一带都是名噪一时的商业街，稍具规模的商店大多聚集于此。

随着海珠城区的发展壮大，跨江建桥的事项再度被提上议事日程。在民国之前，广州的桥梁结构均为石桥或木桥。但国内已经有了很多用钢铁建桥的案例。如，1906年上海苏州河上的外白渡钢桥，1909年竣工的黄河第一桥兰州黄河铁桥，还有天津1926年建成的跨海河的同样可中间开启的万国桥等等。

城市跨江发展首先要解决的就是跨江桥梁的建设问题，而桥梁的建设主要有两个关键，一是经济水平，要有建桥的资金及建成后的日常维护经费；二是要具备建桥的技术，包括日后维修的能力。其实，技术条件的满足从根本上说也还是资金的问题。

有人说，中国封建社会晚期之所以蜕变为海上弱国，其主要原因就是明清时期的海禁。由于海禁，皇朝政权严禁民间造船事业的发展，这种釜底抽薪的做法导致在大航海时代，我国航海技术和能力一落千丈。被动挨打在所难免，以至于到了清晚期，皇朝政权为海上强势做出诸多努力，仍因失去民间技术的庞大支持而难以一蹴而就。这种观点有失全面，但存其道理。

经济是基础，于国于家都是这个道理。民间的技术、能力和观念往往会左右

图4-7　南华西骑楼街

①光绪二年（1876年）清政府购买长洲岛外商黄埔船坞，兴办军事工业和军事教育，先后设水雷局、鱼雷局、黄埔船局等军事工业组织，成为清末海军四大船坞之一。同时兴办军事学校。校名先后有“西学馆”、“实学馆”、“博学馆”、“广东水陆师学堂”、“广东陆军速成学堂”、“广东黄埔水师学堂”等，是黄埔军校的前身。

②即始建于光绪三十三年的广东士敏土厂，位于今广州海珠区纺织路东沙街18号，孙中山大元帅府纪念馆。1917年孙中山出任中华民国大元帅时，以当时的广东士敏土厂作为大元帅府。

社会的发展。桥梁的发展也是这个道理。时值海珠城区已经发展成熟，建桥需求与日俱增，建桥技术前车可鉴，政府的经济实力足以支撑，珠江建桥顺势可为。

1929年，广州市设计委员会开始筹划建设海珠桥，选址位于维新路口横跨珠江直达南岸的厂前街。在市政府核准举办的桥梁设计图征集活动中，上海的美商慎昌洋行中选。

海珠桥是广州桥梁结构从石、木、水泥结构进入钢结构时代的里程碑，一开始也有人给它起名“珠江大桥”，毕竟是珠江上的第一座跨江大桥。海珠桥建成后即被广州市民称为“千年第一桥”。与国内其他桥梁相比，无论是跨度、宽度，还是难度，都堪称当时国内最领先的跨江桥梁。

1929年12月海珠桥动工建设，由广州的美国马克敦公司承建。工程造价为白银103.3万两。1933年2月建成通车，成为广州第一座跨江桥梁。那时，广东省政府专门举行了盛大的通行典礼，轰动一时。同年，广州市还专门出台了《海珠桥水陆交通暂行规则》。

海珠桥是长达183米的三孔钢桁架结构。南北两孔是固定式的弓形钢桥，各长达73米。桥的中孔长53米，是两段可以开合的活动钢桁架，通过安装在两端的发动机进行开启，两端可同时向上展开，纯由电机带动，大约需64马力，全部开合用时不过5分钟，为减轻开合桥的重量，桥面砌木块，再铺沥青，桥旁专门设置了工人房，方便随时开启桥身，以利水陆交通。桥面宽20米，中间车道13米，两边人行道各3.5米。当时的海珠桥额上还有国民党元老胡汉民所提的“海珠桥”几个大字。

上海外白渡桥

兰州黄河铁桥

天津万国桥

图4-8　国内同期钢铁桥梁（来源：《中国桥梁史纲》）

海珠桥施工时还发生过意外事故。桥墩基础一开始施工时是采用木桩钢筋混凝土承台，木桩为30厘米×30厘米的松木方，用5吨蒸汽打桩机打入，承台用钢板桩起隔水兼作外模，木桩完成后在钢板围堰内灌注3米厚水下混凝土封底，然后在围堰内抽水继续桥墩施工。但施工中当围堰抽干水时，整个围堰连带木桩一起浮起，造成工程事故。后来将混凝土封底全部打碎，清除混凝土和浮出的木桩，清底后才发现基底红土层十分坚实，木桩打入很困难，所以才会在浮力作用下，把打入红土浅层的木桩群全部拔出。最后只好改变设计，将混凝土基础直接置于硬质红土层上面，采用钢制沉井兼作外模，浇筑水下混凝土加厚至5米。

建成时，海珠桥是连通广州城区珠江南北两岸的第一座大桥，结束了两岸只能走水路连通的历史，促进了河南地区由沿江滨水发展转向内陆发展，漱珠涌等河南地区繁华的河涌交通功能逐渐被马路取代。珠江将广州版图一分为三，北岸是广州古城，对岸是河南，西南是芳村。直至1933年海珠桥开通之前，珠江之上一直未有桥梁建设。

海珠桥的建设一波三折，建成后也曾历经两次磨难，一次是1938年，广州沦陷，海珠桥遭到日军破坏，后虽几经修建，但中部桥面已无法开合。另一次是1949年10月14日，国民党军队败退时炸毁了海珠桥，导致海珠桥中孔钢梁沉入江中，南北桥墩及大梁也被炸毁。1950年3月，新成立的广州市人民政府开始修复海珠桥，同年11月完工，12月时任市长叶剑英剪彩通车。位于海珠桥北岸的海珠广场，成为解放初期广州对外经贸文化活动的重要窗口。

图4–9　海珠桥（1933年）

1933年的海珠桥（来源：南方日报档案室）

海珠桥现状（摄于2016年）

海珠桥建设时期正值广东近代工业发展的黄金周期。城市在向外发展的同时，也在考虑内贸和工业发展。“一口通商”政策为广州创造了出口贸易大港的优势，能够接触外来新鲜事物和资讯。然而，第二次鸦片战争之后，岭南地区的对外贸易中心悄然发生了转移，香港的港口优势和贸易自由度逐渐突显，广州开始审视自身。

海珠桥的建成，为广州近代城市中轴线的建设画上了圆满的句号。这条城

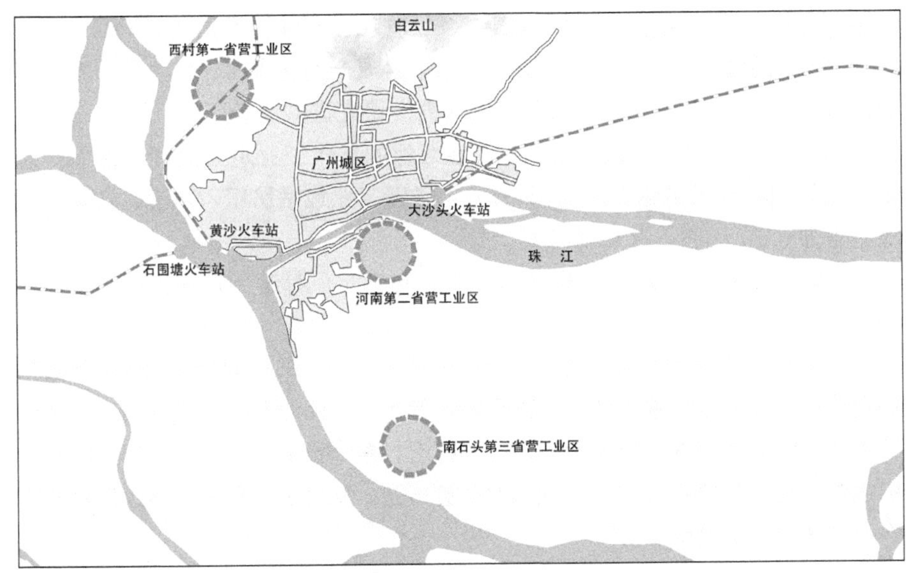

图4-10　三大工业区

市轴线自北向南依次为：镇海楼—中山纪念碑—中山纪念堂—市府合署大楼—中央公园—维新路—海珠桥—江南大道。海珠桥的建成，也为国民政府江南工业计划的实施奠定了基础，实现了广州陆路跨江发展的梦想，降低了珠江对广州南拓的自然隔断。

陈济棠主政广东期间，为了发展扩充实力，引用西方先进技术和设备，大力发展省营工业。这些省营工业大都集中在先后规划建设的三个工业区，即西村第一省营工业区、河南第二省营工业区和南石头第三工业区，后二者均在河南地区。

位于草芳围至石涌口一带的河南工业区主要以纺织业的发展为主，兴建的企业包括丝织厂、棉织厂、毛织厂、麻纱厂和整染印花厂等。为了管理方便，5家工厂合并后统一命名为广东省营纺织厂，内部设“五部一室”的部门架构，即丝织部、棉纺部、制丝部、毛纺部和机电室。工厂用地面积达4.3万平方米。厂内有2万锭纺纱锭、120台织布机，大部分都是由英国或美国进口的先进设备，涉及费用达毫银634万元。由于广州进出口方面的便利条件，以及广东省内纺织品的紧缺，纺织厂投产后的生产和销售都甚为可观，受到社会各界的欢迎。

按照当时河南纺织工业区的规划，除了广东省营纺织厂外，还创办了张富昌、坤和泰、和荣新等7家民营纺织厂。受到省营工厂的带动，它们集中在省营纺织厂附近，在河南地区形成了以纺织业发展为主的工业集聚区，进行规模化的工业生产。

南石头第三工业区的主要工业是1931年筹建的广东省营纸厂。厂址在南石头村东侧，与广州纸厂隔村相望。当时的省营纸厂是全国规模最大、设备最先进的造纸厂。其主要生产设备均从瑞典、捷克等国家购买引进，设计生产能

①即新闻纸。

力达到日均机浆30吨、日均煮浆20吨、日均抄纸[1]50吨，发电5000千瓦时。该厂1936年安装机器，1938年建成。1938年用国产的马尾松作为主要原料试产新闻纸100多吨，试产成功。该厂当时是亚洲最先进的造纸厂。

据统计，到1937年，广州除手工业之外的近代工业企业数量达到了3218家，相关的就业人员达到了71.84万人。省营工业包括纺织、水泥、化学、食品、电力等8个门类，共11家工厂。

1937年，日军发动大规模侵华战争，省营工厂都遭到沉重的打击，令人痛惜。

日军占领广州时，省营造纸厂仅处于试产阶段，纸厂的全部设备被尽数拆卸运往日本北海道小牧市的勇拂设厂投产使用。广州沦陷时，省营织布厂也开工不久。纺织工业的发展遭到了严重的打击，整个行业奄奄一息。省营纺织厂中绢织、毛织和麻织等部门的进口设备被日寇拆卸后运往日本，丝织部被日军强行改造为修械制弹厂。

1945年抗战胜利前期，省营纺织厂的生产能力只有战前的1/3。抗战胜利后，为了应对全国人民的衣着补充，机器纺织业首先得到恢复。除了省营纺织厂外，还利用广东纺织厂闲置的厂房兴建了广州纺织第二厂。但由于设备陈旧，生产效率低下，两家工厂生产的棉纱远远满足不了广州织造业的需要。

运气更差的是纸厂，抗战胜利后，国民政府曾会同盟军总部花了3年的时间与日方交涉，终将大部分生产设备运回省营纸厂，但直到1949年解放前，省营纸厂仍然未能恢复生产。

前面说过，珠江将广州版图一分为三，北岸是广州古城，对岸是河南，西南是芳村。民国之前，广州沿着珠江安排了三条铁路线。一条是出现最早的广三铁路线，我们将在后面介绍这条铁路线。另一条是广九铁路线，这是广州使用最久的铁路线。还有一条是粤汉铁路线，这是空间跨度最大，建造时间最长的铁路线。民国时期，广州计划在珠江上建构三座跨江大桥，海珠大桥、西堤铁桥和西南大桥。可惜的是后两座桥梁在民国时期都没有实现。

随着海珠桥的动工和建设，广州又把目光投向西南对岸的芳村地区。芳村是广州与佛山联系的纽带，这个地区建设起步相对河南地区要晚一点。但它却拥有广州最古老的火车站：石围塘火车站。

广佛两地自古以来就关系密切。广州一直都是岭南地区的政治、经济和文化中心，而佛山则以商贸业和手工业发达著称，是岭南地区的工商业重镇，与苏州、京师和汉口并称古代中国“四大聚”[2]。广州的西部与佛山的东部、南部接壤，两市均处于珠江三角洲地区的北部，北江、西江先后流经佛山、广州，并从广州南部的南沙地区入海。广佛两市同属广府文化区域，经济、社会、文化联系紧密，源远流长。历史上，广佛曾相辅相成地构建了珠江三角洲地区经济二元中心体系。

②天下四聚是清代对四个最重要的商业中心城市的别称，它们是位于华北的京师（今北京）、位于华南的佛山、位于华东的苏州、位于中部的汉口（今武汉市一部分）。

广三铁路是连接芳村与三水的铁路线，由美国合兴公司于1901年11月动工兴建，1903年9月建成投入使用。石围塘火车站是广三线的起始站，由于石围塘与城区之间没有桥梁，进出的旅客只能沿着车站遮阳避雨的雨棚直接走进码头，摆渡过江，从而引发了人们对在广州古城与芳村之间架设桥梁的期盼。

孙中山先生曾在南方大港建设计划中，反复强调要建设广佛都市圈。他在《建国方略》中提出，新的广州市区应包括西部的佛山与东部的广州地区，并明确指出要在花地和佛山之间建设新的工业区，这在一定程度上促成了解放后芳村工业区、鹤洞工业区的建设和两市的一体化进程。

民国时期，白鹤洞地区的工业生产以造船业工业和建筑工业为主。1922年白鹤洞开设了广州第一家使用排锯的泰兴和木材机械加工厂。1924年，国民政府就曾将广州城区西南的水利运输和铁路运输条件较好的白鹤洞、芳村、花地一带规划为工业区。1930年，白鹤洞地区开设了多家木材机械加工厂。这些工厂大多采用前店后厂的形式，规模都不大。

1931年在白鹤洞的东塱大黄滘口兴建了唯一一家省营造船厂：广南造船厂。船舶工业作为广州的传统重工业开始得到新的发展。

同年，结合广三铁路的建设而兴建一座跨江大桥的梦想开始走向现实。广州市政府与粤汉铁路广韶段管理局合作建造珠江双轨铁路公路两用桥，当时取名西南大桥。

1932年，河南工业发展迅猛，广东省营纸厂在建设中，跨江交通量剧增，国民政府开始商议在太平南路[①]西濠口修建西堤铁桥。

①今人民南路。

1933年双方与海珠桥承建方美国马克敦公司签订合约，随后启动西南大桥建设。

1936年9月完成东桥桥墩97%、西桥桥墩60%的工程量。同年，广州市工务局筹划了建桥事宜并选取了桥式。但遗憾的是随着抗日战争的爆发，西南大桥因设计不周，加上美国承建商破产而停工。西堤铁桥也因种种原因未能实现。

沦陷期间，日军吞噬了当时广州船舶行业之首的协同和机械厂，吞并了附近的广南造船厂。白鹤洞、大涌口一带成为日军重要的船舶修造基地。广三铁路工人为防日军利用铁路运输物质，将石围塘站至佛山站的双轨拆去一轨，佛山站至三水站的路轨则全段拆除，直至战后才开始重新铺设。1946年9月，广三铁路全线恢复通车。

1947年，广州市政府与粤汉铁路管理局再次签订共同建设西南大桥合约，但工程始终没有动工。现在我们在距离珠江大桥西桥南侧数十米处，仍能看到几个20世纪30年代留下的桥墩。

1949年广州解放，广州市人民政府全盘接管了国民政府的城市功能布局的理念和城市空间结构的设想，使河南与芳村开创的工业企业成为发展广州市大型工业生产的重地。新中国成立后广州用了10年时间，建构了以造纸厂、重型机械厂、钢铁厂和橡胶厂为骨干的工业基地，以中山大学为核心的教育

珠江大桥及民国时期留下的桥墩（来源：南方日报档案室）

图4-11　石围塘火车站与西南大桥遗迹

基地，建成了珠江大桥，完满实现跨江建设的梦想，拉动了广州南部地区的发展。

广州刚刚解放的时候，省营纸厂更名为“广东省人民政府造纸厂”[①]。1950年，改名“广东造纸厂”。历时15个月的厂房建设和设备重新装配，1951年，广东造纸厂正式投产运营。

①解放前夕，国民政府曾企图将省营纸厂设备转移至海南岛，由于解放军进军快速，国民政府的计划未能实现。

随着广东造纸厂的投产，河南的道路交通问题也提到了议事日程。

广东造纸厂所在的南石头工业区，是最早建成的现代化工业区。这里曾经是凤凰岗南侧的一片沼泽地，地质条件较好，紧邻珠江后航道，水上运输方便。1952年，广州市政府决定平行于珠江后航道开辟一条直通珠江北岸城市中心区的大马路，沿线建设工厂，并将此马路命名为“工业大道”。工业大道的通车，初步改善了河南地区的公路运输环境。

工业大道北起凤安桥，南接石溪涌，全长约8公里，是西北至东南走向贯穿海珠区的城市主干道。建成后，这里曾一度是广州的工业走廊和经济支柱。

工业大道与白鹅潭深水航道相得益彰，提供了工业发展必备的交通条件，吸引了众多国家、省、市企业投资。除了广州造纸厂之外，珠江后航道和工业大道一带还陆续建设了广州第一造船厂[②]、广州通用机械厂、广州锅炉厂、广东轻工业机械厂等等30余家大中型骨干型工业厂家。

②厂址解放前为屈臣氏汽水厂仓库，解放后用于中国粮食公司仓库和海洋汽车修理厂。1954年，由于海军建设的需要，成立广州第一造船厂。1958年，周恩来总理视察广州船厂；1960年，时任国务院副总理王震视察广州造船厂。

在第一个五年计划期间，广州市人民政府重点打造了河南工业区的建设，并取得了辉煌的成就。比如：1954年，广州重型机械厂成功制造出全国第一台离心机和第一颗航天卫星零配件。1950年代中期，广州电池厂生产的555牌、五羊牌、虎头牌等品牌的电池，成为我国最早出口的电池产品。1956年，广州第十一橡胶厂成为全国首个生产避孕套的国有企业。由此，工业大道成为真正的工业走廊，在广州国民经济发展中占有举足轻重的地位，使河南地区成为广州重要的工业基地的基石。

1953年全国开展了资本主义工商业的社会主义改造，纸厂更名为“国营广州造纸厂”。此后，广州纸厂一直是广州市的重点工业企业，1956年，毛泽东主席视察广州造纸厂；1959年，时任国家副主席朱德视察广州造纸厂。2009

年广州纸厂生产的“金页”牌新闻纸仍占全国市场的1/5。2012年广州纸厂完成环保搬迁，落户南沙万顷沙镇。按规划，原广州造纸厂地块将建成容纳12万人口的居住社区。那是后话。

广州造纸厂（来源：南方日报档案室）

广州重型机械厂（来源：南方日报档案室）

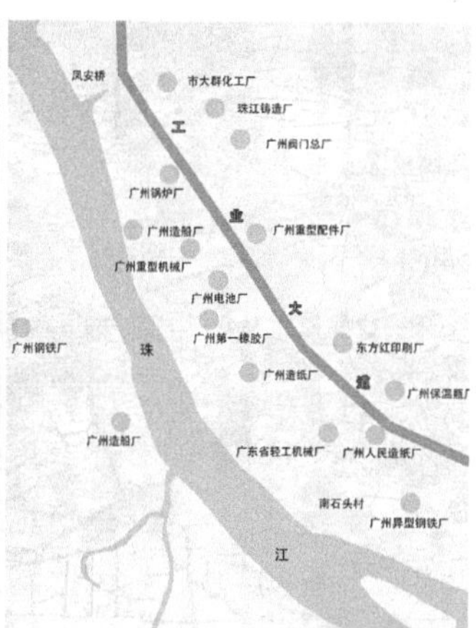

图4-12　工业大道沿线工厂分布示意图

民国时期开通的海珠桥促进了河南地区的发展，工业集聚，人口增加，整体经济有了很大提升，海珠桥附近地区的道路、市政设施等也有了改善，但相较于珠江北岸的城区来说，河南地区在相当长的一段时间内，还是处于环境欠佳、经贸不够繁荣、资讯亦不如江北发达、人员整体素质不高、居民的社会地位较低的状况。所以，广州市民常常说“宁要河北一张床，不要河南一间房”，言词间对河南地区颇有不以为然之意。在工业大道建成的同时，中山大学迁至河南康乐园。由于交通的改善和高等院校的入住，河南的社会地位才有所提高，整体形象才有所拉升。

1952年开始，全国的大学进行了大规模的院系调整，原在石牌的中山大学文理院系与岭南大学①文理院系合并，组成新的中山大学，新组建的中山大学校区由石牌迁入原岭南大学康乐园校址，并开始扩建。中山大学原石牌校址，迁入了新组建的华工、华农、华师等院校。

①1907年，格致书院与岭南大学医学院合并发展为岭南大学，是美国传教士在广州创办的一所私立大学。1927年后收归中国人办学。

随着中山大学的迁入，河南地区终于有了高等文化因子，也吸引了后来广州美术学院、广东教育学院等13所大专院校在中山大学周边入驻，也影响了电子工业第七研究所、南海海洋研究所等多家科研单位以及珠江电影制片厂、南方歌舞团等文化单位和机关单位在海珠区的落地。可以这么说，中山大学进驻河南地区，有效地改善了海珠区的人员结构、社会地位和功能结构。

随着国力逐渐恢复，政府提出“在相当的时期内，逐步使广州由消费城市基本改变为社会主义的生产城市”，广州确定了从过去传统型的“商业消费型城市”转向“生产型城市”的定位。

到了第二个五年计划期间，广州市人民政府将目光转向了芳村地区。白鹤

石牌校区旧址

现中山大学河南校区

图4-13　中山大学（摄于2016年）

洞[①]东塱村工业区[②]再次得到高度重视。1957年，广州将白鹤洞地区的原广南船坞等几个小型船厂合并组成广州船舶修造厂。与广州船舶修造厂同时兴建的还有广州钢铁厂。10月，全国提出了“大跃进”的口号，广州的工业建设和生产也进入了“大跃进”时期。由于钢铁是工业生产和基础建设的重要材料，因此钢铁厂的生产和建设便成了重中之重，立即开始动工建设。

1958年，经国务院和国家计委研究决定，广州船舶修造厂与广州第一造船厂合并，成立了“广州造船厂”[③]。时任广州副市长焦林义，南海舰队某部长出席了广州造船厂的成立大会。广州造船厂成立之初就规模较大，拥有职工5000多人，机床170多台，具备维修3000吨级船舶的能力，揭开了华南地区船舶修造历史的新篇章。

1958年，广州工业出现了“大跃进”高潮，奠定了今天广州工业布局的基本框架。这一年广州还同时建成了5座钢铁厂。位于芳村白鹤洞的广州钢铁厂便是其中之一。

广州钢铁厂于1958年7月便建成投产，结束了广州“手无寸铁”的历史。当年无数的市民和学生热情高涨，支援广州钢铁厂的建设。广州钢铁厂所在的白鹤洞工业区内还配建有铁路、公路、员工宿舍等，功能齐全，几乎是一个半独立的小型城市，与广州隔江相望。这里成就了无数“广钢人”的美好回忆。

①清代这里草木丛生，成群的白鹤在此筑巢，故名白鹤洞。清宣统二年（1910年），此地曾建有招鹤亭。

②“二五”计划期间，全国掀起了“大跃进运动”，广州新建了7家钢铁厂，并开辟了白鹤洞、员村等众多的工业区和工业点，建设广州钢铁厂、造船厂、制药厂、广州玻璃厂、电解食盐厂等。

③广州造船厂首任厂长王茂前，党委书记汤国良。

图4-14　广州造船厂——位于芳村白鹤洞（来源：《广东百科全书》）

广州钢铁厂旧址——位于芳村白鹤洞

图4-15 广州钢铁厂（来源：南方日报档案室）

广州钢铁厂从建成开始就带来了许多荣誉，这里是我国华南地区最大的钢铁厂，是广东的第一个钢铁厂，自然也是广州钢铁产业的龙头。周恩来等多位党和国家领导人曾先后到此视察。

1958年，是芳村值得深深记住的一年。在广州造船厂和广州钢铁厂投产的同时，广州市政府决定在大坦沙建设铁路公路两用桥，以加强广州同西部珠三角地区的联系。

珠江大桥于1958年10月动工，两年后的1960年10月1日建成通车。期间，广州市政府动员了上万名市民，尤其是荔湾区的市民，提出了“家家无闲人”的口号，积极投入到珠江大桥的建设之中。当时仅仅用了两年的时间就建造完成了一座横跨珠江两条支流的大桥。珠江大桥的建成，打通了广州与西南城乡之间的物资通道，进一步加快了广州的社会经济发展。

珠江大桥横跨大坦沙及其两侧的珠江东西两条支流。大桥由东桥和西桥两部分构成。其中，东桥包括9孔的钢桁架和钢筋混凝土墩梁，长约336米，连接中山八路至大坦沙，西桥包括10孔钢桁架与钢筋混凝土墩梁，长约415.5米，连接大坦沙和芳村大道、广佛公路，两桥距离1.5公里。桥面由中间的广三铁路双轨铁路及两侧的单线行驶机动车道及人行道构成，桥宽23米。珠江大桥的施工单位是铁道部大桥工程局第五桥梁工程处①。

①即中铁大桥局集团五公司。

1959年10月的广州城市总体规划第10方案中，预测了珠江大桥建成后城市空间向西拓展的趋势，将芳村东塱一带规划为“钢铁基地”。

当然，珠江大桥联系的不仅仅是芳村地区与广州城区，也是粤西地区联系广州的必经通道。广州与佛山两个城市一直都是珠江三角洲城市群的核心地区。两市之间的空间关系紧密、产业联系紧密、市民交往紧密。1960年1月，在建筑工程部的建议下，在广州、佛山2市及花县、从化、番禺、南海等12个县范围②内开展了区域规划，编写了《广州地区区域规划草案》，这在全国是首创。

②面积达28880平方公里。

珠江大桥的建设也影响了城市的定位。20世纪50年代中期，广州市为了贯彻“为生产服务、为劳动人民服务”的方针，提出了把广州建设成为“以轻工业为主的生产城市”的思路。经历了“大跃进时期”的实践，随着工业大道产业群的出现，以及广州造船厂和广州钢铁厂的投产，广州市人民政府在1961年重新提出调整发展速度的要求，提出广州的建设定位是“以一定重工业为基础，以轻工业为主，对外贸易占一定比重的现代化社会主义工业城市”。直至改革开放前，广州市的城市性质可以说是以工业生产为核心，兼顾对外贸易的综合职能，强调以工业建设和生产来带动经济发展。

珠江大桥现状（摄影：黄伟东2016年）

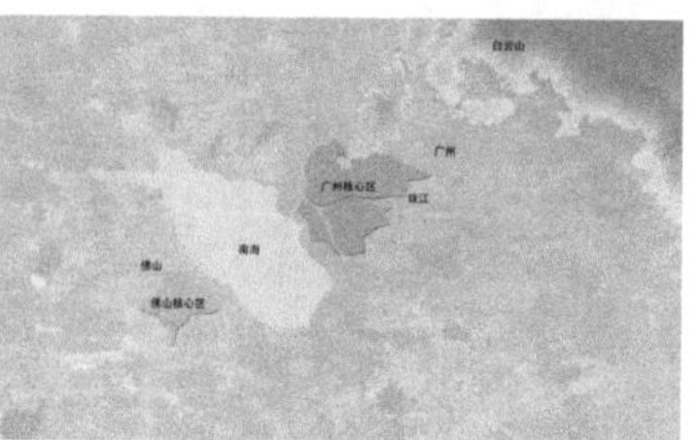

广州与佛山的关系示意图

图4-16　珠江大桥

工业大道工业区和芳村重工业区的建设既解决了城市均衡发展问题，促进城市生产与生活和谐发展，也稳定了城市空间结构。向东发展是城市发展的主流，城市主要工业隔江布置在河南，重工业区布置在西南的芳村。在工业时代，工业区与生活区向背发展，无疑是最利于城市功能分区的组合。广州之所以能够创造出如此合理的空间布局，与珠江的天然条件有着十分密切的关系。当前，滨江城市跨江发展，构建新的城市空间框架已经变得越来越普遍。据相关资料统计，目前有近八成的中国省会城市与直辖市成为跨江城市。

我们知道，根据世界滨江名城河流宽度的大数据显示，河流宽度在100~400米之间，既对城市空间发展与合理安排城市功能分区最为有利，也有利于两岸景观相互映衬、相互影响、相互交融。比如，穿越伦敦的泰晤士河宽为250米，穿越巴黎的塞纳河宽为120米，穿越布达佩斯的多瑙河宽为150米。比如，天津的海河宽约100米，上海的黄浦江宽约400米，重庆的嘉陵江宽约350米，河源的新丰江宽230米等。流经广州城区的珠江河段平均宽度约200~250米。所以，努力地跨过珠江，致力打造一江两岸，是广州城市建设必然的选择。

如果河流宽度在400~1000米之间，两岸城市景观连为一体的可能性就会随宽度增加而逐渐递减，两岸地区将会按照两个城市组织功能分区。河流过宽使得江对岸已经超过了普通人的视觉可及的范围，在江的这一岸看另一岸已经没有了一个整体的感觉，在心理上也容易主观地将对岸作为另一个城市来看待。在具体操作层面可能会对城市的发展建设难以达成共识，从而降低城市发展的动力与合力。比如武汉长江干流宽度在1公里左右，两岸城市在相当长的一段时间内都是以武昌与汉口两城市出现的。当河流宽度超过1000米，两岸关系很可能即便是有行政隶属关系，但城市功能与空间都不会形成整体。如长江下游的南京市与上海市。

珠江天然的环境为广州跨江发展提供了优良条件，并为城市的合理功能分区提供了基本保证。海珠桥的建设，引领了河南工业区的发展。珠江大桥的建设为广州钢铁与造船基地奠定了坚实的基础。

图4-17 广州一江两岸景观（摄于2016年）

西堤铁桥曾经是国民政府的一个梦，是河南工业大道与城市商圈直接相连的重要节点。自珠江大桥建成之后，谋划西堤铁桥的工作就悄然展开。不过，那个时候，西堤铁桥已改名为人民大桥，位置也略有偏移，唯一不变的是桥梁的基本功能仍旧为串联河南工业区与河北商圈。

河南工业区的迅速发展，海珠桥已无法满足珠江南北两岸之间不断加大的交流需求。对接工业大道，建设珠江第二桥已经成为广州城市发展的迫切需求。1965年4月，建筑工程部和国家计委正式批准广州建筑人民大桥。1965年11月，经广州自行设计和施工的人民大桥开始动工建设，2年后的1967年5月1日正式完工通车。

广州人民桥位于白鹅潭东侧，向北连接六二三路、人民南路高架，向南连接洪德路、工业大道，是一座701.2米长的3孔预应力钢筋混凝土刚构桥。人民桥的建成，连接了珠江北岸的城区与珠江南岸的工业区，加快了广州工业从珠江北岸城区向珠江南岸的转移[①]，也带动了海珠区西部的发展，大大缓解了海珠桥的交通压力。

为解决人民桥两端日益混乱的交通状况，疏解机动车交通，后来又分别在人民桥的南北两端建设了立交桥和匝道。1984年，修建了南部的洪德路立交桥。1988年，在人民桥北端修建了分别通往六二三路、沿江路和沙面旧东桥的三条匝道。1991年，人民桥扩建加宽，并连通了内环路[②]，进一步加强了珠江前航道两岸城区之间的交通联系。

因为海珠桥、珠江桥的建成，广州市就有条件或者说是有可能将诸多工业区和重工业区安置在一江之隔的河南与芳村地区。

这样的工业布局对广州工业发展是有利的，广州市人民政府接手城市发展空间架构，打造了河南与芳村工业区，后来创造了许多辉煌业绩：1960年代广州第一橡胶厂生产的轮胎出口量位列全国首位，1974年，广州造船厂自主研发生产了广州第一条的万吨巨轮；1980年代制造了全球第一件钛制潜水服。

① “三五”、“四五”时期，按照国家“山、散、洞”的指导思想，广州大量的工业企业从珠江北岸单向转移至珠江南岸的海珠区。

②内环路1997年动工，2000年建成，是广州市旧城中心区与新城区之间的环形快速路，全长26.7公里，路线走向为环市路—恒福路、永福路—梅东路、中山一路—东山口—江湾大桥/海印大桥—南田路、工业大道—人民路、六二三路，内环路向外有7条放射性道路与环城高速相连，是广州极其重要的交通干道。

图4-18　人民桥

这样的工业布局对广州城市后来的发展和格局影响很大，让广州后来可以有更多的空间轻松自如地规划拓展。那些重工业、污染工业如果当初不是高瞻远瞩地放在河南，可能就会被安置在城市东部，如后来的广州石化、广氮等。如果这么多重工业填满了当时的东部片区，广州现在的东进战略大概就不可能这样顺利推进了，也许广州的城市格局又是另外一副模样。

不过，由于受到经济水平、自然条件、政治因素等多方面的综合影响，城市跨江发展未必都能给城市形象和城市活力带来正能量。

所以，当跨江发展不再受到技术水平和经济能力的约束，当我们具备一切实力可以随心所欲地打破阻碍城市扩张的一切藩篱，当城市破城跨江，并一跨再跨之后，我们是不是应该认真思考，城市的发展是否需要自我约束，城市发展的理性边界在哪里?

第五章　北部商圈的形成

在相当长的一段时间内，广州北部发展不温不火，处于一种欠发展状态，因而，造就了广州城市密度呈“南稠北疏”的特征。于是乎，有关不宜在广州北部大兴土木的禁忌说法时有流传。

广州有东濠涌、西濠涌和南濠涌，唯独没有北濠涌。据说，明成化年间，广东总督韩雍和巡抚陈濂欲开凿北濠涌，被众官员阻止。在众多传言中，还有提到越秀山上镇海楼也是为了镇住广州“龙脉”而修建的。如此一来，广州的城市北部似乎成了禁地，是否可以大兴土木愈加显得扑朔迷离。

其实，这些传说不过是人为杜撰出来的一个噱头。古代广州在城市北部不仅动土，而且动得风生水起。菊湖和兰湖就是在广州城市以北大动土木最好的例证。广州城市之所以没有向北部发展，其原因不在于北部能不能动土，而是由于白云山脉不利于城市建设的地势环境，由于菊湖的历史存在，残留水塘造成城建成本的增加，更重要的是由于城市南部珠江航道的牵引力太大，以至于将城市的基本资源都吸引到珠江边上了。

一千多年来，广州一直都是国家重要的外贸基地：有时是国家众多外贸基地之一，有时是国家少数几个外贸基地之一，有时是国家唯一的外贸基地。无

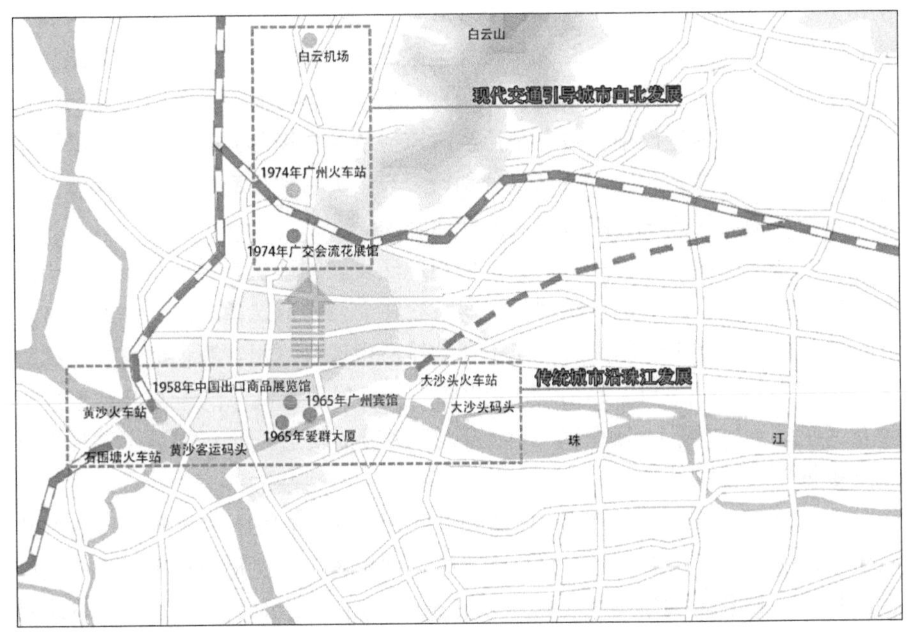

图5-1　外贸基地与交通方式的变迁

论在哪种情况下，外贸基地所依赖的优势必然是交通环境。广州之所以能成为国家的外贸基地，依赖的自然是珠江。故而，广州千余年的城市发展历史，就是资源向珠江聚集，财富向珠江聚集，道路向珠江聚集，人员向珠江聚集，建筑向珠江聚集，城市活力向珠江聚集的历史。

然而，现代交通工具出现之后，水运不再是外贸基地唯一可以彰显优势的环境。同时，随着现代交通形式的完善，水运对外贸的影响也越来越小，城市也会因此发生变化。当今世界，评价外贸基地交通环境的优劣不再是水运条件，而是陆路交通和航空条件。

广州外贸基地的变化、城市的变化也与现代交通方式的出现与发展有着千丝万缕的联系。

清末民初，广州修建的三条铁路交通干线，数个机场都没有摆脱珠江的引力，它们都有一个由江及山的迁移过程。我们通过这些现代交通工具的发展过程，可以窥测到珠江引力减弱和广州城市由南及北均衡发展的过程。

广三铁路于1901年12月动工，1903年10月5日竣工，是中国最早的复线铁路，也是广州第一条铁路。广三铁路最初只修至佛山一段，长16.5公里，后来又延长至三水。该铁路建成时，以客运为主，高峰期每日平均运送旅客万人以上。

粤汉铁路是广州第二条动工的铁路线。动工时间是1906年，但历经了30年的漫长修建工期，直至1936年9月1日方才正式通车。粤汉铁路由广州黄沙至湖北武昌，全长1095公里。中国铁路之父詹天佑曾任粤汉铁路公司总经理并在黄沙火车站办公。

广九铁路由广州大沙头至香港九龙红磡，全长183公里。广九铁路动工时间比粤汉铁路晚一年，但建成通车时间却早于粤汉铁路25年。1907年，广九铁路分英、华两段开工，1911年10月8日广州至深圳的铁路通车,年底全线贯通。时值民国初年，广九铁路算是给民国政府送了一个大礼包。广九铁路大沙头火车站临近东山别墅群，采用西方近代建筑风格。站前白云路全长0.5公里，在后来的街巷道路建设中，没有采用当时流行的骑楼街形式，而是按照陈济棠力主的现代道路模式：上下行马路分别设置在中央绿化隔离带两侧。大沙头火车站创造了极具现代气息的城市对外交通环境。

广九铁路虽然没有改变广州城市依赖珠江发展的现状，甚至强化了城市向珠江聚集的趋势，但也预示着现代交通方式将会使水运这单一对外交通状态发生改变。广九铁路出现的同时，航空业的雏形也现身广州。我们通常把比利时人云甸邦于1911年4月8日在广州东北郊一个小村子里试飞的一片开阔草地称为燕塘机场。“中国飞行之父”冯如因试飞失败而陨落于此，加重了这片草坪的历史意义。

广州真正具有里程碑意义的机场是1918年由中华民国军政府修建的大沙头机场，这是一个用来训练飞行队的水陆两用机场，曾经是航空史上设备最先进的机场，也是中国航空史上第一次长途飞行的起降机场。1923年，机场附

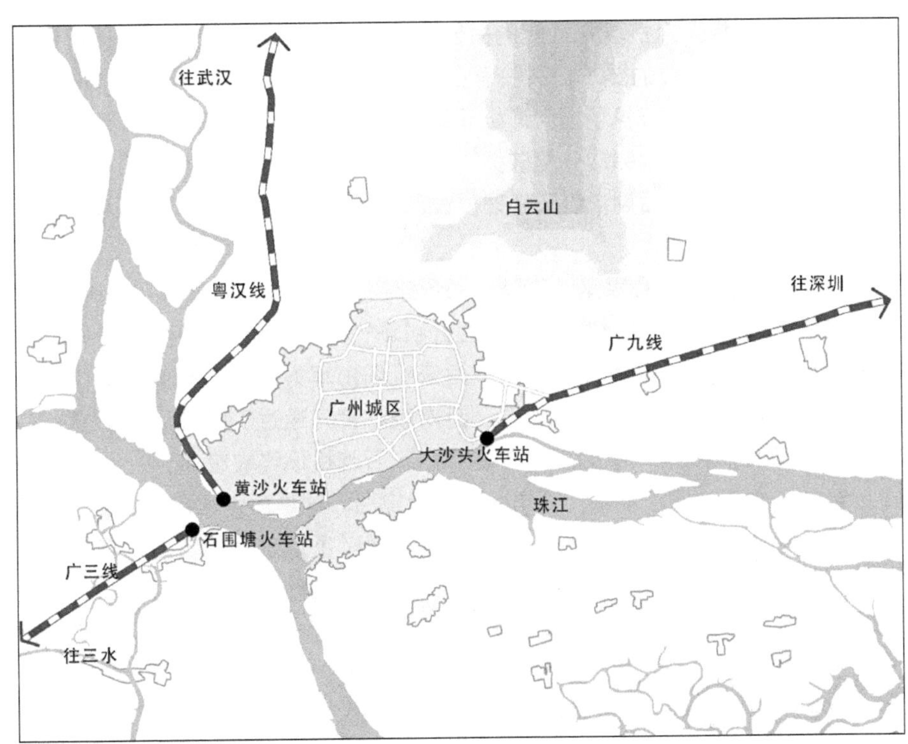

图5-2 珠江引力与三大火车站

近兴建了广东飞机制造厂。大沙头机场前前后后历经了十年的辉煌，它与大沙头火车站、东山别墅群共同谱写了广州城市东进的序曲。

城市东进与机场起降环境必然会产生激烈的矛盾。1928年底，国民革命军第八路军拨款40万元，陈济棠选址天河村，兴建了一个比大沙头机场大一倍的瘦狗岭飞机场，也称天河机场。1931年，天河机场投入使用，大沙头机场随之关闭.取而代之的是大沙头水运码头的兴起，驳岸、舷梯、船舶，营造另一种城市喧闹气氛。天河机场虽然还不具备影响广州城市交通的能力，但它无疑是第一个摆脱珠江引力的对外交通节点。随后，航空处、航空学校陆陆续续搬入新机场。

1936年11月，天河机场开辟了中国第一条国际航线——广州至越南河内的国际航线。1936年2月，中航第一次试航上海—广州—河内航线，第二次试航时被广东省政府以“中航的驾驶员都是外国人，不宜由中航飞越西南军事重地”为由，将中航的飞机扣留在广州。同年7月，西南航开辟广州—梧州—南宁—龙川—河内航线，航程862公里，每周往返两次。这是中国民航史上开辟的第一条国际航线。

天河机场定性为军用机场，偶尔也作为民用机场使用。抗战期间，广东空军和飞虎队等国际盟军为了保卫广州曾多次在此与日本侵略者激战。天河机场也曾两次改为民用机场，一次是1947年因为白云机场扩建，民航飞机改在天河机场起降，直到1949年3月白云机场跑道扩建工程竣工。另一次是1949年解放军空军接管天河机场后，因天河机场净空条件不适合空军米格飞机使用，于

1950年下半年将天河机场和民航的白云机场交换使用。1958年后，天河机场已经不适应民航发展的要求，又没有扩建的可能，1959年12月广州民航管理局从天河机场搬到白云机场，天河机场继续交还给空军使用。那时天河机场的飞机维修队经常出色地完成修复破损飞机的任务，一度是全国所有机场学习的榜样。20世纪60年代后期，由于地理位置、气候条件等因素，天河机场正式关闭，这里一度沉寂。

1931年，国民革命军第一集团军司令部在天河机场附近修建了石牌机场，也称启明机场。紧随石牌机场建设，白云机场也于1932年破土动工。1933年，白云机场与石牌机场同时投入使用。白云机场由军方管理，石牌机场由西南航空公司、欧亚航空公司共同管理。西南航空曾开通过8条国际与国内航线，1938年6月因抗日战争和内部管理问题停航。石牌机场终被废弃。

至此，广州航空产业落户城市北部成为定局。这是广州城市对外交通枢纽向北发展迈出的第一步。此后，机场建设也做过重返珠江的努力，但均未成功。如：1933年，广州曾在珠江南河道三山口河段建南石头水上机场①，但机场仅使用了两年就关闭了。同年，广州市政府批准的河南沙头机场因日军南侵而夭折。1935年修建的二沙头水上机场②也仅仅使用了两年。

①南石西街的珠江河段以及对面的造船厂和丫髻沙大桥附近的水面就是当时机场的跑道。

②位于现在的二沙岛上广东省体育馆附近。

随着机场北移，广州的铁路建设也在城市北部风风火火地展开了。

1936年，粤汉铁路通车后，国民政府为连通广九、粤汉两路，于1937年利用原设计修筑黄埔支线的一段路基，修建粤汉铁路西联站至广九铁路石牌站的一段铁路，称为“广北联络线”。

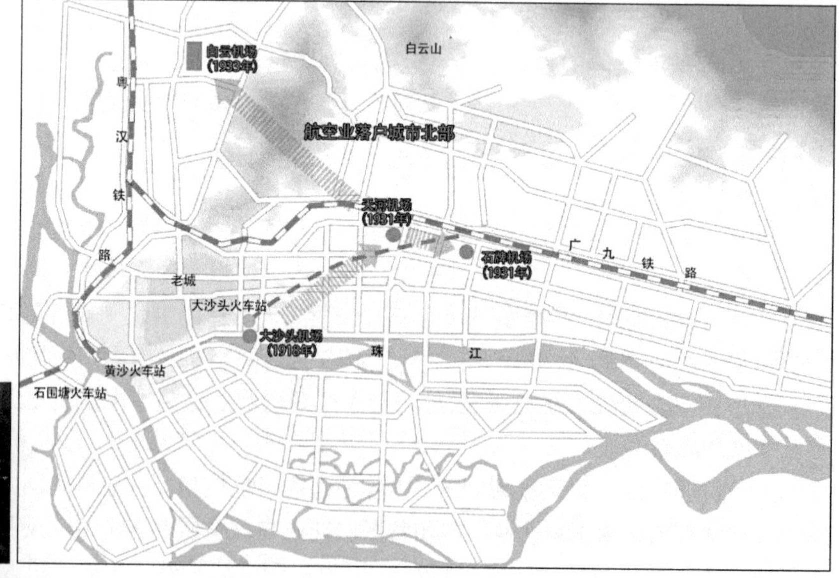

1948年的广州白云机场（来源：《五羊城脉》）

图5-3　广州航空业落户城市北部

1940年，侵华日军为扩建天河机场，将广九铁路梅花村至石牌间3公里线路拆除，改由东山向东北方经沙河连接石牌站，在与广北联络线接轨处设天河站①。

①今广州东站。

抗日战争结束后，广九铁路局撤销，广九铁路华段划归粤汉区铁路管理局管理。至1947年，为配合当时中华民国交通部粤汉区铁路管理局对粤汉铁路、广三铁路、广九铁路的全面管理，修筑了一条由广北联络线云麓至广九铁路永村的联络线，两端设云麓、永村线路所，称为“云永联络线”。

至此，粤汉铁路上的客运列车可以直达大沙头火车站，大沙头站扩张为广九及粤汉两路的旅客列车的始发、终到站，并改名为广州东站，仅负责客运业务。同时，粤汉铁路的原终点站黄沙火车站更名为广州南站，主营货运及列车编组。

粤汉铁路与广九铁路并网，在广州北部划下了一道浓浓的痕迹。后来，这道痕迹成为广州城市北部建设的一道门槛。在相当长的一段时间内，广州城市向北发展时都没有越过这道门槛。

虽然至关重要的两条铁路线并网后，铁路运输非常明晰地指向珠江，铁路分工也与城市功能分区十分契合，西堤商圈与货运交织，东部城区与客运交融，但仍改变不了铁路交通枢纽北移的趋势。应该说，两线并网为未来城市北移埋下了重重的伏笔。

这是广州城市对外交通枢纽向北发展迈出的第二步。

1949年广州解放之后，铁路交通枢纽北移需求逐渐显出端倪。

在现代交通方式中，铁路运输发展速度远远快于航空和其他交通发展的速度。1951年，广州地区铁路运量大增，广州铁路分局也对铁路及站场进行整

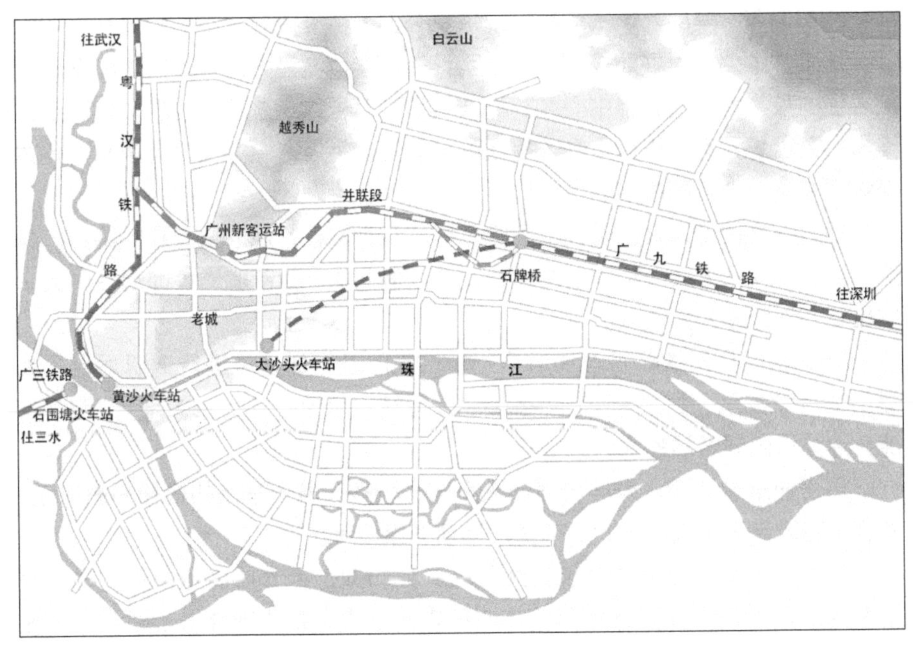

图5–4 粤汉铁路与广九铁路并网

体改造，并将大沙头火车站，即火车东站，更名为广州站[1]，并确定其为广州地区的铁路客运专用站。即便如此，随着国家经济建设的展开，广州铁路枢纽站场能力不足的问题仍在逐渐地暴露出来。重新选址，新建更大的铁路客站似乎势在必行。

①广州民众仍习惯称之为“东站”。

从另一个角度看来，随着铁路车辆运行密度逐渐加大和城市日渐繁荣，两者的矛盾和冲突也越来越激烈。从大沙头火车站出发或到达的列车需经东山口、梅花村北上后再兵分东西，分别驶往武汉和香港。铁路经过城区一段就有14处与城市马路交会。我们知道，凡是铁路与马路平交的路口，火车优先行走是惯例，所有车辆和行人必须退让。铁路对已经发展成熟的城区的割裂无疑是十分惨烈的。因此，搬迁火车站，减轻铁路线对城市建成区的伤害成为必然。

为此，广州迅速开展了新客站的选址工作。当年选址曾经有三个方向：北部偏东、居中或偏西。

北部偏东方案有两个选址：西坑村地区或现火车东站地区。

这个方案的最大好处是与城市发展方向相一致，并与天河机场共同打造城市对外交通枢纽。人民解放军空军自广州解放接管天河机场后，即将其改作民用机场使用。这时，天河机场已经拥有一条南北长1400米的主跑道和一条长1000米的副跑道。如果北部偏东方案实施，可以让机场和火车站再度携手，重现大沙头交通枢纽的辉煌。

北部居中方案也有两个选址：梅花村地区或下塘西德胜岗地区。

这个方案最大的好处是可以兼顾城市规划与现状，对当时既存交通格局的改变最小。它的缺点也比较明显，无论是以梅花村为核心，还是以小北路、仓边路为站前干道，都离城区过于近，城市建设能施展拳脚的空间不够大，并会进一步压迫原本就非常窘迫的城市南北空间。

北部偏西方案的两个选址是：现流花公园的位置或现火车站的位置。

这个方案的最大好处是充分照顾了具有旅客流量潜力的粤汉铁路和贴近了旅客流向最为集中的城市中心区。白云机场当时虽然还是军用机场，但这个方案与白云机场具有合作打造交通枢纽的可能性。另外，中苏友好大厦和广州体育馆都在这个地区酝酿中。

经过几番讨论、几番研究、几番汇报、几番拍板，规划部门和铁路部门决定采用北部偏西方案，将解放路以西、城区偏北的一片乱葬岗，即现在的火车站位置，作为新站的选址。

1955年，广州铁路管理局对广州地区铁路及枢纽建设进行调研后，正式提出选址意见[2]，并向铁道部上报《广州枢纽技术设计任务书》，其中包含在流花建设广州新客站的内容。

②《广东省志·铁路志》记载。

可惜的是铁道部认为广州地区火车站比较多，各个车站的容量尚有富余，新客站建设没有那么急迫，目前做出远期方案即可。

广州新火车站建设方案未获批准,但广州市政府自身明确的项目却已经是箭在弦上，不得不发。1955年，广州在未批准火车站的选址附近建设了一座

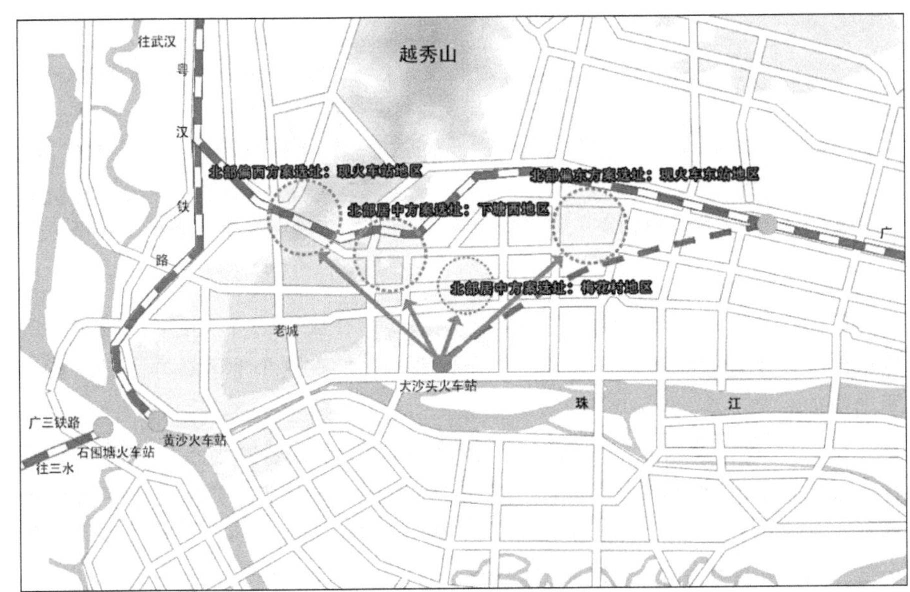

图5–5　火车站选址（广州站与广九火车站和中心城区的地理关系）

颇具东欧色彩建筑：中苏友好大厦。

中苏友好大厦是专门为在广州展出的“苏联经济及文化建设成就展览会”而修建的。为了体现中苏两国友谊长存，中苏友好大厦的建筑风格上带有明显的“苏式”建筑特征。当年这个大型的“苏式”建筑却完全是出自国内建筑师之手，虽然它在规模上和北京、上海的展览馆相比有所不及，但却是完全依靠中国人自己设计和建造的，这在当时的中国社会无疑是一件令人瞩目的事情。在“多、快、好、省”建设方针的要求下，中国建设者仅用了不到4个月便完成基本建设和装饰工程，向人民提交出一件符合“适用、经济、美观”原则、造型宏伟朴素的作品。可以说，中苏友好大厦比较全面地反映了本土建筑师掌控建筑效果、把握建设周期和控制造价的能力。“整个设计过程就是在诸多的限制中取舍平衡，反复修改，就像戴着镣铐跳舞，还要跳得漂亮”，当年参与设计的建筑师在回忆设计过程的时候非常形象地描述了当年的处境。

继中苏友好大厦之后，广州又在相邻地区建造了一座具有东方韵味的广州体育馆。广州体育馆1956年动工，1957年完成。体育馆主体建筑结构的跨度达49.8米，设计师林克明试图将中国传统风格的“大屋顶”融入体育馆的“苍穹”中。

这个举全市之力建成的体育馆，无论是规模还是设备都堪称20世纪50年代继北京体育馆之后全国第二大馆、华南第一大馆。设计师极尽简朴，体育馆的外墙面选择了最常见的水刷石，在追求建筑功能实用和建筑风格鲜明中找到平衡。由于当时建筑原材料缺乏，钢筋水泥紧缺，体育馆的柱基础全部是用10多米长、合人抱粗的大杉木做的；建设时除了体育馆主体工程的钢筋能保证，周边办公室的梁柱曾一度准备用毛竹来代替，最后是将当时同步施工的广州火车站及羊城宾馆(即现在的东方宾馆)工程停下来，把钢筋水泥让给体育馆先用，才使得体育馆得以顺利完工。

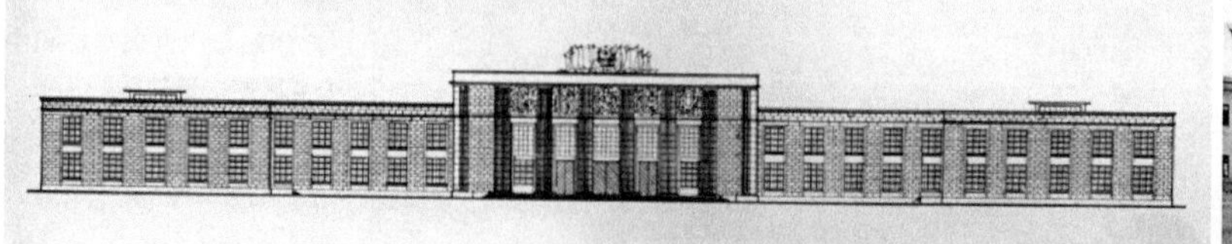

中苏友好大厦南立面（来源：《岭南近现代优秀建筑1949~1990卷》）

1957年广州体育馆（来源：广州市设计院）

图5-6　中苏友好大厦和广州体育馆

广州对新客站选址的信心是满满的。因此，在火车站未获批准的情况下仍能按部就班地建设中苏友好大厦、广州体育馆，并在这个地区举办了第一届中国出口商品交易会。

1957年武汉长江大桥建成，京汉铁路和粤汉铁路合并为京广铁路，广州客运站面临的旅客流量压力剧增。而且，由粤汉线变更为京广线，多多少少也会有一些政治色彩。同时，正值“大跃进”风风火火的年代，“大干快上”是主流，新建火车客运站可谓之万事俱备。

1958年5月，广州铁路局再次向铁道部提出建新客站的申请，最终获得铁道部的批准，同意立项。流花火车站终于可以名正言顺地动工了。这是广州城市对外交通枢纽向北发展迈出的第三步。

1958年，广州做了很多流芳千古的事情：在城市西部，中国出口商品交易会有了固定会址；在城市东部，华侨新村初具规模，暨南大学落户石牌，扩大了五山高校群组的势力范围，员村基本形成以食品加工和纺织行业为主的工业区；在城市南部，河南工业区基本完善，芳村重工业区形成，广州工业基地规模与城市规模基本相匹配；在城市北部，中苏友好大厦、广州体育馆建成，火车站动工。

1958年，广州成功地摆脱珠江的引力，在城市北部打造了一条沿铁路联络线为主轴的东进通廊。

这个东进通廊西起待建的火车客运站，配以中苏友好大厦和广州体育馆。向东跨过北教场，直达建设新村、邮电新村和华侨新村。然后，顺着东山别墅群的边缘向东至天河机场，最后，在五山高校群暂时做了一个了结。

后来，铁路客运站建成，中国出品交易会落户流花，白云机场改为民用机场，流花商圈逐渐形成。随着流花商圈兴起，西堤商圈的作用日渐减弱。再后来，城市轴线东移与流花商圈的兴盛及北部东进通廊都有着密切的关联。当然这些都是后话，我们会在后面章节逐一描述。

1958年，广州还做了一件让广州市民足足自豪了半个世纪的伟大工程，那就是四大人工湖的建设。四大人工湖分别位于城市东南西北四个角落，依次为：流花湖、麓湖、东山湖和荔湾湖。在时任市长朱光先生的倡导、动员和组织下，数十万广州市民义务投入“挖人工湖，造人民公园”的运动中。那个时候，广州人很有自信，他们认为，依靠自己的力量能打造出一个像巴黎一样的城市环境。

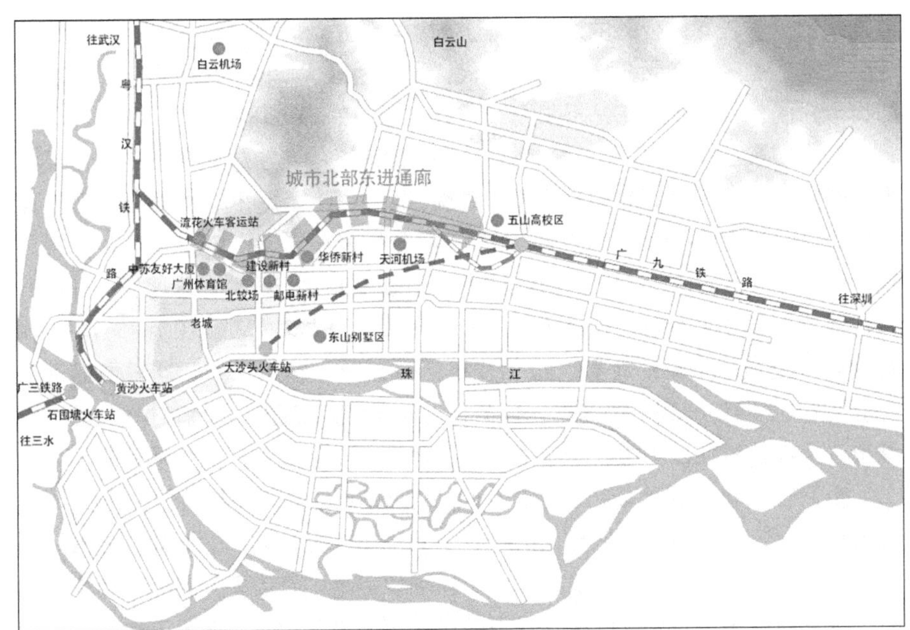

图5-7　"大跃进"的成就（城市北部东进通廊）

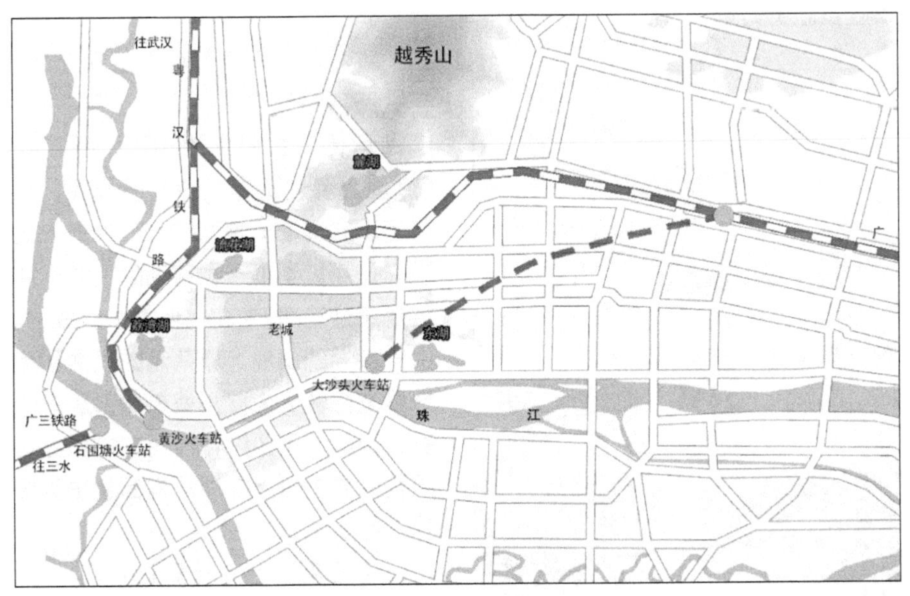

图5-8　四大人工湖分布

人工湖的打造，其实是集蓄洪排涝、防治血吸虫病、整治卫生环境和创建城市景观为一体的综合性工程。比如，流花湖的治理和建设既可以缓解大北立交、桂花岗一带每到汛期来临时出现的浸水现象，又能确保了彩虹桥、西湖路一带居民生活的安全。荔湾湖治理将沼泽遍布的水塘烂地变成市井生活休闲娱乐的好去处。麓湖筑坝蓄洪后，登峰路、上下塘一带在雨季时"水浸街"的现象便一去不复返了。

当然，给我们最直观的体验还是城市景观环境的巨大变化。

流花湖，位于广州城市的西北角，在铁路联络线以南，是广州通往中原古道的起始点。流花湖公园的建设提升了周边地区的环境质量。在那个城市还处于脏、乱、差、丑、陋、挤的羞涩年代，流花地区优质的环境尤显突出，它为即将落户的广交会和火车站提供了一片得天独厚的城市环境。

“流花”这个名字很美，意境颇深：徐徐落下的花瓣飘散入溪中，落英缤纷，顺流而下，汇聚湖面；岸边繁花锦簇，棕、榈、榕、杉、柏高低错落。蓝色的天空、飘动的浮云、飞鸟的掠影、摇曳的树枝影印水中，与流花交相辉映，层层叠叠，渐次深远。一组组花卉、一簇簇灌木、一片片草坪、一株株乔木，随着曲径自由散落，穿梭于三个大湖和四个小湖之间。或山穷水尽，或柳暗花明；或藏春天绚烂花影，或储夏日万碧莲叶，情趣无穷。这里虽然没有“把酒临风，吟诗咏词”的场景，但每日里孩童们的奔跑、嬉闹，情侣的泛舟、漫步，闲者的垂钓、小憩，老者的寒暄、晨运，却都是真实的生活写照。

生活在西场或在西场工作过的老人都会依稀记得1958年全民义务劳动的火热场面：人们本着“就低畦地而挖湖、因动土木而创园”的原则，在古兰湖所在地挖走了一个旧世界，铸就了一个新环境。他们在改善广州城市环境的同时，也在撬动着广州城市结构，打造城市北部东进走廊，还在为中国国际贸易事业贡献着力量。

图5–9　流花湖

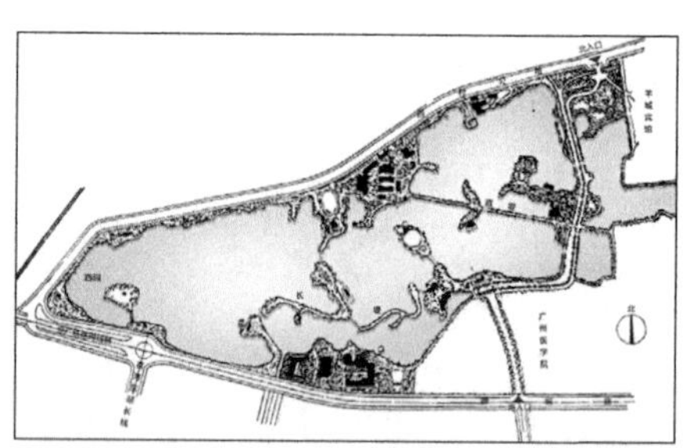

流花湖总平面图

麓湖，位于广州城市的东北角，在铁路联络线以北，属于郊野区域。麓湖承传了古菊湖的功能，再现了“蒲涧众溪汇湖洋”的绚丽景观，抑制了洪患爆发。麓湖与古菊湖最大的不同是：麓湖位于古菊湖的上游，并且是通过筑建9米高大坝蓄水而成的。由于麓湖的出现，原菊湖的大面积土地后来都转变为广州城市北部东进通廊。因此，可以说，麓湖在广州城市结构演变中与流花湖一样都起着重要的作用。

麓湖建设十分尊重1948年国民政府创建郊野公园时的自然形态的山丘、坡地和自然环境，只是增加了一个20公顷的湖面。湖面蜿蜒向东西两侧舒展，向北延伸。现在麓湖景区内分布有许多景点，例如1958年全市义务劳动筑坝建湖的纪念碑、爱国主义教育基地的星海园等。

东山湖，位于广州城市的东南角，是古海印湾所在地。过去，东山

麓湖深秋（摄影：黄显波）

麓湖映翠（摄影：邓耀华）

图5-10　麓湖景色

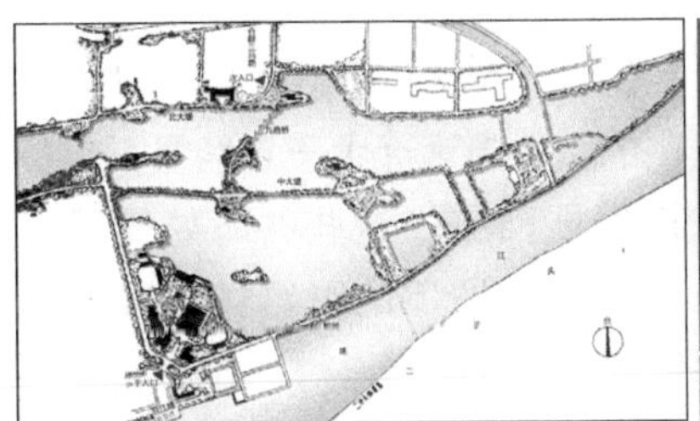

东山湖总平面图

九曲桥

湖景（来源：《广东印象》）

图5-11　东山湖

湖一带曾经被称为“崩口塘”，曾经是洼地、水塘和菜田，曾经是蚊虫的天堂，曾经是孽害与荒芜的代名词。“崩口塘”是广州城市沿江东进的休止符。1958年东山湖公园的建设打通了崩口塘节点。但由于其他原因，在相当长的一段时间内，广州城市沿江东进的步伐仍止步于东山湖公园。

东山湖公园是桥梁与湖面的世界：九曲桥、落虹桥、拱桥、五孔桥及三曲桥把湖中的4个半岛和2个小岛联系起来。其中，九曲桥颇具特色，九曲桥面迂回曲折，红栏绿水彰显中国传统色彩特征，与上海豫园九曲桥恰成对比。多少年来，这座桥成了来往游客纪念留影的最佳取景点。

荔湾湖位于广州城市西部的泮塘地区，是水陆交汇的沼泽地，曾经是溏基生态农业的发祥地。荔湾湖，顾名思义，这是盛产荔枝的地方。晋代就有荔枝的记载，唐代有“荔园”的记载，明清这里成为游船、品茗、啖荔、消夜、赏灯的最佳去处。还有人将其追溯到汉朝陆贾的年代，据说陆贾游说赵佗之余，有闲在城西开辟了这一方田园。

民国时期，泮塘地区一度成为工业基地，荔枝树被砍掉，取而代之的是贫民的草房、菜地，还有藏污纳垢的沟渠。

荔湾湖公园面积约40万平方米，以能体现南国优雅柔美的风情而著称。

图5-12　荔湾湖景色

荔湾湖

唐荔园

泮溪酒家

隐居在公园一隅的泮溪酒家、唐荔园酒家为荔湾湖增色不少。这些带有浓浓生活气息的元素，和原本底蕴深厚的自然环境相互交融，使荔湾湖的气韵更加丰满起来。

1958年底，广州出现了一位当时家喻户晓的英雄：向秀丽。

向秀丽出生于广州市，曾在何济公制药厂当过包装工人。1958年12月13日，向秀丽所在车间因偶然事故突发火灾，她为了避免火灾引发更严重的爆炸事故，以身截火。最终，以年轻的生命换取了车间的安全。

1958年是一个“大跃进”的年代，是一个伟大的时代。或许“大跃进”的负能量远远大于正能量，但就城市发展而言，这些并不妨碍我们对这个年代留下的财富做出客观的评价。

1958年，广州由一个东西方向发展轴演变成两个由西向东的发展轴。一条是沿江东进发展轴，即由芳村、河南沿珠江两岸向员村和黄埔方向发展的工业发展轴，这个发展轴具有跳跃的特点。另一条是北部东进发展轴，即由流花地区向东山及天河机场、五山高校群方向发展的城市发展轴，这个发展轴具有生活性和连续性的特征。当然，这个城市北部东进发展轴的发展速度及成熟度一定会取决于火车客运站等几个重要的城市关键点发展的状况。

1959年，广州飞行队由天河机场迁至广州白云机场，白云机场由军用机场改为军民两用机场，加大了流花地区在广州城市中的权重。

1960年，珠江大桥建成通车，石围塘站转型为货运站，广三铁路的起点延至大沙头火车站，加重了大沙头客运站的流量压力，促进流花客运站建设速度的加快。从1960年3月到1961年3月的一年时间内，流花客运站的前广场就完成了大部分的土石方建设，随后，一、二层的主体框架也都很快顺利完成。

1962年，受三年困难时期的影响，凡是在“大跃进”时期没有冲上去的项目都面临下马的威胁，流花客运站亦难以幸免。尽管那个时候，广三、京广、广深三个铁路网并轨，大沙头客运站客流压力极其沉重：全年发送旅客

317万人次，日均近1万人次，节日高峰每天2万至3万人次。尽管那个时候，大沙头客运站候车面积严重不足：甚至没有正式的候车室，站内十分拥挤。每逢节日需借用站前马路搭建临时候车与行包棚。尽管那个时候，大沙头客运站站场设备也是捉襟见肘：大沙头客运站站场狭小，仅有11条股道，存车线不足，旅客列车的到发和存放、车辆检修、整备均共用股道，不尽合理。

但是，流花客运站工程还是下马了。

1963年，广州迫于大沙头客运站的压力，报请铁道部准予复工，但迟迟没有得到铁道部的答复。

流花客运站工程在下马后等待再次恢复建设的过程中解决了两个技术性问题。一个是规模问题：客运站的初步设计规模为1.5万平方米左右，后被认为太小而增至3.5万平方米。再后来铁路部门要求广州火车站规模要小于北京火车站，最终，广州客运站降低标准、减少面积、压缩投资，将规模压缩至2.8万平方米之内。另一个是建筑高度问题：火车站设计高度为32米，军方认为太高，会影响白云机场飞机的安全降落，要求高度降至28米以内。地方以相邻的桂花岗山头高36米都没有影响飞机安全为由，不愿修改计划和图纸。

在流花客运站复工申请未获批准的待命期间，白云机场有了一次较大的发展。从1964年到1967年，白云机场进行了最大的一次扩建，跑道从1400米延长到3800米，具备了与国际通航的基本条件。随之，天河机场被废弃，白云机场改为民用机场。

在白云机场完成改造，转为民用的同时，流花客运站也得到了利好的消息：1967年，铁道部批准了流花客运站的复工。

从此，以流花客运站和白云民用机场为核心的大流花地区成为广州重要交通枢纽已成定局。

在流花客运站筹建复工期间，广州市人民政府又做出了一个重大的决定：将中国出口商品交易会会址由西堤商圈搬至流花地区。

中国出口商品交易会自1957年以来，历经数届会期，曾两度迁址，拥有三处物业，但仍然没有找到自己的归属。1971年，中国出口商品交易会拥有的三处展览场馆，仍然满足不了会展期间对外贸易增长和参展规模扩大的需要。

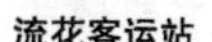

流花客运站

白云机场

图5-13 流花客运站与白云机场（来源：南方日报档案室）

图5-14　中国出口商品交易会（来源：南方日报档案室）

规模问题，非常严肃地摆到了主办方的面前。最终，外贸部门提出了一个比较切合实际的解决方案：用中国出口商品交易会已有的三处建筑，共计4.9万平方米面积，交换中苏友好大厦，并以中苏友好大厦为基础进行扩建来作为未来中国出口商品交易会场馆使用。

这个方案有两个重点。一个重点是交易会由水路走向陆路。第一届中国出口商品交易会的会址就选择在中苏友好大厦。但是，由于酒店等为外商服务的一干设施都散布在沿江一带，故而交易会不得不向这些地区靠拢。在机场和铁路枢纽站场选址明确之后，交易会自然会向交通枢纽聚集，商务服务配套设施自然会随之变动。另一个重点是交易会将会根据实际需求自主建设场馆，并塑造适于自己的建筑形象。

中国出口商品交易会的方案得到了广东省和外贸部的批准。1972年2月，美国总统尼克松应周恩来总理邀请访华，双方在上海共同发表了《中美联合公报》，中美交往的大门打开，昭示着国家对外商贸活动全面开启了新的篇章。形势迫人，3月，由广州外贸工程指挥部办公室负责广交会新馆的筹建工作全面启动，同年10月份工程开工[①]。

尼克松访华之后，周恩来总理敏锐地感觉到中国打开对外窗口的时机已经到来，曾多次亲自过问广交会的建设情况。1972年秋交会前，周恩来总理专程从北京调用100台小车到广州供交易会接待使用，以解决外宾出行问题。1973年春交会期间，周恩来总理又亲自听取了外贸部对广交会的情况汇报，了解宾客接待住宿条件，认为“宾馆还是不够，商人还睡帆布床，不要大意”，确定了流花地区酒店大发展的基调。

为解决广交会期间的配套问题，国务院特别批准立项“广州外贸工程”[②]，促进东方宾馆，流花宾馆，白云宾馆和友谊剧院、友谊商店、中国大酒店等一批公共服务建筑相继落成。

“广州外贸工程”促成了流花湖地区的商贸服务设施的完善。涉外贸易功能的大量增长带来了与之相关联的上下游产业的迅速发展，形成了以城市交通枢纽为依托、以广交会为核心、以酒店及相关产业为主体的大流花商圈。“高端酒店”、“大型会展”、“交通枢纽”成为大流花商圈的关键词，公共服务主导地区中心功能。也许，当年兴建一批涉外酒店是为了一解燃眉之急，或许有一定的功利性。然而，它们在北部商圈与西堤商圈较量中起到的作用非同小可。有人说，广交会就是广州的一张名片，与广交会同步建设的公共建筑就是广派建筑的代表。这种说法虽有过激之嫌，却并非完全没有道理。相对来讲，流花商圈一系列建筑是集中在同一个时间段内创造的，其呈现出来的建筑风貌具有时代的标志性。流花宾馆、羊城宾馆[③]、友谊剧院、中国大酒店莫不彰显岭南

①有数据显示，政府在这个交易会新馆的项目上共投入了2075万元人民币。

②为了解决中国出口商品交易会举办期间外宾住房紧张的情况，20世纪60年代开始，广州市政府兴建了一批以接待商宾、华侨为主的，设施比较齐全的宾馆，其中包括新爱群大厦（1956年）、华侨宾馆（1957年）、广州宾馆（1968年）、羊城宾馆（1961年），20世纪70年代又兴建了东方宾馆新楼（1971年）、中国出口商品交易会流花路展馆（1974年）、流花宾馆（1973年）、白云宾馆（1976年）等项目，这些项目统称为“广州外贸工程”。

③今东方宾馆

20世纪90年代的流花地区一带（来源：《百年广州》）

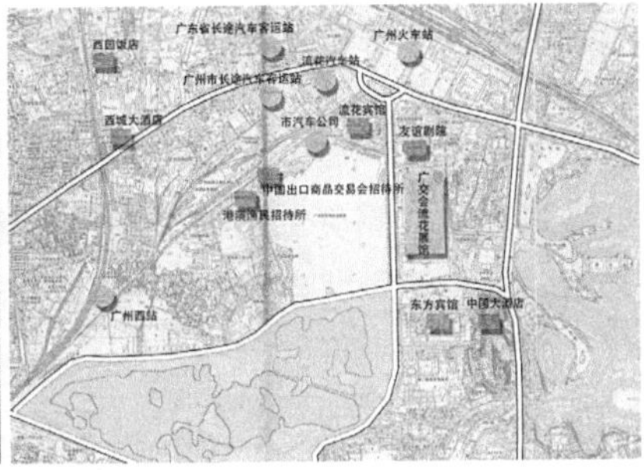

图5-15　流花地区的公共服务、公共交通及主要建设情况

建筑风格和特点。

1972年，流花客运站复工，中国出口商品交易会改建工程动工。至1974年，两个具有跨世纪意义的伟大工程竣工了。

流花客运站落成之后，城市交通配套设施也随之完善，流花汽车站、广州市长途汽车客运站、广东省长途汽车客运站等公路交通枢纽环绕流花客运站相继建成。

至此，广州城市完成了建构城市对外交通枢纽，并脱离南部珠江、北移的全部过程。

流花客运站从动议到建成经历了19个年头，在19年的岁月中，广州城市日趋健康，结构日趋稳定，经济日趋繁荣。城市对火车站的建成使用也日趋迫切。流花客运站历经19年的风风雨雨，积蓄了一代人深切的期望和辛勤的劳动。在客运站建设期间，全民投入的氛围仍不减当年越秀山体育场的建设。“火车站建成时，看到这么宏伟的建筑，很多人都流泪了”①。

1974年4月12日，流花客运站以广州站的身份正式投入使用。

广州火车站广场前的城市干道没有按照严谨的几何图案分布。它们如同大多数南方丘陵地区的道路网络，以方格道路网为基调，但道路随形就势，曲折自如，不求横平竖直。只是车站主体建筑向南延伸的中轴线颇为庄严，道路呈正南北方向。

站前广场设计颇有苏联规划的风格，总面积达12万平方米的广场采用了大尺度开启闭合的设计手段。大面积绿岛与大面积广场交织，组织出井井有条的广场交通秩序。1958年编制的《广州铁路客运总站广场规划》重点展示了建筑、广场与城市道路的基本关系，表达了广场内各种交通的组织方式，同时，也不可避免地反映出那个时代总体规划缺少细节的毛病。

广州火车站是按照日发送旅客3万人次的能力进行设计的。因政治和经济因素的影响，火车站总规模控制在2.8万平方米以内。其中，候车室面积为8504平方米，售票处面积为1108平方米，行包房面积为3823平方米，还有其他一些配套附属功能用房。车站设有6座站台，站台由3个地下通道联系在一起。

广州火车站建成之初曾经轰动整个羊城。

①市民苏伯回忆市民参与火车站建设的情境。（杜娟、耿旭静．广州日报，2014年2月）

“整个火车站像宫殿一样豪华、雄伟，地面光可鉴人，广场宽敞气派”[①]，市民梁姨如是说。这种描述足以代表相当一部分广州人对广州火车站形象的认识。20世纪七八十年代比较流行的旅行包是灰色人造皮革上印有北京火车站、上海外滩或广州火车站等图案。来穗出差或探亲访友的旅客，通常会在广州火车站站前广场上，以仰视的角度拍一张照片留作纪念。

①市民梁姨回忆第一次参观火车站的情景。（杜娟、耿旭静.广州日报，2014年2月）

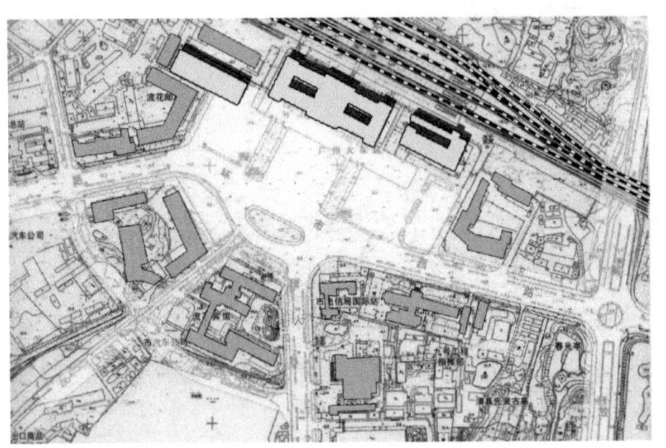

图5–16　广州火车站地区规划（1974年）

广州火车站建筑采用了方正平实的建筑体量，端庄简洁，不施粉黛。由于航空限高的制约，主体建筑设计之初就没有采用当时广为流行的“苏式”高塔。火车站建设时期正值反帝反修的高潮，因而在早期设计中仅存一点点苏式风格残留的影子也被悄悄地抹掉了。唯一保留的公共建筑处理手法是维持国际流行的基本形象：建筑中间高、两侧低、中轴对称。设计师通过主楼与副楼的高差，突出了主楼顶部正中央高4.5米、宽5米的大型电钟。这是国际交通建筑中最为常见的一种表现形式。即便如此，这种普通的表现形式在那个建筑文化几近消亡的年代，也被看成是一个伟大的创举。

广州火车站在建筑立面上的确没有做太多的渲染和装饰。12万平方米的广场，2.8万平方米规模的建筑，足以震撼那个没有太多建设的年代。

公正地说，广州火车站较少装饰与装修应该是广州建筑风格的一个基本特征。从华南土特产展览交流会开始，我们就可以看到这种风格在广州地区逐渐风靡起来。有人这样解释：“当时旁边的流花路展馆是方方正正的，所以火车站的外表也是四四方方，简单实用，后来的友谊剧院、东方宾馆也是如此，流花地区整个建筑群风格非常协调，这就是火车站建筑外形的设计思想”。其实，真正导致广州火车站建筑不施粉黛的“元凶”应该是现代建筑的基本理念。它是广派建筑风格之源。广州火车站自建设之初到现在都一直保留着这种形象，这就说明这种风格不是因为经济、政治或其他因素影响而形成的风格。

广州火车站有两个地方一直被业内人士和普通市民所津津乐道：大厅内的自动扶梯和内部庭院。

火车站建成之初，因候车大厅内的一台电动扶梯而名声大噪。那个年代，除上海的一家商场安装了一台自动扶梯之外，广州是第二台。它的出现曾吸引了许多人前来体验。成年人的好奇、中学生的兴奋、小学生的雀跃裹挟在来去匆匆的旅客之中，忙碌中流出丝丝的赞美曾荡漾在自动扶梯的上上下下。相比较其他只有旅客身影的火车站来讲，广州火车站无愧于是一个著名的“景点”。

在火车站的内部空间设计上首开先例地设计了内部庭园和小花园，把岭南园林的元素引入大型公共建筑中。建筑师大胆地在火车站左右两个候车厅和中间过厅之间插入了室外园林。这样一来，候车室采光通风问题得到了解决，且户外水池波光粼动、庭院绿竹摇曳、小桥玲珑别致，怡情的景致瞬间化解了候车室内的枯燥与烦闷，空间一下子豁然开朗，充满生气。

1975年广州火车站外观（来源：南方日报档案室）

广州火车站广场模型（冯彦辉提供）

1 客站大楼　2 附属综合生产楼　3 远期近郊候车室
4 第一站台　5 郊区站台　6、7 第二、三站台
8 第四站台　9 预留郊区站台　10 进站地道
11 出站地道　12 行包地道　13 邮包地道

站场平面图（冯彦辉提供）

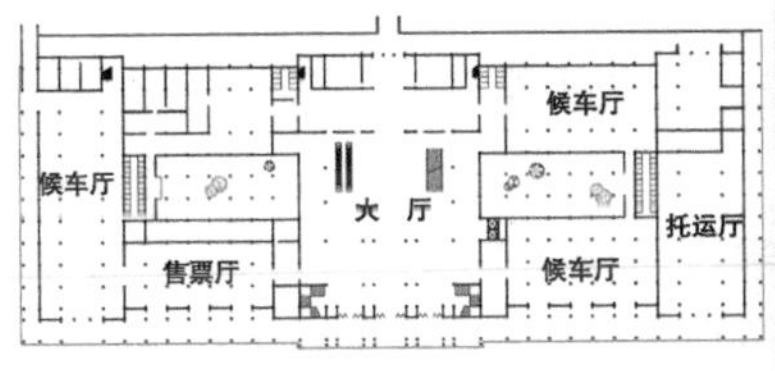

首层平面图（来源：自绘）

慢车候车室（冯彦辉提供）

京广候车室（冯彦辉提供）

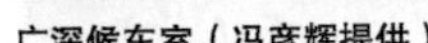

广深候车室（冯彦辉提供）

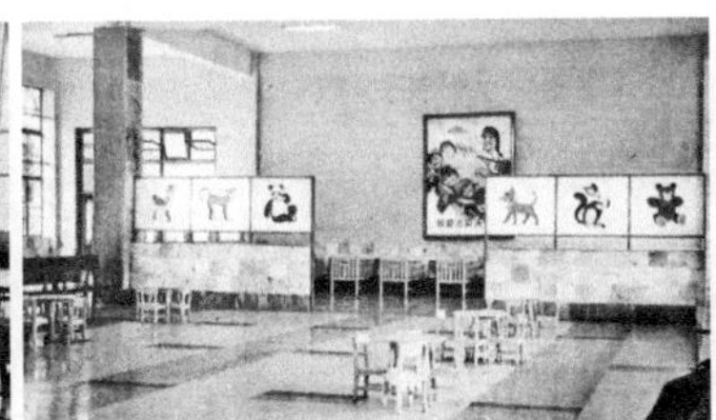

母婴候车室（冯彦辉提供）

贵宾候车室（冯彦辉提供）

广州火车站东内院（冯彦辉提供）

广州火车站西内院（冯彦辉提供）

主楼与站台（冯彦辉提供）

图5-17　广州火车站

这个设计在当时是非常令人眼前一亮的，体现了建筑师创新的思想和追求。许多旅客在广州火车站换乘的同时，都会被这样充满岭南特色的空间所吸引。车站内部有绿化景观，候车室之间的小花园里种了桄榔树，有金鱼池和小桥，后门廊外种着竹子。

中国出口商品交易会流花场馆与广州火车站是在同一年完成并交付使用的重点工程。流花场馆也同样采用了“内庭园＋大空间建筑”的手法，曾得到业内人士众多好评。

中苏友好大厦是一座气势雄伟的建筑，一位老广州在回忆年少参加中苏友好大厦举办大型联欢活动的时候，这样描述：“只见灯火通明，广场的喷水池的水柱喷得老高，地上和大厦顶都有探照灯在晃动，银白的光柱衬出了一个个拉手围圈跳着集体舞的人们”[①]。可见中苏友好大厦的室外广场设计，特别是灯光和水景设计还是十分到位的，环境效果与建筑形式是相得益彰的，是比较和谐的。

①沙洲孤阁的博客.新浪网.2008年6月。

广交会场馆的设计师是在没有改动中苏友好大厦基本布局的原则上进行扩建[②]的。扩建的工程采用轴线对称、平行展开的布局方式，入口广场的位置建设了百余米长的东西向展厅，把原来东西两边的展厅连成一体。同时，扩建的范围向外延伸，利用庭院与展厅相结合的手法，形成多组建筑空间的相互围合和递进，最终组成一个巨大的建筑群体。

②当年参与建筑设计的建筑师有：佘畯南、黄炳兴、陈金涛、谭荣典等。

这个建筑群占地面积达9.95万平方米，建筑面积达11万平方米，可提供19700平方米的室内展览场馆和10000平方米的室外展厅。流花展馆在保留中苏友好大厦主广场不变的前提下，又衍生出了东、西广场，并创造出多种庭院

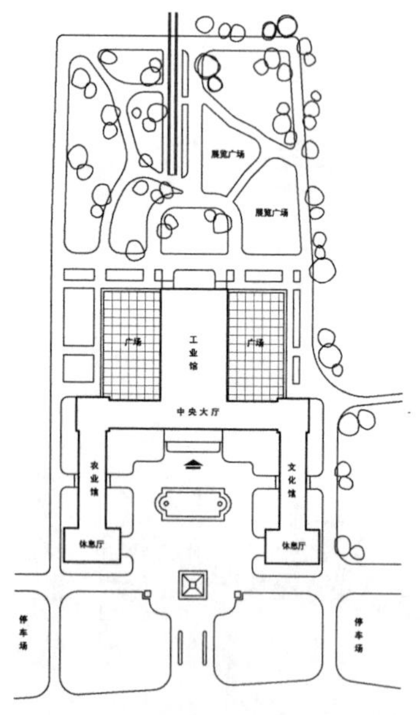

中苏友好大厦总平面图（来源：《岭南近现代优秀建筑1949~1990卷》）

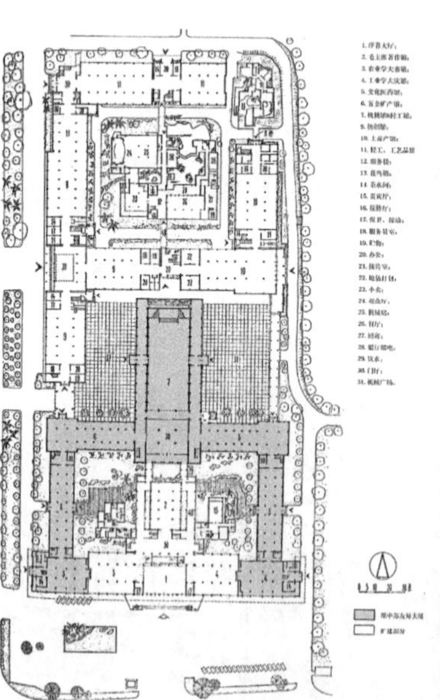

1974年广交会流花路展馆总平面图（来源:《岭南近现代优秀建筑1949~1990卷》）

1974年广交会流花路展馆馆鸟瞰（来源：《广州市设计院50周年作品集》）

图5–18　广交会流花路展馆平面与鸟瞰

和内广场，空间变化颇为丰富。主广场上仍保留大规模的绿化，露天舞台、室外照明、喷水池等一应俱全，动静分区清晰，主次分明。

广交会流花展馆与广州火车站的设计特点是相同的：建筑造型简洁大方，不饰传统装修；内庭外院丰富多彩，花草树木琳琅满目；建筑空间围合自由，张弛有序。

广交会流花展馆西立面以大面积的遮阳格栅为主，既起到通风隔热作用，又有装饰效果，在业内曾经轰动一时。1974年之后，各地建筑师纷纷效仿，还在全国引起一小股格栅热潮，不管是不是有遮阳的需要，都要弄上一片格栅方才显出现代建筑本色。

广交会流花路展馆序幕大厅（冯彦辉提供）

序幕厅连廊（冯彦辉提供）

工业学大庆馆（冯彦辉提供）

农业学大寨馆（冯彦辉提供）

建材馆（冯彦辉提供）

花鸟馆（冯彦辉提供）

机械展览广场（冯彦辉提供）

服务楼连廊（冯彦辉提供）

2015年广交会流花路展馆主体建筑及广场

2015年广交会流花路展馆内庭空间

2015年广交会流花路展馆建筑空间（新旧建筑的叠合）

图5-19　广交会流花路展馆

广交会流花展馆南立面主入口则采用了大面积玻璃幕墙。从理论上讲，广州市不适于过多使用玻璃幕墙。用现在的话说，叫不利于节能减排。但是，在全国上下一片灰的色彩环境里，一片玻璃幕墙的视觉冲击远远大于一片格栅。如此新颖的建筑材料，如此新颖的装饰技巧，如此新颖的处理手段，以至于很多建筑师对其未来感觉一片茫然。在建筑评审会上，有人会提出这么大面积的玻璃日后该如何清洗的问题，居然没有人能够回答。

流花展馆立面处理告诉人们一个道理：窗户不一定是按照房间需求开的，也可以根据建筑造型进行自由组合。这就是现代建筑风格与传统建筑的基本差别。

流花商圈的形成标志着广州完全依赖珠江的历史已经过去。人们远行的主要交通工具已经由水运转为陆路交通和航空。

黄沙客运站1946年12月停止客运，经营货运，2005年7月关闭。

大沙头客运站自1974年之后，暂时保留为客车技术整备作业站功能，至1985年正式退出了历史的舞台。

石围塘火车站1901年兴建，1992年3月停止客运，经营货运。这是一个备受摄影爱好者和影视传媒青睐的，保留完整且仍在运营的，有一百多年历史的老火车站。

沿珠江岸线分布的三个火车站相继停止客运乃至关闭，说明水运正在慢慢退出城市交通舞台，铁路、公路与航空将成为城市交通运输的主力工具。

从18世纪中叶到19世纪中叶，粤海关是全国唯一的通商口岸，政府特许的海外贸易经营机构十三行垄断外贸长达85年之久。广州依赖水运成为国家外贸基地，享受着一口通商的特殊待遇。解放之后至“文化大革命”时期，广州也是国家的外贸基地，广交会是广州成为国家外贸基地的载体。但这个时候广州

图5-20　广交会会址与大型交通枢纽地理关系示意图

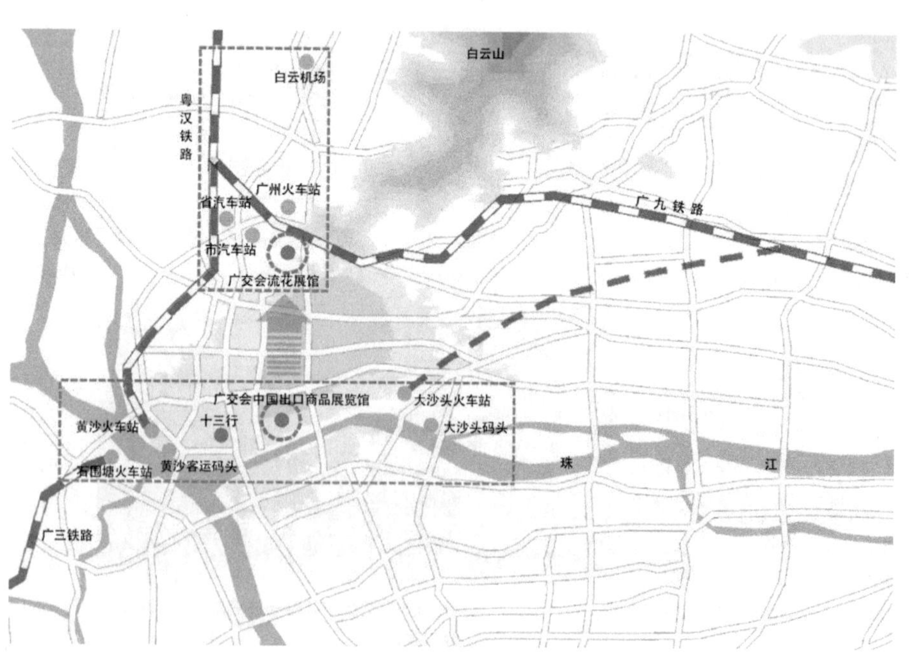

依赖的已经不是水运，而是特殊的地理位置、历史背景和不一样的城市文化。毫无疑问，与广交会关联最密切的交通工具不是水运，而是铁路、航空和公路。

从十三行到广交会，不管国运如何变化，不论政治如何跌宕，广州这座商都与世界交流的脚步从来没有停止过。但十三行与广交会对广州城市发展的影响是不同的。

西堤商圈的影响是推动广州城市沿珠江连续向东发展，且遇大沙头和二沙岛而止的。流花商圈的影响是推动广州城市沿铁路联络线向东连续发展的，并随着城市道路的延续，不断延伸。

西堤商圈的形成是民间自发的，政府只是在政策和市政上的支持。除了一口通商的大政策外，十三行的兴衰都是因循市场规律，依靠商人自身努力和商人之间的自律。

流花商圈的形成是由政府主导的，决定流花商圈命运的广交会、火车站、飞机场，三个要素都是由政府决定的。从1955年到1974年，尽管有19年时间的磨难与曲折，但地方政府锲而不舍地打造，流花商圈最终还是修成正果。

广交会受众面的辐射范围有多大，相关的行业建设量就有多大[①]，同时还会带动城市基础设施的建设，促进旅游业发展，推动第三产业成长。由于广交会的存在，流花宾馆、中国大酒店、友谊剧院、流花汽车站等大型公共建筑相继落成。

①会展业界有一个1：9的说法，即会展业的产业带动系数，形象地说，就是1份会展收入，引发的联动效应将会带来9份相关产业的收入。

中国出口商品交易会本来与广州市民没有必然的联系，但是广交会把交易会会期办成了一个节日。在“文革”期间，只要举办交易会，市民就可以买到平时买不到的香烟，就可以用一斤肉票买到一斤二两的肉，饼干、糖果、烟酒等副食品供应量就会显著增加。这样的广交会怎能得不到全体市民的支持。所以，每逢交易会举办期间，流花地区都会张灯结彩，人头攒动；每逢交易会举办期间，全市上下都会大搞卫生，力求城市整洁，治安良好。

广交会刺激旅游业、房地产业、交通运输业、餐饮业等等相继兴起，洽谈、酒店、交通枢纽等建设规模逐年扩大。

广交会历届展馆情况一览表　　　　表5-1

时间	名称	展馆情况
1951年	华南土特产展览交流会	文化公园“谊园”
1954年、1955年	华南物资交流大会	起义路中国出口商品陈列馆
1957年	首届春交会、第二届秋交会	流花路中苏友好大厦
1958年、1959年	第三~第五届广交会	侨光路中国出口商品陈列馆
1959-1963年	第六~第十三届广交会	起义路中国出口商品陈列馆
1963年	第十四届秋交会	起义路中国出口商品陈列馆，侨光路陈列馆为分馆
1964 -1973年	第十五~第三十四届广交会	起义路中国出口商品陈列馆
1974-2003年	第三十五~第九十四届广交会	中国出口商品交易会展馆（即广交会流花展馆，由中苏友好大厦原址扩建而成）
2004年	第九十五届春交会	广交会流花展馆，同时启用琶洲展馆
2008年	第一〇四届秋交会	广交会整体迁址琶洲展馆

第六章　广派建筑的定格

广州于20世纪70年代基本完成了流花商圈的建构。流花商圈以广交会、火车站和白云机场为核心，创建了新时代国家级对外商贸中心。由于流花商圈淡化了与珠江的联系，因此也改变了广州以西堤商圈为原点沿珠江发展的单一城市拓展模式。创建了以流花商圈为核心沿陆路拓展城市空间走廊后，广州城市发展腹地更为广阔，发展步伐也随之加快。

在改变单一环绕珠江拓展城市空间模式的过程中，广州本土建筑的风格与特色也逐渐显现和稳定。

我们知道，广州城市建筑自唐宋之后才开始普遍使用砖瓦等永久性建筑材料，因此，广州城市跨越了里坊制发展阶段，直接进入了街巷模式。而后的几个世纪，广州建筑被认为是以拷贝中原与江南的建筑模式为主，是江南建筑的“山寨版”。后来，广州虽然培育了竹筒屋等一些具有地方特征的建筑，但是，由于亚热带地理气候的影响和珠江水系自然环境的制约，广州单体建筑的特征往往被淹没在繁华的大街和宁静的小巷之中，具有可识别的建筑形象始终没有树立起来。

清末民初，现代城市理念沁入中国。作为没有历史包袱，单体建筑个性又不突出的广州很快接纳了新的城市模式和建筑形式，也催生了广州地方建筑风格的形成。

有两个案例可以说明广州在很早的时候就与现代思潮为伍了。

第一个案例是拆城墙。法国国王路易·菲利普1830年提出围绕巴黎修建城墙的动议，1841年内阁首相梯也尔颁布了修建城墙的法案并动工，城墙于1844年竣工，长达33公里。但城墙几乎成了摆设，不但在几次战争中没发挥作用，而且还阻碍了城市的发展和建设。于是，1919年巴黎政府下令拆除城墙。这一拆就是十年，1929年巴黎城墙才全部清理完毕，后来城墙遗址被用于兴建经济适用房和体育设施。

巧合的是，广州城墙也是于1919年由政府下令拆除的，拆除的理由也是城墙起不到保卫城市的功能，且妨碍城市的建设与发展。不同的是广州城墙拆除得很快，并迅速在城墙遗址上修建了马路。

我们且不论拆城墙的功与过，单单从城市空间发展与城墙的关系来看，两个政府的观点、立场和决策是不谋而合的。

另一个案例是城市规划。1932年广州市政府颁布的《广州市城市设计概要草案》，将全市地域分为住宅、工业、商业和混合四个功能区，且规划了面

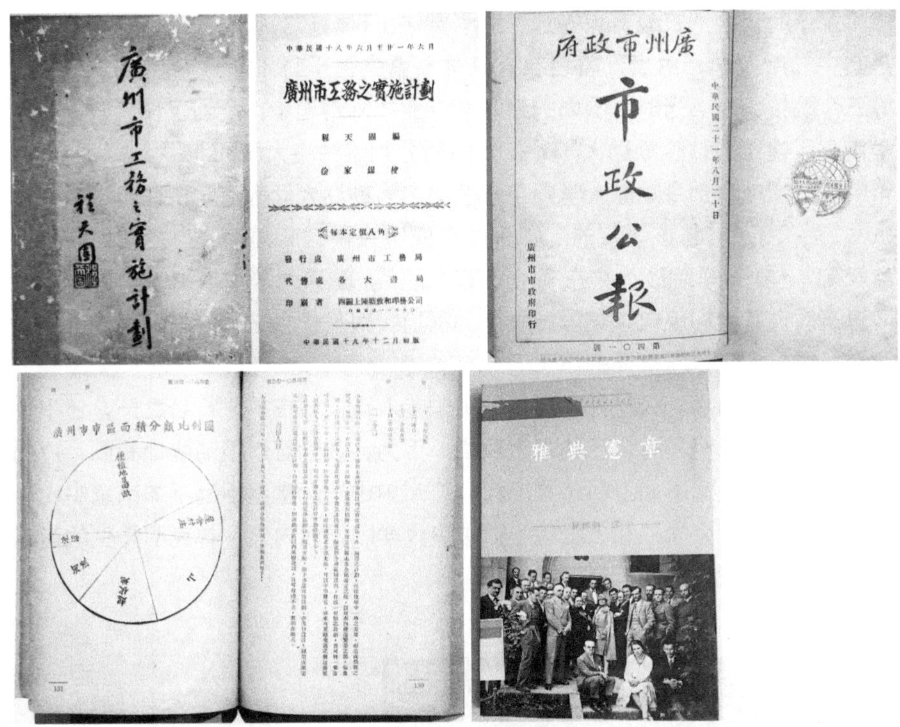

图6-1 《广州市工务之实施计划》、《广州市城市设计概要草案》（来源：广东省立中山图书馆特藏部）与《雅典宪章》

积、人口、界线、道路、公共服务用地等。1933年，国际现代建筑协会在雅典召开并颁布了《雅典宪章》。两者的关系可以用不谋而合来形容。

《雅典宪章》所论及的城市问题，在《广州市城市设计概要草案》的文本中几乎都可以找到，这说明当时广州市专业人士思考的问题与世界同行是同步的。

由此我们可以大胆地推论，广州建筑在这种环境下催生的风格一定是与当下世界潮流相吻合的。事实上，所谓广州地方建筑风格就是现代派建筑风格的广州版。

广州步入现代城市的初期表现形式并没有落脚在单体建筑上，而是表现为公共建筑和公共服务设施的出现、道路和市政设施的改善以及洋务运动的种种成果。

譬如，沙面的众多建筑、陈氏书院、中山图书馆、粤海关、财厅、市政厅、马丁堂、中山纪念堂、市府合署办公楼、中山大学石牌校区、大新百货、爱群大厦，以及沿江三个火车站、众多机场等等都是那个时期的产物。

那时，对现代城市和现代建筑的探讨在中国沸沸扬扬地开展起来。自杨廷宝、童寯、陈植等第一批中国建筑师从国外学成归来后，很多海外学子也陆陆续续回国。林克明、夏昌世、陈伯齐等建筑师也相继将国外西方的新思维和新技术介绍到岭南。“中学为体，西学为用”的思想，“中西并用，观其会通”的观点，“中国固有式”的提法，在相当长一段时间内成为建筑界的主旋律。

那个时代的建筑教育也在几个大学堂中出现。广东省立勷勤大学师范学院是其中一所大学，由当代著名教育家林砺儒先生于1933年联合广东省立工专等三个院校创建。当时，国内的建筑学专业才刚刚起步，全国仅仅只有三所大学设立了建筑系，除勷勤大学外，另两所分别是中央大学和北平大学①。1935年中华民国教育部令勷勤大学师范学院更名为勷勤大学教育学院并添设教育学系②。后又下令③将该学院的工学院并入中山大学、商学院改为广东省立勷勤商学院④，教育学院改为广东省立教育学院⑤。勷勤大学和中山大学是岭南地区建筑教育基地和现代建筑思想发展的摇篮，对现代主义思想在岭南地区的普及和发展起到了非常重要的作用。

以上林林总总，只是说明广州是中国步入现代城市的先行者之一，还不能说明广州建筑已经具有自己的本土风格。因为，我们可以很清醒地看到：广州沙面建筑的规模远不如上海外滩宏大，广州中山纪念堂氛围远不如南京中山陵气势磅礴，勷勤大学的知名度远不如中央大学名扬海内外，林克明先生的影响力远不如杨廷宝先生。

①梁思成创办的东北大学建筑系于1931年停办，而后来发展起来的天津大学、同济大学、重庆大学等校的建筑系，在1932年时还尚未开办。

②以勷勤大学师范学院“与法令不符”（当时国民政府公布的大学组织法里没有师范学院这个名称），且勷勤大学师范学院所设文史、博地、数理化三学系的名称与内容不甚相符为由。

③1937年7月，全面抗战爆发。广东省政府为了便于管理，下令将勷勤大学教育学院改组。

④现广东财经大学

⑤现华南师范大学

广州沙面（摄影：郑棣华2015年）

上海外滩（摄影：黄远见2016年）

中山纪念堂（来源：南方日报档案室）

1994年的中山纪念堂（来源：《五羊城脉》）

中山陵（陆琦提供）

图6-2　沙面与外滩

真正让广州在众多现代城市中脱颖而出的是广派建筑风格，也就是我们所说的现代派建筑风格的广州版。

现代派建筑风格，也称国际式建筑，主张摆脱传统建筑形式的束缚，强调的是建筑与环境的有机结合，空间丰富完美；强调的是建筑功能至上，结构清晰、简约实用；强调的是内外空间流畅；强调的是建筑造型明快简洁，构图比例精确美观，外观不饰繁杂装潢。比较北京、上海和广州现代建筑的崛起过程我们可以更为精准地理解广州现代建筑的特征。

北京根植于皇城根的沉甸甸的帝都土壤，背负着七百年大国首都的“包袱”，难于在一夜之间倾倒于现代建筑潮流。以承传中国传统文化根脉为己任的北京，在现代建筑思潮的冲击下仍不可避免地表现出正统稳重的特点。

因此，北京现代建筑风格总是带着浓重的东方古典建筑的风韵，世俗世界称其为“土”味。这种“土”味是东方传统文化的精华，是东方古典建筑步入现代社会的必然结果。曾昭奋先生评价说“北京是比较保守的，这里的复古主义搞的比较早”①。其实，北京的复古主义是东西方文化激烈碰撞后的一种紧跟时代的创作，一种文化承传的研究，一种自强不息的创作精神，是经历纠结、矛盾、茫然后的一种探寻。

①柳青（采访）.曾昭奋：中国建筑的三大流派.城市·环境·设计，2009,(10)：134。

后来，人们把这种带有中国传统装饰和古典元素的建筑统称为“京派”建筑风格。这是一种没有完全摆脱东方传统建筑形式的现代派建筑风格。

北京站，1958-1959，杨廷宝、陈登鳌等

北京工人体育场，1958-1959，欧阳骖等

北京华侨饭店，1958-1959，北京市规划管理局设计院

北京民族饭店，1958-1959，北京市规划管理局设计院

北京民族文化宫，1958-1959，张镈、孙培尧等

北京全国农业展览馆，1958-1959，严星华等

人民大会堂，1958-1959，赵冬日、张镈等

中国革命和中国历史博物馆，1958-1959，张开济等

北京和平宾馆，1953，杨廷宝

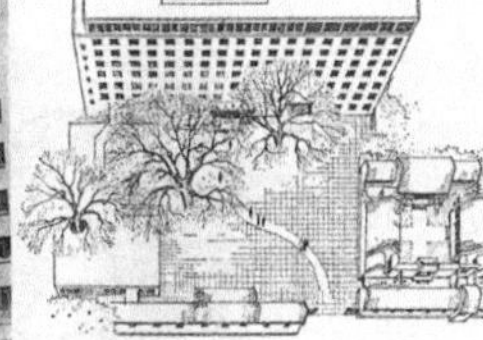

北京中国人民革命军事博物馆，1958-1959，欧阳骖、吴国桢

图6-3　北京十大建筑（来源:《中国现代建筑二十讲》）

上海是一个历史很短的城市，但上海自开埠以来就与西方文化有着密切的关联。人们很容易将舶来文化与上海联系在一起，当然上海商贸受广商的影响也是不少的，因此上海文化和广州文化多少带有点“亲戚”关系。

一说到上海，大多数人的头脑里出现的字眼一定是“洋”。上海十里洋场塑造的建筑西洋味浓，兼容并蓄，作品多为西方古典风格。著名的外滩建筑群多带有殖民时期的西洋风格，就连作为老上海象征的石库门建筑，后期由于受到西方建筑风格的影响，也糅合了许多西洋古典元素在其中。西洋古典、中西合璧的建筑形成了上海城市层次丰富的街景，也使上海赢得了“万国建筑博览会”的美誉。“把中国传统转变成让洋人感到有魅力的东方神韵，把西方洋玩意儿转变成让中国人感到亲切的西洋风”[①]就是活生生的上海建筑的真实写照。在追求时尚方面，上海远远走在了北京和广州的前面。

①艾定增．京沪广当代建筑潮流及文化背景微言．南方建筑，2008.1

后来，人们把这种以东方文化为根基，以西方形式为表象的建筑统称为“海派”建筑风格。这是一种掺杂许多西方古典风韵的现代派建筑风格。

外滩建筑（摄影：黄远见2016年）

上海石库门里弄民居（陆琦提供）

图6-4　上海外滩建筑及石库门民居

广州没有像北京那样背负沉重的历史包袱，没有像上海那样将西方古典建筑本土化。因此，当现代建筑思潮席卷而来的时候，广州没有更多的传统建筑形式的束缚，没有更多的东西需要割舍，也就有更多的机会关注和推广纯粹的现代派建筑风格。岭南建筑师在接受西方现代建筑思维和方法并付诸实践的过程中，表现更为务实、开放和进取，并具有时代性。

岭南的亚热带地区气候特点让现代派建筑有了更大的创作空间。炎热、潮湿、多雨的气候特点，造就岭南人更喜爱户外活动的特征，对建筑体量、色彩，装饰和空间的细节处理的要求方面，更注重简洁、明快的手法，从室内、室外到半室外空间，更注重自由流畅转换。建筑与环境融为一体是广州现代派建筑的基本要求，简洁的造型、丰富的庭院、流淌的空间是广州现代派建筑的基本特征。

后来，人们把这种没有过多装饰但室内外空间呈多样变化的建筑统称为“广派”建筑风格。这是一种纯粹的现代派建筑风格。“广派”建筑传达的是一种轻快简洁、自然鲜活的姿态，它的个性鲜明、独树一帜。

“京派”、“海派”和“广派”是同一时期的产物，只是文化根基略有不同而表现形式也略有不同而已。京、海、广，三个流派和现代派建筑一样，影响力震撼，但好景不长。20世纪80年代之后，中国大陆的现代派建筑风格很快就被更为丰富、更有个性、更具内涵的建筑形式取代了。

图6-5　白云宾馆——位于今越秀区环市东路367号（摄于2015年）

能够称得上广派建筑的最早案例是华南土特产展览交流大会上的建筑群，这是新一代岭南建筑设计师进行的一次创新尝试。交流会从会议筹备到会场投入使用的全过程仅用6个月时间，一共集合了11位本土建筑师和5家设计单位的集体智慧，曾被评价为是一次“以专家为首集体创作的先例”，同时也是“富有重大政治意义的历史事件”[①]。

客观地讲，在时间紧迫和经费紧张的前提下，交流会不可能建设装饰繁缛的建筑，比较其他地区用茅草棚作为交流会展场，华南土特产展览交流会建设的这批半永久性建筑已经是相当奢华了。

应该说，华南土特产展览交流会选择现代派风格作为展馆的主旋律是一个伟大的创举，反映了一批学有所成的建筑师，一群热血激昂的年轻人的胆识。在特定的历史时期为一项带有浓重政治意味且举国关注的事件开展建筑创作，需要务实、开放、激情的设计理念，需要开放和包容的建筑创作环境，也需要理性的选择。华南土特产展览交流会建筑群设计是自由、开放、没有雷同的，是不拘一格的，是与东方古典和西方古典建筑风格相去甚远的。这组建筑群在当年是显得异常前卫和新颖的。我们不能无原则地说这组建筑群有多么辉煌，但可以说华南土特产展览交流会设计团队在建筑表现形式上做出了正确的选择，它的影响是深远的。

与前辈不同，必遭非议，交流大会的场馆建筑也不例外。1954年，《建筑学报》转发了《人民日报》的一封读者来信[②]，表达了对整个项目设计相当的不满，文中这样评论“本来一群像这样性质的公用的建筑物，很可以把它设计成由中国式的亭台楼阁交错组成的结构完整的一个整体，而建筑师却把美国式的香港式的‘方匣子’‘鸽棚’‘流线型’硬往中国搬”，“他不知道这些资本主义国家的‘臭牡丹’在中国的土壤中栽不活，他不知道他设计出来的东西必须完成两重任务：即实用和优美”。于是，便有人说这组建筑群“设计得太糟了”，有人说这组建筑群的做法“令人难以理喻”：倒立的（上粗下细）柱子、

①伟大的祖国富饶的华南，华南土特产展览交流大会画刊，香港大公报，1952.4

②林凡．人民要求建筑师展开批评与自我批评．建筑学报，1954．

像蝉翼一样薄的阳台、不必要的曲折的墙面、高得梯子都够不着的“落地玻璃”。有人说这组建筑群是“处处都叫人感到突兀、不安定、刺激和奇特，处处都叫人生气”的设计。

1989年，《中国现代建筑史纲》[①]以书面形式肯定了华南土特产展览交流大会展馆建筑群。后来这组建筑又被评为建国初期设计水平很高的“摩登建筑”[②]。

无论如何，这组仅用半年时间筹备、设计、建造出来的建筑群是一次有意义的尝试。

①龚德顺、邹德侬、窦以德编。

②石安海．岭南近现代优秀建筑1949-1990。

图6-6　华南土特产展览交流大会建筑群（来源：《岭南近现代优秀建筑1949-1990卷》）

华南土特产展览交流大会建筑群鸟瞰（1951年）

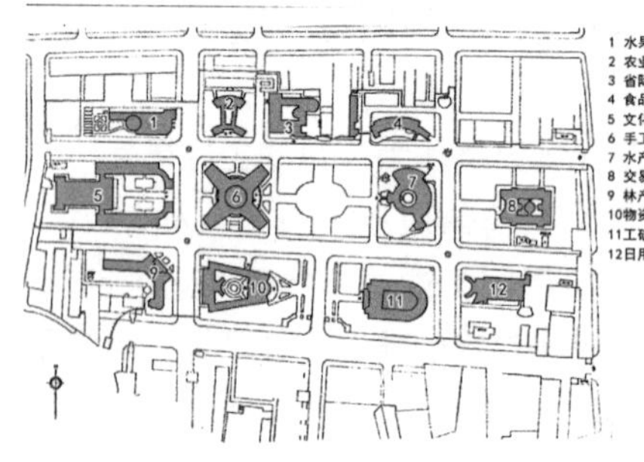

华南土特产展览交流大会建筑群总平面图（1951年）

华南土特产展览交流大会水产馆（1951年）

20世纪50年代，建筑风格政治化倾向十分明显，“结构主义”被华沙的波兰建筑师协会认定为带有资本主义思想。中国建筑领域的主流倡导的是“社会主义现实主义创作方法”，“社会主义内容、民族形式”，明确以苏联建筑形式、苏联技术建造为基调。但是，“当时很多教授在研究英美，学习苏联的基础并不深……他们表面向苏联学习，实际并不完全是在向苏联学习”[③]。20世纪50~70年代“从世界各国回来的建筑师……较多地使用现代主义形式，文革对广州的影响有限，广州与国外有所交流，所以比较洋气。”他们“较早地发现地方和民间建筑中所蕴含的特殊意义，并试图在设计实践过程中反映地方建筑传统在建筑材料和形式语汇方面的特殊性”[④]。

尽管中国建筑学会提出“新中国的建筑师和工程师应该朝气蓬勃地、勇于

③柳青（采访）.曾昭奋：中国建筑的三大流派.城市·环境·设计，2009,(10):134.

④彭长歆.地域主义与现实主义：夏昌世的现代建筑构想.南方建筑，2010.2.

负责地、在新的革命的精神下去大胆地摸索创造”①。但是，对现代派建筑探索还是只能小心翼翼地从建筑小品入手。1955年，在著名植物学家陈焕镛提议下，中国科学院决定在广州建立一所植物园②。园林设计师郑良祖先生设计了冰室和肉质植物展览温室两处颇有现代派建筑风格的园林建筑。

冰室是一个具有商业服务功能的小建筑。设计师采用了现代派建筑手法，组合门厅、冰室、茶室、敞厅和庭院等室内外空间，创造出玲珑通透的建筑造型、灵动流畅的序列空间。冰室与周边致深幽邃的景色融为一体。植物园因冰室而生动，冰室因植物园而丰富。正如作者所说：“以其空间灵通变换、庭园山容水意取胜”③。

肉质植物展览温室设计以曲廊分隔庭园，室内室外曲径迂回，面积虽不大，却有“只闻其声未见其人”的效果。临湖的玻璃房借景巧妙，为参观者带来休息和放松的优美体验，游览感觉趣意盎然。

①张稼夫.在中国建筑学会成立大会上的讲话.建筑学报，1951.

②华南植物园公园陆地面积16.5公顷，水面面积3.5公顷，总面积20公顷，是一个集科研、科普、生产和教育四大功能为一身的公共设施。植物园建成后，充分贯彻“为农、林、牧生产和园林服务”的方针，各方面的成绩都非常显著。公园设计总体规划贯穿着一个理念，就是“科学的内容，艺术的风貌”。华南植物园的设计因地制宜、景意相生的造园手法十分清晰，园中建筑小品与自然环境融为一体，体现出岭南园林的特点。

③郑良祖，叶国豪，利能建.前进中的广州园林建设——介绍华南植物园的两组园林建筑。

华南植物园温室（来源：《前进中的广州园林（二）-介绍华南植物园两组园林建筑》）

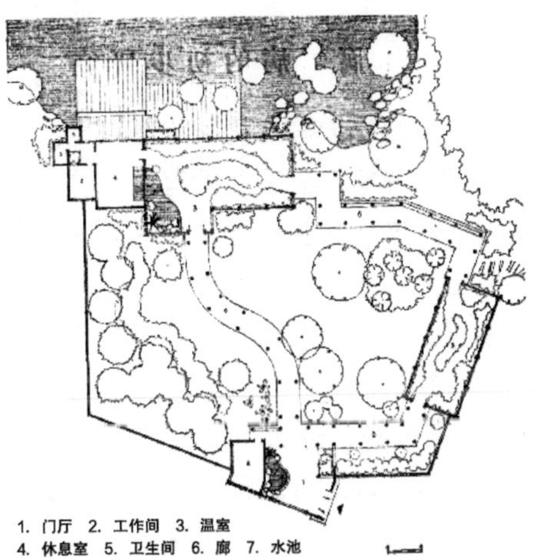

华南植物园温室平面（来源：《前进中的广州园林（二）-介绍华南植物园两组园林建筑》）

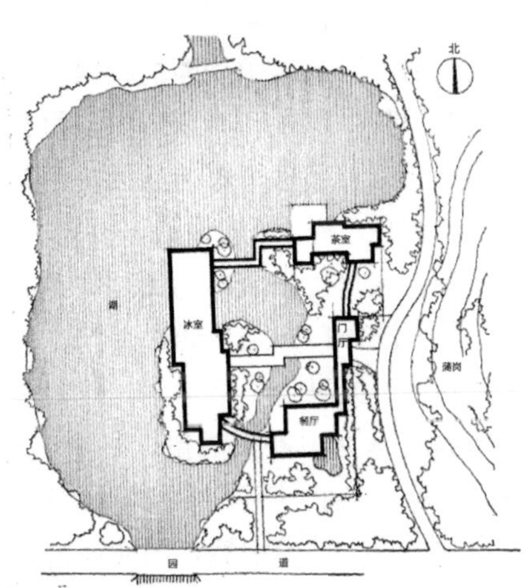

华南植物园温室平面

图6-7　华南植物园

1956年改建的北园酒家是一个能够折射岭南特色的小建筑。

广州人喜爱户外活动，从广州茶楼文化兴起的现象中便可窥见一斑[①]。广州有句俚语："得闲饮茶"，意思是有空一起喝茶。所谓"饮茶"，含义是十分丰富的：三五成群，或商贸交易，或家长里短，或呼朋唤友，或喃喃细语，众生百态尽显茶楼中[②]。游走茶楼食肆，不难发现广州的"茶"、"食"、"园"三者是密不可分的。

①茶寮最早出现在19世纪末的广州，继而商业资本的注入催生了园林式茶楼。

②20世纪50年代在广州地区曾十分流行音乐茶座，这种形式倍受老广州人的钟情，那时在省城西关比较著名的音乐茶座有"红荔"曲艺厅、"红棉"音乐厅，各个区文化公园里的茶座或音乐厅可谓星罗棋布。

20世纪中叶，空调在广州还是稀罕物，加之气候炎热，普通市民居住条件非常恶劣，故有"得闲饮茶"的习俗。而对于大多数公共场所来讲，通风和电扇是降温的基本手段。所以，只要条件允许，茶楼食肆一定会想方设法与园林结合在一起。那个时候，广州以"园"、"溪"来命名的茶楼客舍很多，如东园、南园、北园、泮溪、双溪等。

北园酒家是深得梁思成嘉许的茶楼。他说这是一个"建筑与园林环境融为一体，又有强烈的地方风格的优秀作品"。北园酒家原称云泉山馆，距离小北门不远，规模不大，平面呈"L"形。1956年，广州市政府已经提出将火车站迁移到大北门的意向了，大北门必将是大型公共场所所在地。小北门外北教场附近的建设新村已经建成，小北门必将以城市生活为主调。故市长朱光提议，改造小北门旁的云泉山馆并将其扩建为北园酒家，为市民提供一个环境优良的休闲场所，也为市政府创建一个接待基地。

北园酒家的最大特点是平面布局灵活，内外空间交织有序，入口、大堂、方厅、内庭、外院空间交叉渗透，自然景观与人文景观相互映衬，"人在室内可以感受到大自然气氛中的愉快感觉"[③]。

③莫俊英，郑旺.广州北园酒家，1958.

云泉山馆改扩建工程力求保持原有风貌，加工、翻新旧有建筑材料，四乡采集新增材料，既保持乡土气息，又节约成本。结算后的工程单方造价比中央规定的标准节省了25%[④]。

④北园酒家建筑造价为60元/平方米。

在云泉山馆改建的同时，大北门外的植物标本园也升级改造为兰圃。位于大北门外的兰圃占地5万多平方米，是1957年由植物标本园改造的一座专业培育兰花的、兼具休憩功能的名园。

兰为花中君子，其意清傲，那么，赏兰自然是需要静逸清新的环境了。在我国古典园林名著《履园丛话》中有载"造园如作文，必须曲折有法，前后呼应，方称佳构"，意思是说，园林之构建，应有丰富的空间层次以及渐进的赏析序列，这是优秀园林的造园关键。兰圃的空间组织规避开敞外露，多小巧隽秀，从公园入口开始，通过月门，经过石亭榭，接小桥流水，到竹篱茅舍，继而达后池春光亭，一路走来，处处曲径通幽，别有洞天。兰圃与春光明媚、景色秀丽的越秀山遥相对望，气质上却安静而不张扬，形如小鸟依人，设计的"秀""静""趣""雅"愈加体现兰"幽芬散缃帙，静影依疏棂"的气韵，使来者一洗尘嚣、性情怡然，因而深得许多怀有文人情怀的人士所追捧。

创建于民国时期的泮溪酒家，通过1961年和1974年的两次改造成为广州地区园林酒家设计的另一个代表作。

北园酒家入口（摄于2015年）

北园酒家方厅（摄于2015年）

北园酒家内庭（摄于2015年）

北园酒家室内装饰（摄于2015年）

图6-8　北园酒家——位于越秀区小北路202号

图6-9　兰圃——位于越秀区解放北路901号（摄于2015年）

“便于群众性的游览餐饮活动，且符合节约原则”是泮溪酒家改扩建的指导原则。在浓郁的政治环境中，设计者不得不强调，畔溪酒家的改扩建“与纯粹争奇斗巧以投少数资产阶级所好的旧园林迥然有别”。泮溪酒家以岭南庭园的布局方式将水石庭园和酒家建筑有机结合，设计师注重使用者在庭园中的体验、感受和酒家餐饮功能的要求。通过旧材料的翻新和利用，把院内景物与园外湖景融为一体，互相资借；后期又利用湖中岛扩建的小岛餐厅和船厅，把酒家和荔湾湖联系成一体，传达出浓郁的岭南园林建筑韵味。

泮溪酒家榕苑（摄于2015年）

泮溪酒家船厅（来源：《岭南近现代优秀建筑1949-1990卷》）

泮溪酒家内庭（摄于2015年）

泮溪酒家连廊（摄于2015年）

泮溪酒家大门现状（摄于2015年）

图6-10　泮溪酒家——位于荔湾区龙津西路151号

华南土特产展览交流会建筑群是一组半永久性建筑，植物园中的冰室和肉质植物展览温室是两个园林小品，小北门外的北园酒家和荔湾湖畔的畔溪酒家是两处民间食肆，大北门外的兰圃是一种微型公园。这些项目的创新尝试，为广派建筑风格形成奠定了基础。但这些项目毕竟规模比较小，影响力还是不够的。1962年以后，随着山庄旅舍和双溪别墅为代表的一批公共建筑的出现①，广派建筑风格特征②才逐渐崭露其头角，才逐渐显现出其固有的魅力，才逐渐为世人所关注，才逐渐登上大雅之堂。

山庄旅舍是莫伯治先生于1962年创作的，第一座能够全面反映广派建筑风格特征的公共建筑。山庄旅舍一直得到业内外人士的高度关注。

山庄旅舍坐落于白云山摩星岭，总建筑面积1930平方米，设有11间客房。国家领导人周恩来、陈毅、董必武、郭沫若等都曾在这里接见外国首脑，或留下墨宝。

①双溪别墅、松涛别院、鹿鸣酒家等

②“清新明快、轻巧活泼”的特点，建筑与环境相适应、室内与室外交融。

山庄旅舍置建筑于园林之中，同时又置园林设计从属建筑空间与功能需求。建筑空间与园林空间相得益彰，序列空间流畅。建筑体量设计得当，宏观上可与白云山体相适应，隐映深翠之中而不觉突兀，微观上可与人体相协调，驾驭园林而不显渺小。山庄旅舍依山就势，装饰清新，环境典雅，造型简朴。

齐康先生评价山庄“将建筑结合庭园布置，融合于自然山林，当时白云山山庄旅舍为最早。山林、竹林、流泉，将庭园的格调和自然结合得自然而贴切……变幻的空间随着光影的迁移、变化而显得自然奇丽”。这是一座结合传统造园艺术于现代庭园建筑中的旅舍，在岭南现代庭园建筑的发展途径上做了一次深度的探索。莫伯治在若干年后发表的《我的设计思想和方法》[①]一文中表达了这样的创作思路：“遵循现代功能主义的轨迹，着重表达现代功能、新材料、新技术的内涵”，“庭园空间是多层次的，建筑群体是由单一功能、小体量的建筑组织起来的……勾画出与中国古典庭园相通的格调”。

①当代中国建筑师.天津科学技术出版社，1990.

山庄旅舍鸟瞰图（来源：《岭南近现代优秀建筑1949-1990卷》）

山庄旅舍纵向剖面图（来源：《岭南近现代优秀建筑1949-1990卷》）

山庄旅舍内庭剖面图（来源：《岭南近现代优秀建筑1949-1990卷》）

山庄旅舍内庭景观（摄于2015年）

山庄旅舍蛇廊（摄于2015年）

山庄旅舍现状（摄于2015年）

图6-11　山庄旅舍——位于白云区白云山风景区内

双溪别墅是莫伯治先生于1963年创作的另一个大作。

双溪别墅依山而建，和自然环境有机融合，是一处隐山林于建筑，融建筑于山野的“世外桃源”。

双溪别墅因原址上有两条溪涧流过而得名，因古寺踪迹隐隐存在，而使得这处小筑平添几分空灵之感。建筑物建造在两处陡峭的山石之上，与山体的关系十分紧密。通过循山而上的连廊，建筑与山、水、建筑内庭的空间关系层叠错动，建筑体量轻巧灵动，若隐若现于层林间；移步换景，别有趣味，若凭栏而憩，则静逸悠远，绿意葱葱，水流潺潺。

双溪别墅效果图（来源:《岭南近现代优秀建筑1949-1990卷》）

双溪别墅甲座内庭（来源:《岭南近现代优秀建筑1949-1990卷》）

双溪别墅乙座外观（来源:《岭南近现代优秀建筑1949-1990卷》）

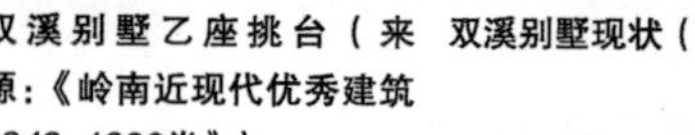

双溪别墅乙座挑台（来源:《岭南近现代优秀建筑1949-1990卷》）

双溪别墅现状（庄少庞提供）

双溪别墅现状（庄少庞提供）

图6-12 双溪别墅——位于白云区白云山风景区内

真正让广派建筑风格在广州城市建设中大展手脚的是1965年。

1965年，以简约造型而著称的华侨新村一期工程已经完成，并得到了一致好评。位于西堤商圈的新爱群大厦和广州宾馆投入建设，位于流花商圈的友谊剧院投入建设。这几处规模相对宏大的建筑，同时以一种新的建筑姿态展现在世人面前，的确抓人眼球，的确具有很大的震撼力。

新爱群大厦[①]是在原爱群大厦的东侧建设的。为了这个项目的顺利开展，

①爱群大厦建于1937年，从1957年中国出口商品交易会创办到1961年期间一直作为外宾接待酒店。

当时市政府指定由广州市城市规划处承担设计，并从各个设计单位选拔设计人员组成设计团队来进行工作①。

新爱群大厦面对用地紧张和对接原爱群大厦功能的两大问题，大量使用了竖向设计手段，有效地组织了宾馆功能。大厦首层利用骑楼将建筑骑压在城市道路上，为宾馆争取到最大建筑空间。新爱群大厦高度为67.32米，曾为广州第一高楼。

新爱群大厦最突兀的地方是建筑立面造型上采用横向线条，与原爱群大厦竖向节奏感的外观形成对比。这种粗暴的立面设计手法，从一个侧面反映了广州建筑师对现代主义建筑形式的盲目崇拜的状态，也暴露了广派建筑风格的软肋。当然，也彰显了广州建筑追随现代建筑思潮的决心。

图6–13　新爱群大厦外观（来源：广州市国家档案馆）

广州宾馆是中央政府于1965年投资600万元建设的一座涉外宾馆。遵照贺龙的建议，广州宾馆要超越新爱群大厦，设计建设成“国内第一”。

基于新爱群大厦设计的探索，广州宾馆建筑形式显得更为成熟。它的设计任务被委派给新爱群大厦的那个设计团队。广州宾馆建筑布局因地制宜，采用板式塔楼+裙房的模式，突破了过去传统旅馆建筑“工”字形或“山”字形的对称布局，并延续使用新爱群大厦的水平窗设计。由于广州宾馆是一个独立的新建筑，水平窗的设计完整地展现了现代建筑的魅力。

设计大师陈世民在1979年《建筑学报》发表的题为《试谈公共建筑创作中的几个问题》的文章中曾评价：广州旅馆建筑体量变化组合，带形窗与防雨飘板适合南方气候，同时增加了高层建筑的层次感，尤其是突破了我国早期建筑对称的平面，并形象地形容其突破了“两翼陪衬高主楼，当中站个大门头”的立面造型，是现代建筑设计上的一次开创先河。

1968年1月开业的广州宾馆主楼高27层，曾一度为全国之冠，并以楼高而蜚声四方。②

1965年，广州市人民政府已经提出流花火车站复工的申请，虽尚未得到批复，但并不影响市政府对流花地区打造的决心。拥有1609个观众席的友谊剧院选择了流花地区。友谊剧院建造的年代，正值中央政府号召理论与实践相结合，“下楼出院”到生产第一线的时期③。国家也开始紧缩项目投资，剧院在建设过程中建立了“预算把关制度”，严格控制投资④。

①这个由优秀设计人才（莫伯治、吴威亮、莫俊英、蔡德道等）组建的团队，便是后来被称为“旅游设计组”的基本雏形。

②广州宾馆的建设时逢“文革”，造反派因宾馆建设用以接待外宾而给工程贴上了各种“罪名”，中央多次出面协调各方，由周总理亲自做好工作，从而避免了工程夭折，如期为第23届广交会提供了外宾接待服务。

③针对当时科学技术工作中存在有脱离实际的倾向，党和政府号召科技工作要紧密结合实际，科技人员要下到生产建设的第一线，结合生产建设实践，开展科学研究，将科研成果应用于实际，解决生产建设中的实际问题，多、快、好、省地发展生产建设。同时在生产建设中，促进知识分子的思想改造，加深与劳动人民的感情，走理论与实践相结合的道路。

④佘畯南设计选集.中国建筑工业出版社，1997。

1968年广州宾馆效果图（来源：《岭南近现代优秀建筑1949-1990卷》）

1968年广州宾馆外观（来源：《岭南近现代优秀建筑1949-1990卷》）

广州宾馆外观现状（摄于2015年）

图6-14　广州宾馆——位于越秀区起义路2号

友谊剧院没有采用"大气魄、大尺度、大空间"的设计手法，尽量缩减次要空间，平面紧凑实用，立面简洁轻盈，建筑造型上采用非对称构图。建筑的空间营造，以及主楼梯的设置、遮阳板的开孔、贵宾厅的设计等细节都考虑得很周全，可谓倾注心力。

在友谊剧院的创作过程中，设计大师佘畯南先生曾提出剧院应采用开敞式平面的观点，认为应将"室内建筑空间同室外绿化结合起来，互相渗透，融为一体"。佘畯南认为"搞剧院，不要单纯满足搞出一个好的观众厅，把观众硬塞进这个观众厅就万事大吉……而应该让他们在欣赏演出之余有个优美开敞的环境，有助于人们从紧张中解放出来，为下半场演出做准备"。①

①佘畯南.低造价能否做出高质量的设计？——谈广州友谊剧院设计.建筑学报，1980,（03）。

剧院的平面布局采用了非对称手法，在剧场一侧组织了"富有岭南特点的庭园建筑空间，为观众创造良好的环境"。室外庭园尺度宜人，并通过楼梯将室内外空间连成整体。

友谊剧院借助新材料、新结构、新设备、新技术创造的独特的空间形式和室外休息场所备受业界关注。友谊剧院在国内一度享有"庭院式剧院"的美誉，被誉为当时国内最完善、档次最高的一流大剧院，是国内剧院建筑的范例。毋庸置疑，这个美誉来自于建筑形式、建筑与环境，来自于庭院、园林与建筑有机的融合。

在友谊剧院建成不久，中央政府就启动了"广州外贸工程"。20世纪70年代初，在打造流花商圈的同时，也将广派建筑推向了巅峰。继广州体育馆，火车站、兰圃、友谊剧院等广派建筑建成之后，广州市政府于1973年对羊城宾馆进行改造，将其扩建成为东方宾馆。

改扩建后的东方宾馆是成功的。东方宾馆之所以成功，其关键之处在于西楼采用了底层架空的手法。由于宾馆的西面就是流花湖，设计时考虑在西楼与东楼之间围合出内部庭园，通过导入东南风，经过内庭水面降温，使凉风穿过支柱层吹向流花湖，形成空气的自然流动，而内庭和外湖景色通过空间的架空和岭南造园手法连通起来。这个设计不刻意追求空间的宏大，而是注重亲切的尺度，也不强调主轴线的贯通和形式感，而是按照人的活动习惯组织空间。

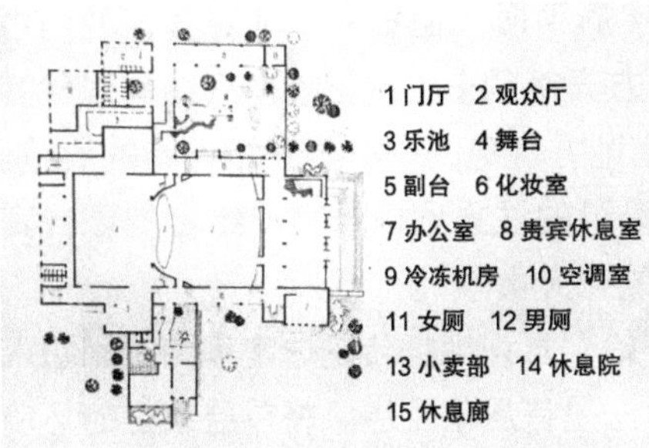

友谊剧院总平面图（冯彦辉提供）

友谊剧院设计草图（来源：《佘畯南选集》）

友谊剧院外观（来源：广州市设计院）

友谊剧院入口（冯彦辉提供）

友谊剧院门厅楼梯（来源：《岭南近现代优秀建筑1949-1990卷》）

观众厅（冯彦辉提供）

贵宾室连廊（冯彦辉提供）

夹层休息廊（冯彦辉提供）

化妆室（冯彦辉提供）

剧院休息廊及小卖部（冯彦辉提供）

友谊剧院内庭设计手稿（来源：《佘畯南选集》）

友谊剧院外观现状（摄于2015年）

友谊剧院内庭现状（摄于2015年）

图6-15　友谊剧院——位于越秀区人民北路696号

东方宾馆改建虽然没有改变“工”字形平面，但摈弃了羊城宾馆的仿古的手法，以现代风格为宾馆的主调[①]。东方宾馆创造性地把岭南庭园与现代高层旅馆建筑空间融合设计，也是具有岭南地方气息的园林式宾馆设计的典范。东方宾馆西楼的设计，被评价为中国“最早的注重室内外空间结合的现代宾馆”[②]，这是其对我国现代宾馆建筑创作的一大贡献[③]。

我们发现，建筑师在这个时期已经开始有意识地把传统岭南庭园空间融入现代建筑功能当中，其中最常见的设计手法是首层架空层。将首层架空的环境效果发挥到淋漓尽致的是矿泉客舍。

矿泉客舍[④]建设于1972年，其前身是修建于20世纪60年代的汽车修理仓库。矿泉客舍通过对原建筑进行改建，引入首层架空层的概念。首层架空层为规模不大的建筑创造了一个别开生面的空间，为旅客活动和休息提供了一个风雨无阻的场所。首层架空和室外庭园有机联系起来，情趣无穷。

①建筑师：佘畯南、钟新权、王陆运、莫炳文。

②汪之力，邵华郁.祝佘总选集出版.曾昭奋编.佘畯南选集.中国建筑工业出版社，1997。

③东方宾馆现状：架空层空间改变，庭院被改造成东南亚风情，昔日岭南庭园韵味不在，水景部分变成游泳池，功能性增强，趣味性减弱。

④设计师为ianzh gongye 莫伯治、陈伟廉、李慧仁、林昭璋。

东方宾馆外观（来源：《岭南近现代优秀建筑1949-1990卷》）

东方宾馆内庭景观（来源：《岭南近现代优秀建筑1949-1990卷》）

东方宾馆架空层（来源：《岭南近现代优秀建筑1949-1990卷》）

东方宾馆西楼屋面花园（来源：《岭南近现代优秀建筑1949-1990卷》）

东方宾馆内庭现状（摄于2015年）

东方宾馆内庭现状（摄于2015年）

图6-16　东方宾馆——越秀区流花路120号

矿泉客舍的“平地造园”、“飞梯”等现代建筑手法在很长一段时间里成为广州建筑的代名词，这里的廊、厅、园处处充满灵动的气息，被人们所津津乐道。

1987年英国建筑史家B.Fletcher著写的《建筑史》[⑤]曾经给予它这样的评价：它是“1949年以来尝试复兴中国传统的园林景观与建筑艺术有机结合的第一个建筑”。首层架空是现代主义建筑设计的一次实践，也是对岭南庭园的一次新的诠释，让建筑功能平添了几分生动的气息，让建筑空间充满了戏剧性变化。

⑤在《建筑史》收集的20世纪50年代~80年代初共43个中国建筑项目中，白云宾馆、白天鹅宾馆、矿泉客舍等名列其中。

矿泉客舍注重就地取材，在建筑细节上也拿捏得十分到位：架空层顶部采用了竹编吊顶，架空层柱廊塑成树干形象，改变了建筑的生硬质感，不能不说是一种时尚。《建筑史》对矿泉客舍的赞誉可谓实至名归，它确实是一次开创先河的建筑实践[①]。

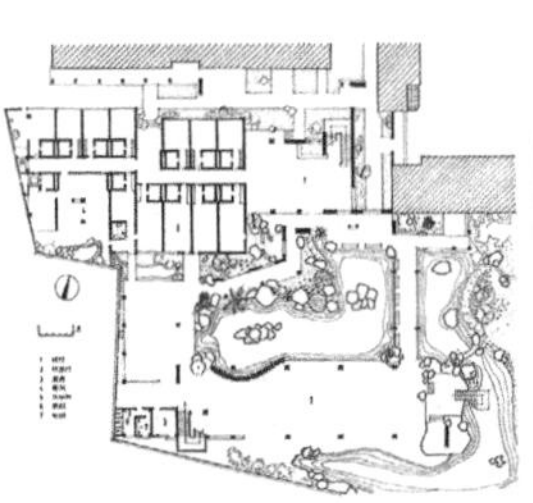

矿泉客舍平面图(1961年)（来源：《岭南近现代优秀建筑1949–1990卷》）

矿泉客舍架空层(1961年)（来源：《岭南近现代优秀建筑1949–1990卷》）

图6–17　矿泉客舍

矿泉客舍飞梯(1976年)（来源：《岭南近现代优秀建筑1949–1990卷》）

矿泉客舍飞梯现状（摄于2015年）

从1972年开始，国家要求每年的春秋交易会期间必须各有一个“广州外贸工程”项目建成并投入使用。被称为“旅游设计组”[②]的创作团队经历了新爱群大厦和广州宾馆设计的历练后，在白云宾馆的设计中再次掀起新的高潮。白云宾馆1976年落成，是中国第一个超高层建筑，也是广州现代商贸活动发展轨迹上的一个重要篇章。

白云宾馆一改主楼临街的做法，塔楼与主干道之间保留了一个小山丘，自然形成了隔离城市喧嚣的屏障，既减少外界的干扰，又增加了宾馆入口的层次感。宾馆入口、大堂、电梯厅的空间顺畅，大堂西侧为休息厅，东侧通过廊桥引入大小两庭园。

庭园中保留了原有的古树，通过收放、过渡、借景、对景等手法，丰富了空间序列。庭园气韵连贯、诗意盎然，古榕石山、流水潺潺。通过庭院景门可达首层餐厅，餐厅有悬梯与二层相连，空间向上延伸，直达三层屋面花园，有凉亭、绿篱。

白云宾馆建筑立面继广州宾馆之后，保留水平窗的设计手法。除此之外，建筑还增加竖向线条，与水平窗取得有机的平衡。建筑裙房采用玻璃+肋板的简约处理手法与塔楼相互烘托。建筑白色的外墙、轻盈的玻璃，在入口水池的

①今天我们只能遗憾地在酒店大堂内门隐约寻见残留的岭南符号，在拥挤的建筑夹缝中察觉那一条已经不复存在的岭南园林景观带，昔日极具岭南特色的架空层消失了，“矿泉别墅”的石头名牌也被掩埋……不得不说，时至今日，矿泉别墅5、6号楼确实是得以存留，但是，今天这里已遍寻不见当年岭南风韵的存在了，留下的只有躯壳和念想。

②以林西为召集人，由莫伯治、佘畯南、莫俊英、郑昭、吴威亮、蔡德道、林兆璋、陈伟廉、陈立言、李慧仁、黄汉炎等杰出专业技术人员组成。

波光映衬下，显得格外简洁、轻快，且充满生机。

在当年的政治环境下，白云宾馆的创作过程并非一帆风顺。当年白云宾馆建筑方案报送国家建委的时候，有人提出指“横线条代表资本主义，竖线条是社会主义的”，为了避免争议，设计人员主动在水平窗立面上增加了竖向线条。有一位设计师曾从一块画布图案上吸取灵感，准备用于贵宾厅墙面，因有人说太像国民党的党徽而不得不放弃。

白云宾馆保留的小山丘上有颗古树，在古树下面需要一块大石头来衬托。设计师认为石头体形大而且过于圆润的形态不甚完美，提出把石头从中间劈开裂缝的想法。但这一想法遭到了质疑：现在是讲安定团结，你搞那么多裂缝是什么意思？后来，设计师从芭蕾舞《红色娘子军》中洪常青在石头上英勇就义的场面找到灵感：“‘哇，这个石头靓！’‘如果有人批你，你就说是学这个石头。’①”。宾馆前广场小山岗的石头就这样选定了，它不再是“随便搞出来”的。

①陈文，何姗.林兆璋讲述.我与岭南现代建筑的故事.新快报。

好事多磨，白云宾馆在艰难困苦的环境中走出来了，并将广派建筑风格推向了巅峰。“这种多层的空间灵活运用，使得一个新型大空间不停留于古典岭南庭园的假石山、水池的组合，而是在一个大型旅馆中将空间与庭园融

图6–18　白云宾馆

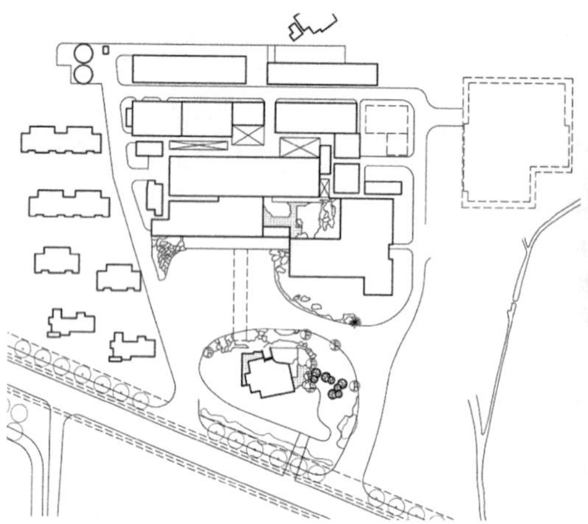

白云宾馆总平面图（来源：自绘）

白云宾馆外观（来源：《岭南近现代优秀建筑1949-1990卷》）

白云宾馆内庭效果图（来源：《岭南近现代优秀建筑1949-1990卷》）

为一体”①从白云宾馆的设计中我们看到，广州建筑师开创性地把现代高层建筑和岭南传统庭园结合起来。这次成功的尝试，被评价是一股波及全国的强劲“台风”,“冲击了人们20年来在设计领域中设计思想和设计方法沉闷、封闭、一潭死水的局面”②。白云宾馆把传统庭园融入现代建筑之中，代表了岭南建筑创作的一个新的高度。由此，白云宾馆成为现代高层建筑设计糅合岭南造园艺术的典范，在中国现代建筑发展历史中具有举足轻重的意义③。

无产阶级“文化大革命”结束之后，中央政府开始关注涉外宾馆的建设。国务院成立了由副总理谷牧、陈慕华和国务院侨办主任廖承志“挂帅”的“利用侨资、外资建设旅游饭店领导小组”。1978年国家旅游局做出决定，在北京、上海、广州、南京等地建设八大中外合作饭店。廖承志主任邀请香港工商界的巨子赴京商榷这些项目的建设。会上，廖承志与霍英东达成了在广州建设涉外饭店的共识。同年11月2日，“广东省旅游旅馆工程领导小组”成立，广州的宾馆议定为白天鹅宾馆，选址在临白鹅潭的沙面。

白天鹅宾馆设计前期，有人认为作为接待外宾用的第一间五星级宾馆应该迎合外宾的口味，设计得“西方化”一点。但宾馆的主创人莫伯治先生和佘畯南先生却坚持中西合璧的设想。两位老先生汇集创作组全体成员④的集体智慧，运用娴熟的设计手法创造出秀外慧中的建筑风格。白天鹅宾馆是我国自行设计、建设、管理的宾馆⑤，后来成为全国第一家“世界一流酒店组织”成员，获得第一枚国家施工金质奖。

白天鹅宾馆建筑外观表现出浓郁的现代化气息，内部空间则全方位地展现了中国文化的特有魅力。尤其是故乡水的设计和立体化共享空间的庭园打造受到了业内外人士的好评。甚至有人认为，后来由约翰·波特曼主持设计的上海商城中庭在很大程度上得益于“故乡水”庭园的启发。

1980年5月21日《人民日报》发表了《有真才实学才能实现四个现代化》的社论，高度评价了白天鹅宾馆的设计是一次“高质量的集体智慧的体现”。白天鹅宾馆曾经享誉海内外，为广派建筑风格增添了亮丽的一笔，也为广派建筑风格画上了句号。我们知道，白天鹅宾馆之所以将本来属于室外的故乡水庭园移植到室内，是源于五星级宾馆的空调要求。

白天鹅宾馆释放了一个强烈的信号，广派建筑风格走到了尽头。

随着我国经济实力的增强、公共场所空调设备的普及，广派建筑风格赖以生存的室外庭院与室内空间一体化的根基没有了。后来的建筑设计都需要将室内空间与室外庭院严格分离，以保证冷气的供应。同时，随着新材料、新工艺、新技术层出不穷地涌现，建筑外观也呈千姿百态。广派建筑风格就此淡出世人的视野。

广派建筑风格起源于1950年华南土特产展览交流会建筑群的探索，随后在园林与建筑的关系中进行探讨，1965年之后成型，在外贸工程聚集建设时期达到巅峰。广派建筑风格特点是空间自由、活泼、流畅，或首层架空，或室外庭院与室内空间融会贯通；建筑造型简洁明快，没有繁琐装饰；建筑设计强

①林兆璋.《岭南建筑新风格的探索——莫伯治的创作道路》

②陆元鼎.《岭南人文.性格.建筑》.中国建筑工业出版社，2005.88-89

③白云宾馆现状：中庭古榕已经被玻璃墙体围蔽在狭小的空间，四周分布咖啡厅、精品店等商铺，无法再现曾经的通透疏朗的空间效果。

④白天鹅宾馆建筑师：佘畯南、莫伯治、林兆璋、陈伟廉、蔡德道、陈立言。

⑤同期建设的还有花园酒店、中国大酒店，为三大中外合作宾馆。

图6-19　白天鹅宾馆——位于荔湾区沙面南街1号

白天鹅宾馆外观（1979-1983年）
(来源:《佘畯南选集》)

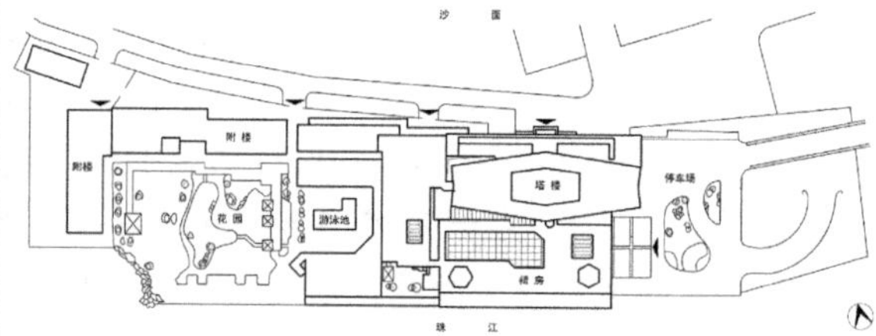

白天鹅宾馆总平面图（来源:自绘）

白天鹅宾馆中庭现状（摄于2015年）

白天鹅宾馆外观现状（摄于2015年）

调以人为本，适应岭南气候特点，因地制宜，注重地方材料的利用。

岭南建筑师比较推崇现代主义建筑大师勒·柯布西耶倡导的“新建筑五点”：自由平面、自由立面、底层架空、水平长窗、屋顶花园。我们随时可以看到广派建筑风格的这些处理手法：板式建筑、带形窗、遮阳板、玻璃幕墙、预制花格墙、底层支柱层、屋面花园、不对称的高低错落的布局、没有附加的简洁的体形、灵活的平面、虚实对比的立面处理。吴良镛先生说岭南建筑师“从祖国岭南园林文化遗产中，找到了一条新的、以“虚”代“实”的，室内室外相结合的、体现时代要求的新建筑创作道路”①。

在广派建筑风格形成的过程中，有三个重要因素起着关键性作用。

第一个因素是行政决定层的作用。广派建筑风格的形成得益于广州市政府的支持和关注，他们尊重设计，鼓励原创。广派建筑风格形成时期正值“无产阶级文化大革命”高潮，广州市政府能够召回这些被下放的建筑师和工程师参与设计，不得不说是时任领导的勇气和魄力。没有市政府的支持，就没有杰出建筑师的话语权②。“如果不是朱光市长、林西副市长这些领导保护了这批人，没有他们的开明和保护，广州就不可能有这么多岭南近现代优秀建筑。”③

当年的建筑创作难免会出现林林总总的反对声音，并扣上各种各样的政治帽子：北园酒家在设计时，有人曾认为用旧有传统材料和构件过于“古老”，与社会价值取向不相吻合；在进行白云宾馆的设计时，有人质疑横向线条是走了资本主义路线；在东方宾馆的庭园设计中有人质疑“小桥流水”不符合涉外

①曾昭奋．佘畯南选集．中国建筑工业出版社，1996。

②莫伯治在《白云珠海寄深情——忆广州市副市长林西同志》一文中对林西的评价是：平等待人、尊重信任、不强加于人，又循循善诱，既提出正确的指导意见，又有明确具体的建议……多方面调动设计人员的积极性和创造性，身体力行，贯彻党的知识分子政策。

③陈文．何姗，林兆璋讲述．我与岭南现代建筑的故事．新快报。

功能；面对白天鹅宾馆的中庭，有人不赞成将传统庭园引入室内。曾担任广州市建委副主任和副市长的林西先生坚持建筑创作自由的原则，反对将建筑创作与政治挂钩，为广派建筑风格形成起到了保驾护航的作用。

第二个因素是主创设计师的作用。江南园林本质以园为主，空间布局以园为核心展开，建筑只是园中的点缀。岭南庭园与日常生活紧密相关，建筑是主体，庭园空间依据建筑空间需要来展开。广派建筑风格的显著特征是室外庭院与室内空间的交融。岭南园林是世俗民生的一个重要的载体，在民间的接受程度是非常高的。岭南园林受“适用为度、适时而变”影响，表现出“经世致用、多元并蓄、务实写意”的风格。

岭南建筑大师莫伯治先生在进行北园酒家和泮溪酒家的设计时，深入研究过岭南百年老字号酒家的庭园。莫伯治先生与夏昌世先生早于1952年就开始调研岭南传统庭园。1961年秋，调研活动进入了全面的阶段。在这段时间，两位大师对顺德清晖园、东莞可园、佛山梁园、番禺的余荫山房、潮阳的西塘等三四十处庭园进行了实地测量，造访当地工匠艺人，完成了研究论文，并且集结成具有影响力的《岭南庭园》一书。这一系列的调研和总结，成为后来岭南建筑中颇具影响的“园林酒家”创作的源泉。

有了设计师对园林历史研究的执着，才会有对岭南园林本质的认知和理解，也才有了广派建筑风格流畅空间的创作。

朱光先生
（1906-1969年）

林西先生
（1916-1993年）

图6-20　朱光先生与林西先生

夏昌世先生
（1903-1996年）

佘畯南先生
（1915-1998年）

莫伯治先生
（1914-2003年）

图6-21　夏昌世先生、佘畯南先生与莫伯治先生

第三个因素是“广州外贸工程”的作用。回顾广派建筑风格，我们不难发现众多广派建筑风格的经典作品基本上都是“广州外贸工程”的建设项目，或者是与广交会有千丝万缕联系的建设项目。除早期的新爱群大厦和广州宾馆外，其他的经典作品都是分布在流花商圈及流花商圈东进通廊上。也就是说，广派建筑风格的形成得益于广交会及其后来的“广州外贸工程”在短时期内带来的众多大型公共建筑项目需求。反过来说，广派建筑风格的聚集，也打造了流花商圈的新时代形象。

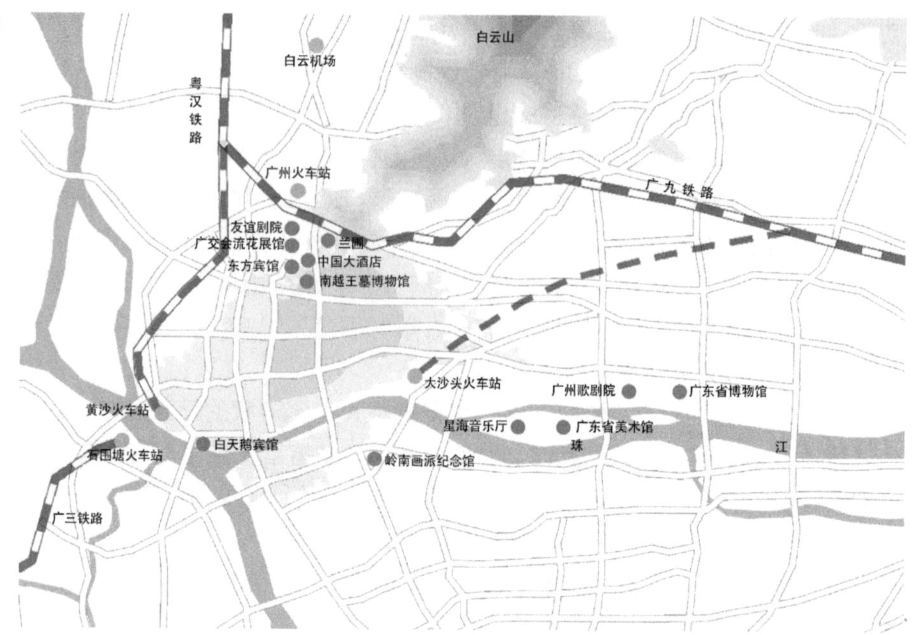

图6-22 广派建筑风格经典作品分布

白云机场、火车站、广交会流花展馆、友谊剧院、兰圃、东方宾馆、流花公园，乃至白云宾馆、华侨新村等等一系列建筑，在形象上也塑造了流花商圈的城市核心地位和城市沿陆路向东发展的趋向。

客观地说，广派建筑风格之后，广州不乏杰出建筑。白天鹅宾馆、中国大酒店、花园酒店等优秀建筑尚存一些广派建筑风格的痕迹，而后的南越王墓博物馆、岭南画派纪念馆、星海音乐厅、广东美术馆、广州大剧院、广东省博物馆新馆等则属于广派建筑风格的升华版。但我们不能简单地把这些建筑精品划归于广派建筑风格。

当然，广派建筑风格还得益于开明的社会环境。在白云宾馆建成投入使用初期，“门口有武警把守，市民不能随便入内”。1983年，宾馆就对市民开放了，普通市民可以进入宾馆喝茶、休憩。即便不消费，也允许在宾馆门前转转，拍照留影。东方宾馆建成时引入了观光电梯，广州市民也可以去“蹭”电梯。而20世纪90年代中期，北京的长城饭店、昆仑饭店等五星级酒店禁止普通民众进入仍是一种常态。

毋庸置疑，广派建筑风格与广州人喜爱户外活动密切相关。岭南建筑师思维之开放、设计手法之丰富在中国建筑史中占有一席之地。岭南建筑师创造不息、追求不止、历史更迭、初心不变的精神是值得尊敬和学习的。广派建筑风格还凝聚和促进了城市发展的走向。

第七章　法定规划的出现

自1949年广州市人民政府全面接管广州城市建设之后，用了近三十年的时间塑造了广派建筑风格，打造了流花商圈，并改变了城市单纯沿珠江水路发展模式，建构了城市陆路发展通道。

1980年10月5日，国家建委在北京用了十天的时间召开了全国城市规划工作会议，讨论制定了《城市规划法（草案）》，国务院副总理谷牧先生出席会议并发表讲话。会后，中国掀起了一轮城市总体规划编制的浪潮。广州城市经常跑在全国风浪的前头，这次也不例外。广州城市总体规划于1978年就开始编制了。全国城市规划会议期间，广州已经完成城市总体规划初稿的编制工作。

回顾广州城市规划发展的历程，大致可以分为四个阶段。

第一阶段是民国时期。那个时期广州的城市规划理念与世界城市规划思潮步调一致。城市规划理论、城市规划体系、城市规划编制办法和城市规划管理制度都是在那个时期建立的。

第二阶段始于20世纪50年代，止于20世纪80年代初。这是广州城市规划成果最为丰富的时期，也是广州城市发展左右摇摆、举棋不定、艰难探索的时期，是城市规划掺杂诸多政治因素的时期。

第三阶段始于20世纪80年代末，止于20世纪末。这个时期，广州城市规划基本上依循城市规划法开展编制工作。广州市第一部经国务院批准的，具有法定地位的规划就是在这个时期诞生的。

第四阶段始于21世纪初。广州城市发展战略规划的编制是其重要标志。广州城市历经唐宋时期和民国时期的蜕变之后的第三次蜕变就是从战略规划出台后开始的。不夸张地说：跨入21世纪后，广州进入了凤凰涅槃、浴火重生的时期。

本章节，我们将重点讨论前三个规划阶段的情况。第四阶段的内容我们将在后面的章节专题介绍。

广州城市规划发展的四个阶段　　　　**表7-1**

时序	时间	主要特征
第一阶段	民国时期	广州的城市规划理念与世界城市规划思潮步调一致。城市规划理论、城市规划体系、城市规划编制办法和城市规划管理制度基本建立。
第二阶段	20世纪50年代至80年代	广州城市规划成果最为丰富的时期。城市规划掺杂诸多政治因素，城市发展左右摇摆，艰难探索。

续表

时序	时间	主要特征
第三阶段	20世纪80年代末至20世纪末	广州城市规划基本上依循城市规划法开展编制工作。广州第一部经国务院批准的、具有法定地位的规划是在这个时期诞生的。
第四阶段	始于21世纪初	广州城市发展战略规划的编制是其重要标志。广州进入了凤凰涅槃、浴火重生的时期。

广州城市规划第一个阶段建构了城市规划的基本框架。从城市规划的组织管理架构到城市规划各个层面的成果都是以首创面目出现的。所以我们在讨论第一阶段内容时，使用最多的词汇是“第一次”。能够反映广州城市规划第一阶段主要成就的是三个文件:《广州市政府施政计划书》、《广州市工务之实施计划》和《广州市城市设计概要草案》。

广州城市规划体系形成于城市规划管理机构出现之后。1921年，广州成立了广州市政厅，这是中国第一个具有现代城市管理机构的城市政府，很有划时代的意义。广州市政厅由财政局、公用局、公安局、卫生局、教育局、工务局共6个部门组成。当时的城市规划、市政建设、交通设计、道路兴修等事务就是由工务局统管的。

1928年，广州市城市设计委员会成立，这是广州历史上第一个负责城市规划工作的专门机构。

1929年，广州市政府公布了由市长林云陔[1]先生草拟的《广州市政府施政计划书》，提出要“依据最进步之市政原理”建成“完美之都市”，并认为“最新之城市设计，以‘田园城市’为最优”，提出了广州市要建成山水城市的初步构想。同时，《广州市政府施政计划书》还提出了兴建平民宫、平民村舍及平民戏院的计划。市政计划不仅仅有建设“完美之都市”之类的高大上理想，也有尽快解决贫民居住问题之类的民生建设计划。因此，我们说《广州市政府施政计划书》是广州第一份比较系统地阐述城市建设方向和规划目标的规划大纲。

①林云陔（1883—1948年），广东信宜人，民国政要。早年加入同盟会，参加辛亥革命，被孙中山派赴美国纽约舍利乔斯大学研习法律和政治。1920年后，历任孙中山大元帅府秘书，广州市市长，广东省政府主席兼财政厅厅长、建设厅厅长、国民政府监察院审计部部长、审计长等职。

应该说，平民宫、平民村舍建设计划是在特定背景下提出来的。20世纪20年代初，广州城市建设是以“破城拆街扩路”推动的,大量旧民居在这个时期被拆除了。到了20年代末，广州的现代城市建设初显成效，经济发展了，社会富庶了，人丁兴旺了，不少农民也纷纷进城打工，让本来就窘迫的广州住房变得越来越供不应求。1928年，广州市居民约18万户，近90万人，其中自有房产者仅2万户。约90%的广州市民属于无房户。一些租不起房的市民只能露宿街头，成为一个比较严重的社会问题。所以，《广州市政府施政计划书》中专门提出要切实解决平民的住房问题。这是广州最早的解困房、廉租房、经济适用房。

平民宫、平民村舍计划在北京路一带建设，与官府区、富人区交错在一起，既方便政府管理，也方便贫困民众的生产生活。交通成本低，容易找到谋生的工作，孩子上学也能就近安排。

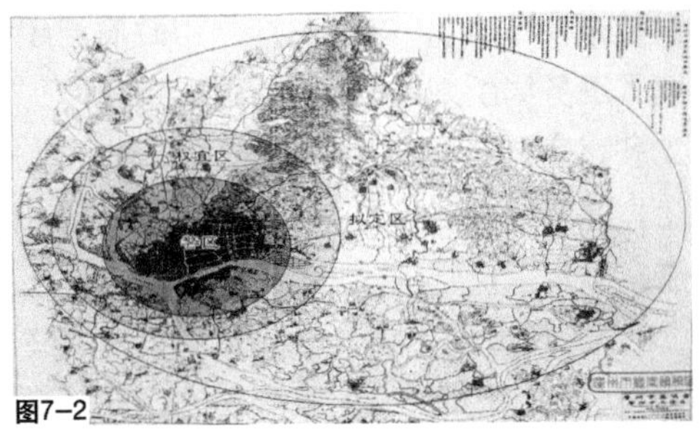

图7-1　民国时期的平民宫（来源：《五羊城脉》）

图7-2　《广州市工务之实施计划》划分的警区、权宜区及拟定区（来源：广州市国家档案馆）

1930年，时任广州市工务局局长的程天固[①]先生编著了《广州市工务之实施计划》，这个计划应该是《广州市政府施政计划书》的近期实施规划。《广州市工务之实施计划》提出了较为详细的广州城市建设计划，创造性地将广州划分为警区、权宜区、拟定区[②]三种区域，这应该算是中国最早的城市规划章程，涵盖了城市建设、道桥建设、内河堤岸建设、渠道与濠涌建设、公共建筑建设、娱乐场所建设、公园建设等各个方面，尤其是积极扩充了公园及绿化规模，规划增加了白云山公园、河南公园、西关公园等五个公园，不仅造福于当时的人们，更是让现在的广州人依然还能享有这些青山绿地。

1932年8月，在上述两个文件的基础上，广州市政府公布了《广州市城市

①程天固（1889—1974年），广东中山人，早年留学英国牛津大学和美国加利福尼亚经济学院。1921~1923年，1929~1936年，先后两度担任广州市工务局局长，由于成绩显赫，后任广州市市长。

②这三个区域类似现在的中心城区、城乡接合部、战略发展规划区。当时的警区范围是66.6km^2，权宜区170.37km^2，拟定区537.03km^2。

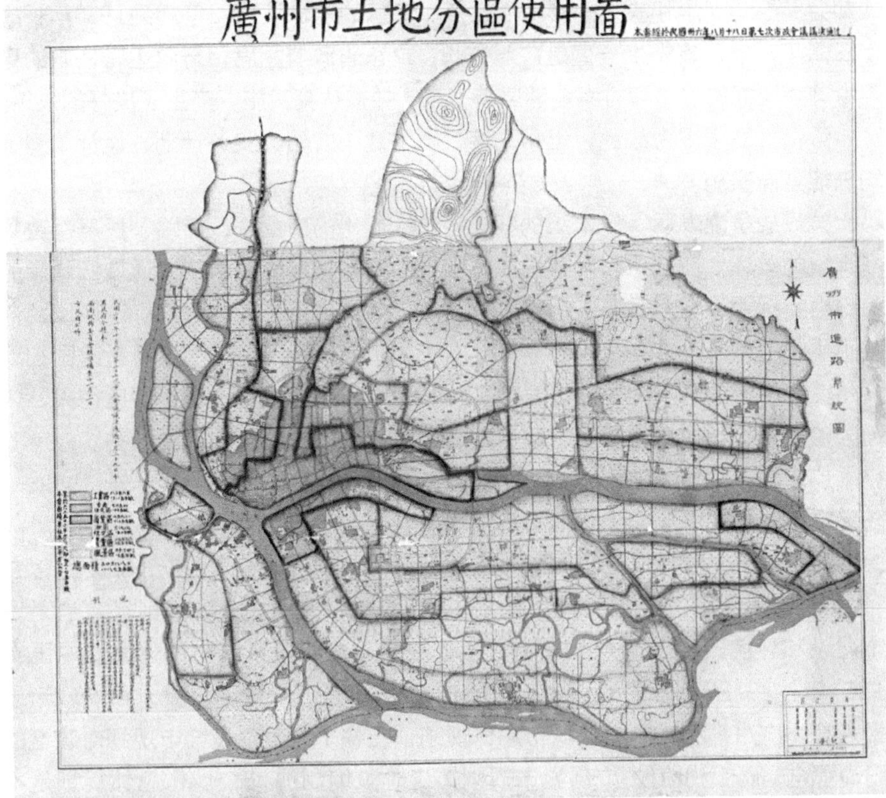

《广州市土地分区使用图》，成图于1947年，广州市地政局编制

图7-3　《广州市城市设计概要草案》4个功能分区布局图（来源：广州市国家档案馆）

设计概要草案》，这是由广州市政府组织编制的第一部城市规划。这个规划延续了工务局所划定的三区范围，明确了广州的城市总体布局，延续了《广州市工务之实施计划》中的公园及绿化用地规划，坚定了“山水城市”的规划理念，并系统地安排了道路系统、机场、港口、铁路、水厂、电厂等城市基础设施，确定了广州现代城市的骨架。

《广州市城市设计概要草案》首次将全市划分为工业、住宅、商业、混合4个功能区。其中工业区分布在临江一带，靠近城西为主；商业区除保留原有旧城区商业区外，新辟黄沙铁路以东，河南西北部，东山以东，省府合署地点以西等商业区；住宅区分为两种，一是风景优美的住宅区，分布在河南中、北部，东山以东一带以及车陂东部、白云山至飞鹅岭之东南麓等地，二是工人住宅区，主要分布在与工业区毗邻的地方，如市西泮塘及芳村茶滘等地；原旧城区则规划保留为混合区。

由上面的记叙，我们发现20世纪二三十年代广州编制城市规划的思路得以一体相承，计划实施得以不间断地有序推进，那也正是广州社会经济发展的黄金时期，向来被公认为是民国时期广东最安定的年代。

规划师和城市建设的决策者都具有自身的价值判断和规划理念，不同的人掌握了城市规划建设的决定权，城市的发展模式和建设结果肯定是不一样的。科学真理和定律是不可能因为人们的喜恶而改变的，但是城市发展路径和发展方式却会受不同观念和决策的影响而改变。幸运的是，从1923年起到1936年长达十三四年，林云陔先生一直是广州市长、广东省政府主席，行政主官任职的稳定令这些规划的理念和方案能够坚持下来，并被认真实施，产生了良好的效果。

可惜，后来因为战乱，世事动荡，上述建国方略、实务计划、设计草案等均未能全面实施。

抗日战争爆发后，日本人的狂轰滥炸令广州的商业区、道路、民居都遭到了严重的破坏。及至广州解放前夕，国民政府军撤退时炸断了沟通珠江两岸的海珠桥，拆毁了许多重要工厂设施，还对广州城进行了轮番轰炸……所以，“道路不平，房屋不全，自来水不清，电灯不明，电话不灵……”这就是建国初期广州城市面貌的真实写照。当时的广州和全国大多数城市一样，百废待兴，急需医治战争创伤，立即开始新的城市规划建设是人民政府的首要任务。

广州城市规划第一阶段有一个良好的开局，但结尾却显得十分“悲催”。随着广州城市的解放，广州城市规划很快就转入第二个阶段。

广州城市规划第二阶段的特点是规划编制频率极高。广州解放后曾在1954年到1956年的三年时间里编制了8稿城市总体规划，既折射了政府对城市建设和环境改善的渴望和期待，也反映了政府对未来城市的迷茫。中国在1961年、1972年和1976年三个时间节点上经历了三次政治风暴，每次政治风暴来临，广州都会编制一轮城市总体规划，反映了这个阶段城市规划对政治的附庸倾向。无论如何，广州城市规划第二阶段编制的13个城市总体规划是不可多得的历史财富。

广州城市规划第二阶段依旧遵循“先规划管理机构设置，后规划编制”的规律逐一展开。

1949年，广州解放后很快成立了工务局及地政局，主管全市市政建设及建筑管理。1950年9月，工务局改名建设局，11月，成立广州市市政建设计划委员会。

1952年，广州市市政建设计划委员会向市政府提交了两个都市规划总图方案，分别是由市政建设计划委员会委员林克明[①]先生和时任建设局局长邓垦先生提出的，人们习惯称之为“林稿”、“邓稿”[②]。

1953年5月，广州市城市建设委员会成立，简称：“城建委”。城建委由当时的市长何伟兼任主任，城建委除接管原市政建设计划委员会业务外，还接办原财委的基本建设管理业务，委员会办公室设规划组、勘测组、工程组等业务机构。后城建委改组由办公室、规划处、基建处、公用事业管理处、建筑事业管理处及勘测队等机构组成。

1954年6月，广州市人民政府组织编制了2个城市总体规划方案。当时，建设“生产性城市”是国家城市建设的基本指导思想[③]，2个规划均以“在相当的时期内，逐步使广州由消费城市基本上改变为社会主义的生产城市”[④]为指导方针，变消费性城市为生产性城市的目标。由于广州地处对台作战前沿，又邻近港、澳，是中国的南大门，大型工业项目安排在广州[⑤]的可能性不大。因此，广州定位为以轻工业为主的生产城市。

两个方案同时编制，均提出城市成片向东发展，与黄埔港相连。不同是对市中心的选择：第1方案不搬迁市中心，第2方案规划将市中心搬迁到天河机场[⑥]。两个方案汇报时，有人提出城市能否向西发展，从而将旧城变成城市的几何中心，成为真正的市中心。

随即，第3方案出台。这一方案提出城市向东、南、西、北各个方向均匀发展，向东发展到黄埔旧港，向南发展到沥滘以南、石榴岗一带，尤其是向西跨过珠江大桥规划发展到盐步，并利用沙贝以西的山地作为新工业区，北郊则将工业区延伸布局到新市一带。当时人们称第3方案为“威尼斯方案”，因为如果按该方案实施的话，广州将要建造很多桥梁，仿若水城威尼斯的感觉。可惜由于解放初期的资金有限，不可能建造这么多桥梁，第3方案并没有变成现实。

1954年12月，广州市政府在综合1-3方案的基础上，抛出了第4方案，确定城市向东发展到黄埔文冲，向南发展到沥滘以南及石榴岗一带，并提出在芳村、河南、黄埔等地建设新的区级中心。

1-4方案的核心是研究广州城市空间结构和确定中心城区的位置。它的变化直接左右了广州火车新客站的三个选址方案的形成和最终定点流花的决策，导致流花商圈的形成。换句话说，广州第4次总体规划方案总结了前40年的规划成果，并影响了后40年的城市规划的发展。

1-4方案借鉴了苏联的规划思想，但并没有苏联专家的具体指导，完全是广州市的工程师自己动手完成。

①林克明（1900—1999年），广东东莞人，毕业于法国里昂建筑工程学院，中国近代建筑的先驱，岭南派建筑的代表人物之一。其主要代表作有华南理工大学建筑群、广州市政府办公楼、中苏友好大厦等，曾受聘为中山纪念堂建设工程顾问。

②当时建设局的总工程师是金泽光，这一方案是由他具体负责完成的。

③1962年9月和1963年10月，中共中央、国务院先后召开全国第一次和第二次城市工作会议明确提出了城市发展工业的定位。

④1954年5月，中共广州市第四次代表大会提出。

⑤当时类似的地区还有上海、福建等。

⑥现天河体育中心一带，后面的章节将有详述。

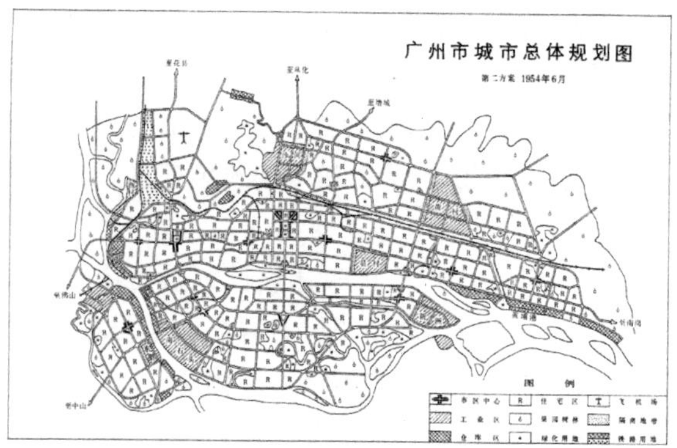

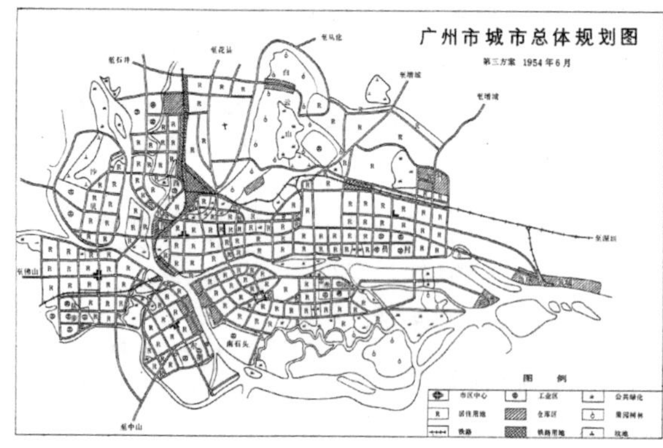

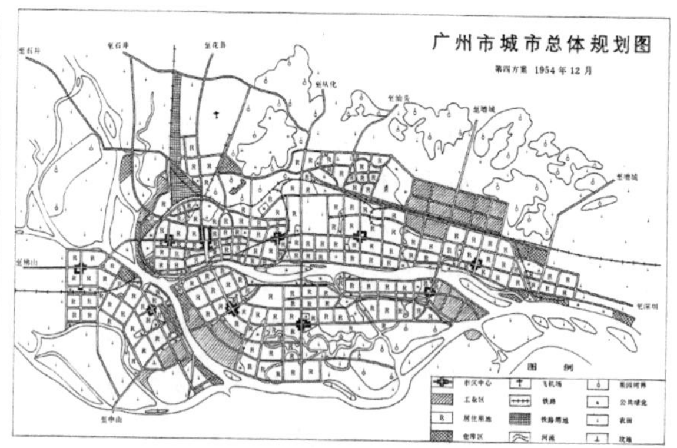

图7-4 广州城市总体规划第1-4方案（来源：广州市城建档案馆）

①当时的苏联专家也有两种不同意见，一种是以赫拉夫秋克为代表的，人口规模必须压缩在150万以内；一种是以巴拉金为代表的，人口规模应适当预留发展空间，可以按200万人来控制。

1955年，广州市又编制了三个城市总体规划方案，讨论核心是人口问题。这三个方案根据苏联专家①的意见，对城市人口规模及规划定额指标进行了压缩。比如在当时广州市的常住人口已经达到了148万的情况下，第6方案还将规划城市人口规划为140万，比第4方案少了60万。为此，第6方案不得不提出了疏散市区人口的办法。无论是支援农业建设，还是支援全国或省内其他城市建设，总之就是要将人口迁引到广州市区以外的地方去。

这种掩耳盗铃的措施并没有什么效果。到1959年，广州市的人口是235万人，1960年突破300万人，1976年突破500万人。如果不是1957年国家已经提出了计划生育的号召，到1970年代末开始严格实行计划生育国策，可能这个数字还会膨胀得更快一些。

1956年，广州市第一次人民代表大会提出“将发展成为以轻工业为主，交通运输业、商业占一定比重的城市”，增加了商业及交通运输的职能，尤其是商业在城市建设中的比重又重新出现。广州开始重新挖掘自身的商业优势，并编制了城市总体规划第8方案，大城市的思想再次主导了规划方案编制全过程。1957年4月编制的第9方案是1956年第8方案的修正稿。在第9方案中，城市用地扩大了80%，规划人口增加了40万，并新增了“郊区规划”的内容。在保留原来市中心的同时，提出开辟石牌、中山八路、刘王殿等十个区级中心。

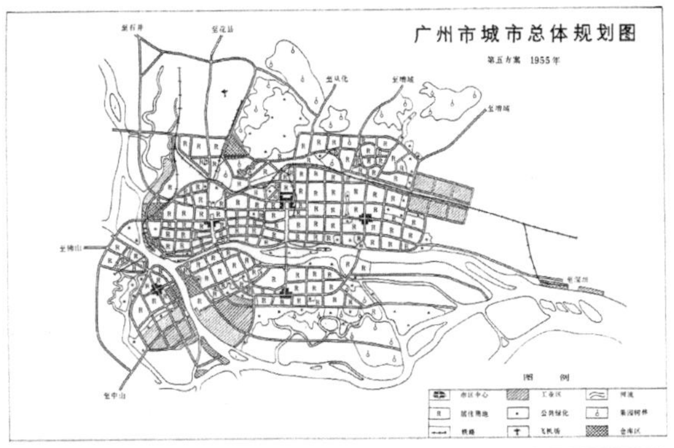

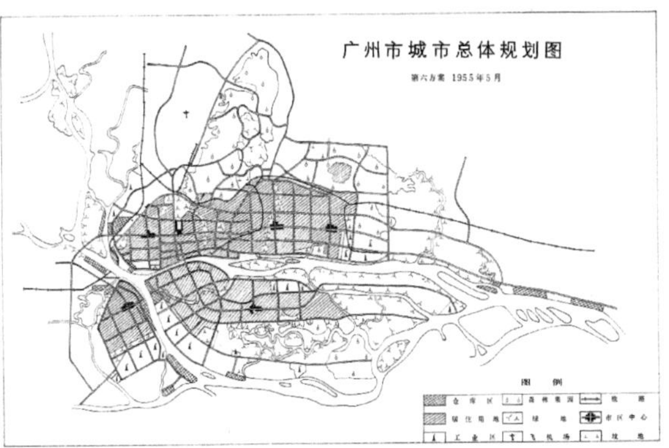

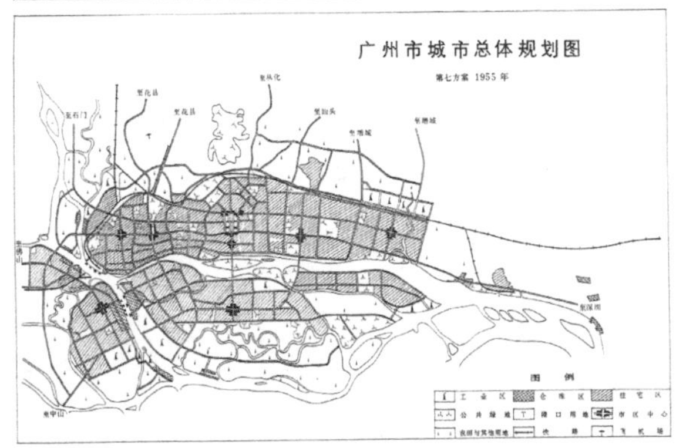

图7–5　广州城市总体规划第5–7方案（1955年）
（来源：广州市城建档案馆）

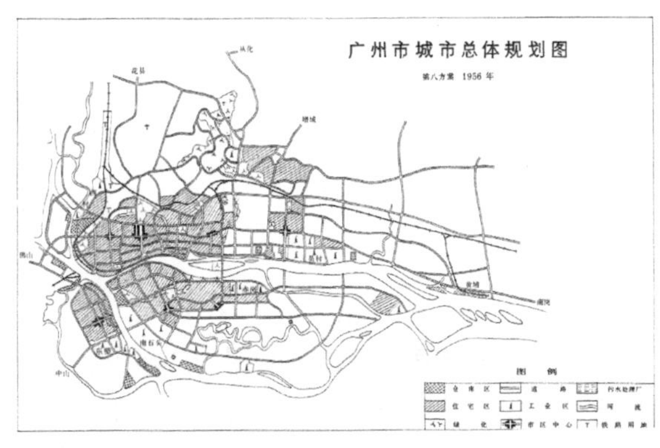

图7–6　广州城市总体规划第8–9方案（1956年）
（来源：广州市城建档案馆）

1956年的三稿规划方案、1956年的第8方案和1957年的第9方案交替出现了城市中心区位置不同的规划。其中第6、8、9方案与第4方案一致，保留旧城为市中心，第5、7方案与第2方案一致，提出市中心东移。两类规划思路较量的结果是：立足旧城，向东拓展。

1–9城市总体规划方案均在“一五”时期编制，城市定位突出生产性城市的特点。9个总体规划方案均沿江布置了一些工业区，其中包括南石头、东朗、麦村、西村、新州、黄村、员村等。比较难得的是，此后广州城市总体规划方案虽经多次修改，但工业区的位置始终变动不大，这让广州的城市建设少了许多折腾，也预留了更多的发展空间。

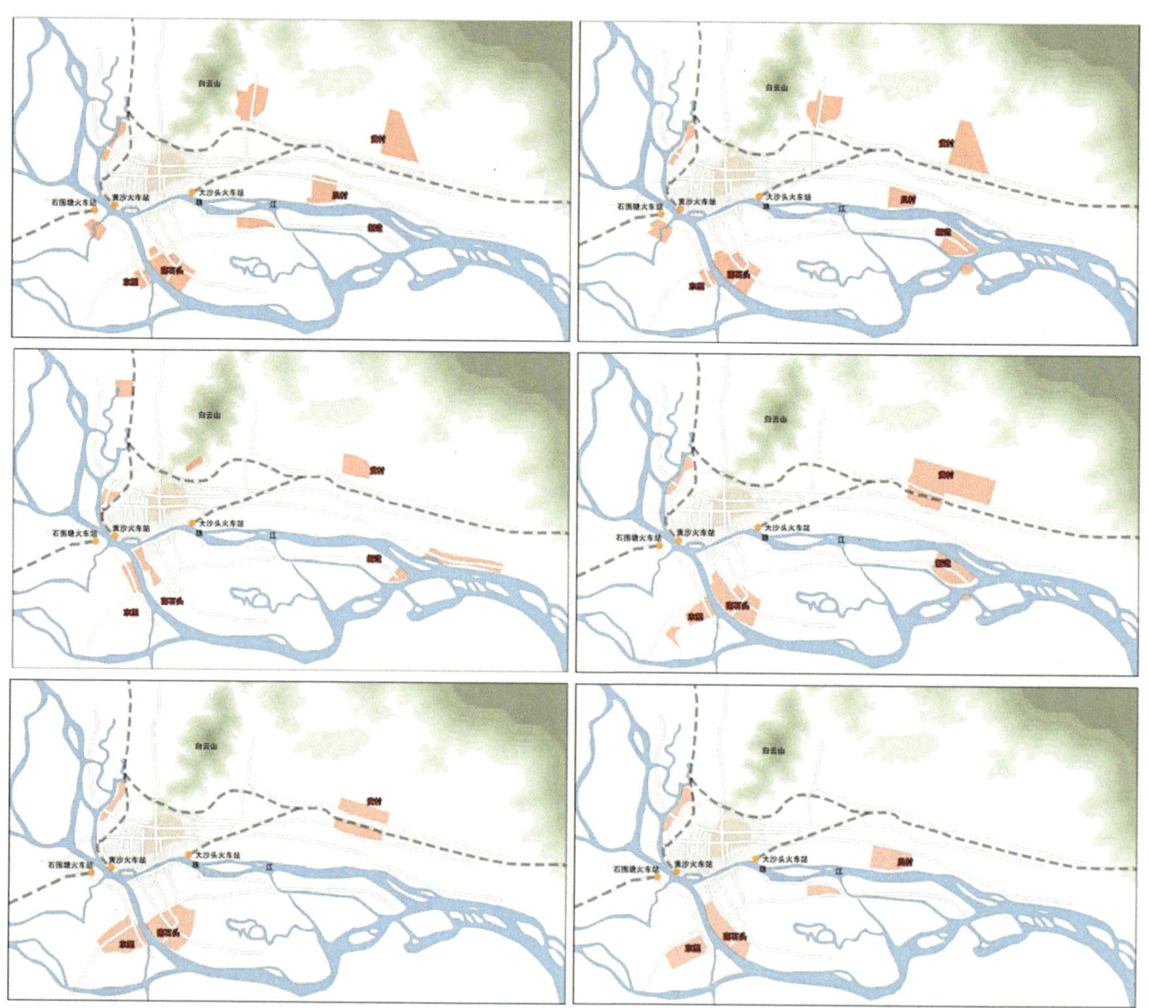

图7–7　广州工业区布点图（综合城市总体规划第1–13方案）

广州工业区之所以没有大的调整，主要有三个原因。

第一个原因是解放初期“大干快上”的神速。在这一时期，广州先后建成了一批骨干企业，包括1954年建的白鹤洞广州第一造船厂、庙头广州冶炼厂，1955年建的新州广州渔轮厂、西郊松洲岗华侨糖厂、赤岗广东麻袋厂、员村广东罐头厂，1957年建的广州玻璃厂、广州第二棉纺厂。这些工业区的详细规划与城市总体规划同步编制，同步实施。工业区的建设影响着城市总体规划的编制，总体规划编制引导着工业区的发展，两者互为前提。

第二个原因是这些工业区沿江分布在中心城区的外围。当广州城市拓展模式由沿水路发展调整为陆路发展的时候，这些工业区恰好避开了城市发展主要通廊，对城市空间的拓展起到了落子成局的推动作用。

第三个原因是20世纪80年代广州经济腾飞的主要领域是商贸。待经济发展波及这些工业区的时候，广州城市已经跨入第三次城市蜕变时期，城市规模和空间结构发生了巨大的变化。

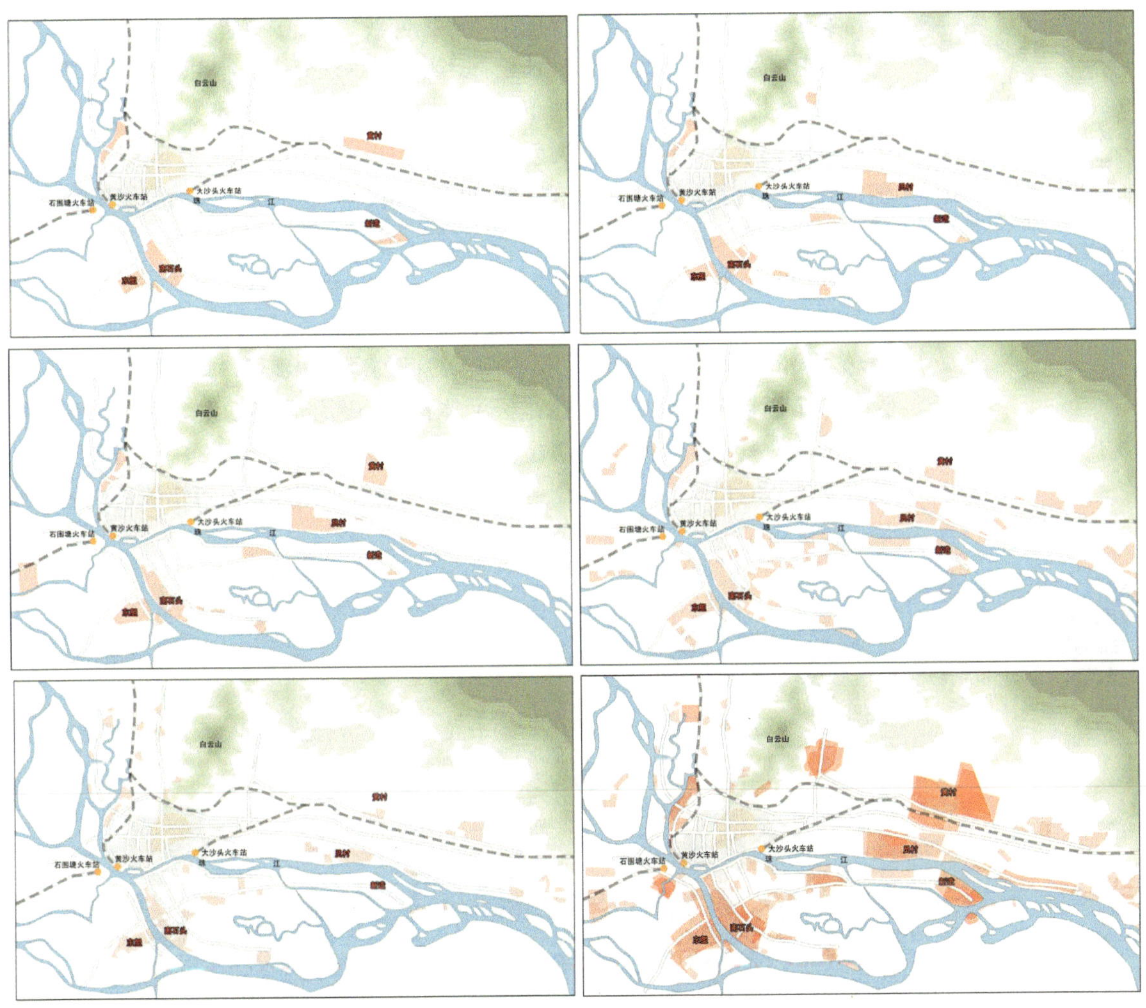

在9稿的城市规划编制过程中，广州市城市规划行政管理机构也在不断地完善。1955年，广州市交通基建办公室成立，城建委有关基建、交通事业管理业务移交给交通基建办。1956年，建筑报建及划拨建设用地的审批业务开始由广州市城市建设委员会（城建委）主管，同年制定了《广州市城市建设管理暂行条例》。1957年，广州市建设委员会（市建委）成立。1958年，城建委与市建委合并。

1958年是激情燃烧的岁月。在广州城市的东南西北留下各个领域的印记，其中，最为突出的是河南、芳村和员村等地的工业区印记。5月，广州市第三届人民代表大会提出："把广州建设成为华南的工业基地"。城市总体规划第9方案似乎不能适应"大跃进"的需要，于是1959年编制了第10方案。

第10方案扩大了城市建设用地规模，工业用地规模比第9方案增加了55%，并提出把有污染的工业迁离市中心，把分散在内街的工厂搬到工业区的思路。第10方案规划15年内发展至250万人，规划的城市人口规模比第9方案增加了65万人。

第10方案最突出特点是提出了“三团两线”[①]加“卫星镇”的组团式空间格局。其中主城区、员村和黄埔三个组团仍沿珠江分布。但主城区组团覆盖了荔湾、芳村、河南、越秀和东山区域。南石头、赤岗、东塱、三洪奇、平洲、大石等地都成为城市重点发展区。黄埔组团也将吉山、庙头工业区纳入麾下。值得注意的是第10方案提出的两线和卫星镇，将摆脱珠江引力寻求陆路发展的空间战略布局提到了城市总体规划层面。这里的“两线”是指三元里至江村公路和沙河至榕树头公路。这里的三个卫星镇是新华、炭步和陈村。

第10方案还有两个突破苏联规划模式的亮点。一个亮点是绿化隔离带的概念。天河机场位于主城区和员村组团之间的绿化隔离带，规划将其搬迁后建设一个市级体育活动中心，这是天河体育中心选址最早动议。另一个亮点是分区规划的概念。自第10方案起，广州开始试点编制各区和公社的分区规划，统筹安排土地利用、人口分布、公共设施配置等规划要素。可惜的是这些规划后来被废止了。

① “三团”：一是旧城区组团（包括现荔湾区、海珠区、越秀区等）、二是员村地区组团（包括现天河区的石牌、黄村、车陂等），三是黄埔地区组团（包括吉山）。“两线”是指：沿广花公路（三元里至江村）、广从公路（沙河至榕树头）两线规划。

图7-8 广州城市总体规划第10方案
"三团两线"、三卫星镇的空间布局图（1959年10月）

1960年1月，苏联专家撤离中国，在建筑工程部的建议下，中共广东省委、广州市委决定在广州、佛山2市及花县、从化、番禺、南海等12个县的范围内①开展区域规划，成立了以朱光市长为组长的工作领导小组，编写了《广州地区区域规划草案》，其中提出压缩广州城市人口规模，开辟江村、新华、赤坭、街口、太平场、新塘、西南、源潭、清远等9个卫星城镇。开展区域规划研究，这在中南地区是首次尝试，在全国也是试点之一，对广州后来的城市总体规划也产生了深远的影响。

①面积达28880平方公里。

1961年8月，中南局提出要将广州“建设成一个有一定重工业基础的、轻工业为主的生产城市”的目标，改变了广州“华南工业基地”的城市定位。同时编制了广州城市总体规划第11方案。规划用地面积从第10方案的201平方公里压缩到117平方公里，城市人口压缩到200万人。第11方案未改变第10方案的空间格局，只是将“三团二线”改为“四团二线”②。

②主要是在原“三团二线”的基础上，划出了芳村组团，突出了发展该片区的战略意图。

至此，广州城市总体规划稳定了相当一段时间。

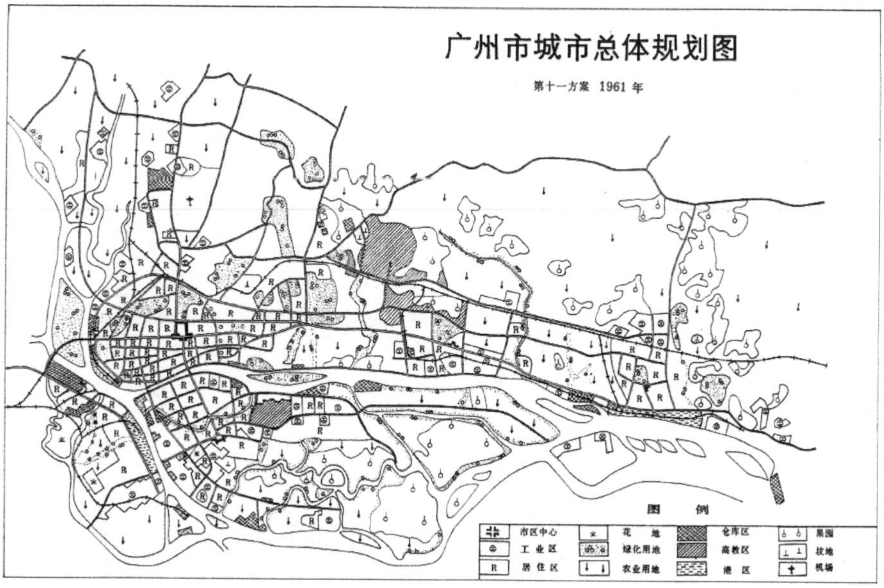

图7-9　广州城市总体规划第11方案（1961年）（来源：广州市城建档案馆）

1972年，广州提出“建设成为一个具有一定重工业基础、以轻工业为主、对外贸易占有一定比重的现代化的社会主义生产城市”的目标。这一年广交会启动了流花展馆的建设。“对外贸易”城市职能的增加，刺激广州启动第12方案的编制，增辟了对外港口。

第12方案提出了一种新的城市人口规模指标，一共两项指标，包括市区控制在200万人，各新建工业点发展控制在50万人。

该方案于1972年8月报广东省委、广州市委讨论通过后，由省建委转报中央审批，但后来并没有正式批复。

1975年6月，广州提出“逐步把广州建设成为一个轻重工业相协调的综合工业城市，成为广东省的工业基地，对发展华南地区的经济起骨干作用”的城市定位，按照国家“严格控制大城市，合理发展中等城市，积极发展小城市和城市要全面规划”的指导思想，于1977年完成了城市总体规划第13方案，城市人口缩减到204万，城市用地也控制在161平方公里。

广州历次城市总体规划一览表（第1-13方案） 表7-2

序号	编制时间	规划年限	城市定位	城市中心选址	人口规模（万人）	用地规模（km²）
第1方案	1954年	—	工业生产城市	保留原市中心	220	177
第2方案	1954年	—	同上	市中心东移	220	177
第3方案	1954年	—	同上	保留原市中心	220	177
第4方案	1954年	15-20年	轻工业为主的生产城市	保留原市中心	200	210
第5方案	1955年	20年	轻工业发达而商业、运输业又有一定比重的工业生产城市	市中心东移	160	121
第6方案	1955年	15年	同上	保留原市中心	140	99
第7方案	1955年	15年	同上	市中心东移	145	131
第8方案	1956年	近期：15年 远期：40年	轻工业为主，交通运输业、商业又占一定比重的工业生产城市	保留原市中心	— 145	66 99
第9方案	1956-1957年	近期：7年 远期：20年	同上	保留原市中心，开辟10个区中心	175 185	90 180
第10方案	1959年	15年	华南工业基地	组团式空间格局	250	201
第11方案	1961-1965年	10年	具有一定重工业基础、轻工业为主的生产城市	同上	200	117
第12方案	1971-1972年	近期：10年 远期：50年	具有一定重工业基础、以轻工业为主、对外贸易占一定比重的工业生产城市	同上	— 250	100 150
第13方案	1976-1977年	近期：10年 远期：25年	轻重工业相协调的综合工业城市，广东省的工业基地，对发展华南地区的经济起骨干作用	同上	204 —	— 161

广州城市规划第二阶段确定了广州主城区的区域，探讨了合理的人口规模，提出了组团空间结构、绿化隔离带、分区规划的概念。在13个城市总体规划对比中最值得重视的两个变化是规划的关注点逐渐从珠江沿岸转移到陆路对外交通枢纽和卫星镇；城市功能从单一的生产性城市逐渐增加了对外贸易功

能。广州城市规划第三阶段只编制了一部规划，但这是广州第一部获国务院批准的城市总体规划。

广州城市规划第三阶段起始时间可以锁定在1977年。

1977年8月，广州市城市规划局成立，这是广州市第一个专门从事城市规划管理的行政机构。1978年，广州市启动了新一轮城市总体规划的编制工作。恰值中共召开的十一届三中全会，会议做出了党和国家的工作重点转移到经济建设上来，实行改革开放的伟大决策。广州市借助十一届三中全会东风、结合城市总体规划编制工作和1980年召开的全国城市规划工作会议，推动城市规划建设工作进入全新的发展期。

图7–10　广州市城市规划局

1980年，广州市城市总体规划完成初稿，确定广州市的性质为“广东省的政治、经济、文化中心，我国的历史文化名城之一，我国重要的对外经济文化交往中心之一”。这是广州的城市总体规划第一次强调广州作为广东乃至全国的中心城市的地位，突出了广州的中心城市、对外交往和历史名城的作用，改变了历次方案把广州市定位为生产性工业城市的提法，从“生产性城市”到“中心城市”，这是广州城市定位的质的飞跃和改变。“对外贸易功能”在城市性质中表述为“我国重要的对外经济文化交往中心之一”。

1981年3月，广州市城市规划局向国家城建总局汇报广州市城市总体规划方案。1982年2月至3月，在广州市文化公园举办广州市城市总体规划方案展览，向全体市民征求意见，这应该算是最早的规划公示吧，广州又走在了前面。

1982年3月，广州市召开城市总体规划方案评议会，邀请了国家城建总局、京津沪等18个城市的领导及清华大学、北京大学、同济大学、中山大学等27所大专院校的专家学者参加，对规划方案进行了充分的讨论和修改补充。

1983年3月18日，市长办公会议原则同意广州市城市总体规划，随后经市人大常务委员会讨论通过。同年4月20日，市政府将修改后的城市总体规划方案上报省政府审核，省政府同意上报国务院审查。

1984年5月，国家城建总局派人到广州对城市总体规划方案进行现场审议。1984年9月18日，前后历时六年多，几经修改，《广州城市总体规划（1981-2000）》（以下简称“84版城市总体规划”）终于获得了国务院的批准，这是1949年后广州市第一个正式通过审批的城市总体规划。同年10月30日，广东省人民政府在中山纪念堂召开“贯彻国务院批准广州城市总体规划大会”。时任广东省省长梁灵光、广州市市长叶选平都在会议上强调要严格遵守法定的总体规划，大力推进城市规划建设工作。

第二天《广州日报》发表了题为《维护城市总体规划的权威性》的社论，专门强调了国务院批复中的“驻穗党、政、军有关部门要模范地遵守城市规划和各项建设法规，服从城市规划管理”，希望全体人民，在穗的所有单位，包括中央、省一级的党、政、军、群驻穗机关，要服从城市总体规划这个大局，任何单位和个人，凡是违反城市总体规划的都要追究责任，直到给予法律制裁。

国务院关于广州市城市总体规划的批复

广东省人民政府：

国务院原则同意你省《关于上报广州市总体规划的报告》和广州市城市总体规划，望认真组织实施。现对有关问题批复如下：

一、广州市是广东省的政治、经济、文化中心，是我国的历史文化名城之一，又是我国重要的对外经济、文化交往中心之一。广州市的建设和各项事业的发展，要与对外开放政策相适应，要继承优秀历史文化传统，为人民创造良好的生产条件和生活环境。

二、要认真控制城市人口规模。严格控制城市人口的机械增长。控制市区人口规模要与城市布局的调整、发展与开辟经济技术开发区相结合，使市区人口和一部分企事业单位有计划地向郊区、近郊工业点和即将兴办的经济技术开发区疏散。到本世纪末，市区人口要控制在200万人左右。要积极发展番禺、花县等小城镇。

三、广州市的经济发展要充分利用对外交往中心和开发城市的优势。严格控制耗能多的工业项目的建设，通过利用外资，引进先进技术和管理经验，积极改造现有工业，着重发展技术密集型工业和其他轻工业。在办好为对外交往服务的设施的同时，要进一步完善为居民日常生活服务的各项服务设施，提高服务质量。要搞好小城镇，东郊区和近郊工业点的生活服务网点的建设，使这些地区的生活服务设施逐步接近市区的水平。

广州市的经济发展，还应当同珠江三角洲其他城镇的经济发展规划紧密配合、相互协调，充分发挥广州中心城市的作用。广东省要抓好珠江三角洲的经济综合开发和城镇布局规划。

四、加强城市环境保护建设，改善居住条件。广州市是我国的南大门，城市环境要体现我国社会主义现代化建设的面貌。要大力加强城市基础设施的建设，整治市内排污河涌，抓紧工业“三废”治理，防止污染转移。要整顿市区沿江的建筑和有关设施，在保证交通运输要求的前提下，搞好绿化、美化工作，进一步发扬广州优秀的建筑风格。各项建筑要精心设计、不断创新，创造清洁、优美和丰富多彩的城市环境和城市面貌。

要妥善处理现代化建设与继承发扬历史文化和革命传统的关系，对于历史文物，尤其对于在中国近代革命史上有重要纪念意义的史迹和珍贵文物，要切实加以保护，有关新建项目在环境、体量和风格上要与之相协调。

旧区改造要在统一规划下，有计划地进行，注意控制合理的建筑密度。规划扩大的市区用地应主要用于改善居民的居住条件。改造的重点应是那些人口密度过高，破旧建筑多，市政设施落后，居住条件差的地区。

五、逐步解决城市的交通问题。当前应加强交通的管理和疏导，有计划地分散交通源，还应在总体规划的基础上，按照今后交通发展的需要，结合广州至深圳高速公路的研究，进一步对城乡道路、交通设施的建设及交通政策提出对策和规划，逐步实施。

珠江河道、岸线要统一规划，加强管理，合理使用。任何有碍河道防洪、行洪的建筑和填占河道滩地建房的做法应予制止。

白云机场紧邻市区，对市区建筑高度限制和噪声干扰影响较大，其飞行区不宜再行扩建。为适应民航事业发展的需要，结合珠江三角洲的经济开发和城镇布局，由广东省会同中国民航局和有关部门着手进行新机场的选址工作。

六、要加强对城市规划和建设的领导，加强管理工作。进一步编制和完善详细规划和专项规划，要从实际出发，注意经济效益，认真搞好经济技术开发区的规划和建设工作。要根据城市改革和对外开放的要求，改革城市管理体制，逐步实现统一规划，统一开发。各项建设要在城市规划指导下进行，城市规划区内的土地由城市规划部门实行统一的规划管理。要抓紧制定和完善城市规划和建设管理方面的法规，保证规划的贯彻实施。驻穗党、政、军有关部门要模范地遵守城市规划和各项建设法规，服从城市规划管理，努力把广州市建设成为社会主义现代化城市。

中华人民共和国国务院

一九八四年九月十八日

以13个城市总体规划方案为基础，广州规划师们在“84版城市总体规划”中倾注了满腔的热忱。从专业的角度来看，规划师们通过对影响城市发展的所有要素进行了认真的分析和研判，推演设计出一版内容详尽、数据科学、堪称完美的总体规划方案。后来有人评价：“84版城市总体规划”堪称理性规划的范本之一。

“84版城市总体规划”实施时限分近期、中期和规划期。内容包括：广州总体规划大纲、广州历史、自然概况、广州城市规划定额指标的说明，以及

18个专项规划①。

①人口规划、工业布局规划、城市道路交通规划、港口规划、仓库规划、铁路规划、旧城改造规划、环境保护规划、园林绿化规划、城市供电规划、城市通信规划、城市给水规划、城市防洪排水规划、郊区农副产品规划、民航机场规划、地下铁道规划、煤气供应规划、近期建设规划等。

后来，在完善、深化原有专项规划的基础上，又陆续增加了历史文化保护与景观规划、珠江水系市辖河段功能规划，一共是20个专项规划。

1984年8月，“84版城市总体规划”上报国务院审批之际，正值广州开发区的建设提上议事日程，《广州开发区规划大纲》经省委、省政府审议批准，作为其中一个组成部分纳入了该版总体规划。所以，“84版城市总体规划”的专项规划达到21个，覆盖到城市建设的各个领域。

面对住房紧张、物资匮乏、公用事业落后、公共设施短缺、工业发展缓慢等诸多问题，“84版城市总体规划”首先确定了规划的指导思想是“以实现城市现代化为目标，结合本市自然与历史条件和经济基础与特点，扬长避短，发挥优势，根据城市性质，合理地确定城市发展方向、规模和布局，使整个城市的建设和发展，达到技术先进、经济繁荣、布局合理、‘骨肉’协调、环境优美的效果，为城市人民的居住、劳动、学习、交通、休息创造良好条件。”

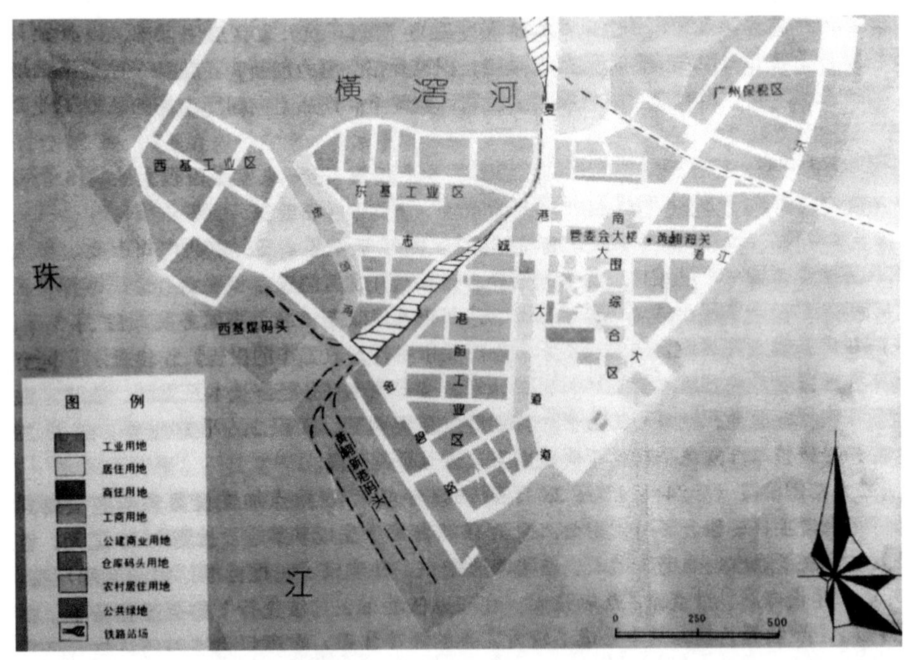

图7-11　1985年广州经济技术开发区总体规划图（来源：《广州志》）

“84版城市总体规划”在人口专项规划编制中做了大量工作，预测过人口种种变化的可能性，关注到广州市流动人口②比较多的问题。当时广州每年的国内流动人口达1200多万人次，国外进出广州达300多万人次，省内达900多万人次，每年来广州过春节的港澳同胞、华侨约60万人次。由此推论广州市的非生产性人口比例会比其他同类城市高，所以要规划增加生活服务设施的配置。由于“84版城市总体规划”编制时，正值计划生育的关键时期，国务院的批复专门强调了对城市人口规模的控制。规划提出要疏散过分

②1982年，全国总人口为1031882511人，广东省总人口59299220人，广州市区人口3121292人。

集中的旧城区人口，要求人口自然增长1985年下降到5‰，2000年下降到零。旧城区人口规划控制在180万以内，比1980年的185万还要减少5万人。虽然1980年广州的城镇人口已经有228万，规划仍要求全市城镇人口到1990年要控制在250万人以内，到2000年要控制在280万人左右，中心城区要控制在200万人以内。

为了控制人口规模，规划中提出了许多措施。比如积极建设郊县卫星城或加强市郊各工业点的生活服务设施配套，有计划地迁出市区过量人口；严格控制与省会活动关系不大的单位、企业迁入广州市，尤其是严控迁入旧城区；对本市退职、退休人员，尽量动员迁回原籍小城镇，各单位对愿意回原籍的应该尽力协助解决一些实际困难，等等。如果这些措施能够坚持执行到位并不断深化完善，也许广州旧城区的人口后来就不会飞速膨胀，也许国家公共服务均等化的制度体系早就在合理安置离退休回籍人员的服务中建立起来，也许今天的广州就不会出现这么多这么重的"城市病"。

可惜这些美好的措施并没有落实到位，更让当时的人们没有预计到的是，当改革开放的大潮首先在南粤大地风起云涌，对发展的渴望、对美好生活的向往，令全国各地"孔雀东南飞"的人潮不可阻挡地涌入广东，他们到达广东的第一站通常就是广州。事实上，到1990年，广州市仅户籍人口就达到357万人，到2000年达566万人，如果算上常住人口或者流动人口，这个数字会达到1000万人左右。

"84版城市总体规划"规划人口与实际人口对照表　表7-3

年份	规划人口	户籍人口	备注
1980年	180万	228万	
1990年	250万	357万	
2000年	280万	566万	常住人口994万

人口规模预测是城市总体规划编制工作的基础和主要依据。人口规模预测的精准性直接决定城市总体规划的成与败。如果人口规模预测与现实中人口规模发展状态产生较大的误差时，依据预测人口规模编制城市总体规划的工作将是徒劳无功的。

人口规划是城市总体规划的纲，纲举目张。城市总体规划要根据人口预测决定城市的发展方向和空间结构，决定城市的用地规模和分布，决定城市道路交通、地下铁道、机场、铁路、港口交通设施的布局，决定文化、教育、体育、卫生、园林绿化、肉菜市场、商业网点、农副产品批发市场等公共服务配套设施的规模和布点，决定工业、仓库等生产性用地的规模和布局，决定供电、通信、给水、防洪排水、煤气供应等市政基础设施的规划。

1980年广州的人口规模为228万人，中心城区人口规模为185万人，按照"84版城市总体规划"的人口预测，到2000年广州人口规模为280万人。所以，

“84版城市总体规划”的交通设施、公共服务和市政基础设施以及生产性用地都是按照280万人口规模安排的，新增土地供应量也与280万人口规模相匹配。而现实中，“84版城市总体规划”编制完成后的20年，正是中国社会发生急剧变化的20年，城市急剧扩张，人口急剧膨胀，经济急剧增长，一切都不可阻挡、不可思议地扑面而来，城市的发展边界不断被突破。广州在2000年的时候，常住人口规模已经达到了1000万人左右。按照280万人口安排的交通设施、公共服务和市政基础设施以及生产性用地是无法满足1000万人口的需求的。

1977年广州市城市规划局的成立，1978年十一届三中全会的召开，1980年全国城市规划的工作会议，1984年广州城市总体规划的批复，将广州市城市规划推向了巅峰。“84版城市总体规划”注入了规划者六年的心血，历经国家、省市的层层行政审批，终获批准。广东省人民政府为此在中山纪念堂召开“贯彻国务院批准广州城市总体规划大会”，《广州日报》为此发表《维护城市总体规划的权威性》社论，广东省省长梁灵光、广州市市长叶选平强调要严格遵守法定的城市总体规划。“84版城市总体规划”曾经在较短的时间内，在不断调整、充实、深化的城市建设中发挥了引领作用。

但是，“84版城市总体规划”执行不到5年的时间，随着改革开放的深入发展，就出现了与现实脱节的问题，对城市发展建设的指导渐渐力不可支，显现出与社会经济发展形势不相适应之处。其问题的根源就在于对城市人口规模预测的精准度。1990年，广州市户籍人口已经达到357万人，常住人口超过600万人，远远超出“84版城市总体规划”人口规模控制在250万人以内的目标，也远远超出了“规划”中规定在2000年人口控制在280万人的目标。

由于人口规模预测的不足，“84版城市总体规划”实施不久，受到了史无前例的质疑和批评，与广州城市规划大会和《广州日报》社论形成了强烈的反差，城市规划再次由巅峰跌落谷底。1989年，广州市人民政府不得不再次启动新一轮的城市总体规划修编工作。而新修编的城市总体规划因种种原因迟迟不能出台。到了2000年，“84版城市总体规划”已经到期，但新修编的城市总体规划尚未获得批准，广州处于无城市总体规划的尴尬局面。城市规划的权威性一落千丈，城市规划的耀眼光环淡然失色。

广州新修编的城市总体规划历经16个年年头，直至2005年12月方获国务院审批通过。新修编的城市总体规划因时间跨度太长，前后出现过两个版本：《广州市城市总体规划（1996-2010）》版和《广州市城市总体规划（2001-2010）》版。

“84版城市总体规划”实施时期，正值广州城市建设大发展时期。广州的行政区划重新调整，中心城区范围从54.4平方公里扩大至92.7平方公里，成立了天河、芳村、白云3个新区，确定了市属8个区的行政界线，城市行政分区与空间布局趋于统一，城市架构不断拉开；产业结构与产业布局有效调整，工业基地逐步向周边地区迁移，中心城区的工业发展得到有力控制，第三产业发展迅速；新区建设实施顺利，天河、芳村两区和广州经济技术开发区建设有序推进，逐步成为基础设施完善、环境品质高尚、技术产业发达的新城区；城市

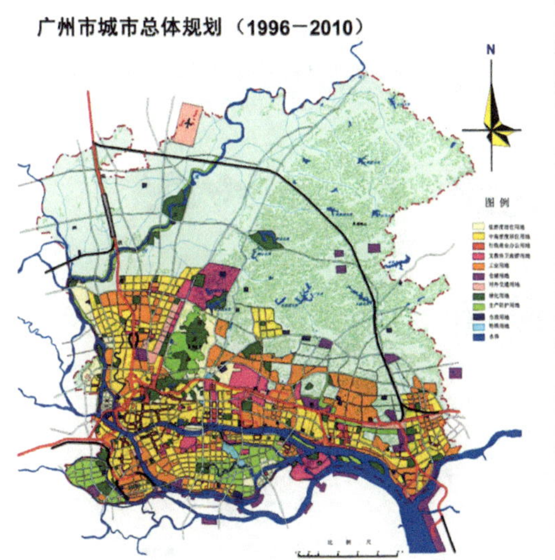

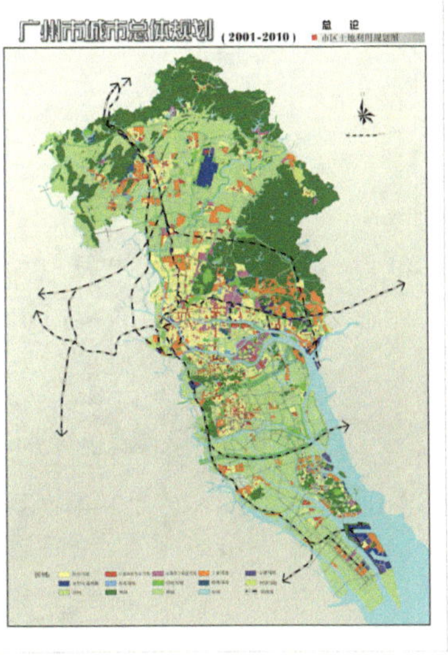

图7－12 《广州市城市总体规划（1996－2010）》和《广州市城市总体规划(2001－2010)》

的基础设施与公共设施建设不断完善，市政设施薄弱的现象逐渐改观，人民的生活水平稳步提高。

卓有成效的城市发展、建设、管理不能说和“84版城市总体规划”毫无关系。如果撇开人口规模预测失误的问题，技术上几近完美的“84版城市总体规划”，花费了大量的人力物力，秉持科学理性的态度，在城市空间布局、经济发展、专项规划等方面的研究是科学的，具有很大的学术价值，在局部地区和专业规划方面具有较高的现实意义。

在城市空间结构方面，“84版城市总体规划”延续了第10方案的思路，提出了防止“摊大饼”发展模式城市空间拓展方案，在“四团二线”、“四团十二块”等空间模式的基础上，确定了未来城市的“三组团”[①]布局：旧城区、天河地区、黄埔地区。同时，积极发展黄埔、郊区工业区及广州经济技术开发区。规划确定番禺的市桥镇、花县的新华镇为卫星城，提出要大力发展郊县城镇和农村集镇，形成多层次的城镇网络体系。这种城市发展模式为弥补人口规模预测失误预留下很大空间。

城市对外交通专项规划是“84版城市总体规划”的亮点。这个时期沿陆路拓展城市空间的模式已经定型，水路交通也需要延时一段时间。城市北部需要稳定的交通枢纽和建设空间。

铁路方面，明确了广州第二客运站，即广州东站的选址；提出了建设京广、广深复线的要求，将广北编组站计划迁至江村，并在夏元、三眼桥分设辅助编组站，铁路附属厂、段等建设尽可能安排在江村以北；此外，按货运流向分别在小塘、三眼桥、大朗、新华、军田等增辟货场。

机场方面，明确不再扩建白云机场，另辟新机场，比较人和、钟落潭和番禺石楼新机场选址，并建议钟落潭选址。国务院的批复同意白云机场不再扩建，要求“结合珠江三角洲的经济开发和城镇布局，由广东会同中国民航局和

①第一组团为原旧城区，是城市中心区，该区的改造和建设要充分体现城市的政治、经济、文化与对外交往中心的功能和作用，并严格限制增加工业用地；第二组团为天河地区（包括五山、石牌、员村），将发展成为广州市的科研文教区，以设置文教、体育、科研单位为主，在建设天河体育中心综合区的同时，兴建科学技术开发区，搞好区内生活服务设施的配套建设；第三组团为黄埔地区，将结合广州经济技术开发区的建设，大力发展工业、港口、仓库等设施，在黄埔新港建设深水泊位，以适应广州对外贸易及远洋运输的发展需要。

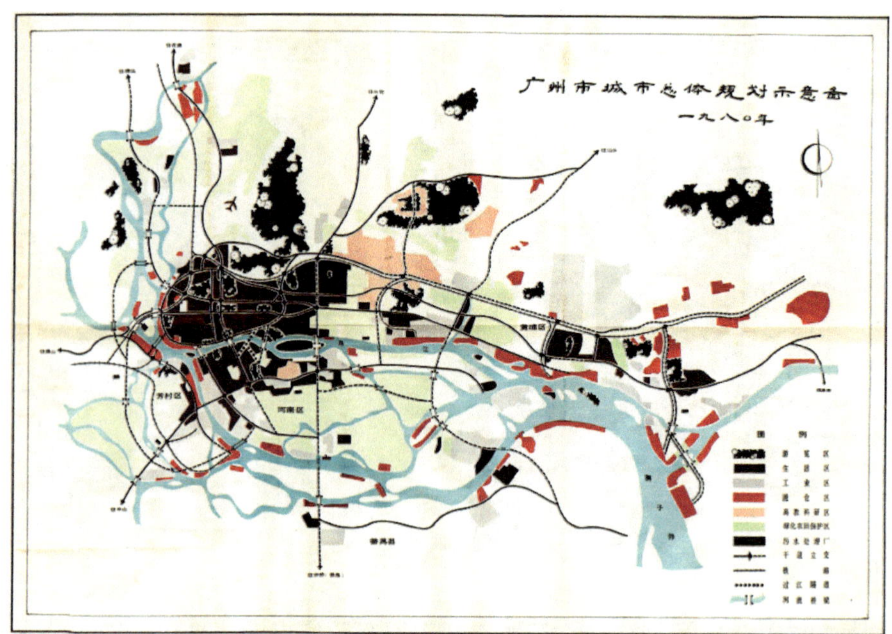

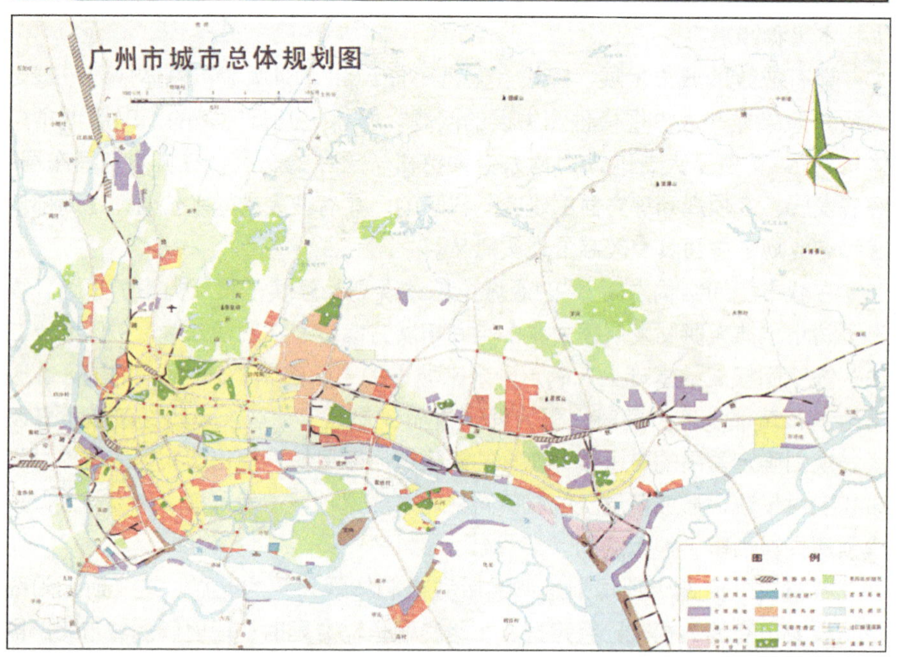

图7-13 "84版城市总体规划"总图

有关部门着手进行新机场的选址工作"，给后来广州新白云机场建设留下了选择的余地。

公路方面，在改造已有6条干线的同时，增加广清线、广番线、广佛线，以及广深、广珠高速公路等4个对外出口。把广从、广花、广增等公路改为一级或二级公路。规划在城市的东、南、西、北端各设一个对外公路客运车站、停车场及相应的服务设施，并与市内公共交通线连接。以此提升广州对外交通的便捷性。

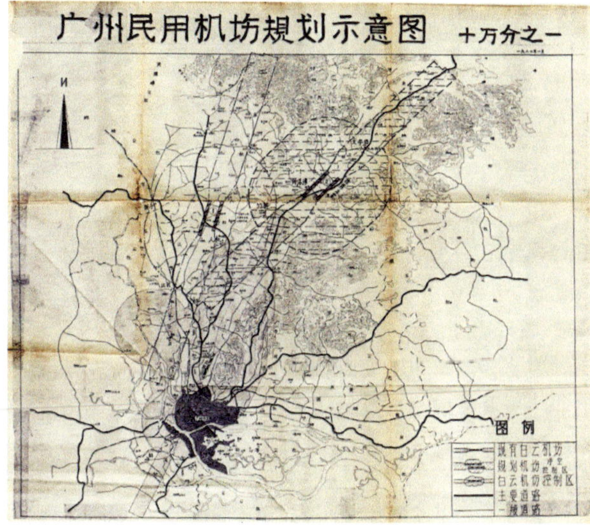

图7-14　铁路规划示意图与民用机场规划示意图

水运方面，仍按照广州和黄埔两港区分工规划。广州内港以鹅潭为中心，以内河船运为主，与珠江流域及珠江三角洲水网贯通。内河航线北至韶关，东至老隆，西至柳州、南宁、百色。规划增建东洛围、合利围、员村、洲头咀、新造等内港码头。后新旧内港码头均在2000年前后废止或停运。黄埔港以海运为主。黄埔外港要完成新港东江口8个深水泊位及2个煤码头，开辟新沙一带深水港区。水运规划还特别提出了码头统管和疏浚广州地区河道两个问题。

"84版城市总体规划"重点打造了全省、华南地区乃至全国交通枢纽的形象，以期到1990年，把广州初步建成为华南地区的客货流集散地，建立一个城乡一体、四通八达、海陆空畅通的交通网。

城市交通专项规划的特点是建构了完整的城市道路网络体系。"84版城市总体规划"以6条东西向城市主干道和6条南北向城市主干道、2个环城快速路（内环线和外环线）、10个对外出口为骨干，构建广州城市的交通路网骨架。规划新建10座过江桥梁及过江隧道。

道路宽度方面，要求城市主干道的宽度不少于18米，路肩或人行道兼植树每边不少于4米，道路交叉路口段应加宽道路宽度。同时，道路宽度还应该以路两旁建筑物的高度再加14米为计算依据，目的是"一旦发生战争或地震引起房屋坍塌，不致堵塞交通"，不会影响救援。城市主干道之间的交叉口位置尽量预留立交空间。城市支路宽应为5~7米，强调以救护车、消防车能驶入作标准。人行道一般控制在6米宽；小于6米的地段，建筑红线要酌予后退。这些依据也许并不科学，但不失是一种探索。

地铁方面，提出发展不同运量、不同等级的地面、地下或高架的快速轨道交通、规划地铁线路呈十字形布局。1号线南北贯通由三元里到中山大学（远

图7-15　广州市主干道规划示意图、广州市高峰小时车辆流量图、广州市地下铁道路网规划图（1981年）

期从新市至赤岗），2号线东西向从天河到黄沙（远期从黄埔至石围塘）。两条地铁线均采用了一列车六辆编组。令人百思不得其解的是，后来建设6号线时，居然有专家提出一列车四编组方案并得到强制性执行。这种下棋难悔的决策，对城市的发展与建设是一种灾难。

社会停车场方面，在城市进出口规划外来车辆停放场；在旧城区的大型市场、宾馆、电影院、码头、货站附近规划了40多处停车场及多层停车场，另在海珠广场、火车站广场、烈士陵园广场、珠江大桥广场、中山纪念堂广场规划了5个地下停车场。

道路设施方面，通过绿化减少道路噪声、灰尘和辐射热。充分发挥行道树的作用，东西向城市主干道，有条件的应种植四排行道树。除供、排水干管埋设在行车道之外，其余要全部敷设在人行道上。

工业与仓储专项规划首先提出广州市的经济发展要充分利用对外交往中心和开放城市优势的观点，强调引进先进技术和管理经验，发展新型产业、商业外贸、旅游服务业与交通运输业，繁荣市场，适应对外交往与本市人民生活消费的需要。

就实体工业而言，当时广州旧城区的工业户数占全市的55.7%，产值占53.1%，职工占58.1%，带来了交通拥挤、工厂发展空间不足等问题。所以，旧城区不再增加工业用地，有害工业将强制外迁或改变生产性质。员村、赤岗、鹤洞、石井、江村、夏茅、沙河等近郊工业区，以合理调整补填为主，原则上不再安排规模较大的项目。规模较大的项目向远郊及卫星城发展。近期重点发展黄埔区，主要发展石油化工和船舶建造业，并协调发展轻纺工业和机械工业。

郊区工业则存在着缺少生活配套设施问题。新华等六个工业点的人均生活服务设施面积只有约0.5平方米。比如，当时河南有部分学生要渡江到白鹤洞上学，河南的居民大多要去河北才有看电影、看戏等文娱活动，生活十分不便。

规划师们的理想规划，在现实中很难得到切实执行。比如，位于赤岗磨碟沙的广州珠江啤酒厂，1982年12月立项筹建，1984年2月奠基动工，1985年建成投产，到2013年被要求搬迁时政府花费了23亿的巨额补偿款。我们从《工业布局规划》中发现，珠江啤酒厂兴建之时，规划已经明确要求有计划地将工业外迁，并规定新建、扩建的项目向远郊及卫星城安排，尤其是当时广州开发区也已经在规划建设中，急需新项目的支撑。如果当年的珠江啤酒厂直接建在广州开发区附近或其他远郊城区，是不是就不会有今天二次搬迁的劳民伤财。

1980年，广州铁路货运量1536万吨，内港总吞吐量2000万吨，黄埔港1211万吨，而全市的总仓容量只有350万吨，且平房仓占80%以上，仓容不足的矛盾十分突出。规划在东江口一河两岸及下元站以东设置5个港区仓库区，在全市布局了新塘、石马、塞坝口、大干围、东滘煤场等5个一般仓库区，并在船舶基地附设了4个仓库区，对危险品仓库、油罐仓区等都做出了具体安排及规划预留，为广州日后成为全国物流中心打下了良好的基础。

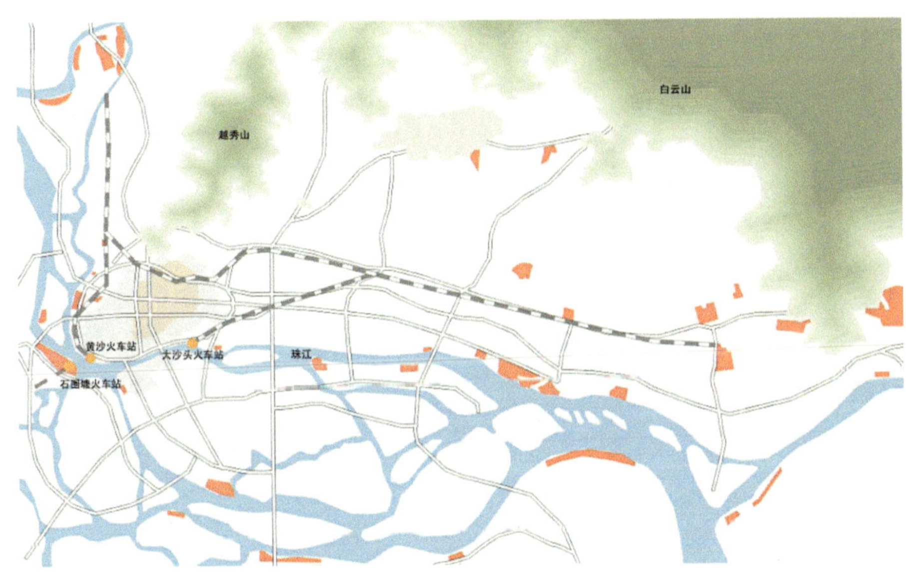

图7-16　工业与仓储布局

1989年，广州市人民政府启动新一轮的城市总体规划修编工作。“84版城市总体规划”处于待废止状态，但因种种原因，新修编城市总体规划又处于“难产”状态。于是广州城市建设陷入了旧的规划不合时宜不好用，新的规划未经批准不能用的泥潭中。广州规划何去何从的问题萦绕在广州政府官员和规划从业者的脑海中。他们在思考：面面俱到的总体规划意义何在。

我们知道，城市规划最大的难度，就是它的下棋不悔。因为城市规划没有反复实验的可能，没有试错的机会，一旦决策，其对城市发展的影响是不可逆的，如果决策失误，那也必将是灾难性的。

我们发现，如果要减少规划出现失误的概率，应该研究两个问题：“什么是必须大张旗鼓地建设的”和“什么地方要谨小慎微地建设”。公共服务和市政配套设施、公共活动空间、道路交通系统、绿地是可以大张旗鼓地去建设的。流溪河畔、白云山上、海珠生态园内、历史街区是要怀着敬畏的心情，谨小慎微地搞建设的。

经历了十年思考，我们认识到城市规划是一个动态的过程。所以，探讨了城市发展战略规划、概念规划、全域规划等不同角度编制规划的意义。我们思考的十年，是广州经济大发展的十年，是广州城市空间拓展最快的十年，是广州城市建设管理处于混沌的十年。

十年之后，广州城市规划步入了第四阶段，广州城市也步入了史上第三次蜕变时期。

第八章　交通环境的改善

广州城市规划一波三折。民国时期，广州步入现代城市，城市规划发展的第一阶段建树颇多，三个计划建构了广州城市规划体系。但是，随着抗日战争和解放战争的爆发，城市规划的声音越来越少。解放初期，广州建设浪潮此起彼伏，城市规划发展的第二阶段硕果累累，13个城市总体规划方案昭示政府对城市未来发展的认真思考。但是，随着“文革”的到来，城市规划日益“落寂”。“文化大革命”之后，城市振兴高潮再度掀起，城市规划发展的第三阶段成绩斐然，第一部经国务院批准的法定总体规划确定了广州城市发展目标。但是，人口预测严重失准导致城市总体规划难以为继，新编规划迟迟不能出台，城市总体规划处于真空状态达十年之久。

广州因水而生，因水而兴，因水而变。早期城市依托珠江水域发展，进入现代社会之后，广州城市发展“弃船登岸”，逐渐改变了对水系的依附。道路系统规划与建设对城市发展的引领作用越来越强大。

由于城市规划一波三折，广州城市道路建设既有规划确定框架因素，也有市场引领的因素。在城市规划高潮时期，交通系统依据规划建立道路体系和确定道路骨架。在城市规划低谷时期，交通系统依据市场需求和道路骨架开展建设。因此，规划一波三折的现实并没有直接影响广州道路及其他交通设施的建设。

广州城市道路规划最早见于1928年广州市政府公布的道路系统规划。解放初期的几轮城市总体规划道路方案与1932年的道路系统规划一脉相承，都是采用棋盘式道路模式。规划中东西向道路与珠江平行，南北向道路与珠江垂直，并在西南、天河、员村等位置规划过江大桥，以连通旧城区到各个方向的陆上交通。

1957年，广州在编制城市规划第9方案时，提出在棋盘式城市道路系统的基础上，适当增设环形和放射形道路，也称方格—环形—放射式，这种环线相连的道路系统布局形式，是我国众多棋盘式道路系统向现代城市交通体系发展的主要途径之一。当时规划设计的广州城市主路网是由东西、南北二条主轴和东西两环组成，其实是一种内棋盘式+外放射式的形式。这种道路系统的安排，也是此后各版总体规划的基本思路。

广州现代城市道路建设远远早于道路规划。1886年，广州修筑了第一条市内道路：36.6米长的长提天字码头路段[①]；1897年，广州修筑了第一条市郊道路：东沙马路[②]，这两条砂石路的修建是广州现代城市建设步入启蒙阶段的

①今沿江中路。

②从东较场到沙河。

图8-1 "方格-环形-放射式"道路模式

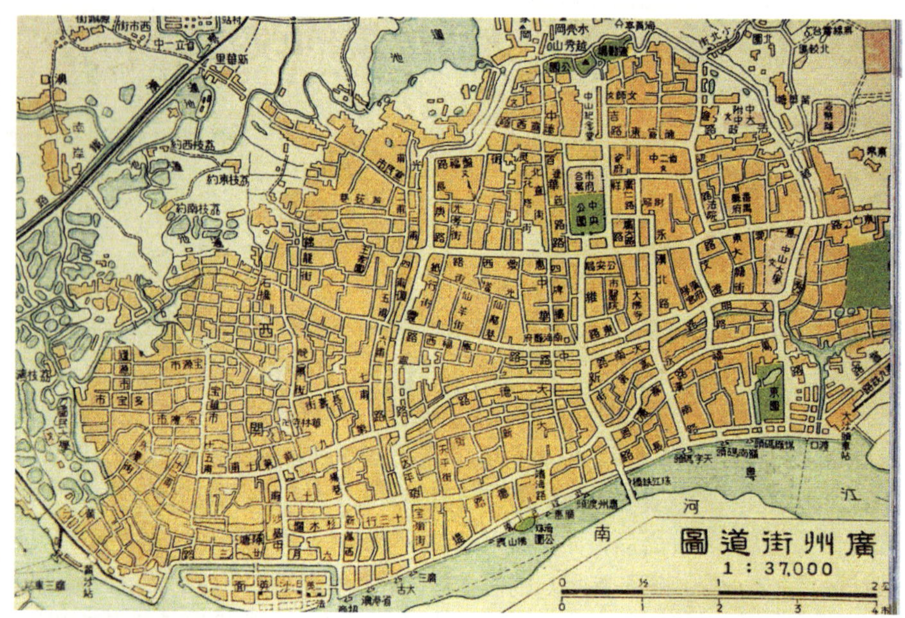

民国时期广州道路网规划（1928年）

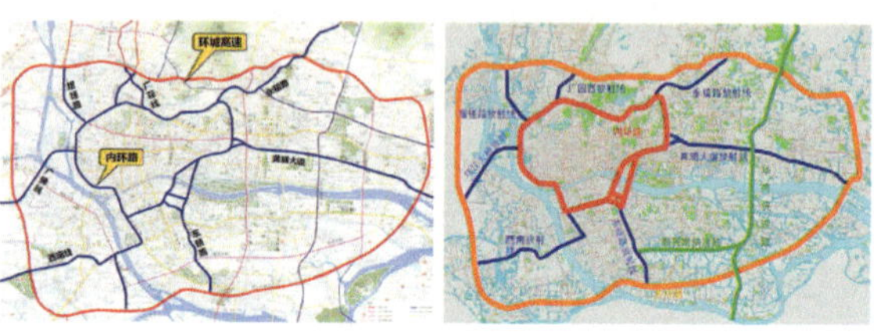

民国时期广州道路网规划（1932年）

标志，也是现代道路建设的开始。

广州城市大规模道路建设始于民国初期的拆城筑路[①]。1912年，广州拆除大东门城楼[②]，保留了大东门桥。此后近30年的时间里，国民政府市政建设工程重点放在老城区的道路改善方面。城市道路的拓宽与改善结合骑楼街的建设让广州城市面貌焕然一新。

1918年以前，广州修筑的道路全是砂石路和泥路，路面最宽也就是15米左右。当年南关永汉街[③]发生严重火灾，政府拆除永汉门城门，修建了永汉路，最初只是建了137米，随后向北延伸，直抵财厅前。

此后，市政公所开始大规模地拆城墙开马路，广州拥有五百多年的城墙和18座城门被陆续拆除，先后修筑了大德路、大南路、文明路、一德路、泰康路、万福路，以及太平、丰宁、长庚路[④]和越秀路。其中，太平路平行于解放路，成为贯通城市南北大动脉之一。太平路以广州西城墙基为基础，分别修筑了太平南路[⑤]、太平北路[⑥]、丰宁路[⑦]、长庚路[⑧]。

这个时候混凝土路面和沥青路面出现了，当年的主要做法是在砂石路面上涂扫沥青。路面也逐步加宽，如太平路、丰宁路已达30米宽。最宽的马路是白云路，这是陈济棠先生为了遏制泛滥成灾的骑楼而修建的一段模范道路。白云

①1918年至1920年，广州市政厅拆城墙开马路，固定广州城五百多年城市形态格局的城墙和18座城门被陆续拆除。《羊城古钞》对明清时期的广州城墙和城门有如下记述："自明洪武十三年永嘉侯朱亮祖以旧城低隘，始合三城为一，更辟东门山麓以广之，此即今之内城也。为门七：曰正东，曰正西，曰正北，稍东曰小北，曰正南，稍东曰定海（俗呼为小南门），稍西曰归德……弘治十年，复修东西门月城，濠之东西各疏水关一……万历二十七年，始开文明门。""至明嘉靖四十二年，都御史吴桂芳创筑自西南角楼，以及五羊驿，绕环至东南角楼新城，以固防御焉。为门八：东曰永安，南曰永清，西曰太平，东南曰便门，西南曰五仙、曰靖海、曰油栏、曰竹栏，殆今之外城也。"

②大东门即广州旧城正东门，是现在中山三、四路的分界。1918年辟马路后大东门以西为惠爱东路，以东为大东路，1948年分别改为中山四路和中山三路。现大东门桥仍保留。

③原为永清街。

④现人民南、人民中、人民北路部分。

⑤原为清代广州城西南城墙，1919年拆城建马路，因位于太平门之南，故为太平南路。

⑥太平北路（一德路至大德路段）。

⑦原为明、清两代广州城西城墙，1919年拆城建马路。大德路至中山六路段

⑧中山六路至原方便医院，现广州市第一人民医院段，原为明、清两代广州城西城墙的一部分，1929年拆城建马路。

路是建有分隔带的复式道路，也就是现在的两幅路①，路宽达到45米，于1925年建成。

民国时期的筑路运动是广州有史以来第一次大规模的市政建设，并由此打破城市中心由单一街道构成的模式，创建由多条道路构建城市核心区的概念，并构建广州城区棋盘式路网雏形。

日军侵占期间，广州道路交通失修失养，损坏严重。抗战胜利后财政拮据，虽有市民出资协助政府抢修破路，但几无建树。

①即“双幅路”，是城市道路的一种形式，俗称“两块板”断面。在车道中心用分隔带或分隔墩将车行道分为两边，上、下行车辆分向行驶，并根据需要再划分快、慢车道。中间分隔带可以用作绿化、布置照明、敷设管线等。它主要用于双向各有两条机动车道以上，非机动车较少的道路。有平行道路可供非机动车通行的快速路和郊区道路以及横向高差大或地形特殊的路段亦可采用。

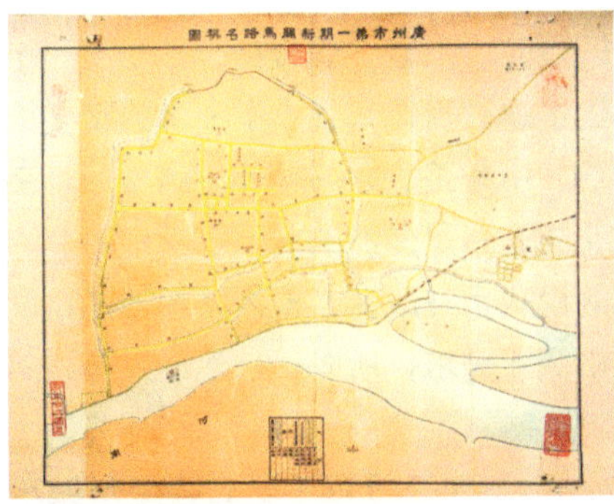

民国初期广州市第一期开辟马路名称图（来源：《五羊城脉》）

1927年广州市第四期马路全图（来源：《五羊城脉》）

1948年道路实施计划图（来源：广州市城建档案馆）

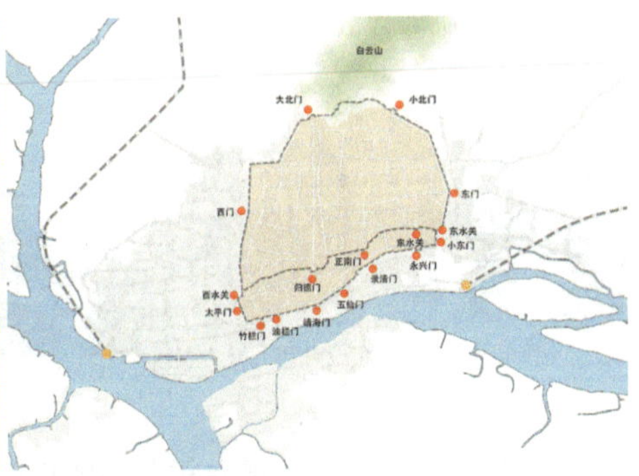

广州旧时城墙及城门分布图

大东门桥——位于今中山三路（摄于2015年）

图8-2　广州道路建设

①现沿江路。

广州现代化城市建设初期的空间拓展模式是沿珠江东西向发展。所以广州老城区的东西向道路密度远远大于南北向道路密度。东西向城市主干道道路有：长堤路[①]、大德路、惠福路、中山路、德宣路、滨江路、同福路。南北城市主干道路只有：太平路、中华路、永汉路。南北向道路的主要功能是连接东西向城市主要道路。

造成东西向道路密度大于南北向道路密度的另一个重要原因是骑楼与竹筒屋的普遍存在。我们知道，民国时期广州的商业街道主要是依托骑楼发展起来的。单体骑楼通常是与竹筒屋结合，构成完整的商住建筑，其进深不过15米左右。但骑楼与骑楼的组合可以沿街面无限展开。所以，骑楼街与骑楼街的距离很短，往往在30米左右，但我们可以看到蜿蜒数百米，甚至上千米的骑楼街道。因珠江的影响和日照的需求，除太平路、中华路、永汉路外，骑楼多为南北向。故广州城市东西向道路密度大于南北向道路是必然的。

随着骑楼和竹筒屋的减少，城市街道的模式也在改变，最为经典的是建设新村。建设新村以居住功能为主，没有城市商业需求，所以，从建设大马路到建设六马路，六条城市道路均为南北走向。

图8–3 民国一德路骑楼街（来源：《百年广州》）

1949年以后，广州城市道路建设具有明显的指向性。也就是说，新政府的城市道路建设更注重在某一个时期对城市某个地区的道路体系的整体改善。由于城市发展时期与重点不同，广州新政府和与民国时期政府在城市道路建设的重点方面有着显著的差别。国民政府重在改造与完善老城区道路，重点是升级改造。新政府在完善旧城道路的基础上，强调破城发展。城市道路建设重点要与城市经济发展和城市拓展方向有机结合。至2000年前，道路建设重点依次放在了城市的北部、东部和南部。

建国初期，广州大力抢修破烂道路，改善路况。耗巨资修复被炸毁的海珠桥，迅速恢复了广州市区南北两岸的交通。20世纪50年代，为尽快恢复经济、适应“一五”计划的需要，广州以完善路网为重点，进行道路改造。

1953年，广州市政府开始修建虎长路，将南北向的太平路与东西向的东风西路连接起来。这是广州城市道路建设重心向北转移的起步。1955年，中苏友好大厦和广州体育馆的建设，广州火车新客站选址流花地区，以及后来白云机场改为民用机场，决定了未来的流花商圈必将取代西堤商圈。城市建设重心北移特征明显，城市道路的建设重点再度北移，围绕着流花周边地区展开。

1959年，流花商圈南部的东风路全线贯通[②]并与黄埔大道[③]对接，建构了东西向快速交通走廊。1960年，太平路平行解放路继续向北延伸，意欲直达

②1959年拆除了小北路至越秀北路天官里一带的房屋，打通了东风中路。

③1956年，黄埔大道。

火车客站新址。1964年，位于环市路与解放路交界处的大北立交建成，次年，开始修筑至西场的环市西路，经南岸公路直抵珠江大桥①与芳村大道②连接，同时环市东路进行拓宽改造并继续向东延伸。1965年太平路南端的人民大桥建成，太平路与河南的工业大道③相连。“文革”期间，太平路更名为人民路。1974年，太平路北延段，即人民路北延段建成。

①1958年，珠江大桥。

②1954年，芳村大道。

③1952年始建工业大道。

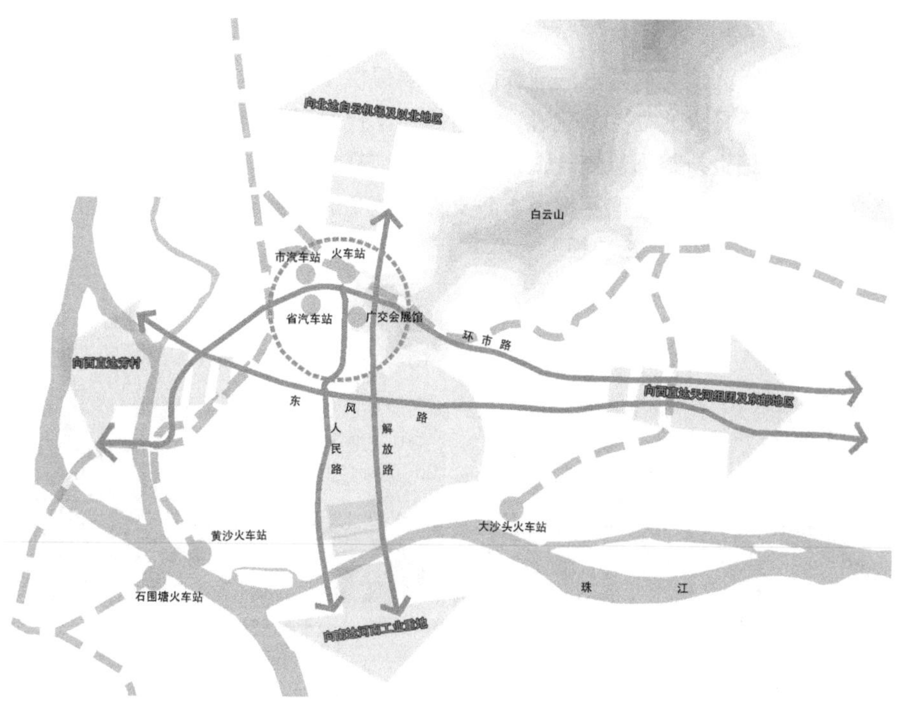

图8-4　流花商圈交通改善

交会于流花商圈的解放路、人民路及东风路、环市路的各个节点打通之后，彻底地改变了流花商圈的交通环境。流花商圈向南可沿人民路、解放路穿越老城区直达河南工业重地，向西可沿环市路经南岸路直指芳村，向东沿环市路、东风路经中山大道、黄埔大道可直达天河组团及其以东地区，向北可沿解放路直达白云机场及以北地区。

大北立交是广州白云机场的配套项目，也是流花地区交通环境改善的重要交通节点。大北立交妥善地解决了城市道路与铁路干线的矛盾，也有效地组织了通往火车站和机场的车流，见证了城市空间北延的过程。

广州白云机场是由国民革命军第一集团军征地筹建，1933年投入使用的。解放初期为军用机场，1959年12月22日，天河民用机场功能转到白云机场。1963年，经国务院批准，白云机场按国际机场的标准进行全面扩建，扩建工程除了机场内的航站设施、跑道外，还包括进场公路（现机场路）与京广铁路相交的立交桥等配套项目。到1967年4月，扩建工程正式投入使用，从1980年起，白云机场的飞机起降架次数历年居全国之首。白云机场已成为我国三大枢纽机场之一。

大北立交是中国大陆第一座两层立交桥，它位于环市路与解放路交会处，利用地势条件，采用下穿式的环形布置，直径40米的中空环岛周边道路宽15米，解放北路纵贯其间，车道宽14米，净高达4.5米。其建筑形式与布局，为当时国内立交桥建设的创举。大北立交后又于1986年、1997年进行扩建、改建。

在大北立交竣工后，虽然遇到了1960年代困难时期，广州还相继建成了德坭立交①、黄花东立交②。三个立交的建设，打通了广州城市北部的东西向交通主动脉，为流花商圈的形成和向东发展提供了良好的基础。无论是人民北路的贯通，还是大北立交的建设，或者是70年代对环市西路、人民北路、先烈路等主要道路进行路面质量改造，都是围绕广交会、火车站和白云机场配套服务的，都在为建构流花商圈提供市政支撑。这个时期建设的道路特点是路面按快慢车分流，俗称："三块板"③路。

①德坭立交是广州市第二座道路立交桥，位于东风西路与广茂铁路交会处，至今仍是广州市中心城区的交通咽喉之一。该立交分为旧桥与新桥。旧桥1964年建成，长370米，宽12米；新桥建于1995年，长1455米，宽15米。德坭之名源于这里原来有间德国红毛坭（水泥）厂，民间简称德坭厂。

②位于沙河顶附近，是一座跨铁路的立交。

③又称"三幅路"，即中间为双向行驶的机动车道，两侧为靠右侧行驶的非机动车道。

大北立交——位于解放北路

德坭立交——位于东风西路

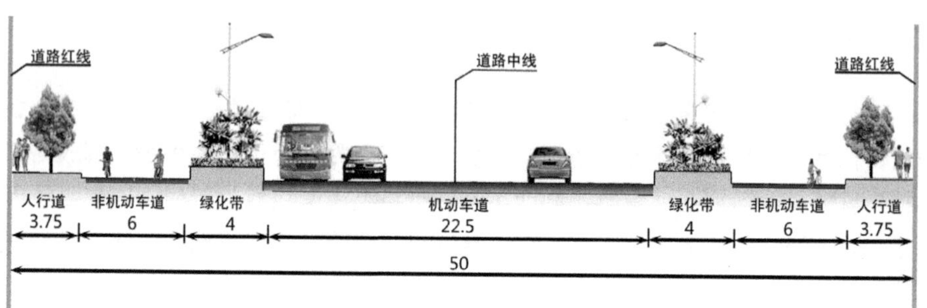

三块板路示意图

图8-5　大北立交

珠江大桥和人民大桥是流花商圈辐射珠江对岸两个重要节点。1958年，珠江大桥建成。随之环市路开始努力向西延伸。1965年11月4日，为解决河南工业区的交通瓶颈，经国家计委和建工部批准，正式动工建设人民大桥。1967年5月1日人民桥竣工通车，人民路与河南的工业大道连为一体。

人民桥是第二座跨越珠江连接河南的公路桥。大桥位于白鹅潭东侧，向北连接康王路、六二三路、人民南路高架，向南连接洪德路、工业大道，是一座701.2米长的3孔预应力钢筋混凝土刚构桥。

人民桥的建成，连接了珠江北岸的城区与珠江南岸的工业区，加快了广州工业从珠江北岸城区向珠江南岸的转移[①]，也带动了海珠区西部的发展，大大缓解了海珠桥的交通压力。

为解决人民桥两端日益混乱的交通状况，疏解机动车交通，广州市分别在人民桥的南北两端建设了立交桥和匝道。1984年，修建了南部的洪德路立交桥。1988年，在人民桥北端修建了分别通往六二三路、沿江路和沙面旧东桥的三条匝道。1991年，人民桥扩建加宽，并连通了内环路[②]，进一步加强了珠江前航道两岸城区之间的交通联系。2000年在人民桥东侧建内环路，拆除桥北三条匝道。

① “三五”、“四五”时期，按照国家“山、散、洞”的指导思想，广州大量的工业企业从珠江北岸单向转移至珠江南岸的海珠区。

②内环路1997年动工，2000年建成，是广州市旧城中心区与新城区之间的环形快速路，全长26.7公里，路线走向为环市路—恒福路、永福路—梅东路、中山一路—东山口—江湾大桥/海印大桥—南田路、工业大道—人民路、六二三路，内环路向外有7条放射性道路与环城高速相连，是广州极其重要的交通干道。

图8–6　人民桥（摄于2016年）

在流花商圈交通环境改善建设过程中，耗时最长的工程是人民路延伸段的建设。人民路自1960年立项建设，过程颇为曲折，工程项目建建停停。直至1971年“广州外贸工程”被批准立项后，人民路北延段和广州新客站的建设得以继续。

1974年，随着广交会新馆启用、广州新客站落成，人民北路工程最终建成。人民路南起西濠口，北止广州火车站。这条南北向的城区主干道，曾被分别称为：太平南路、太平北路、丰宁路、长庚路、虎长路，1966年，被合并起来改叫“人民路”。人民路全长5.562公里，建设周期长达54年。从1920年到1974年，人民路建设过程历经民国、军阀、战乱、解放、文革等不同时期，见证了广州主城区当时一路往北发展的城市轨迹。

流花商圈周边道路系统和交通环境的建设是广州第9规划方案的一次实践。1957年，广州在编制第9规划方案中提出棋盘式+环形+放射形的道路模式，其本意是交通系统规划不能只从局部地区考虑问题。我们讨论流花商圈的交通建设问题时，之所以涉及珠江大桥、人民大桥的建设，涉及黄埔大道、中山大道、工业大道、芳村大道的建设，就是流花地区的发展与这些地区密切关联，流花商圈的兴盛需要依靠人民路、解放路、环市路和东风路的延伸。

流花商圈周边道路系统和交通环境得到全面提升之后，广州城市道路建

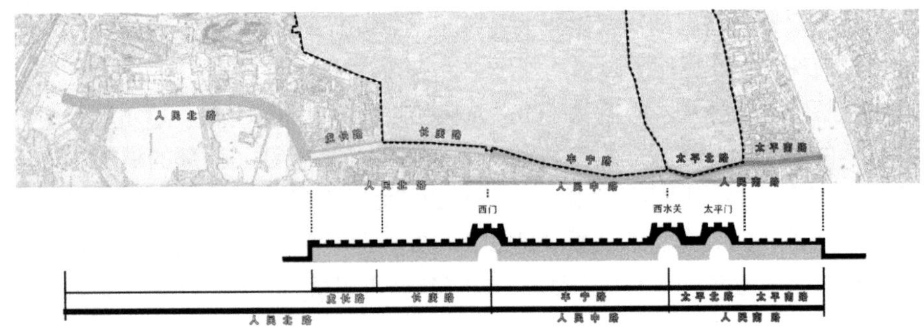

图8-7　人民路分段旧路名示意图（人民路与旧城墙关系示意图）

图8-8　天河体育中心周边

设重心开始向东转移，并随着东部道路的建设，按照棋盘网络的原理，不断增加跨越珠江桥梁的数量，加强河南地区道路与主城区的对接。

广州城市东部交通环境的改善得益于广九客运站的搬迁。自广九客运站改为技术整备作业站后。广州城市道路与铁路的矛盾得以大大缓解。1982年初，国务院批准广东省承办第六届全国运动会，同年4月，广东省决定利用原天河机场一带兴建体育中心。

广州市规划局根据六运会的需求编制了《天河体育中心综合区规划》，确定该地区的主要功能：有体育、旅游、贸易、娱乐。全区市级主干道路系统由4条纵向道路和3条横向道路组成。其中，广州大道规划宽80米，其余路宽50~60米。当时，广州面临的主要问题是如何扫清广州城区与六运场馆之间的屏障，将天河体育中心纳入城区。由此，广州拉开了东部城市道路建设的序幕。

在广州东部道路建设浪潮中，第一个有影响力的项目是1982年12月动工的区庄立交。80年代初，105国道①、324国道②进广州都是先到沙河，经先烈路，过区庄，走环市路或先烈南路③进入广州市区，或由区庄转向天河地区。广汕、广从公路的车流必然会在区庄与城区向天河方向的车流发生激烈的摩擦。随着进省城的车辆增多，区庄交通变成了入城堵车黑点。要建立城区与天河体育中心的便捷联系，必然要解决区庄交通黑点的问题。

①旧广从公路，往韶关、江西方向。

②广汕公路，往汕头方向。

③当时还没有广州大道。

区庄立交是国内第一座4层双环式多功能立交桥，耸立于环市东路和先烈路两条交通干线的交会处。该桥高13.5米，立交分4层，底层是东西向的下穿式环市东路直行机动车道，二层是在原道路平面上的非机动车平面环形交叉和人行道，三层是专供机动车拐弯的环形车道，四面路口有8条引桥连接，四层是先烈路南北直行机动车道。区庄立交的分流布局缓解了原来道路交叉的阻塞状况，做到各行其道，安全行驶。区庄立交1983年12月完工，仅用了一年时间，比预计工期提前了10个月。立交建成前车辆一般要半个小时排队通过，建成后通过只需1分钟。区庄立交的规划和设计，荣获了1985年城乡建设部科学技术进步一等奖。值得一提的是，在20世纪80年代，只要有中央领导来广州调研考察，区庄立交是视察必看的项目。

图8-9　区庄立交

紧随区庄立交的第二个建设项目是1983年起兴建的广州大道，工程分三期建设。当时，广州大道只有寺右新马路到中山一立交这一段，是砂石路，有个很接地气的名字，叫幸福大道。①广州大道后纳入了“84版城市总体规划”。规划中的道路系统由12条主干道、两个环、10个对外出口组成，广州大道属于外环线的东环。广州大道北部以沙河镇为起点，对接广汕、广从两条公路，南行直达洛溪大桥，对接广番公路，全长9.8公里，宽55米。

①这一段广州大道的前身，在1976年的地图上叫杨箕村路，在1979年的地图上叫幸福大道。

1983年初，广州大道中段首先开工建设，从广州大桥到中山一路立交。同年4月28日，被列为省市重点工程的广州大桥正式开工。

广州大桥，紧邻广州旧城区东侧，横跨珠江主、副航道和二沙岛，连接了珠江南北两端的广州大道，使之成为自南向北贯穿整个城区的城市主干道，大大地促进了广州城市的东进、南拓。广州大桥全长988.4米，采用预应力钢筋混凝土连续箱形梁结构。其中，南段的主桥长270米，北段的辅助桥梁长150米，桥宽24米，其中车行道20米，两侧人行道各2米宽，双向六车道。其南北两端的引桥以及通往二沙岛的2条匝道总长568.04米。1985年6月10日建成通车。

广州大桥的建成，保障了六运会期间广州城市交通的顺畅运行，也带动了广州大道沿线新区的城市建设，如五羊新城等。

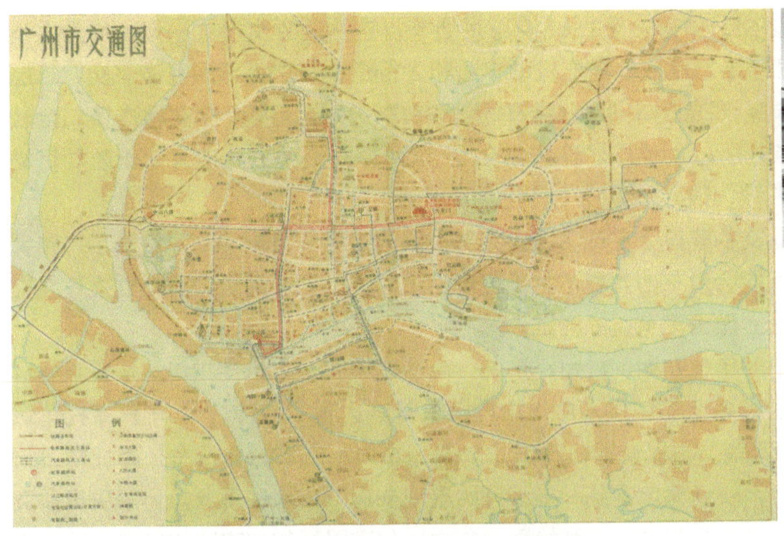

在1076年的广州地图上能找到广州大道的前身——杨箕村路、幸福大道

广州大桥（摄影：黄伟东2016年）

图8-10　广州大桥

在广州大道建设同时，流花地区的广州客运站也在紧锣密鼓的扩建中，随着客运站的扩建竣工投产，1984年9月广九车站废止，永村至广九车站铁路线同期废止。横插于城区与天河之间的最大交通障碍得以铲除，东山地区的道路网络很快得以重构。

1984年底，广九车站及车站至天河一段铁路被清拆。这段铁路上的东华东路、署前路、达道路、梅花村、东风东路等8处繁忙的平交道口同时拆除，大大改善了东山区域交通的环境。铁轨拆除后，在原路基上修建了东华南路、东华北路、梅东路，扩建了中山一路，动物园东侧路基后来被建成内环路一部分。

后广九车站原址上建成了三栋高层住宅楼和一栋办公楼。再后来，白云路中间的绿化带上打造了广九火车站纪念公园。公园的主题雕塑是花岗石蒸汽火车头雕像和用石制的枕木、铁轨。

图8-11　曾经的广州东站（大沙头站）、广州南站（黄沙站）

民国时期的大沙头站（来源：《广州志》）

民国时期的黄沙站（来源：《五羊城脉》）

由于区庄立交的巨大成功和强悍的影响力，广州大道在建设过程中也增加了两座立交桥：中山一路立交和天河路立交。中山一路立交位于广州大道与中山一路、东风东路交叉口，于1985年1月建成；天河路立交①位于广州大道与天河路交叉口处，于1986年12月通车。这两座立交形式相似，均为上下4层，桥宽16米，底层都是非机动车道和人行道，二层为环形互通立交，三层是南北走向，四层是东西向直行车道。在广州大道上两个立交相连接，全长1010.43米，所以也称作“连体立交”。这两座立交桥的建成有助于疏导机动车流大量东移，很好地减轻了旧城区的交通压力。

①环市东路东至水荫路与天河路对接，天河路立交东西向全部落在天河路上。

两个立交的建设，完成了城市东部道路的最后一百米冲刺，解决了广州大道建成后可能会对东西向城市主干道产生阻隔的问题。同时，两个立交还在交通组织手段上做出了有益的尝试。

20世纪80年代初期，广州经济开始高速发展，全市机动车年均增长15.5%，自行车迅猛增多，80年代末广州市自行车曾经达到300万辆，90年代摩托车最高达到100万辆。市民交通出行方式复杂，市内小汽车、自行车、摩托车、行人相互交叉，交通秩序混乱，市区开始出现交通节点堵车现象。为解决日益突显的交通矛盾，广州市交通开始逐步向立体化道路系统和高速化发展。区庄立交、环市东路立交和中山一路立交在人车分流、快慢车分流方面先走了一步。

连体立交

图8-12 中山一路立交与天河路立交（来源：广州市城建档案馆）

图8-13 广州20世纪80年代的自行车大潮（来源：网络）

区庄立交和中山一路立交、天河路立交、广州大道的建设以及广九客站和沿线铁路的废止，为广州城市向东快速发展铺平了道路。作为六运会主场馆的天河体育中心的很快呈现，广州大桥、广州大道的建设促进了广州旧城区与天河区的连片发展，也进一步加强了珠江南北两岸城市地区的联系，带动了海珠区中部地区沿线的土地开发。

广州市在解放后一直实施着东进的步伐，员村的工人新村、五山的高校区、黄埔港区等等，虽然在20世纪五六十年代就已经开始建设，但一直没有规模，不成气候，除了受厂区规模、人口限制外，主要原因是带状发展，交通制约。广州大道的建成以及天河体育中心综合区的建设，保证了新城区纵横向的成片发展，逐渐形成了规模效应。

广州大道建成后就成了人们习惯上的新、老城区分界线，经过近二十年的扩展，新、老区域体量趋于均衡，广州大道变成广州市民心目中客观上的中分线。现在广州城市新中轴线其实就是依托广州大道加入各节点标志性元素而形成的。并且还是在新光快速及其北延线全部建成后，东边是新光快速，西边是广州大道，新中轴线区域才开始变得名副其实。可以说广州大道的建成完全改变了广州的城市结构。这是后话。

1986年，广州大道北段开始建设，从天河路立交到沙河，1987年建成通车。

图8-14　广州大道

在六运会开幕之前，广州市还完成了两个颇具历史意义的建设项目：天河客运站和人民路高架桥。天河客运站的建设，减少了东部列车穿越老城区抵达广州火车站的数量，极大地缓解了广州城市北部环境的压力。人民路高架桥解决了老城区的交通问题，也带来了空间环境的破坏问题。自人民路高架桥建成之后，有关建桥的是是非非就没有间断过。

图8-15　广州东站（来源：广州东站管理处）

为疏解六运会天河体育中心粤东、深圳方向的客流交通问题，1987年，在天河体育中心正北面，扩建了广州第二客运站——广州东站。广州东站始建于1940年，原名天河站，1949年前有2股道，1953年扩建2股道，20世纪70年代，该站开发成综合性货场，又增建5股道，原为三等客货运站。在广深线的双线改造[①]中，对该站继续扩建。1987年10月，在六运会开幕前，天河客运站建成简易投产，为广深线旅客列车的第二始发终到站。1988年4月1日正式改名为广州东站。1992年至1996年，广州东站又进行了扩建改造，现已建成为直属特等站。

①1984年1月，广深铁路公司成立，投资7亿元对广深（九）铁路进行双线改造。于1984年2月27日开工，1987年1月26日双线通车。

六运会时期，西堤商圈方兴未艾，流花商圈正在崛起。广州火车站、天河体育中心和南方大厦是六运会期间人们必到和关注的三个热点和焦点。曾经耗时54年建设的人民路是流花商圈和西堤商圈的联系纽带。人民路的交通状况自然会得到承办六运会的广州市人民政府的重视。

20世纪80年代中期，随着西堤商圈的振兴，人民路南段已经经常出现堵车现象。为解决人民路南段南方大厦周边区域的堵车问题，更好地迎接第六届全运会，广州市人民政府决定修建人民路高架路，以缓解西堤商圈与流花商圈之间的交通压力。

人民路高架路其实包括南北向的人民高架路和东西向的六二三高架路两部分。人民高架路北起人民北路流花湖畔，沿人民路架设，南至西提二马路。沿线建有东风西路、光塔路、观绿路、迎红里、大新路等6条上下车道。六二三高架路东起沿江西路仁济路口，循沿江西路北折与人民高架路相接再向西延伸，沿西提二马路、六二三路转黄沙大道蓬莱路口，与人民高架路组成系统。沿线建有德兴路、文化公园前、人民大桥北、珠玑路和黄沙等5条匝道。

六二三路的前身是沙基[②]。1925年6月23日，广东各界在东较场集会，声讨“五卅”惨案，会后游行[③]。当游行队伍走到达沙基时，遭遇英法联军的

②沙基位于现荔湾区沿江西路一带。第二次鸦片战争后，入侵广州的英法联军于1859年强迫清政府在沙面北面，用人工挖了一条宽40米，长1200多米的小涌（即现沙基涌），与陆地分开，使沙面成为一个小岛，以用作租界。同时，在沙基涌北面开辟道路，定名沙基，俗称鬼基，并建有东、西二桥来往沙面。

③岭南大学、坤维女子师范学校、圣心书院、执信学校、广州学校和黄埔军校学生。

机枪扫射，造成游行群众61人死亡、170多人受伤，是为沙基惨案。为纪念遇难者，广东革命政府将沙基改名为六月二三路[①]，后简称为六二三路，立“沙基惨案”纪念碑，上刻“毋忘此日”。

1987年9月20日，被认为是城市现代化标志的人民路高架路投资1.3亿多元[②]，建设工期仅10个月[③]。人民路高架路是全国第一条城市高架路，意味着广州开始进入立体交通时代。为表示庆祝，当时广州市政府开放高架路给市民观光，9月21、22日，30万市民竞相登观，盛况空前，称为“复道横空贯，天街万人行”。桥上的人流形成一个巨大的“人”字，此景被摄影记者抓拍，成就一张经典照片《人》[④]。9月23日，在人民高架路的北端举行了“人民高架路、六二三高架路系统工程”竣工通车盛典。人民高架路、六二三高架路的设计还荣获全国第四届优秀设计奖。

人民路高架路的通车，对疏导交通起到了立竿见影的效果，据当时媒体的报道，之前从南方大厦由南往北到广州火车站，走人民路要45分钟甚至1小时以上；改走高架后，只需15分钟就能走完全程。

俗话说，针无两头利。一个事物从诞生到走向成熟，往往伴随着掌声，也少不了争议。尽管开通时风光无限，但人民路高架路所带来的负面效应，也开始为人所诟病。

人民路的位置原本是明清古城墙，1920年拆除城墙筑马路后，路两侧修建了骑楼，经过半个多世纪的培育，商业氛围逐渐浓郁。建了高架路后，太阳晒不进来了，风也吹不进来了。阴冷的环境让兴旺不久的人民路商业氛围迅速降温。后来，因停车等问题，南方大厦的购物热潮也逐渐消退。建设人民路高架路的目的是疏通西堤商圈和流花商圈之间的交通走廊，促进两个商圈共同繁荣，携手发展。但现实中，自人民路高架路建成之后，西堤商圈经过短暂的繁

图8-16　六二三路

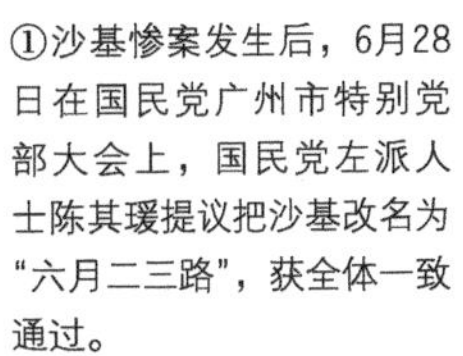

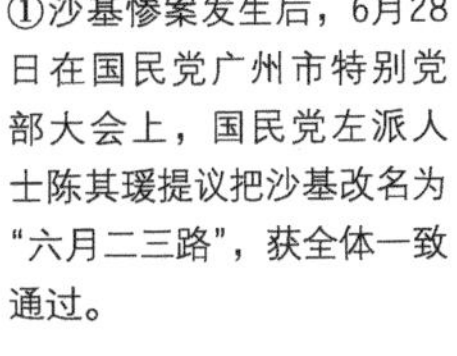

20世纪30年代的六二三路（来源：《五羊城脉》）

人民路及六二三高架系统示意图

图8-17　沙基惨案纪念碑（摄于2016年）

①沙基惨案发生后，6月28日在国民党广州市特别党部大会上，国民党左派人士陈其瑗提议把沙基改名为“六月二三路”，获全体一致通过。

②20世纪80年代广州市每年的城建费用才几千万元。

③为配合六运会召开，人民路六二三路高架的建设正式于春节后开工，要求同年10月前完成。具体分了几段施工，每段由不同的施工单位承包，所以建得很快，而且施工单位没有地域观念，既有广州的，还有外地的，也有省属单位，施工资质是择优录取，谁能做到工期短、占路小、安全可靠，就起用谁；并且钢筋、模板等部件加工尽可能在外面制作，不搞现场制作，修建时把交通影响减少到最低，中间就是高架路施工占了一小部分道路，两边马路照样通行。

④新闻照片《人》的作者名为朱穗风，现年61岁，当时是《羊城晚报》摄影记者。这张照片是从新亚酒店十几层高的天台拍的。1988年这张照片获第十五届全国影展金牌奖。照片是好多人组成一个“人”字，不但是有艺术价值的新闻照片，而且反映了广州改革开放的城市新风貌，这是广州的骄傲。

图8-18　著名的"人"字照片——人民路高架通车盛况（来源：南方日报档案室）

人民路高架（1987年，来源：南方日报档案室）

荣，就从巅峰转为沉寂，消失在城市之中。

现在，人们议论最多的是把人民路高架路拆了。90年前我们把城墙拆了，修建了人民路。30年前我们在人民路上修建了高架路。城市的记忆中哪些是最珍贵的呢？人们争论的焦点是恢复人民路的繁荣，还是恢复城墙的伟岸，或者是保留现状。何去何从？这是人民路高架路给广州留下了一个难解的哲学命题。

图8-19　人民南路现状：人车混行，货物堆杂（摄于2015年）

六运会之后，广州进入前所未有的大发展时期，城市经济和人口规模急剧增长。也就是在这个时期，广州城市人口开始突破"84版城市总体规划"预测的人口规模，甚至突破了"84版城市总体规划"预测的2000年城市人口的规模。城市总体规划安排的城市空间已经难以满足城市高速发展的需求，新的城市总体规划又遥遥无期。因此，广州进入高速发展时期的同时，也进入了城市总体规划的真空时期。

在"84版城市总体规划"引导城市发展的能力日渐衰落，而日渐膨胀的城市急需新的发展空间的背景下，广州无暇顾及城市空间发展战略的研究和城市拓展时序的研究，直接将目光转向尚存大量未开发土地的河南。

在"84版城市总体规划"中，广州大道是东环路，也就是广州城区发展的东边界。广州东站至珠江新城是城市绿化隔离带。绿化隔离带中仅规划了一座市级体育中心和一个火车客运站。而河南自国民政府提出开发河南设想以来，城市规划一直将其作为城市拓展备用地。六运会前后，"84版城市总体规划”虽衰未亡。故，解决了六运会城市交通之后，道路建设一改重视东西交通的传统，将主要精力都放在了南北交通的工程建设方面。1987年之后，南北交通成为市政建设的主题。

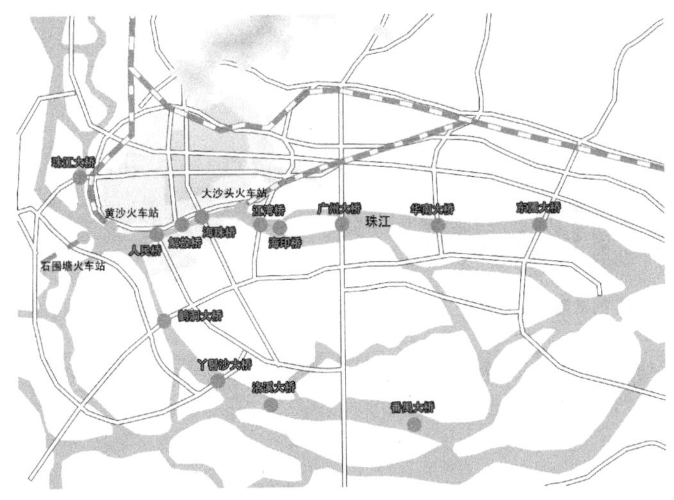

图8–20 珠江上的桥梁

河南，古称江南州，1949年后设河南行政区，1960年，更名海珠区。六运会之后，海珠区逐渐成为城市拓展热点，随之，一股修建跨江桥梁和修桥建路打通南北交通走廊的热潮也悄然兴起。继广州大桥之后，至2000年为止的15年里，广州先后启动了洛溪大桥、海印大桥、江湾大桥、解放大桥、鹤洞大桥、番禺大桥、华南大桥、东圃大桥和丫髻沙大桥的建设。

洛溪大桥跨越珠江后航道，将广州与番禺联系在一起。55年前，海珠桥的建成，广州第一次从陆路攻破珠江前航道的天然屏障，刺激河南地区的经济增长，并为河南创造了1987年后大发展的机遇。1988年8月28日，洛溪大桥建成通车，广州从陆路攻破了珠江后航道的天然屏障，必将为番禺地区日后发展带来不可多得的良机。

洛溪大桥全长1916.04米，其中，480米的主桥为预应力混凝土连续刚构。这是我国首个此类结构的桥梁。建成时，其180米的主跨长度位居东南亚首位。随后，配合洛溪大桥的广州大道南①改造和客村立交建设也相继完工。至此，广州大道全线打通。

①广州大桥至洛溪大桥段。

客村立交位于广州大道和新港路两条主干线交会处。该桥共四层，首层是南北方向的广州大道直行机动车道，宽16米；二层是按原地面标高布置的非机动车和人行道，非常巧妙的呈X形布置；第三层是环形连续拐弯车道，有八个匝道；第四层是东西方向的新港路直行机动车道。客村立交是当时广州南出口的重要枢纽，它与广州大道南段相连，接通洛溪大桥，疏解了新港路交会的车流，保证了南出口的顺畅。

广州大道从城市环路转变为城市主干道的过程是痛苦的。它是一条人们又爱又恨的塞、堵路。广州大道自建成后就一直伴随着扩建、改造，没有停歇，直到今天。

海印桥位于二沙岛西侧，是与洛溪大桥同年建成的跨江大桥。海印桥北起东湖路，南接东晓路，是横跨珠江的双塔单索面钢筋混凝土斜拉桥，主桥长416米，宽35米，全长1296米。倒Y字形的钢筋混凝土索塔立面造型，高达57.4

图8-21 洛溪大桥

刚通车的洛溪大桥（来源：广州市城建档案馆）

洛溪大桥（摄影：黄伟东2016年）

洛溪大桥附近的商品房住宅区（摄影：黄伟东 2016年）

1993年的客村立交（来源：广州市国家档案馆）

米，与186条扇式布局的全桥拉索一起，共同构成了大鹏腾飞的外在形象。因大桥所在位置历史上为“羊城三石”之一[①]的海印石，故取名海印桥。

海印桥采用创新工艺，曾获鲁班工程奖。但当时国内拉索防护技术尚未成熟，海印桥使用六年后，大桥南塔边跨西侧15号拉索于1995年5月15日7时突然坠落，同时发现9号索松弛，检查发现拉索钢丝腐蚀严重。1996年1月，将全桥186根斜拉索全部更换新索。

1997年建成的江湾大桥，位于海珠桥与海印桥之间，全长910米，其中，294米的主桥为变截面三跨预应力混凝土连续结构。江湾大桥北接东濠涌高架和内环路东华南路段，跨珠江前航道与南岸的内环路江湾路段相连，并通过匝道连接西部的纺织路、滨江中路[②]。江湾桥与人民桥一起是内环路上的东西两座跨江大桥，是联系旧城区珠江南北两岸的重要快速通道。

与江湾大桥同年建成的跨江大桥还有解放大桥。它位于海珠桥与人民桥之间，北起解放南路，南接同庆路、南华东路。

如果说早期建成的海珠桥开始了广州城的南拓，它主要是连通番禺地区，珠江桥的作用是西连，引领广州城向西，向佛山方向发展。那么，海印桥、江湾桥、解放桥的建成，最主要的作用是完善了荔湾、海珠和越秀城区内部的交通问题，舒缓了老城区的交通压力。

如果说1986年以前广州的交通市政工程重点是打通广州向东发展的通道，那么，在1987年以后，洛溪桥、江湾桥、解放桥、海印桥、人民路高架、东濠涌高架、解放路改造等的项目建设，都是在将广州城市引向南部。

①是指古时珠江广州河段内的三块大型的礁石——浮丘石（今中山七路一带）、海珠石（今沿江西路新堤一横路附近）、海印石（今广九大马路与广九三马路交会处）。随着珠江北部岸线南拓，三石均已沉埋地下。

②2010年，孙中山大元帅府周边环境整治中，拆除了江湾大桥南往北滨江路匝道，恢复了大元帅府与珠江水面的直接联系。

图8-22

图8-23

图8-22　海印大桥（摄影：黄伟东2016年）

图8-23　江湾大桥（摄影：黄伟东2016年）

图8-24　解放大桥（摄影：黄伟东2016年）

人民路高架路建于广州西城墙基之上，建成时举市欢庆，后非议不断。1994年7月完工的东濠涌高架桥境遇大致相同。东濠涌是广州东城墙的护城河，发源于白云山南麓，是古菊湖和麓湖的下游，明清时为广州城东护城河。东濠涌面宽水深，可以行船，且水质良好，是当时广州居民的主要供水渠之一。目前东濠涌是六脉渠中唯一没有被封盖填埋的河渠了。东边城墙拆除后铺设了越秀南路、越秀中路、越秀北路。东濠涌保持未变。

建筑密度高、人口密度高、交通密度高的三高现象刺激了“利用够宽的道路或者濠涌明沟，建设高架道路和立体交叉快速道路系统”思想的产生。1993年，为疏导当时的广州CBD地区与旧城的南北交通，提出了“覆沟为路”计划，启动了东濠涌双层高架路建设。东濠涌高架路北起麓景立交南引桥，跨环市路、小北路立交、沿东濠涌向南延伸，与越秀北立交相连，跨中山三路、东华西路、越秀南路，再向南延伸到珠江边，与江湾大桥相连。因空间狭小，夹缝中生存的东濠涌高架路通过双层桥面组织上下行交通。

高架路的省公安厅幼儿园至育才幼儿园路段采用了架空两层封闭箱式结构。1997年，在越秀北至环市路安装了高2.12米，总长1560米的声屏障，是广州市第一座交通隔声屏障。

东濠涌高架路建成后，也是“拆”声不断。

人民路高架路和东濠涌高架路都是沿古城墙踪迹建成的。人民路高架路借助于西城墙址上建成的人民路，于六运会前建成。人民路高架路意欲加强西堤商圈和流花商圈的快速互动。东濠涌高架路凌驾于东城墙边的护城河上，比人民路高架路晚十年建成。这十年里，广州发生了两个变化：一个是城市重心不断东移，流花商圈重心随之也向有广州CBD之称的环市东倾斜。另一个是六运会后广州兵临河南，海珠区成为城市建设的热点。海珠区的沸腾，自然会抓住

图8–25　东濠涌高架

建设中的东濠涌高架（来源：广州市城建档案馆）

东濠涌高架（来源：广州市城建档案馆）

东濠涌现状

碑记（摄于2015年）

环市东繁华崛起的商业重心。东濠涌高架路的建设解决了广州CBD与广州开发热点的快速联系问题。

“覆沟为路”代表了广州市政建设的基本原则和思路，其本意是用最少的钱去解决需要解决的问题。人民路修建中可以看到这个原则，人民路高架路修建中也可以看到这个原则，东濠涌高架路修建中还可以看到这个原则。1987年9月20日，人民路高架路建成时，之所以有30万广州市民竞相登观，其原因是习惯了小街、小巷的广州人难得见到如此宽阔的街道。

老广州人习惯中的广州城区是从东山口到中山八路，非常巧合的是人民路高架和东濠涌高架正好在城市横轴上做到了均分，东濠涌高架以东是中山三路—中山二路—中山一路，两个高架之间是中山四路—中山六路，即大东门到西门口（明清古城区），人民路高架以西是中山七路—中山八路，三段距离基本相当。这样来看，按城市交通布局，这两条高架快速路选址倒也非常合理。随着这两条高架快速路的建成，广州老城区的南北交通主干道基本定格。

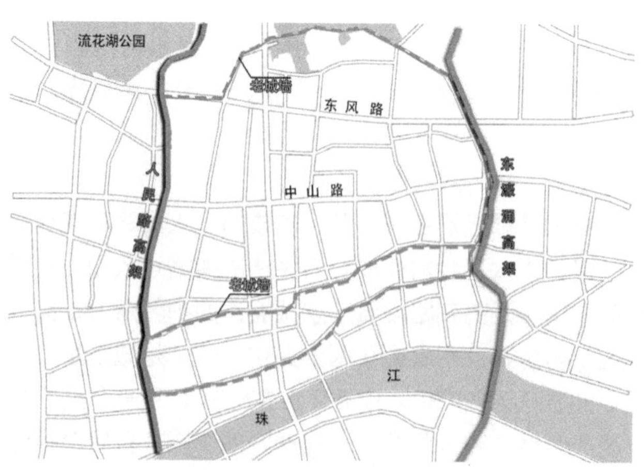

图8–26　人民路高架、东濠涌高架与老城墙关系示意图

1993年10月1日东风路交通管制通车仪式（来源：广州市国家档案馆）

2000年的东风路（来源：广州市国家档案馆）

图8-27　东风路

1990年代初，老城区主干道平交路口过多，造成道路交通严重堵塞，行车缓慢。1992年，广州对东西方向的主干道东风路进行了快速化改造。采用在主要交叉路口建设立交和路面改造相结合的办法，对东风路进行交通整治。新建了东风路农林路立交、东风路先烈路立交、东风路越秀北路立交、东风路小北路立交、东风路盘福路二层环形立交及解放北高架路（跨东风路），建造了14座人行天桥。改造后的东风路全线取消红绿灯管制，是广州市第一条取消灯控管制的快速化主干道。1993年10月路面改造完成后，大大提高了车速。东风路快速化改造于1994年全部竣工。

谈广州的交通，地铁建设是绕不开也讲不完的话题。

从火车站、广交会的布局来看，20世纪六七十年代，广州城市主要是往北拓展。广州地铁最早也是想在战时能把人口迅速向北疏散到白云山一带而提出来的。1958年，时任广东省长陈郁提出在广州筹建地下工程，可以按照人防进行规划，远期可以发展成地铁。这是关于广州筹建地铁的最早构想。

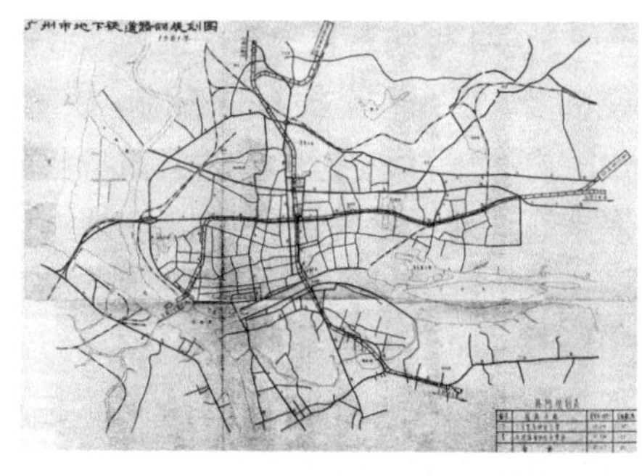

图8-28　早期的地铁规划线路图（1981年）

1960年，广东省地质局根据陈郁的指示，对中山路和起义路进行地质勘查，于次年完成《广州市地下铁道工程地质勘查报告》①。60年代，广州的地铁线网规划主要考虑战时疏散人流，兼顾交通客运。原则上战时可以将市中心的人口向飞鹅岭、白云山一带疏散。1965年完成的规划中有两条线路，即北起桂花岗南至文化公园（远期延伸至河南和飞鹅岭）的南北线、西起西村电厂东至天河机场的东西轴线。同年，广州成立了时任市长曾生为总指挥的地下电车工程指挥部。

1979年6月10日，广州市政府成立了地下铁道筹建处②。改革开放之后，学习香港地铁规划建设的经验，广州地铁线路网规划沿城市主要交通走廊布置。东西线由沿东风路走向调整为沿中山路走向，南北线调整为北起火车站南至中山大学。

①这是广州最早见于文字的有关地铁的完整资料。负责这次地质勘查报告的项目工程师是吴圣章。

②金锋为主任，陈韶章为副主任。但由于筹不到资金，1983年又只好停下来。

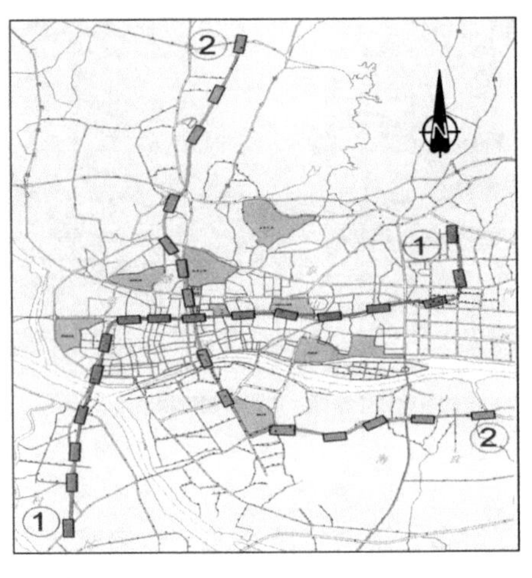

图8-29　广州轨道交通网络规划图（1989年，"十字形"，两线线网）

1980年，广州首次提出了沿城市主要客运交通走廊布置的"十"字形线网的规划，该规划被纳入"84版城市总体规划"。1989年，广州市政府批准通过的十字形线路网规划方案中，地铁1号线西起广钢东至广州东站，全长18.48公里，沿线分布16座车站，将联系旧城区与天河地区两个组团，并预留了向东往黄埔地区延伸的可能性。地铁2号线北起新市南至赤岗，全长17.81公里，沿线设置16座车站，连接了城北地区、旧城中心区和南部的海珠区。

十字形的线网奠定了广州地铁线网的基本骨架，对后来的城市空间格局产生了长期而深远的影响，但十字形的地铁线网布局也存在一些问题。比如，两条线路集中在旧城中心区，覆盖率较低，且只有公园前站一个换乘站点，容易因换乘人流过多引发换乘组织困难等。

1993年3月，国家计委正式批复广州地铁首期工程可行性研究报告。同年12月，国务院批准广州地铁1号线动工建设。1997年6月28日，地铁1号线首期西朗至黄沙段5个站[①]开通试运营，1999年6月28日，历时5年6个月的1号线全线开通，全程18.497公里。继北京、天津和上海之后[②]，广州成为全国第四个开通地铁的城市。

地铁1号线是我国第一条地方政府自筹资金建设的地铁。为了解决地铁建设资金，广州在全国率先开创地铁建设与房地产联合开发的运营模式[③]。广州市政府在1号线穿过的老城区繁华地段选取28个地块，希望通过这些地块的开发来筹集地铁建设43%的费用。地铁沿线地块的开发和经营由广州市地下铁道总公司负责[④]。地铁公司与房地产商组成项目公司，开展项目的运营。

旧城区1号线沿线地铁站点周边地区的土地开发，虽然一定程度上解决了地铁建设的资金筹集问题，加快了旧城改造，促进了城市经济的发展，但是高层高容积率的开发建设模式也给广州历史城区的保护造成了极大的破坏。这些问题我们将在后面的章节作进一步探讨。

1997年，广州率先开展并完成了全国第一个轨道交通线网规划《广州市城市快速轨道交通线网规划研究》。该规划体现了轨道交通线网规划与城市总体规划的协调与一致性。1996年底修编的《广州市城市总体规划》提出，2010年广州城市建设用地规模为385平方公里，人口408万人。本轮总体规划提出了沿珠江、白云山发展并呈"L"形布局的三大组团——中心大组团、北翼大组团和东翼大组团，城市空间向东、向北发展。1997年的地铁线网规划，7条地铁线路[⑤]呈放射状布局，结合"L"形的城市结构形态，强调外围新城中

①1997年开通的5个站分别是黄沙站、芳村站、花地湾站、坑口站和西朗站。

②北京、天津、香港和上海四市地铁首次开通的时间分别是1971年、1976年、1979年和1995年。

③1992年、1993年，广州市政府曾召开会议专门研究划拨1平方公里土地和地铁沿线原计划用于房地产开发的土地给地铁总公司，土地所得收益全部用于地铁建设的资金筹集。

④广州市地下铁道总公司，是广州市政府和广州市地铁工程指挥部直接领导的大型国有企业。

⑤1997年规划的轨道交通线网由7条线路组成，分别是1号线西朗至广州东（18.48公里）、2号线新机场至洛溪桥北（46.5公里）、3号线沙贝至南岗（44.5公里）、5号线西朗至世界大观（28.5公里）、6号线槎头至石榴岗（23公里）、7号线三眼桥至高塘石（25公里），共计206.5公里。

心区同旧城中心区之间的联系，预留了与周边城市的衔接条件，规划线网总长度为206.5公里。

图8-30　广州轨道交通网络规划图（1997年，七线线网）

1997年的轨道交通线网规划仍然延续“以输送客流为主，对地铁线网引领城市空间发展和沿线土地开发为辅”的思路。

无论是1987年的人民路高架、1994年的东濠涌高架的建设，还是1993年的东风路快速化改造、1995年的解放南路拓宽，都是由需求倒逼，都是为缓解老城区交通压力而被动实施的解决方案。这些道路建成几年后大都只是变堵死为缓慢行驶，并没能根本解决交通不畅的现状。

其根本原因是老城区人口密度高和经济活动太过于集中的现状并没有改变，只做了“解”，没能做好“疏”。当时广州是单一核心带状发展的，人民路高架、东濠涌高架、区庄立交等都只是疏导了部分交通堵塞问题，仍然是旧有单中心城市结构的“惯性”延伸。

究其根源，自然还会提及“84版城市总体规划”。由于人口预测不足，导致城市没有预留发展空间和有计划地组织拓展，必然会造成发展过程的混乱。更为严重的问题是，广州在最需要城市总体规划的时候，“84版城市总体规划”掉了链子。而且，这一掉就是十余年。一个大城市的空间发展在十几年的时间里没有总体规划把控和指导是一件“悲催”的事情。摸着石头过河是有代价的，广州为城市总体规划缺失付出的代价是昂贵的。

第九章　商贸都市的觉醒

西堤商圈和流花商圈之间的差异在于：前者是市场经济的产物，后者是计划经济的产物。

西堤商圈是唐宋时期伴随广州传统城市的成熟而自然而然形成的，是促进水与城市互动的媒介，是在广州发展历史的过程中，顺应市场经济规律的产物。解放之后，虽然，广州市人民政府注入了计划经济的因素，仍不失市场经济的固有特色。

流花商圈的酝酿和生成都源自于计划经济。自1955年广州火车新客站选址，至1974年广州火车站新客站建成，流花地区是按照既定的城市规划和经济发展计划，一步步发展起来的。广州市人民政府在前前后后的20年时间里，不屈不挠地在流花地区建设了广州体育馆、中苏友好大厦、友谊剧院、东方宾馆、中国大酒店、流花公园、兰圃等重大项目，打通人民路，建造大北立交，壮大白云国际机场，搬迁中国出口商品交易会。

无产阶级"文化大革命"结束之后，中国经济厚积薄发，以强劲的态势展现在世人的眼前，就广州而言，城市活力的复苏源于商业的复苏，始于市井商贸的振兴。广州市井商业贸易的振兴表现在高端商店平民化和街市"走鬼"的出现和合法化。或许，这样描述改革初期的广州有点耸人听闻，但我们认为或许偏颇的描述可以更形象生动地再现当年的场景。

由于特定的政治环境和历史背景，广州市井商贸的再度崛起并没有依托西堤商圈和流花商圈，而是另辟蹊径。不夸张地说，"文革"后广州市井商贸的振兴起源于高第街。高第街位于现在的越秀区，临近珠江，毗邻玉带濠[①]，东西向连接着北京路和起义路，是一条长不足一里，宽仅七八米的小街。

高第街始建于宋朝。乾隆年间，澄海人许永名移民广州，其长子许拜庭历经艰难，苦心经营，成为广州一大盐商。后，许拜庭在高第街建宅修庙，人称"许地"，于是就有了许氏家族[②]的百年传奇。18世纪后，粤盐公所设置于此，富足的盐商亦纷纷在此修建高屋大宅，很多豪门大族也入住此地，高第街成为盐商富豪聚居的商业旺地。

后来随着盐业制度的改变，高第街临街多逐渐改为前店后作坊式的店铺，成为以经营鞋帽布匹和"苏杭杂货"而著称的日用百货集散地。

高第街的规模不大，但店铺林立，日常用品齐全精巧，深受民众欢迎，曾经是广州商业中心之一。据地方志记载，当时的人们凡是婚姻嫁娶都能在高第街购齐所有嫁妆。清末开辟马路时，高第街因不准通行车辆的规定，而成为广

①玉带濠曾是广州的河涌之一，开凿于宋真宗景德年间，河面宽二十丈，深三丈，原是广州城南面东西走向的护城河，东起东濠，流经越秀路、文明路、大南路、大德路后折向人民南路，再在西濠口汇合西濠流入珠江，全长约2.78公里。玉带濠位于越秀区南部素波巷，1952年因城市发展的需要被改建为暗渠。

②鲁迅的夫人许广平就是在此地长大。

州市最早的步行街。

据1928年高第街路面改造测绘图显示，自起义路以东高第街的585米街道上，排列着鞋店、绸缎行、药铺、洋货店等278间商铺，有著名的老字号“九同章”、“三多轩”等。

广州解放后，广州的城市定位从原来的消费城市变为生产城市，发展工业是主流，当时实行的是计划经济的物资配给制，所有的吃穿用度都靠着粮票、布票、油票、肉票等配给，没有自由买卖的空间，或者说，没有多余的货品可以自由交易。高第街的商贸发展几近停滞，此后又经过了“文革”时期的沉寂。

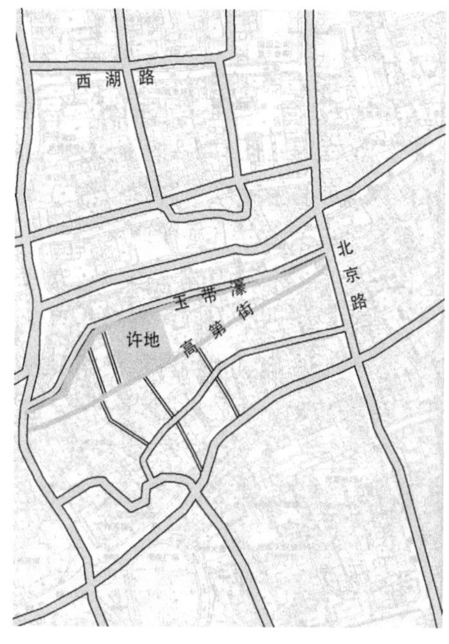

图9-1　高第街地理位置（与玉带濠、许地、西湖路的关系）

许地旧门楼

图9-2　高第街的老字号、古建筑以及许地老宅图片、许地现状

20世纪70年代末，很多上山下乡的回城知青①，或者是由于政治成分不好等各种原因，无法进入国营或集体等“正规”单位工作的人遭遇了谋生的困境。一些头脑灵活的自谋出路，白手起家，在高第街街道两旁摆起档口做起“地摊”生意，成为广州最早一批个体户。

当时，高第街地摊商品有三个来源。一个是有些广州居民的亲戚朋友从香港、澳门回来探亲，带回的货品，有用不完的就会拿到市场上去卖，因为利润颇丰，之后就演变成有人专门从香港、澳门带些便宜的水货回来贩卖。牛仔

①1956年10月25日中共中央政治局关于《1956年到1967年全国农业发展纲要（修正草案）》的文件中，第一次提出知识青年上山下乡的这个概念，是中国政府组织大量城市“知识青年”离开城市到农村定居和劳动的群众路线运动，直到1977年结束下放知青。

裤、电子手表、台式录音机、盒装磁带等，各种商品应有尽有，价格不仅比国营商店便宜，而且还有很多内地还没有的商品，极大地满足了大家的物质需求。另一个是，香港的各种地摊精品、T恤、牛仔裤等潮流服饰通过深圳中英街[①]进入广州。再有就是沿街铺面的前店后厂模式，前面熙熙攘攘做生意，后面是家庭小作坊直接各种加工。原料和成衣的供应量充足，而且价格比国营商店便宜，样式灵活多变。当国营百货公司不大注重服务态度的时候，高第街的档口已经开始有了顾客为上的经营理念，允许顾客自由试穿、随意挑选了。

①中英街位于深圳市盐田区沙头角镇，由梧桐山流向大鹏湾的小河河床淤积而成。1899年英国强租香港九龙新界后，在此刻立界碑，将沙头角一分为二，东侧为华界沙头角，西侧为英（港）界沙头角，故名“中英街”。

1980年10月1日，广州市工商局成立，市政府为了解决“占道经营”等问题，开始给在高第街经营的商贩发放牌照，高第街率先成为广州市开放的第一个工业品市场，也是全国第一个经营服装的个体户集贸市场。

20世纪80年代初，高第街天天都是人山人海的，不足600米的街道日流量以数万人计算。据原高第街商会会长李汉标回忆自己第一眼看到高第街的情景，“人太多了，从北京路口挤到起义路口要半小时”。[②]

②来源《南方日报》。

到20世纪80年代末，七八米宽的高第街两旁全部都是店铺，为了多增加一些铺位，在狭窄的街道中间还用铁丝隔开，密密麻麻地搭建了一排排的“车仔档[③]”，每个铺位大概只有一两平方米，整条街最多时大约有1000多档，热闹非常，也拥挤不堪。

③就是“流动小贩”，是指将货物摆地摊售卖，或者用手推车、脚踏车、三轮车、摩托车、货车等承载，流动叫卖，收档则推车仔回家。这种贩卖方式除了可以参加传统市集之外，更便于沿街叫卖，增加客源和生意。

由于这里商品种类多样，人们在这里能买到各种各样新奇好用的商品。摊贩们的工作虽然十分辛苦，经常要起早贪黑，东奔西忙，但收入的确可观。当时的小摊贩，生意好的一天大约能赚几百元，所以高第街也造就了广州市早期的万元户、十万元户，甚至百万富翁。那个时候能在高第街拥有一个铺位的就算是土豪了。

图9–3　高第街

高第街现状

高第街当年的盛况（来源：广州市城建档案馆）

1984年，一部珠江电影制片厂出品的故事片《雅马哈鱼档》风靡全国，这部影片是由作家章以武、黄锦鸿根据他们创作的同名中篇小说改编而成，用近乎写实的镜头，描绘了广东改革开放初期，人们生活观念和价值观念急剧变化、各种思想激烈交织的社会现状，穿插了大量广州民众日常的生活情境及市井商贸的繁华实况，具有浓郁的广州风味，一股强烈又真实的广州生活气息扑面而来。这是广州第一部描写改革开放的影片，当年还获得了文化部的优秀影片奖。

据导演张良[①]回忆，电影就是以当时广州高第街一带的个体户自食其力致富的故事为蓝本创作的，影片中的不少镜头就取自高第街。20世纪80年代来过广州的人，一般都去过高第街，高第街对于当时的人们来说，就像现在到了上海一定要去外滩，到了纽约一定会去时代广场，当时有一种说法是“到了广州不到高第街算白来”。

图9-4 《雅马哈鱼档》电影海报

①张良，生于1933年，辽宁本溪人，国家一级导演，享受国务院特殊津贴，曾主演《董存瑞》，导演了《梅花巾》、《雅马哈鱼档》、《少年犯》等优秀影片。

高第街火了。从创造价值或产出规模的角度来看，高第街可能不足为道，但是对于平民百姓来讲，高第街的影响力并不逊于流花商圈和西堤商圈。高第街与观绿路、西湖路夜市迎来了它们的黄金年代。全国各地甚至有港澳的服装“倒爷”[②]都聚集在这里进货，然后再大包小包地将各种时髦服装销往各地，高第街的服饰就这样引领者大江南北的潮流。全国最早一批成衣批发基地相继在广州建立起来。

②“倒爷”一词广泛流行于20世纪80年代中后期和90年代初期。我国在从计划经济转向市场经济过程中，尤其是在实行价格双轨制时代，一些人利用计划内商品和计划外商品的价格差别，在市场上倒买倒卖有关商品进行牟利，被人们戏称为“倒爷”。后来泛指靠赚取商品差价赢利的商人。

西湖路灯光夜市始建于1984年5月，曾以南国夜明珠之称扬名大江南北，是全国开办最早、最大的夜市。其设立初衷是广州市政府要安置大批因观绿路等城市建设项目而迁至此的个体户。

起初人们只是用竹竿在马路两边搭建成一个个简陋的临时档口，因为是晚上营业，需要安上电灯照明，所以就被市民形象地称为“灯光夜市”。灯光夜市的出现，让马路经济的繁荣从白天延续到了夜晚，广州人的夜生活也从室内延伸到户外，这里一度成为年轻人的拍拖圣地，可以看到广州人的市井百态。

西湖路灯光夜市是高第街的升级版。全国各地的厂商和游客来到广州，通常是白天逛高第街，夜晚到西湖路“淘宝”。西湖路灯光夜市发挥毗邻港澳的优势，再度领先国内时装潮流，被称作中国时装的“橱窗”，抢了不少国营商店的生意。

后来，西湖路用来搭建档口的竹竿渐渐换成了更结实美观的不锈钢，灯泡换成了灯管，每天统一按时安装、拆卸，门面也作了统一设计和装饰。夜市经营的范围也从平价商品逐渐扩展到了婚纱、旗袍等高档服装。据不完全统计，鼎盛时期，这里的固定档口有1045家，就业人数超过一万人，营业额达8000万，年上缴税收600多万元[③]。

③1978年，广州市的地方财政收入是 140067万元。

高第街、西湖路的马路经济效应，让富有经商传统和头脑灵活肯干的人们纷纷效仿，那时候广州的地摊生意几乎四处开花，在创造财富搞活经济的同时也带来了一系列问题。

1985年12月，为了适应迅速发展起来的第三产业，解决个体摊档占用道路、内街，阻碍交通等矛盾，广州市人民代表大会通过了市规划局编制的《广州市农贸市场、工业品市场规划》。城市的管理者们在经过“杀出一条血路”

图9-5　西湖路灯光夜市（来源：南方日报档案室）

图9-6　马路经济占道经营的景象（来源：《百年广州》）

的激情建设后，开始冷静地思考，在改革开放的新形势下，如何更好更有序地推进城市建设。

顺着历史的脉络回溯，高第街、西湖路灯光夜市是有史可循的，那个历史的契合点应该是广州的“花市”和“夜花市”。

广州的花市[①]全国闻名，花城的名号也是因此得来。每年农历新年前夕，广州市里都会举办迎春花市，现在一般是举办三天，从年廿八开始到大年三十半夜收市，市民们通常都要采买鲜花回家过年，按照传统的风俗，人们必买的花有三种：金桔、桃花、水仙，一方面是预兆新的一年好运连连，人丁兴旺，财源广进；另一方面可以美化家居，喜气洋洋迎接新年。

据史料记载，在两千多年前的南汉时期，广州南郊[②]就已经出现了专门种花卖花的花农。到明清之际，在广州老城的七个城门下已分别形成了经营性的花市。后来在今中山路和北京路交界处，也就是西湖路一带出现了夜间花市，广州城一年一度的除夕迎春花市，也由此逐步成型。

所以，当西湖路灯光夜市繁荣之时，回忆着历史上这片天空下曾经的花市盛景，人们也许会感慨，街道的传统和记忆，历经沧桑，总是会在同一个时空下交织成一种仿似全新的，却又是文脉相承的情境，恍如时光穿越。

图9-7　西湖路迎春花市（来源：南方日报档案室）

20世纪80年代的广州，是一个风云际会的时代。新事物的大量涌入，与旧观念不断激烈碰撞。改革的春风让这座古老的城市焕发了新的商机，人们压抑已久的生活激情被重新点燃，对各类生活用品的大量需求，对改变一片灰蓝服色的强烈愿望，对不同生活方式的好奇向往等等，都表现得十分的主动而迫切。

从20世纪70年代末自发形成的高

①明代时广州花市最盛，曾与罗浮山的药市、东莞的香市、廉州的珠市，并称为“广东四市”，影响甚广。

②即现海珠区滨江路“花洲古渡口”石碑一带。

第街马路经济，到1980年市政府给商贩发放经营牌照，到1984年市政府主动开辟西湖路夜市，再到《广州市农贸市场、工业品市场规划》出台，是广州市井商贸活动从无序到有序的过程，是广州城市规划从被动管理到主动管理的过程。这个过程中，广州商贸活动逐渐由计划经济为主导向市场经济为主导转换。伴随着这一过程，“84版城市总体规划”也完成了编制、上报、公布程序，确定了广州的城市性质为“广东省的政治、经济、文化中心，我国的历史文化名城之一，我国重要的对外经济文化交往中心之一”。城市的明确定位是广州商贸重新焕发活力的源泉和最有力的支持。

高第街、西湖灯光夜市是广州草根阶层参与市场并使之活力化的标志，动力源泉是草根阶层为了活下去而起早贪黑日复一日的集体坚持。高第街和西湖路灯光夜市现象刺激了广州千年商都的觉醒，引发了广州城商业潜质的新一轮的振兴。反观友谊商店的变化，我们看到的则是广州由计划经济向市场经济转换的另外一种模式。广州友谊商店走向市场经济的过程经历了从内设经营到市场化动作，是从特殊化到平民化的过程。

为妥善解决外国专家、外宾、使馆工作人员所需副食品和高级日用品问题，广州友谊商店于1959年5月开业。友谊商店位于西堤百货商店三楼，员工5人，营业面积300平方米。1966年5月，友谊商店迁往南方大厦西楼首层，营业面积650平方米，员工33人。

1978年，广州友谊商店迁址环市东路，建筑面积达1万平方米。仍然只接待外国使领馆人员、外国专家、侨民、留学生、外籍华人、外宾和中国出国人员(凭护照供应)。友谊商店门口一度挂着这样的提示牌:“本店接待外宾，无关人员勿进”。

1979年，台湾、港澳同胞，凭身份证或旅游证件可以进广州友谊商店。同时，友谊商店成为全国第一家享有直接进口报关资格的非外贸企业，可以直接从香港进口商品，为我国的商业改革拉开了帷幕。

1980年4月，国家发行外汇兑换券后，港澳同胞每人可以带两个内地亲属入店。店内实行以外汇兑换券购物结算。凭外汇券供应的商品，除自行车、高档香烟等几种商品外，其余商品任意选购。

1980年12月，开始对国内外宾客全面开放，自由选购。

1981年4月，广州友谊商店[①]诞生了中国内地第一个超级商场，开创了我国百货商业的新纪元，一时间中央、地方多家媒体竞相报道。友谊商店也因此被载入“零售百年史”和“1949年以来流通领域大事记”。[②]

1984年4月，在友谊商店4楼和相连后座新开设国际商场，很多商品可以用人民币结算。我们可以说，从这时起，广州友谊商店“飞入寻常百姓家”，尽管经营的商品依然相对高大上，但其经营模式已经逐步走向市场化、平民化，这种外贸场所平民化的过程正是广州商贸都市觉醒的另一个标志，活力来源于各阶层群众对美好生活的不断向往和追求。

1995年1月1日，外汇券退出市面流通，标志着友谊商店彻底走向高端商品平民化。

①改革开放以后的20世纪70年代末期，作为中外贸易友谊的象征，北京、上海、天津、广州等几个主要城市开设“友谊商店”。当时的服务对象仅限于外宾、华侨、港澳台同胞、政府官员等，普通市民无法进入。

②1999年9月23日的《中国商报》和2000年第9期的《零售》杂志。

图9-8　20世纪90年代的广州友谊商店（来源：南方日报档案室）

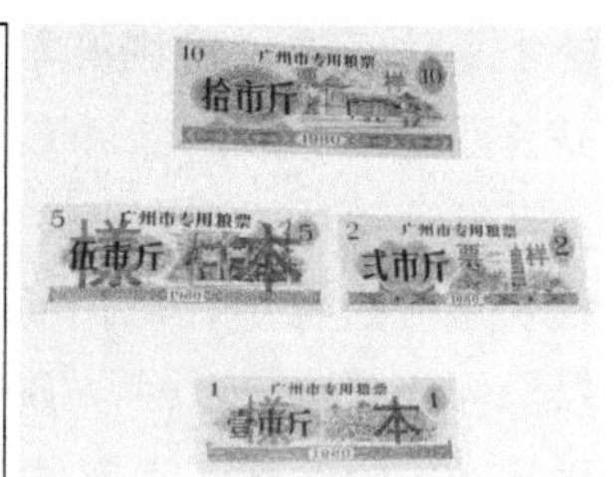

外汇券、粮票

激发广州商贸都市觉醒的另一个重要建设项目是白天鹅宾馆。

我们依稀记得20世纪80年代广州有两次难以忘怀的嘉年华，那是两次人满为乐的记忆。一次是人民路高架路通车那天，兴高采烈的市民们涌上高架桥观光，形成了一个巨大的“人”字；另一次就是1983年2月6日，白天鹅宾馆正式开业。开业当天，宾馆对外全面开放，人潮如涌的广州市民将宾馆里里外外挤得水泄不通。

白天鹅宾馆是内地第一家允许非住客参观游览的高级酒店，酒店厕所首开先河配备了免费厕纸。据当时的员工回忆，宾馆开张当天，好奇的广州市民拖儿携女，老老少少，蜂拥而至。卫生间的抽水马桶被打烂了好几个，大堂捡到了几箩框挤掉的鞋子。

据说当年白天鹅宾馆开张的时候还有一个小插曲，有员工向霍英东先生汇报，公共卫生间的免费厕纸因为有部分来参观的市民顺手牵羊而“供不应求”，是不是要采取一些控制和制止的措施。霍先生认为这是城市发展和国民素质提高的必经过程，只要注意随时添加，维持应有的五星级标准，总会“正常”的。那天仅公共卫生间的厕纸就用了400卷。

这个小故事的真实性现在已无从考究，但是白天鹅宾馆的确没有嫌麻烦，没有简单地把市民拒之门外，没有制止或处罚那些“顺手牵羊”的行为。而是用一种宽容的姿态，善意地理解了人们对新鲜事物的好奇，坚持以开放的姿态让大家自由出入参观。事实证明，随着人们对新兴事物的熟悉，对高级酒店管理的了解，尤其是自身生活水平的提高和社会物资供应的日益丰富，这些现象的确越来越少，很快就恢复正常了。

白天鹅宾馆开放的意义并不是为了满足了人们的猎奇心理，而是让广州人知道了一个国际商贸都市应该具有什么样的商业环境和基本条件。应该说，白天鹅宾馆公开展示了未来广州必备的环境品质，树立了广州城市建设的标杆，也激发了广州人追求美好愿景的热情。

白天鹅宾馆开放的意义还在于建立了一套顺应市场经济的经营模式。20世纪80年代初期，五星级宾馆虽然还是奇货可居的产品，当时国内大多数人难以负担其昂贵的消费。但是，宾馆的未来市场一定在国内，而不仅仅是国外少数人的专利。

白天鹅宾馆的开放，撕开了中国对外贸易活动和广州城市生活之间那层薄薄的面纱，让广州以最快的速度将内贸与外贸融为一体。高第街、西湖路灯光夜市的出现，友谊商店的改变，白天鹅宾馆的开放，是广州商贸都市觉醒的重要标志，是广州商贸都市全面发展的标志。

对广州甚或对中国而言，白天鹅宾馆的建成是里程碑式的，无论是从政治意义、经济发展、社会变革等不同角度，还是从人文生活、城市规划、建筑设计等方方面面，白天鹅宾馆的故事都很精彩。

1978年，中国改革开放之初，一方面要打开国门走向世界，一方面急需引入外资、先进的技术设备及现代化的管理经验，“要在全国的大城市建立几个国际水准的旅游饭店”的设想就是在这样的背景下提出来的，当时国家旅游局计划在北京、上海、广州、南京等地兴建8座中外合资酒店。

据当年参与了白天鹅宾馆筹建全过程的原广东省副省长、白天鹅宾馆董事长梁威林和白天鹅原总经办主任黄抗美回忆，1978年7月，国家旅游局局长卢绪章在广州约见了霍英东先生，希望霍先生在这件事上带个头。几乎是同时，广州市也开始和李嘉诚、胡应湘、利铭泽、李兆基等财团洽谈，计划引资筹建高级宾馆，即是后来的中国大酒店和花园酒店。

广东虽然是改革开放的前沿阵地，但这种引入境外资本合作建设宾馆的模式一开始还是遭遇了重重质疑，比如这么高级的宾馆建好了有没有客人来住？如果客人来多了会不会引起广州的副食品供应紧张？毕竟那还是凭票供给制[①]的年代。更多的疑虑是，共产党怎么能和资本家搞合作？

①凭票供给制只是针对拥有城市户口的人们，其产生源于建国初期的物资匮乏。1955年8月25日，国务院全体会议第17次会议通过《市镇粮食定量供应凭证印制暂行办法》，各种粮食票证进入社会。后来国家陆续对很多商品都实行了票证制度，从化工、机械、煤炭、粮、油、布、肉、蛋，到烟、酒、糖、茶，都实行按人发票、凭票供应。1984年，深圳市在全国率先取消一切票证。到1985年，国务院批准将原有的票证供应物资逐年减少，1993年粮票被正式宣告停止使用，长达近40年的票证经济就此落幕。

为了克服阻力推进这些项目，当时的广东省委书记习仲勋曾亲自给时任国务院副总理的余秋里写信：“霍英东先生是爱国商人，同我们商谈了八次，亲自赴广州、北京商谈了五次”，希望“从速审批”。当时的国务院港澳办主任廖承志也亲自给卢绪章写信，提出“没有一家谈成，这样下去不利”，“广州的霍英东一项，无论如何争取它能够谈成”。1979年4月10日，霍英东先生和广州市旅游局签署了正式合作协议，约定双方共同投资2亿港元，在广州合资兴建一幢高层的高级宾馆。

图9-9　余畯南向习仲勋副委员长、刘田夫省长、霍英东先生等汇报白天鹅宾馆设计方案（来源：《白天鹅宾馆开业十周年纪念册》）

霍英东先生将宾馆定点在沙面岛南侧，而没有选择火车站或友谊商店附近。宾馆的名字在叶剑英的建议下，定为“白天鹅”。

这个选址虽然不会占用耕地，也没有拆迁困难，但从规划建设的角度看，的确不算是最佳选择。因为这种体量的高层建筑势必对沿江天际线景观造成一定的影响，与沙面原有的历史建筑风格似乎也不大协调，填沙造地的地质条件对34层高的建筑来说更不是理想的选择。

在2003年举办白天鹅宾馆中外合作期满移交仪式的时候，霍英东先生曾向采访的记者吐露心声。因为沙面曾经是“华人与狗不得入内”的殖民地租界，因为英美商人对这块土地十分熟悉，霍先生就是想在这里建一座令人自豪的现代化的高级酒店，广州城经历了无数次反抗、沦陷、收复，沙面岛在炮火和屈辱中压抑了一百多年，他认为在这里建造中国人自己的高级酒店，“能长民族志气”。当然，这是如何面对历史、历史建筑和历史环境保护的问题。孰是孰非，自有后人评判。

图9–10　沙面建筑（来源：广州市城建档案馆）

20世纪初沙面租界的英格兰桥（来源：《百年广州》）

当然，也还有另一种说法。白天鹅宾馆的选址位于广州西堤商圈，正如我们在前面提到的，历史商圈总会最先在城市复兴中重新焕发活力，在改革开放之初，作为老商贸区的西堤商圈同样承载着振兴广州经济的重任，人们寄望于新宾馆与老商圈的结合，能够更快更好地提振广州经济。当时同样被寄予厚望的还有“到广州一定要去的南方大厦”。

我们曾专门提到广州解放初期复建的南方大厦，南方大厦于1954年建成后，的确提振了西堤商圈，快速恢复了被战争破坏的城市功能，振兴了当时广州的经济商业中心。改革开放初期，有着历史商业传承的南方大厦很快重新兴盛起来，再次给广州的经济注入了新的活力。据资料显示，在20世纪80年代，南方大厦的销售额、利润和所得税一直排在全国国营百货商店之首。外地人到了广州是一定要去逛南方大厦的，当时有不到南方大厦就不算到过广州的说法。尤其是当时主要经营高档商品的友谊商店必须要有外汇券才能购物，所以凡是想买高档商品的人们唯一的选择就是去南方大厦了。

毫无疑问，白天鹅宾馆和人民路高架路的确给西堤商圈注入一支有效的强心剂。改革开放初期，西堤商圈曾经火爆一时。西堤商圈的官商、流花商圈的外商、高第街和西湖路灯光夜市的民商各有千秋，交相辉映，让具有千年商都之称的广州重新绽放出耀眼的光辉。

可惜的是，广州城市东进的主方向已经不可逆转，而且西部城区无法施展的交通格局也成为制约其发展的硬伤，西堤商圈并没有因为白天鹅宾馆的兴建而维持太久的辉煌。令人唏嘘不已的是，如今南方大厦一带已经成为小商品批发市场的集散地，车流人流杂乱无章，昔日的高大上变成了脏乱差的代名词。这是后话。

南方大厦周边现状（摄于2015年）

图9-11　南方大厦

白天鹅宾馆最终是通过国际招标确定设计方案的。以一代岭南建筑大师佘畯南、莫伯治为主的设计团队，最终在广州、香港、新加坡三方角逐中脱颖而出，白天鹅宾馆的建筑设计方案成为岭南建筑界的精英们集体创作的里程碑式的作品。

白天鹅宾馆的设计立足于本土建筑师，表现了霍英东先生睿智和宽阔的胸怀，是一个伟大而高明的决策。本土建筑师团队主持五星级宾馆建筑创作，不仅仅为广州商贸都市的未来发展培育了一批建筑设计骨干，还有利于当下高品质建筑环境创作理念和乡土的有机结合。白天鹅宾馆创作的巨大成功，坚定了本土建筑师和政府官员为广州创造美好商贸都市环境的信心。

当时内地的设计师们对高级涉外酒店这个概念还很陌生，于是霍英东先生请来香港的设计师和大家座谈，邀请内地的设计师到香港考察参观。走出国门的设计师们眼界大开，对五星级酒店的设计标准和建设要求终于有了直观具体的认知，再加上集体的智慧和思想火花的碰撞，很快就有了美如玉屏、迎江而立的设计蓝图。

据说当年赴港参观学习的这些高级知识分子们也曾有个别人闹出过将吃虾洗手水当茶水饮用的故事。现在的我们也许会惊讶于有文化的高级知识分子为什么也会闹出这种小笑话，其实这是长久封闭的国门突然打开之后，各种文化、各种习俗、各种思潮在融合过程中必然会出现的急剧变化和碰撞，必然也会给当时国内各个阶层的人们带来全新的体会和认知。

图9-12　莫伯治、佘畯南与工作团队在白天鹅宾馆工地

白天鹅宾馆是国内第一个采用大型室内中庭设计的酒店。据报道，当初建造白天鹅宾馆时，曾有人建议，作为接待外宾用的高级宾馆应该设计

图9-13　白天鹅宾馆（摄影：郑棣华2015年）

得西化一点，但是广州的设计团队认为最好能体现中国的文化和特色。于是他们提出了中西合璧的设想。

所以我们现在看到的白天鹅宾馆，其外观是完全西方现代派的建筑，简洁挺秀；而内部设计是完全中国化的，温婉内涵，收放自如；尤其是“故乡水”的中式园林设计既富于中国传统特色，又营造了大界面的临水空间，平添几分生气与雅趣，是白天鹅宾馆的点睛之笔。由外及内，白天鹅宾馆将西方现代建筑特色与中国园林的空间处理手法交融并用，巧妙结合，的确是做到了古今中外皆为我用。莫伯治曾总结道：“现代主义、地方特色与生活情趣的有机结合，是白天鹅宾馆创作成功的关键。”后来贝聿铭到白天鹅参观时，曾赞叹“中国有天才的设计大师”。

除了主楼的外立面造型以及中式中庭外，设计师们还尝试了多功能、半开敞的裙楼设计，同时对白天鹅宾馆周边的交通规划及其与沙面历史建筑群之间的关系也作了认真的考量。

例如，考虑到宾馆建成后，每天将有大量机动车进出接送客人，如果都从沙面的街区里穿越，既不利于保护沙面的历史建筑群，狭窄的街区巷道也根本无法让机动车方便快捷地通行。于是，设计师们选择了建设高架引桥，将白天鹅宾馆与人民南路、沿江路连接起来，直接跨越沙面的设计。

这种因地因时制宜的设计，既舒缓了交通压力，也更好地保护了沙面的历史建筑群。但这条路对临江的景观多少还是有影响的，近年来也有一些声音要求拆除它。

当年广东省和广州市为了白天鹅宾馆工程的建设专门组织精兵强将成立了广州珠江外资建设公司（即后来的广州珠江实业集团有限公司），以“交钥匙”的方式进行总承包建设，开创了国内工程项目总承包的先河。该工程于1979年7月开工，1983年1月竣工，由广州市第二建筑工程公司和广州市机电安装公司分别负责土建和机电安装，并在1984年成为首个获得国家施工金质奖的宾馆。

那时全国人民都很羡慕广州人，因为只有广州的宾馆可以自由出入，只有广州的街上可以扬手打“的士”。不能简单地说白天鹅宾馆令广州市民的综合素质提升了一个层次，但正是高档酒店的平民化情怀，增长了普通民众的见识，引导了新的生活方式和积极的生活态度。一座优秀的城市往往会让人们产生强烈的归属感；同样，一座优秀的城市也一定会激发人们的自豪感。我们或者可以说，白天鹅对普通市民开放其实也是广州娱乐消费市场平民化的标志，它激发了市民娱乐消费的无限追求。

白天鹅宾馆自建成之日起就广受赞誉，是外地游客的必游之地，它成了广州新的空间地标，也是广州城市建筑发展的重要节点。

引桥　　白天鹅引桥（摄影：黄伟东2016年）

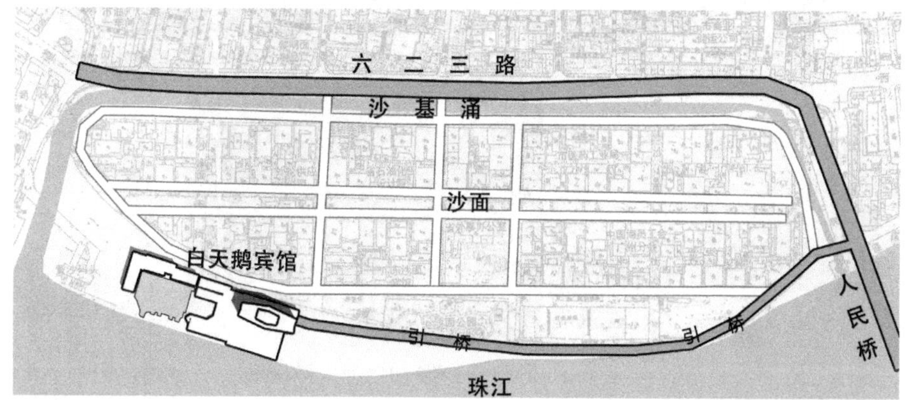

图9-14　白天鹅宾馆周边交通组织示意图

随后不久，1984年，广州中国大酒店开业；1985年，广州花园酒店开业。在20世纪80年代，这三家酒店每年收入达十五六亿元，令广东酒店业一直傲视国内酒店业群雄。更重要的是，这三大中外合作酒店让人们对改革开放有了更直观、更积极的认知，其政治意义远远超过了它们的经济意义，在广东勇于改革开放、突破计划经济思维的过程中成为标志性符号。

1984年7月，广州首先实行各饭店、酒家、茶楼的客饭一律免收粮票；1988年9月，广州海珠区联星农工商总公司兴建的28层的江南大酒店全面营业，这是中国第一家由农民与外商合办的大型酒店。

在西湖路灯光夜市人头涌动、友谊商店日趋平民化、白天鹅开业迎宾之际，广州最东边的一片处女地也迎来了激情燃烧的大时代。

1984年12月28日，广州经济技术开发区①奠基开工。广州经济技术开发区选址位于广州市区东部珠江和东江交汇处，毗邻黄埔新港，规划面积9.6平方公里，是中央和国务院决定进一步开放沿海城市而兴办的经济技术开发区，是全国第一批14个国家级开发区之一。

我们之所以在讨论广州商贸都市觉醒的问题时提及经济技术开发区的建设，是因为经济技术开发区是实行特殊经济政策和优惠办法的对外开放经济区域，是广州市集中发展涉外经济合作事业的一个新区，也是中国致力于拓展对外经济技术合作与交流，引进国外资金以及先进科学技术和管理经验的窗口。

1984年4月4日，当得知中央确定广州为14个开放城市②之一，并同意兴办经济技术开发区时，广州市委市政府马上召开会议研究部署筹建开发区的前

①开发区，是为促进经济发展，由政府划定实行优先鼓励工业建设的特殊政策地区。它们一般都依托城市发展，在明确的区域范围内实行特殊的经济政策、管理体制。

②1984年2月，邓小平在视察广东、福建后，肯定建立经济特区的政策是正确的，并建议增加对外开放城市。4月，中共中央、国务院根据邓小平的意见召开沿海部分城市座谈会，并于5月4日发出《沿海部分城市座谈会纪要》的通知，确定进一步开放14个沿海港口城市，即大连、秦皇岛、天津、烟台、青岛、连云港、南通、上海、宁波、温州、福州、广州、湛江、北海。

图9–15　中国大酒店、花园酒店、江南大酒店

中国大酒店（来源：广州市设计院）

花园酒店（来源：广州市城建档案馆）

江南大酒店（来源：广州市城建档案馆）

期准备工作。

4月19、20日两天，邀请专家、学者、经济工作者、曾在特区工作过的同志参加座谈会，商讨开发区的初步设想。4月26日，广州市委批准成立开发区筹备小组，并任命市委副书记朱森林为组长，石安海、缪恩禄为副组长。4月30日，筹备小组在市委市政府领导亲自主持下，召集了公路、电信、设计、财政、银行、环卫、环保、供电等部门编制单项规划。5月8日，单项规划完成；5月9日，市委审议通过《广州开发区规划大纲（草案）》；5月11日，市委书记许士杰带着《草案》向中央汇报。

5月24日至26日，召开开发区定点的全面论证会，参加会议的有省城市规划院副院长祝其浩、华南工学院教授金振声、省社科院研究员卓炯、中山大学港澳研究所所长雷强、暨南大学特区港澳研究所副所长陈继文、副教授袁式邦等30多名专家教授，实地考察、论证规划大纲。经过对二沙岛、小谷围、五山、黄埔等地对比论证，认为开发区选址在黄浦区东南缘比较合适。当时这里完全是农村，一片荒滩蔗地，远离城区。

6月8日，国务委员谷牧在广东省委书记任仲夷和广州市委副书记朱森林的陪同下，视察了广州开发区选址中的黄浦区东南缘，听取制订规划大纲情况汇报。6月19日，市委、市政府决定，在开发区筹备小组的基础上成立开发区管委会，管委会主任朱森林，副主任石安海、缪恩禄。7月23日，广东省政府组织有关部门60多人到黄埔东南缘现场勘察，审议《广州开发区规划大纲》。规划大纲把开发区的区域范围扩大为58平方公里。8月，《广州开发区规划大纲》

经省委、省政府审议批准，作为广州市总体规划①的一个组成部分，上报国务院审批。

①指广州城市总体规划第14方案。

7月30日至9月27日，按照广州市委、市政府的部署，开发区管委会基本完成了对南基、夏园、沙步3个乡250公顷耕地的征用工作，以及吹沙填土等施工前期的准备工作。

9月18日，国务院在对广州市城市总体规划的批复中，明确指出要认真搞好经济技术开发区的规划和建设工作。

9月22日，广州市委办公会议作出决议：开发区设财政机构，从7月开始，在开发区范围内市属工厂上交市的财政和黄埔海关在黄埔新港代收的工商税划归开发区，作为开发区的财政收入。截至11月上旬止，开发区已和270多家港澳及外国客商洽谈引进项目，签订了合资、合作意向书21项，协议16项，合同2项，协议投资额9520万美元（不包括人民币部分）。12月5日，国务院对广东省政府报送的《关于做好广州市对外开放工作的报告》做出批复："同意广州市在抓好老企业技术改造的同时，有计划、有步骤地兴办经济技术开发区，位置在黄浦区东南缘，珠江主流与东江北干流交汇处，北以横滘河为界，东南至东江，西南至珠江，包括大蚝洲岛，总面积为9.6平方公里"。

12月28日，开发区举行开工奠基仪式，地点在黄浦区夏港路西侧已吹沙填土地段。典礼上，开发区主任朱森林介绍了筹建情况，时任广东省委书记林若、广州市市长叶选平讲话，时任电子工业部部长江泽民，广东省、广州市领导任仲夷、许士杰等3000多人参加。

从4月4日得知消息，成立工作组，历经选址、规划、报批、征地、招商，到12月28日开工奠基，广州开发区筹建只用了9个月，一共是268天时间。当时的工作热情、办事效率真的让人惊叹！那是一个热血沸腾的时代，所有人都充满工作激情，只争朝夕；那是一个城市活力迸发的时代，城市建设发展不断寻找着突破口，日新月异！

广州经济技术开发区开工奠基（来源：广州经济技术开发区）

图9-16　未开发前港前工业区

1985年7月7日，广州市政府颁布了《关于实施广州经济技术开发区总体规划的通知》，后来又进行了深化，制订了详细规划，包括小区规划和工程管线规划。开发区按不同的功能将区域内划分为6个功能分区，包括南围综合区、港前工业区、东基工业区、西基工业区、北围工业区、大蚝洲岛区。开发区一般公共服务设施是按"居住区—小区"结构设置②。按照"全面规划、逐步实

②但根据开发区的特别需要，也设置若干对完善投资环境有重要意义的、较高层次的公共服务设施。为此，在中心区预留有20公顷的土地以备布置金融、贸易、资信等行业发展之需。

广州经济技术开发区开工奠基前大事记　　表9-1

序号	时间	大事记
1	1984年4月4日	中央确定广州为14个开放城市之一，并同意兴办经济技术开发区。广州市委市政府召开会议研究部署开发区筹建前期准备工作。
2	4月19、20日	邀请专家、学者、经济工作者、曾在特区工作过的同志参加座谈会，商讨开发区的初步设想。
3	4月26日	广州市委批准成立开发区筹备小组，并任命市委副书记朱森林为组长，石安海、缪恩禄为副组长。
4	4月30日	筹备小组在市委市政府领导主持下，召集公路、电信、设计、财政、银行、环卫、环保、供电等部门编制单项规划。
5	5月8日	单项规划完成。
6	5月9日	市委审议通过《广州开发区规划大纲（草案）》。
7	5月11日	市委书记许士杰带着《草案》向中央汇报。
8	5月24日至26日	召开开发区定点的全面论证会，参加会议的有省城市规划院副院长祝其浩，华南工学院教授金振声，省社科院研究员卓炯，中山大学港澳研究所所长雷强，暨南大学特区港澳研究所副所长陈继文、副教授袁式邦等30多名专家教授，实地考察、论证规划大纲。经过对二沙岛、小谷围、五山、黄埔等地对比论证，开发区选址在黄浦区东南缘。
9	6月8日	国务委员谷牧在广东省委书记任仲夷和广州市委副书记朱森林的陪同下，视察了广州开发区选址中的黄浦区东南缘，听取制订规划大纲情况汇报。
10	6月19日	市委、市政府决定，在开发区筹备小组的基础上成立开发区管委会，管委会主任朱森林，副主任石安海、缪恩禄。
11	7月23日	广东省政府组织有关部门60多人到黄埔东南缘现场勘察，审议《广州开发区规划大纲》。规划大纲把开发区的区域范围扩大为58平方公里。
12	8月	《广州开发区规划大纲》经省委、省政府审议批准，作为广州城市总体规划（84版）的一个组成部分，上报国务院审批。
13	7月30日至9月27日	按照广州市委、市政府的部署，开发区管委会基本完成了对南基、夏园、沙步3个乡250公顷耕地的征用工作，以及吹沙填土等施工前期准备工作。
14	9月18日	国务院在对广州城市总体规划的批复中，明确指出要认真搞好经济技术开发区的规划和建设工作。
15	9月22日	广州市委办公会议作出决议：开发区设财政机构，从7月开始，在开发区范围内市属工厂上交市的财政和黄埔海关在黄埔新港代收的工商税划归开发区，作为开发区的财政收入。
16	截止至11月上旬	开发区已和270多家港澳及外国客商洽谈引进项目，签订了合资、合作意向书21项，协议16项，合同2项，协议投资额9520万美元（不包括人民币部分）。
17	12月5日	国务院对广东省政府报送的《关于做好广州市对外开放工作的报告》做出批复："同意广州市在抓好老企业技术改造的同时，有计划、有步骤地兴办经济技术开发区，位置在黄浦区东南缘，珠江主流与东江北干流交汇处，北以横滘河为界，东南至东江，西南至珠江，包括大蚝洲岛，总面积为9.6平方公里"。
18	12月28日	开发区举行开工奠基仪式，地点在黄浦区夏港路西侧已吹沙填土地段。典礼上，开发区主任朱森林介绍了筹建情况，时任广东省委书记林若、广州市市长叶选平讲话，时任电子工业部部长江泽民，广东省、广州市领导任仲夷、许士杰等3000多人参加。

施、开放一片、收效一片”的建设原则，分三期进行土地开发。

从1984年到1989年的建设初期，开发区实现了较大发展，奠定了依靠自身积累实现滚动发展的基础。广州开发区早期的开发建设主要集中在工业区内部，以单一的工业生产为主，多为劳动密集型的中小企业，缺乏一般意义上的城市功能，呈现“孤岛”状态，与外部区域联系较少。

1991年，经批准的规划用地（后来叫开发区西区）基本开发完毕，开发区已发展成为配套设施完备的成熟工业园区。在城市功能配套方面，当时已经形成了青年路、普晖村、金碧等多个配套相对完善的生活居住小区，形成了区域商贸、居住中心，并建有学校、医院、文体等主要场所，有了较为方便的生活设施和舒适的生活环境。

在原规划的9.6平方公里内，因黄埔新港及珠江、东江各码头港区等已占用开发区范围内3平方公里的规划用地，开发区实际可使用的面积只有6.6平方公里。为解决开发区用地不足的问题，广州开发区向国务院提出置换3平方公里土地的要求。1992年，经国务院正式批准同意置换，这才有了后来的开发区东区南片，再后来又增加了东区北片、永和、科学城。开发区面积从1984年的9.6平方公里扩大到现在的88.77平方公里。

开发区的建设对广州东部板块的崛起以及城市空间结构产生了深远影响。在改革开放初期，开发区的建设蓬勃朝气，是新事物、新模式、新思维汇聚迸发的综合载体，是当时广州充满城市活力的重要特征。

图9-17　广州市经济技术开发区（开发区提供）

20世纪80年代末，广州东部的开发区正建设得热火朝天，广州最南端的南沙地区也开始引起关注。

南沙位于广州市的最南端、珠江虎门水道的西岸，东面与东莞隔江相望，西面与中山和佛山顺德接壤，北接番禺区，南濒珠江出海口——伶仃洋。这里是珠江的出海口和珠江三角洲的几何中心，也是广州唯一的出海通道和海上门户，距离香港、澳门分别为38海里和41海里。

1990年，霍英东首次提出开发南沙，计划到2005年将南沙建设成为拥有

30万人口和工业产值过百亿元的现代化滨海新城。1990年6月，广东省、广州市将南沙确定为重点对外开放区域和重点开发区，并成立了隶属番禺县人民政府管理的县局级单位南沙经济区管理委员会。南沙开发初期的规划面积只有22平方公里，位于南沙的东部，由霍英东先生投资建设①。1993年5月12日，国务院正式批准成立南沙国家级经济技术开发区，享受沿海城市经济技术开发区的各项政策，拉开了南沙大规模开发建设的序幕。

①与20世纪90年代末广州开始开发建设的“大南沙”相比，霍英东基金会拥有22平方公里的东部地区的开发权，后者被称作“小南沙”。

图9-18 南沙开发区（南沙区规划局提供）

高第街、西湖路灯光夜市是草根阶层参与市场、商贸都市发展顺应市场经济规律的标志，友谊商店平民化是商贸都市日见成熟发达的标志，白天鹅宾馆的开放是外贸活动与城市生活一体化、娱乐消费市场平民化的标志，这三者将高低贵贱放到同一个市场平台上，是广州市场经济成熟的标志。民间参与市场，激发了城市活力，唤醒了沉睡数十年的千年商贸都市。

开发区是新事物、新模式、新思维汇聚迸发的综合载体，是广州千年商贸都市城市觉醒、活力迸发的重要特征。这一时期恰值“84版城市总体规划”完成了编制过程，总体规划恰到好处的指引，保障了广州由计划经济向市场经济的顺利转换。广州城市活力迸发，成为一种历史潮流，滚滚向前，再也不可能回头了。

到了20世纪90年代初，随着我国社会主义市场经济的确立，商贸活动日益繁荣，高第街、西湖路夜市却逐渐显得力不可支。曾经以本地市民和游客为主的购物群体，早已被日渐增多的从全国乃至世界各地涌入的客商取代，批发取代零售成为主体需求，源源不断的人流货流在这里极速流转，交易数量亦呈几何级数增长。无论是高第街还是西湖路，其马路经济自身已完全无法承载，其周边也没有可以扩展的空间容纳迅速增多的人流与物流，尤其是物流的集散已成为制约其发展的瓶颈。

1991年2月，位于西湖路与北京路交界处的广州百货大厦开业。广百以经营高中档、名优新特产品为主，售货方式以开架为主。奉行“讲效益、求质量、重服务”的经营宗旨，发扬“团结、诚信、务实、开拓”的企业精神。到1992年，经营商品品种已达到8.3万种，全年销售额4.4亿元，比1991年增长一倍，在全国大型零售业已经名列21位了。

广州百货大厦是1986年12月开始在西湖商场原址上兴建的。广百装修豪华，布局新颖，有中央空调系统、高保真立体声音响系统、自动喷淋系统等现代化设备，还有双向自动扶梯直达6层，开业后就成为广州中高档商品的购物胜地。广百大厦原计划建成30层、7万平方米的西湖大厦，后来因压缩基建投资规模，到1990年底共完成10层土建和装修，投资1.5亿元。1至6层定名为广州百货大厦，美华百货商店并入与大厦连成一体，总营业面积达到1.1万平方米。广百是广州新中国成立以来投资最大的商业建设项目，也是广州国有资本第一次最大规模地参与到改革开放商业大潮中来。后来广百大厦最终还是完成了30层楼的后续建设，并逐步成长为全国最大规模、最佳效益的百货零售企业。

图9–19　广州百货大厦
（来源：广州市设计院）

经过近十年自由发展的摊贩生意，资本有了集聚，扩大生意也成了内在需要。而这些摊贩生意最常见的占道经营模式，具有临时性和随意性，对周边的城市环境缺乏维护的责任感，每天生意之后的各种垃圾、做生意时对道路的各种侵占、拉客时喇叭产生的各种噪声等等，都给附近的居民和城市交通带来了很大的困扰。

虽然这种马路经济的模式在特定的年代给一部分商贩带来了财富，给城市经济带来了活力，给普通市民带来了生活的便利，但是从长远来看，也给城市经济的发展和城市的管理带来了一系列的难题。

到了20世纪90年代中期，高第街、西湖路夜市的生意渐渐被广州火车站周围新开的一系列服装市场抢去不少。1993年开业的广州白马商贸大厦、红棉步步高时装广场和1998年开业的天马大厦时装批发中心，以“服装批发金三角”的姿态，加上邻近火车站便于物资流通的优势，很快在广州火车站一带形成了广州规模最大、最繁华的新的服装批发市场商圈，当时有大大小小十多个服装批发市场，年营业额在50亿以上，很多在高第街、西湖路灯光夜市的商户开始自发地转移到火车站商圈继续经营，也继续自己的传奇。

图9–20　灯光夜市关闭
（来源：《人民日报》2001年11月30日）

1992年邓小平南方谈话时说“社会主义有市场经济，资本主义也有计划经济”，平息了一场国内关于市场经济是姓“社”还是姓“资”的争论。

高第街可以说是刚刚改革开放时中国发展市场经济的一个象征符号，也是得了广东作为全国先行先试特区的机遇。那是一个只要你敢想、肯干、能干，就会获得丰厚回报的时代，压抑许久的广州人骨子里的经商天分被再次激活，许多政策的条条框框被突破、被改变。比如个体户的出现，就是在以前想都不敢想的事情，那是要割“资本主义尾巴”的；比如贩卖商品，赚取差价，在几年前都还可能会被处以“投机倒把罪”，现在一下子成了光明正大的致富大道。

政策的不断突破带来观念的急剧转变，不断冲击着人们思想和生活的方方面面，整个广州的经济活力迫切地需要施展的平台，这股激流在翻滚中急切地找寻着突破口。

20世纪80年代，三大中外合资酒店的落成、天河体育中心及其周边地区的系列建设，给广州的城市建设带来了落子成局的启迪。西部老城区的复兴和东部新区的加速建设，让广州的城市格局沿着珠江以传统的东西方向继续拉伸，不断突破。随着改革开放的逐步深入，广州人开始思考如何让城市建设更好地承载经济社会快速发展的需求，如何让城市发展与经济社会建设相辅相成，共同推进。

第十章　城市重心的东移

20世纪80年代是广州处于高速且有序发展的十年。广州的发展模式和城市面貌华丽转身，在很短的时间就进入了追赶世界先进水平的状态。规划储备是广州十年高速发展的基本保障。“84版城市总体规划”的编制和出台为广州商贸都市的觉醒和广州由计划经济发展模式向市场经济发展模式的平稳过渡提供了空间战略支持、公共交通的支持和市政配套的支持。

从高第街走鬼的出现，到占道经营行为的规范，再到西湖路灯光夜市的开张，市井商贸规模越来越强大，城市管理越来越规范。最后，占道经营的商贩和商品分门别类地被分散到北京路的广州百货商店、新大新百货商店，流花地区的白马商贸大厦、红棉步步高时装广场和天马大厦时装批发中心。广州市井商贸从小到大，从无序到有序，从室外到室内的发展过程如行云流水，虽不过十余年的时间，但成就非凡。

白天鹅宾馆、中国大酒店和花园酒店恰如其分地均匀分布在西堤商圈、流花商圈和流花商圈向东延伸的商务综合区，提升了三个区域的商务服务品质和综合形象。

广州经济技术开发区跳出了主城区独立发展，为广州商贸都市发展开辟了一个崭新的领域，并扩展了商贸都市的内涵。

与此同时，广州市民的住区形态也在发生变化。1984年9月26日正式动工的五羊新城是广州以“统一规划、合理布局、综合开发、配套建设”为指导思想建设的商住小区，改变了广州居住区以大院住宅和单体楼为主，形式单一、配套不足的现实。

五羊新城选址位于当时广州市区的东侧，东至广州大道，西临旧城区，南部与珠江仅隔200米，北临杨箕村。中山一路，广州大道、东风路、天河路、黄埔大道几条城市快速路在其东北立体交会，是名副其实的交通枢纽和城市空间东拓的前沿阵地。

与五羊新城同时期建设的还有淘金坑小区、景泰坑小区、广园新村等，这些代表城市基本功能的居住小区的完善，也是广州城市活力的重要体现。

规划提出结合现有条件和能力，以改善和提高现有的居住环境和居住水平为目的，控制合理的建筑密度和人口密度。规划扩大的市区用地主要用于改善居民的居住条件，旧城改造的重点是那些人口密度过高、破旧建筑多、市政设施落后、居住条件差的地区，力争在1985年使人均居住面积从1980年的3.97平方米提高到5平方米。

根据上述思路，近期住宅建设实行“统一规划，放宽政策，发动群众，多种渠道并举”的方针，力争在三五年内使全市的居住条件有所改善，基本解决落实政策回城的无房户、“文革”期间被挤占的私有房屋、现仍居住在破船或棚屋内的水上居民和缺房的高级知识分子这“四种人的住房困难”。近期建设重点是五羊新城、花园新村、江南新村等住宅区；江南大道、芳村大道、东风路、环市路4条主干道两旁及海珠广场的改建；还有天河新区、二沙岛的开发及珠江帆影的建设等。

图10–1　商贸都市觉醒的十年

上下九

北京路

五羊新城由东华实业公司负责筹建，是以住宅为主并辅以商业办公楼及少量工业建筑，且配套齐全的特色新城区。用地面积31.4万平方米，规划兴建房屋66万平方米，其中住宅建筑面积43.8万平方米，容纳3万人居住。

五羊新城突出“中国气派，岭南特色”规划理念。新城核心区规划了一条设有街心公园和喷泉的东西向景观道路：寺右新马路。寺右新马路连接市区和广州大道。寺右新马路上有一个三层的过街楼，独特新颖，颇能抓住人们的眼球，也是五羊新城的标志。过街楼设置商业功能，并与附近的高层商业办公楼、酒店及大型综合商场共同构建5.5万平方米的公共服务中心。十二个住宅组团围绕核心区进行布置。中学、小学、幼儿园、运动场等配套设施结合住宅组团穿插设置。住宅包括高层、多层、别墅等多种形式。

与以往国家直拨资金不同，五羊新城6亿元的预计投资由开发公司通过土地开发、房地产经营取得。建成的房屋全部为商品房，是可以在香港出售的涉外房产，国内单位和拥有广州户口的市民也可以购买。五羊新城是“文革”后广州第一个可以买卖的商住小区，当年推出时十分轰动。很多港澳同胞赶回来购买给父母居住，本地人买的较少。

五羊新城是按照英国卫星城的模式规划和建设的，在整个新城的运营和管理方面也有很大的创新。比如按照一个行政街道的要求安排行政管理、医疗卫生、社会治安等，市政公共设施和生活服务设施都是自成体系。交通安排上既考虑到机动车流量和服务半径，又充分考虑每个居住组团相对安静的环境需求。按照新城和街坊两个级别设置商品供应网店，方便群众的同时又有利于中心区的繁荣。

继五羊新城之后又有了淘金坑小区，是20世纪90年代最贵的片区①，后来，因缺少公共活动场所和社区活动场地逐渐没落了。淘金小区是广州“84版城市总体规划”中列入的近期建设住宅项目，在广州市1981~1985年住宅建设选点规划方案中已明确淘金坑搬迁工厂，用于建设住宅。淘金坑小区占地5.4公顷，容积率3.1，新建住宅面积164700平方米。因毗邻商贸综合区，淘金坑小区只有居住功能。

①1995年以后最贵的片区在天河北，后来受广州东站周边规划造成的交通影响而没落了，并逐渐被珠江新城取代。

图10-2　五羊新城（来源：《规划广州》）

在广州商贸都市觉醒的十年辉煌建设期内，对广州城市空间拓展影响最大的项目是天河体育中心工程。天河体育中心是广州城市规划建设史上举足轻重的伟大工程，也是广州规划史上最难评说的工程，是最令众多规划师和城市规划评论家纠结的项目。

1982年2月，国务院批准广东省承办第六届全国运动会，同年4月，省政府决定利用原天河机场兴建体育中心。项目命名为天河体育中心，当时还没有天河区，天河体育中心之名就是取自天河机场。天河机场位于原沙河镇所属的天河村。天河村②在广州东郊五山与东山之间，是一片低洼地，东南面是石牌，北面有瘦狗岭，土地肥沃，据说是因为村里有一条河③蜿蜒而过得名天河村。有关天河机场的坎坎坷坷的经历和曾经的辉煌历史前面已有描绘，这里就不再赘述。

②天河村原名大水圳村，建于宋代，李姓居多，因村前有一条大水圳而得名（圳为河涌之意）。据村史记载，民国16年（1927年），当时的广州军阀李福林为扩张势力，要求大水圳村改名天河村。后来，李福林没落，但大水圳村改名后，人丁兴旺，而且“大水圳”读音不如“天河”顺口，天河村名遂保留至今。

③即沙河涌。

天河体育中心的选址位于广州主城区与五山一员村城市组团之间的城市隔离带上。从地形地貌来看，天河的这片区域地处五山和东山两山之间的低洼地，土地肥沃，是非常理想的城市隔离带。20世纪80年代初，位于

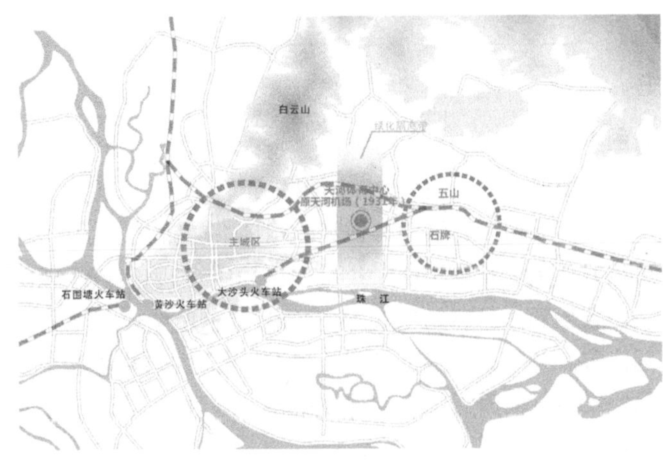

图10-3　天河体育中心选址

广州东郊的天河还是广袤的原野，除了人迹罕至的天河机场旧址外，就是大片的农田菜地。即使在天河体育中心建成初期，其周边依旧是广州城市重要的蔬菜及农副产品供养基地，是广州市民和五山高校师生郊游的好地方。

经国务院批准的“84版城市总体规划”第十部分《广州旧城改造规划说明》中也专门叙述了有关天河机场旧址的使用问题：“目前主要问题是缺乏大型体育中心，现有场馆大部分不符合国际比赛标准，规划拟将天河机场辟为外事、旅游、文娱体育活动综合区。共有面积2.52平方公里。体育中心拟利用现跑道用地，规划面积0.64平方公里，计划有8万人露天体育场一个，一万六千人体育馆和五千五百人游泳馆一间，以及其他附属场馆等。”显而易见，“84版城市总体规划”虽然提出了天河机场旧址的利用问题，但其规划意图依然是将东山到五山之间的大部分区域留作绿化农田保护区，作为旧城区和五山组团的隔离带。

历史上，广州市政府对这片土地的规划定位一直处于矛盾之中。是作为城市隔离带还是作为新城市中心，两个截然不同的规划定位曾经让多届政府抓狂。民国时期，广州的城市规划虽然把注意力放在河南开发和北部高岗的利用，但实际上，重心东移才是城市建设的主流。解放之后，这一地区在城市总体规划的第1到第7方案都是按居住用地和工业用地来规划的，从第8方案起，为了压缩城市规模，把这一地区规划为农田绿地保护区，起城市隔离带的作用。

1960年，广州市城市总体规划第10方案提出了绿化隔离带的概念，规划将天河机场搬迁后建设一个市级体育活动中心，其周边地区仍保留农用地功能，兼作城市绿化隔离带，并编制了《天河地区规划①》。

①1960年，广州市规划委员会根据城市总体规划第十方案提出的“天河机场迁移后，利用旧机场建设全市体育活动中心和园林化的住宅区”的要求，就编制过《天河地区规划》。

图10-4　“84版城市总体规划”与第10方案的绿化隔离带

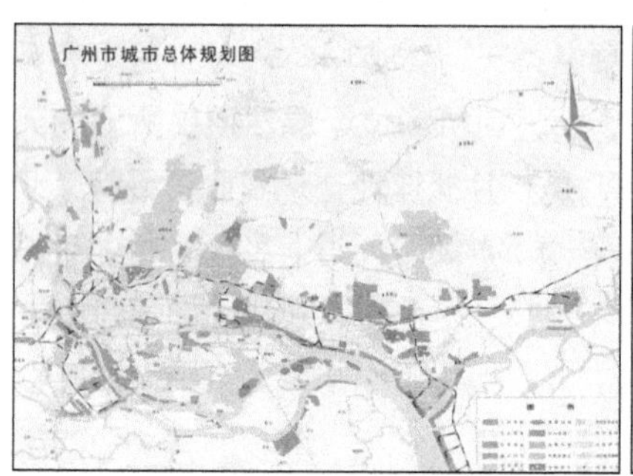

1983年，广州市规划局在《天河地区规划》的基础上又编制了《天河体育中心综合区规划》。天河体育中心综合区规划北靠广深铁路，南至黄埔大道，东与猎德涌相接，西与广州大道相邻。

天河体育中心综合区规划的用地有5.2平方公里，扣除村庄和部队用地外，可供开发的土地面积有3.2平方公里。规划确定该区域主要有体育、旅游、贸易、娱乐四大部分。相比较“84版城市总体规划”有关天河机场改造后的功能定位：外事、旅游、文娱、体育，《天河体育中心综合区规划》增加了“贸易”功能。同时，在用地规模上却由原来的2.52平方公里调整到5.2平方公里，足足翻了一倍。

这里，需要说明的是“84版城市总体规划”有一个漫长的行政审批过程，当《天河体育中心综合区规划》编制的时候，“84版城市总体规划”已经报给上级政府。所以，对于广州市政府而言，“84版城市总体规划”在前，《天河体育中心综合区规划》在后。

从当年的规划布局上看，天河体育中心位于天河新区的核心区域，其东、南、西三面分别规划了配套的文化娱乐、商业贸易、办公旅游功能区。相比较“84版城市总体规划”又增加了“商业”和“办公”的功能。

除此之外，广州火车第二客运站也是在《天河体育中心综合区规划》中确定的。1979年，随着广九直通车的开通，流花火车站已经出现饱和紧张现象，市政府提出建设广州第二客运站的意见。铁道部第四设计院提出两个方案，一个是动物园南门方案，另一是沙河铁路材料厂方案。广州市认为动物园南门车站布局拉不开，周边道路无法承受增加的交通压力；沙河材料厂方案则是可用建设用地少，以后没有发展余地，且周边交通不易组织。不同意以上两个方案。

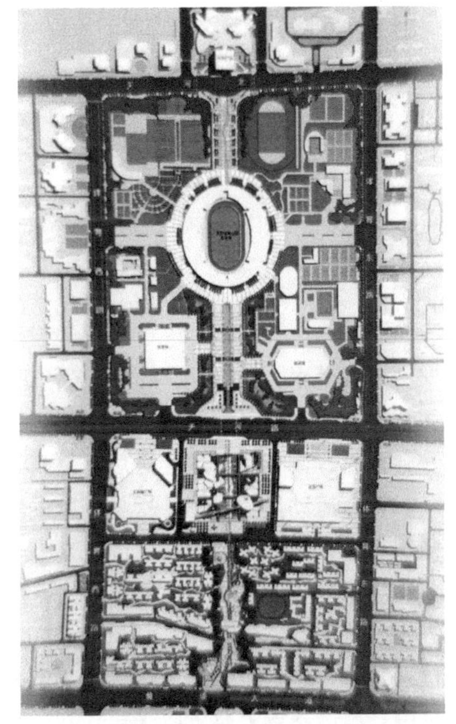

图10-5　天河体育中心综合区规划

1982年国务院批准广州承办六运会后，广州市规划局在编制天河体育中心规划时，将建设广州第二客运站作为迎接六运会改善交通疏散措施提出来，经过反复对比、论证，最后铁四院同意了规划局的意见。在体育中心北面规划建设广州铁路第二客运站（即现在的广州火车站东站），可以分流来自广九、广汕、广梅等线路的客货流；也方便在六运会举办时期，运动员、观众和游客等进出广州。

为了筹集资金并更好地利用社会资源，广州市于1987年首次以实物地租的形式将天河体育中心及其周边的5.2平方公里的土地交给城建总公司①来统一开发经营，规划建设商务办公楼、居住小区等大量商业项目。这个时候，“84版城市总体规划”的功能定位已经不见踪影，取而代之的是“商务办公楼”和“居住小区”两个主要功能。

广州的西部和南部有珠江作为天然屏障，北部为山区，不需要城市隔离带，只有城市东部才有规划隔离带的需求。自第10版城市规划提出城市隔离带，经“84版城市总体规划”的确认，广州法定规划的版图上出现了城市隔离带。然而，城市隔离带的笔墨未干，便遭遇了《天河体育中心综合区规划》的修正，1987年，由于开发经营权的转移，在规划版图上一半的城市隔离带

①1978年广州市设立“住宅建设办公室”；1983年“住建办”改制为“广州市城市建设开发总公司”，成为广州市最早成立的房地产综合开发企业；1996年“广州市城市建设开发总公司”改制为“广州市城市建设开发集团有限公司”。

被抹去了。

当然，“84版城市总体规划”确认的城市隔离带是否科学合理的确值得商榷。我们在本章的后半部分将会继续讨论这个问题。

广州市政府在转移开发经营权时，也对开发公司提出了明确的要求，除了要建好房子，还要负责完善道路交通等相应的基础配套设施。这种由一家国有企业代表政府对一个片区进行统筹开发建设的土地有偿使用的模式，是广州市在计划经济体制下城市规划建设方面的一次大胆创新。

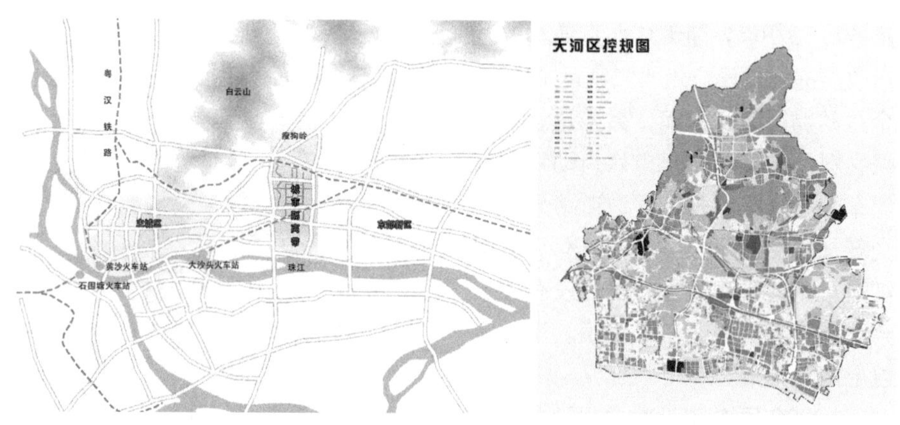

图10-6 城市隔离带与天河体育中心综合区

客观地讲，1984年举办的洛杉矶第23届奥运会对1987年广州举办的第六届全国运动会的影响是巨大的。

首先，洛杉矶奥运会之后，体育运动成为全国民众爱国热情的重要载体之一。体育运动员的成绩再次与国家的尊严、民族的自豪、大众的激情和未来的憧憬挂起钩来。

1984年7月29日，许海峰的枪声宣告了一个新时代的来临。这位来自安徽的中国优秀射击运动员，以566环的成绩，为中国队夺得了男子自选手枪60发慢射金牌，这是第23届奥运会的第一枚金牌，也是中华民族获得的第一枚奥运金牌。奥运赛场上有史以来第一次升起了五星红旗，奏响了义勇军进行曲。

当天的比赛现场还出现了一个意外的小事故。许海峰的队友王义夫[①]在这次比赛中也获得了第三名的好成绩。由于组委会对多年后首次出现在国际大赛上的中国队不甚了解，他们完全没有想到在开赛第一天就会有两个中国人同时登上领奖台，所以不得不紧急调用直升机空运五星红旗来到颁奖现场，那天的颁奖仪式因此少有地推迟了半个多小时。在这届奥运会上，阔别奥运会32年之后第一次参赛的中国代表团共赢得了15枚金牌[②]、8枚银牌、9枚铜牌，位列金牌榜第四名。

中国运动员的优异成绩令世界瞩目，令国人振奋，体育运动展现了国家的进步，人们仿佛又一次感受到“中国人民站起来了”的民族自豪感，改革开放的步伐也愈发坚定而干劲十足。我们很容易想起1971年的乒乓外交。当时中

①王义夫是中国射击运动员，从1984年开始到2004年连续6次参加奥运会。1992年西班牙巴塞罗那第二十五届奥运会、2004年希腊雅典第二十八届奥运会分别获得男子气手枪冠军。

②其中体操王子李宁在自由体操、鞍马、吊环比赛中独得3枚金牌，此外还获得2银和1铜，成为本届奥运会获得奖牌最多的运动员，被誉为“力量之塔”和“使人倾倒的小巨人”。

国与美国两国乒乓球队互访，推动了20世纪70年代的中美两国的外交恢复。奥运会成绩单记录的不仅仅是几枚金牌、银牌，而且还承载着国民深深的爱国之情、浓浓的民族自豪感和对美好未来的殷切期盼。

1987年广州举办的第六届全国运动会是洛杉矶奥运会之后国内举办的第一次大型运动会，自然赢得举国上下的关注。以六运会名义提出的种种问题都会得到很好的解决。

洛杉矶奥林匹克会场

图10-7　许海峰在第23届奥运会上为中华民族赢得第一枚奥运金牌

其次，洛杉矶奥运会的运作模式直接影响了广州六运会后期运作的模式。洛杉矶奥运会的成功模式给了承办1987年第六届全国运动会、处于改革开放前沿的广东人很好的示范和启示：改变此前“政府包办全运会”的历史，利用社会资源、市场开发来筹办全运会。

在1984年洛杉矶奥运会之前，《奥林匹克宪章》规定奥运会的举办费用全部由承办的城市和国家负担，商业运作是不被允许的，奥运会的收支平衡只能依靠个人捐献和比赛门票收入。但是，随着比赛项目越办越多，参赛人员日益庞大，举办比赛的成本也不断攀升，主办城市面临越来越重的经济负担，长此以往将难以为继。

于是，洛杉矶奥运会第一次采用市场化运作模式①，引入赞助商来筹办奥运会，在奥运会结束后，最终居然还结余了2.5亿美元，这是奥运会和体育历史上首次实现了大型综合性运动会的盈利。

通过市场化运作吸引资金，不但可以大大减轻政府的经济压力，也为此后的全运会提供了市场化运作的借鉴模式，同时也给社会参与城市建设与管理打开了一扇门。

在计划经济体制下，我国的全运会是各个省市的运动员同场竞技交流的一个平台，起着为国家队选拔人才的作用。所以，在广东六运会之前，全运会作

①洛杉矶争得奥运会举办权后，1978年11月，洛杉矶所在的加利福尼亚州通过了一项法律，即不准动用公共资金举办奥运会。因此，在洛杉矶市政府不能提供资金援助的情况下，洛杉矶奥运会面临两种命运：要么取消这届奥运会，要么进行市场化运作。最终，国际奥委会不得不做出重大让步，同意作为特例，第一次将奥运会交给了私人以工商企业赞助的方式筹办。

为国内级别最高的体育盛会，前四届均在北京举行，第五届才开始离开北京转到上海举行。但是这五届全运会，筹办的资金全部来自中央和地方财政，由政府包办一切，基本上没有亏钱和赚钱的意识。为了有效控制成本，避免各地为了举办运动会大规模建设体育场馆而造成浪费，当时还有一个规定，就是全运会一般不在北京、上海、广州之外的城市举办，要充分利用已有的场馆和设施。这个规定①直到2000年才取消，此后江苏、山东、辽宁等更多省份才开始申办全运会。

得改革开放风气之先的广东人在六运会上开创了中国体育史上多个“第一”：第一次由地方政府自筹资金举办全国性运动会、第一次成立服务总公司负责集资、第一次引入运动会吉祥物概念、第一次使用会歌、第一次发行体育彩票②，还有就是第一次将会徽、吉祥物③的专利权以商品经营的形式出让，六运会的会徽和吉祥物出现在富士胶卷等产品的包装上，加强宣传的同时也更好地筹集资金。

在这个大背景下，我们似乎可以理解广州市政府为什么将天河体育中心及其周边的5.2平方公里的土地交给一个公司统一开发经营。我们十分惋惜地看到，一个大型体育场所，或者一次大型体育赛事尚可与城市隔离带友好相处，但是，如果城市隔离带内增加一个火车站，增加一个以盈利为目的的公司参与经营，这个城市隔离带绝无生存的可能。

无论如何，天河体育中心的场馆设计还是美轮美奂、无可挑剔的。

天河体育中心用地规模58.8万平方米，与“84版城市总体规划”及《天河体育中心综合区规划》基本保持一致。建筑面积12.84万平方米，总投资3.1亿元，建有体育场、体育馆、游泳馆三大主体建筑，还附有各种训练场馆和新闻中心等多个配套设施。天河体育中心是由广东省、广州市自筹资金，委托广州市设计院负责设计，广州市建筑总公司下属8个企业负责承建。工程于1984年7月奠基动工。

1985年5月24日，经国务院批准，天河区正式成立，满腔热情的人们很快投入到轰轰烈烈的建设中去。据说当年建设天河体育中心、修筑道路等工程时，周边高校区里的许多师生和普通市民们还自告奋勇地参加义务劳动，那是一个人人充满建设激情的年代。

图10-8　六运会吉祥物：阳阳

1987年，天河体育中心竣工，并获得了国家建筑工程鲁班奖。

天河体育中心是由一批年轻的建筑师④担纲设计的。三大场馆⑤在设计上各具特色，均采用了敞开式，以利通风、透气，适应岭南气候条件；大梁、大柱、大形体、大跨度，雄伟、壮观，充分体现了体育的速度与力度之美，体现了我国20世纪80年代常见的建筑设计风格——简洁明快。体育中心具有80年代体育设施的国际先进

①在1987年2月28日，国务院总理办公会议决定：全运会今后由北京、上海、广东三地轮流举办。2000年12月2日，国务院办公厅下文《关于取消全运会由京、沪、粤三地轮流举办的限制》。

②共发行22期7000万张，筹集资金3000万元人民币。

③六运会的吉祥物叫“阳阳”，是一只憨态可掬的小山羊，暗合广州的别称“羊城”。

④当时担纲设计的建筑师主要是广州市设计院的黄扩英、林永培、郭明卓、余兆宋、劳肇煊等。

⑤天河体育场由广州市第一建筑公司承建；天河体育馆由广州市第三建筑公司承建；天河游泳馆由广州市第二建筑公司承建。

水平。并于1989年荣获国家科技进步二等奖，1990年荣获国家优秀设计银质奖和建设部优秀设计一等奖。

天河体育场是体育中心的主要赛场，位于天体正中心，占地面积近3万平方米，建筑面积6万平方米。其建筑平面为椭圆形，立面呈马鞍形轮廓，东西两面高，南北两面低，东西两面悬挑25米钢雨棚，样式新颖。周围看台有6万多个装玻璃钢坐垫的席位。

图10-9　天河体育场（来源：广州市设计院）

体育馆位于天体中心西侧，占地面积1.6万平方米，建筑面积2.56万平方米，是一座设中央空调、铺枫木地板、大跨度多功能的现代化体育建筑。首层平面是正方形，看台和屋盖是正六边形。馆内布局合理，视野开阔。馆顶跨度110米，这座离地近20米，重量达2210吨的网架屋顶依靠6根分别位于六角形场馆6个尖角部位的圆形大柱支承，每根高16米，内径1.7米，其中四根支柱内藏有冷气管道，另两根藏电气管道。这样的结构在广州属首创，在国内也是罕见的。

位于天体中心东侧的天河游泳馆，占地面积1.9万平方米，建筑面积2.3万平方米。平面呈八边形，型近古画舫，两端装点别致，建筑艺术水平很高。四周环绕喷水池。游泳馆内设有3300个座位，有标准比赛池和跳水池各一个。

天河体育中心现在已经成为广州城市建设成就的标志之一，不仅有比较完善的体育设施，还拥有优美的园林环境，除了举办各种体育赛事外，平时是市民开展文化体育活动、观看各类演出展览与游玩的体育公园。

天河游泳馆

天河体育馆

图10-10　天河体育馆（来源：广州市设计院）

不过，近年来天河体育中心的设施设计也开始受到人们的诟病。比如体育场按照当时固定座位宽度最小标准42厘米设计的座位已经越来越不适合成年人安坐，相邻的人们紧挨着挤坐在一起是非常难受的事情，尤其是在广州炎热的天气下露天观赛时；还有两排座位之间的排距估计也是按当时的最小标准预留的，因为过于狭窄，观众一旦落座后，整排座位的其他人不但完全无法通行，还存在着引发群体性踩踏事件的安全隐患。这些建筑设计细节上的问题，也许是受当时广州经济能力所限，另一方面也是眼光所限吧，估计当年谁也没想到以后会有明星演唱会的座无虚席，会有恒大[1]足球之夜的场场爆满。

①即广州恒大淘宝足球俱乐部，其前身是成立于1977年的广州市足球运动队，职业化时间是1993年1月，拥有人是许家印、马云。广州恒大于2011年赛季开始启用天河体育场作为主场。截至2015年，广州恒大已连续五次获得中超联赛冠军，是中超夺冠次数最多的球队；并获得一次超级杯冠军和足协杯冠军；两次亚冠冠军。

图10-11　天河体育中心平面布局与天河体育中心活动现场

刚建成的天河体育中心布局（来源：南方日报档案室）

座无虚席的天河体育场（摄于2015年）

②出席开幕式的有时任中央领导人赵紫阳、万里、田纪云、秦基伟等，时任广东省长叶选平发表致辞，国际奥委会主席萨马兰奇也应邀出席了开幕式。闭幕式于12月5日晚举行，由时任中央政治局常委、国务院代总理李鹏宣布运动会胜利闭幕。

③当天香港翡翠台的直播节目由韩毓霞、钟保罗主持，担任广州外景主持的是林慧玲及邓世勤。

1987年11月20日下午，第六届全国运动会开幕式[2]如期在新落成的广州天河体育中心举行。广州各地区中小学及高校14000多名学生，历时一个多小时演出的大型团体操《凌云志》，气势磅礴、精彩绝伦，当天的恢宏场面至今想来仍令人充满自豪感。香港无线电视翡翠台[3]也首次通过人造卫星直播了整个开幕式，让海外华人也能一起共睹盛况。

图10-12　第六届全国运动会开幕式盛况（来源：南方日报档案室）

第六届全国运动会结束之后，天河地区并没有出现大开发、大建设、“大干快上”的场景，而是重新回归固有的宁静。其道理十分简单：天河体育中心及其周边的5.2平方公里的土地虽然交给了城建总公司统一开发经营，但是商务办公楼、居住小区等商业项目的建设需要市场培育。剩下土地的规划功能仍为城市隔离带，不具备开发建设条件。从六运小区当年的境遇，我们可以感受到城市隔离带的场景。

六运小区并不是人们通常理解的运动员村，它是全国第六届运动会结束之后才开始建造的。1989年刚刚建好六运小区，周边还是荒芜一片，没有生活配套设施，没有活动场所，连一间小士多①都没有。居民为了买一瓶酱油都要跑到五羊新城。

① （编辑加注）"士多"即杂货店，粤音直译自英语中的"store"。

直到1990年，六运小区周边才开始有小士多出现。现在的宏城广场位置出现了一些批发商铺。一位六运小区的老居民如是说："当时正佳广场东南门还是杂草堆，经常有蛇出没，我老爸经常为了省两毛钱，冒着被蛇咬的风险到一间草庐士多去买烟。"

图10-13　六运小区地理位置图

改革开放之初，广东的深圳、珠海、汕头成为国家级的经济特区，东莞、中山、南海、番禺、顺德等地通过承接香港的产业转移，实现了快速工业化。当时广州市的建成区域面积只有54.4平方公里，平均每平方公里有3.3万人，人口密度居全国第二位，住房紧张，交通拥挤，扩大城区已经是广州城市发展的迫切的现实需求。

由于天河体育中心及其周边的5.2平方公里的土地归一家开发商所有，剩余的土地仍保持城市隔离带的功能，所以，广州城市建设的滚滚洪流遇广州大道戛然而止，随即转向河南。这就是六运会之后，广州市政府将主要精力放在跨珠江建桥梁的主要原因。城市向南发展与总体规划并没有严重冲突。"84版城市总体规划"确定的4个区级商业服务中心②，其中有两个就位于河南。一个位于人民桥南端的洪德路一带，另一个位于江南大道与昌岗路交角处。洛溪大桥、

②东山的署前路、龟岗大马路一带，荔湾区的荔湾南、下九路、文昌路一带，海珠区的人民桥南端洪德路一带以及江南大道与昌岗路交角处。

海印大桥、江湾大桥、解放大桥等桥梁的建设在这个大背景下逐一动工。

当然，城市向东发展仍然是广州空间发展的战略主流。城市隔离带的规划设想并没有否决广州向东发展的主导思想。“84版城市总体规划”规划三个市级商业中心[①]，其中一个位于天河地区。只是这个市级商业中心规划设置在城市隔离带以东，而没有安排在城市隔离带里。诚然，没有老城区的依托，天河地区的市级商业中心的培育并非可以一蹴而就的。

①中山五路、北京路一带，人民南路西濠口、南方大厦一带。

1991年，广州提出十五年基本实现现代化的目标，要求进一步提高广州中心城市的地位，建设国际大都市，高标准、大规模发展第三产业。天河体育中心及其周边的5.2平方公里土地的开发建设逐渐有了起色。1992年，小平同志南方谈话，激发了城市领导者建设新城市的激情。为了落实小平同志的讲话精神，也为落实1991年提出的奋斗目标，更多的也是想可以通过出让土地为地铁等城市重大基础设施建设筹集资金，广州市政府决定建设广州新城市中心：珠江新城。

珠江新城位于天河体育中心综合区南端。北起黄埔大道，南至珠江，西以广州大道为界，东抵华南快速干线。规划用地面积大约6.6平方公里。规划范围内主要涉及天河区两镇一街的8个村庄。包括沙河镇的冼村、猎德、杨箕、寺右、农林5个村，东圃镇的石东村（含谭村和甲子村），石牌街的石牌村（含新庆村），及属于白云区管辖的渔民新村。这片区域恰恰是“84版城市总体规划”确定的城市隔离带。至此，广州城市隔离带的设想随着天河体育中心综合区与珠江新城的规划建设“魂飞魄散”。由广州大道筑起的主城区边界堤坝轰然倒塌。原本

图10-14　珠江新城与天河体育中心综合区

珠江新城开工典礼（来源：广州市国家城建档案馆）

珠江新城远眺（来源：广州市国家档案馆，罗秀鸾）

期望在广州城市向东发展过程中，能够跳跃广州大道和城市隔离带的设想彻底破灭。

1992年7月，广州市规划局分别委托美国托马斯规划服务公司[①]、香港梁柏涛规划师事务所和市规划勘探设计院三家同时进行珠江新城的规划设计，1993年2月，经过多方专家评议，市政府最后决定以美国托马斯规划服务公司的方案为基础，综合其他两个方案的优点，编制控制性详细规划。1993年6月，广州市规划局制定了《广州市新城市中心——珠江新城综合规划方案》。随即，按照控制性详细规划的深度编制了《地块土地使用规划条件》，作为规划管理和土地开发的规范性文件。

①Thomas Planning Services. Inc. Boston. MA

珠江新城建设实行统一规划、统一征地、统一开发、统一出让、统一管理。1993年5月，已经基本完成了土地预征，11月正式开始了土地征用，并同时开始了统一拆迁，统一进行七通一平等建设前期工作，同时公开招标、拍卖出让土地使用权。

珠江新城规划当时分成东区和西区，以冼村路为界，东区主要是居住、康乐，西区是商业、办公。东区是以高尔夫公园（现珠江公园）为核心，包括赛马场、冼村、猎德村在内的居住、康乐区；西区是核心区，由金融办公区、办公文化娱乐区、商业贸易区和会议展览区及外贸外事区构成。后来由于猎德路快速化改造，新光快速、江海大道、猎德大道、天河东路和天寿路构成了一条贯穿城市南北的城市快速路，人们开始习惯上认为猎德大道是珠江新城东西区的分界线了。

非常令人欣慰的是，当年规划时，在西区规划了一条128米宽的南北向的林荫大道（珠江大道），两侧为道路，中间绿化，在北端接黄埔大道处设半圆形入口广场，南端接海心沙旅游公园处也设节点广场。珠江大道中轴线与天河体育中心、广州东站中轴线正好吻合。布置手法与广州东站站前道路相似，只是东站站前两条道路之间的绿化带的宽度为220米，且在绿化带上规划布置了商业建筑，珠江大道两条路之间绿化带的宽度为128米，且绿化边界曲折流畅。

当时规划设计并没有提出城市中轴线的要求。我们想这应该也是设计师的自觉，或者更多的是对城市空间的尊重或呼应。但无论怎样，有了这个空间带，就给以后广州城市新中轴线的建设提供了可能。或者可以说，正是因为设计的宽度窄了，才留下了这片可以发挥的空间，如果当时也留220米宽，说不定再塞几栋楼也是有可能的。

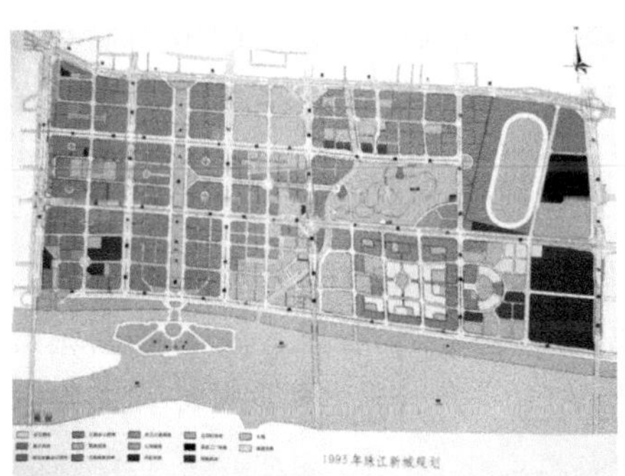

图10-15 珠江新城功能分区规划图

1992年决定开发珠江新城时，正是沿海地区房地产发展最高潮的时候，也是房地产泡沫形成的时期，当时天河体育中心周边发展很快，政府认为发展前景非常乐观。但是，1993年朱镕基整顿金融市场，打击了房地产泡沫，房地产发展势头明显放缓，珠江新城的土地出让进度也没有预计的快。到1997年珠江新城具备建设条件时，又碰到亚洲金融危机，广州的写字楼市场几乎全线停顿，珠江新城的建设进度再次受到了沉重打击，几乎停滞。这才有了后来1999年的珠江新城规划检讨，2003年1月，广州市政府通告实施《珠江新城规划检讨》，并同时废止1993年的《广州市新城市中心——珠江新城规划》。

其实反过来想，或许正是因为金融整顿和金融危机，才让珠江新城有了检讨的机会或时间。这里的检讨应该是“回顾、总结”①的意思，或者说是“回头看”。因为检讨，才有了今天广州的CBD区域，或者可以说，因为检讨，广州才有了现在的现代化模样。

①袁奇峰《珠江新城规划检讨》。

1993年的《广州市新城市中心——珠江新城规划》借鉴欧美金融街区和老城区的模式，采用传统的小街区手法，把珠江新城切割成440个小地块，一块地往往只有几千平方米。《珠江新城规划检讨》否定了小街区模式，采用宽街道、大尺度的现代城市空间通用手法，营造了波澜壮阔的城市景观，但也失去了人性化的街道空间。对于城市规划师来讲，在小街道与大马路之间的抉择是非常艰难的。因为，两者各自的优点和缺点十分突出，且不可调和。也许，我们可以聊以慰藉的是珠江新城更适于宽阔的马路、高大的楼房、巨大的空间和开敞的环境。

图10–16　广州城市中轴线景观（来源：《规划广州》）

1999年的《珠江新城规划检讨》最大成果是提出了广州城市新轴线的概念。1999年6月，广州市规划局邀请同济大学城市规划设计研究院、华南理工大学建筑学院、广州市城市规划勘测设计院三家单位参与新城市中轴线城市设计方案咨询，最后由华南理工大学做综合深化方案。将原规划的128米宽林荫大道调整为80~230米宽的宝瓶状、面积约40公顷的绿化开敞空间，将原作为“珠江新城中心大门”靠近黄埔大道南侧布置的两栋超高层建筑，改至花城大道两侧，并要求完全对称，且首次提出在中轴线珠江南岸设计一处塔式构筑物，以其独特造型、特殊内涵和区位条件成为广州城市现象的另一新标志。

这个时候，广州城市新轴线上诸多不合时宜的建设和规划也都暴露出来。《天河体育中心综合区规划》覆盖的土地面积达5.2平方公里，《广州市新城市中心——珠江新城规划》覆盖的土地面积达6.6平方公里，两者共计11.8平方公里。

就城市的土地规模而言，11.8平方公里是一个不小的数字了。如果11.8平方公里的土地用于城市隔离带，将会起到很好的生态屏障作用，缓解城市生态平衡的压力。如果11.8平方公里的土地用于新城中心建设，将会打造出美轮美奂新城市空间，以弥补老城区空间残旧的缺憾。令人痛心疾首的是：在编制《广州市新城市中心——珠江新城规划》的时候。没有对《天河体育中心综合区规划》进行行之有效的整合。两个规划各行其政，没有形成有效的合力。由于两个规划编制时间不同，在空间形态上存在一定的差异。再加上城市管理者对珠江新城规划的意图和理想理解不足，造成诸多不尽人意的地方，留下了难以泯灭的遗憾。直至《珠江新城规划检讨》，试图将两个规划的空间关系连为一体，但为时已晚，许多既成事实难以改变。

《广州市新城市中心——珠江新城规划》公布实施之后，在珠江新城绿轴和体育中心综合区绿轴的空间连接点上出现了两栋令人啼笑皆非的高层建筑：富星商贸大厦。杵在黄埔大道边上的富星商贸大厦于1996年才完工投入使用。令人郁闷的是这两栋高层建筑正好挡在城市未来的新中轴线上，且与中轴线毫无关系。如果两栋高层建筑矗立在中轴线的中央位置还好处理，可是人家偏偏只挡一半，如同城市客厅中搞怪的小丑，有点精灵古怪，有点不合时宜。

黄埔大道隧道和富星商贸大厦一样，在规划设计和建造时完全没有考虑城市轴线的关系。珠江新城绿轴指向的黄埔大道路段正是其交通关系最为复杂、车行道路最宽的路段。富星商贸大厦从视觉的角度割裂了两个绿轴连接的完整性。黄埔大道隧道从人体尺度的角度割裂了两个绿轴连接的完整性，打断了步行空间的连续性。

富星大厦的两幢楼对中轴线景观的影响（摄于2016年）

图10-17　中轴线上的障碍（富星商贸大厦、黄埔大道）

天河体育中心综合区规划的绿轴也有不尽人意的地方。曾任广州市规划局总工程师的方仁林先生是这样回顾那段历史的："规划通过体育场3大设施这一核心，组织了贯彻全区南北的城市轴。这一城市轴的北缘为广州铁路第二客运站的站前广场和客站大楼，南缘为国际商业贸易中心的大厦建筑群，南北总长约1.3千米。为了进一步突出这条城市轴，规划中将通往火车站的单一道路改为两条平行的单向道路，这一地段总宽220米，其中左右道路各宽30米，中间为商业建筑群，进一步突出了天河地区城市轴的骨架作用。此外，也有意见认为位于体育中心北侧的大厦应设在车站东、西路的外侧，以免破坏这一城市轴的连续性。同时，应组织好体育中心南侧商业贸易区的建设，与整个体育中心绿化大广场的空间相协调起来。"

说到这里，感慨万千。1983年的天河新区综合规划如果最终选择另一种中轴线意见，那真是无憾了。直到1997年，为了改变广州东站站前脏乱差的形象，政府下决心收回这两条路之间已经批出准备建设香格里拉饭店和商旅六区的地块，改建了一个7.98万平方米的站前绿化广场，建成之后市民称之为"大绿毯"。

在1997年的广州东站站前广场改造时，政府首先收回了还没有建设的已出让土地，在东站站房上原已批出的一栋33层的冠天广场大厦，准备作为轴线北端门户空间标识，因著名规划大师吴良镛先生认为"最好不要盖，这样就可以看到那座山（瘦狗岭），象征它是白云山的延续"，后来政府把这栋楼取消了。

其实，20世纪80年代还没有特别强调城市中轴线。要不然就不会有90年代建的中信广场（民间俗称80层）那么霸气地立在那了。中信广场占地面积2.3万平方米，总建筑面积达32.2万平方米，是由香港独资公司熊谷蚬壳发展（广州）有限公司投资兴建，于1993年7月奠基，1997年4月竣工，建成时为当时亚洲第一高楼。中信广场被建设部授予"全国建筑业新技术应用银牌示范工程"，同时还被评为"国家优质工程银质奖"。

图10-18　中轴线上的中信广场（来源：广州市国家档案馆，杨芳）

非常幸运的是广州东站和天河体育中心正好是同一家设计单位——广州市设计院，建筑师们非常自觉地对应了建筑中轴线，这是建筑师设计时对周边主要建筑的呼应，主动与周边环境的协调，这是建筑师的自觉。中轴线上还有许多大大小小的遗憾和不如意的地方。当然，这些并不影响城市新中轴线的整体效果。

现在新城市中轴线除了北段的广州东站段、体育中心段和珠江新城段外，还规划了向南延至珠江前航道的海心沙岛，即海珠区北起广州塔，南至海心沙（南）的新中轴线南延长段。

由于20世纪80年代的天河体育中心、天河新区及90年代珠江新城规划思路前后不一致，至今天河体育中心与珠江新城、广州东站之间的空间关系仍然不顺畅，珠江新城与体育中心呼应了，但它们之间隔了两栋20多层的高楼，广州东站与体育中心也是如此。因天河新区和珠江新城的规划时间相差了10年，在城市大格局上并没有统一好。

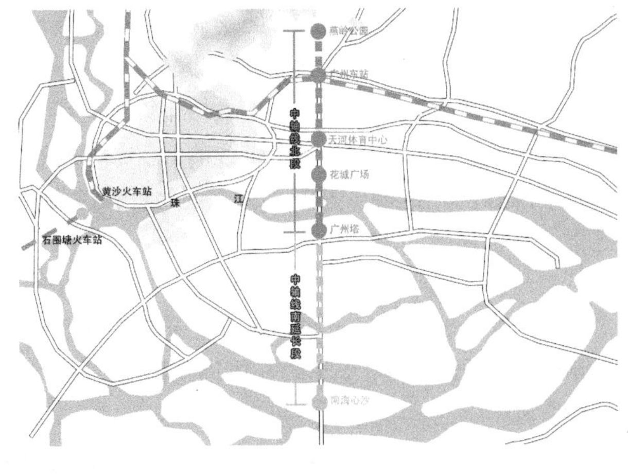

图10-19　新中轴线意象图

不过，无论如何，城市核心区东移的做法是值得肯定的。东站与体育中心之间只能就这样了，如果要改，必然会有一番伤筋动骨。但是天河体育中心与珠江新城之间，也就是天河路与黄埔大道之间还是有改造的可能。也许，拉长中轴线是一个最好的解决办法，在一个长长的轴线上，所有的节点都会被弱化，在一个足够大的空间里，那些微小的细节瑕疵，我们可以暂时忽略不计。所以，在新的规划里，新中轴线已经被拉伸到12公里长。

回想起来，广州打造城市中轴线时总是有点漫不经心，有点随心所欲，有点缺憾瑕疵。

广州传统城市中轴线是北京路，从秦代番禺城始，由北向南，历代城墙与北京路交界处的城门遗址正是广州城市历史文脉的重要节点，城市的重要建筑、商肆也在这一带云集，至今依然是最主要的城市商贸中心。但是，北京路的传统城市轴线不过数百米，这种长度的中轴线只能支撑一个微型城市。

广州近代城市中轴线是起义路，这是民国时期创建的。广州近代城市中轴线的北缘起自中山纪念碑，经中山纪念堂、市政府大楼、中央公园、广州解放纪念碑、海珠广场、海珠桥，一直到河南的刘王殿。但是，真正能展现近代城

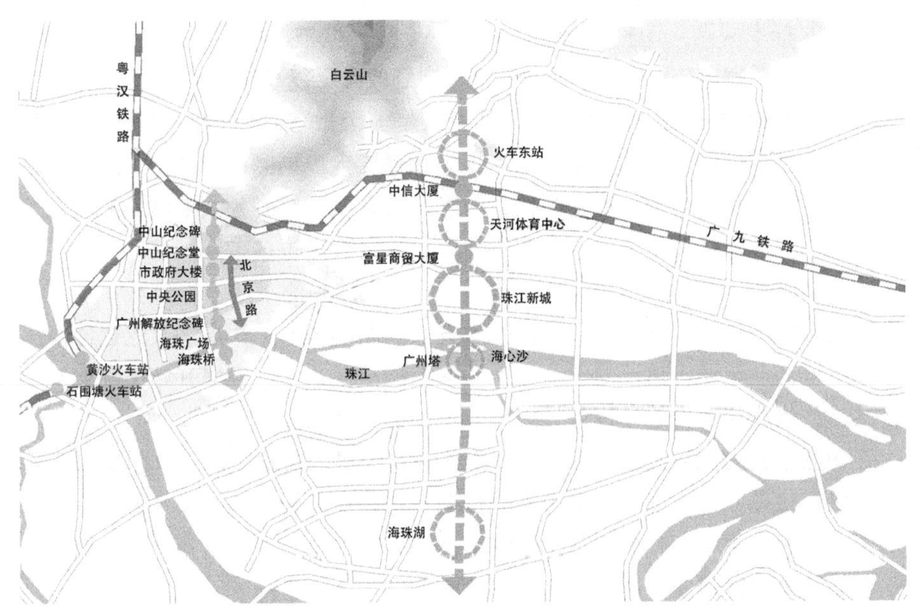

图10-20　广州三条城市中轴线

市中轴线面貌的不过只是中山纪念碑到中央公园一段。而且，这段轴线上两个核心建筑——中山纪念堂和市政府大楼，衔接得并不完美。细心的读者会发现，中山纪念堂的轴线和市政府大楼轴线之间存在微小的夹角。广州市人大办公楼建成后，广州城市的近代轴线的瑕疵被隐藏在政府大院中。中山纪念堂和市政府大楼同期建设，两条轴线之间为什么会存在夹角，自然有其客观原因，这里不再赘述。

广州现代城市中轴线由于规划衔接、建造时差等问题留下了诸多遗憾，出现了中信广场、富星商贸大厦、黄埔大道隧道等不和谐的音符，也是可以理解的。广州传统城市中轴线、近代城市中轴线和现代城市中轴线集中体现了广州不同时期城市风貌。三条中轴线上的瑕疵是广州城市文化和性格所带来的必然结果。也许，有了这些瑕疵，三条中轴线才得以与广州特有的城市环境融合得更好一些。

按照“84版城市总体规划”，广州城区应该跳跃广州大道和城市隔离带，去打造五山—员村城市组团，建构新的城市副中心。后来，《天河体育中心综合区规划》和《广州市新城市中心——珠江新城规划》颠覆了城市隔离带的构想，在城市隔离带上打造了新城市中心。产生如此重大变化的根本原因是规划预测人口数量与现实人口数量的巨大反差。

“84版城市总体规划”预测1990年广州人口规模为250万人，2000年为280万人。但是，广州市户籍人口在1990年的人口数量已经达到357万人，常住人口超过600万人。对于一个300万人口的城市来讲，广州大道东侧城市隔离带的位置是恰当的。但是，对于一个600万人口的城市来讲，特别是后来广州人口达到1600万，这个隔离带的位置的确值得商榷。或者简单地说，隔离带位置的选择是错误的。

广州市城市规划者非常敏感地认识到“84版城市总体规划”问题所在，于1989年就提出总体规划修编问题，并开始着手修编城市总体规划，并提出了规划修编的基本原则：调整、充实、深化。无奈于城市总体规划编制过程漫长，内容过于宽泛庞杂，程序过于繁复冗赘。规划成果反复修改，迟迟得不到批复。

人口预测对于某些领域来讲，可能只是一个数字。但是，对于规划师来讲，却是决定规划成败的基本要素。规划师需要人口预测决定城市的规模，决定城市建设用地的边界，决定学校、医院、体育及所有的公共配套设施的数量和分布，决定道路及市政配套设施的建设，决定很多很多东西。

20世纪90年代，“84版城市总体规划”因人口预测不足，导致城市规模预测不准，城市总体规划的龙头作用基本丧失。新的城市总体规划又迟迟不能出台，所以，广州城市建设与发展出现了失控的苗头，城市环境开始出现混乱的状态。广州新城市中心建设只是规划失控的一个侧面。

“84版城市总体规划”关于城市隔离带的构想，直接干扰了广州新城市中心的规划建设，也为现代城市中轴线带来一些瑕疵。最终的结果是城市隔离带消失了，新城市中心建设留下了遗憾。也许，这是每一个城市管理者、城市规划者和城市市民都应该反思的问题。

第十一章　高速发展的代价

20世纪90年代的广州处于城市总体规划真空期。同期，广州城市用地规模却处于快速增长期。这段时间广州城市规模的扩张速度是史无前例的。

1990年至1996年，广州建成区面积增加了236平方公里，平均每年增加近40平方公里。期间增加的建成区面积是广州改革开放后20年总扩张面积的70%[①]。另一组统计数据显示，1992年至1997年，广州市划拨的建设用地规模达到了176平方公里。平均每年的新增划拨建设用地达到了30平方公里以上，远远超过了广州每年约10平方公里的实际建设水平。

①据统计，1979年、1990年、1996年、2000年广州市建成区面积分别是156.9平方公里、227.2平方公里、463.4平方公里、491.8平方公里。

由于总体规划的缺失、城市规模扩张的过快，广州就像脱缰的野马在改革开放的广袤原野上奔腾起来。虽然奔腾的广州不会失去固有的理性，虽然广州的发展还有市场环境的制约，但高速的发展和对城市未来预判的缺失，难免会在发展过程中产生一些有碍城市环境的建筑垃圾，难免会破坏城市固有的肌理，难免会付出惨痛的教训，昂贵的代价。这个代价就是广州出现了一些混乱的局部：城市发展方向开始摇摆，城市环境有恶化的趋向，地区发展与服务配套未能同步，城市功能有所残缺。

当然，总体规划的缺失是给广州带来混乱的一个因素，但不是主要因素。其真正的主导因素是城市发展过快，城市管理经验不足。中国有“重农抑商”的[②]传统。历代的封建王朝坚信，农业乃立国之本，重视农业生产，限制工商业的发展。然而，远离政治中心的广州，作为一个依托港口发展起来的“千年商都”，较少受到这一观念的束缚，商业文化历史悠久，城市商业氛围浓厚，唐宋时期，城市与海洋贸易并肩发展。以清朝“十三行”[③]为代表的商贸业，成就了近代时期广州商品流通业的辉煌历史。

②关于重农抑商的政策，早在秦代就有记载，“皇帝之功，勤劳本事。上农除末，黔首是富。普天之下，抟心揖志。”——《史记·秦始皇本纪》

解放之后，计划经济体制占据主导地位，商贸流通业的发展陷入艰难困境。改革开放初期，广州因临近香港、澳门、台湾，又能够享受改革开放试验区的优惠政策[④]，先行先试。市场经济体制回归，让经历了30年压抑和磨炼的广州人的商业精神，一时间爆发出巨大的能量。因此，自“文革”结束后“全民皆商”的浪潮在广东地区爆发，并让全国为之惊愕。在随后的20年间，广东由一个经济水平低于全国平均水平的省份，一跃位居全国第一。一时间，用来形容全国人才向广东聚集的名句“孔雀东南飞”传遍大江南北。作为广东省的省会城市，广州首当其冲，经济规模，人口规模和城市规模都出现了井喷式发展。

③十三行，是清代鸦片战争之前，广州官府特许从事对外贸易的商行的总称。自乾隆二十二年（1757年），广州一口通商至鸦片战争，广州对外贸易达到了空前的繁荣。

④1979年，中央将广东确定为全面改革开放的试验区，允许采取灵活措施，率先探索改革开放，这为广州经济的快速发展注入了强大的动力。

随着高速发展风暴的袭来，广州城市建设诟病也开始出现。特别是20世纪90年代之后，城市的实际规模突破了城市总体规划的预期规模，城市混乱越来

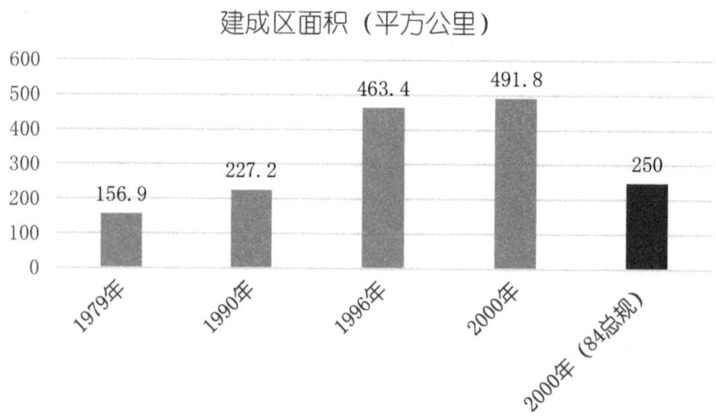

图11-1 "84版城市总体规划"用地预测与城市实际规模

越严重。当然，我们在讨论因高速发展广州所付出的代价还是需要从20世纪80年代初开始。

1979年7月，白天鹅宾馆在沙面动工建设，开创了贴临珠江岸线建现代高层建筑的先河，引发了第一轮抢占珠江岸线的浪潮。其中，做得最过分的是江湾新村。

江湾新村，是中国南海石油联合服务总公司和香港投资商合作开发建设的大型商业综合体建筑群项目。项目位于海珠广场以东的珠江北岸大沙头沿江中路南侧的珠江河畔，是一座兼具旅游、办公、通信、居住、休闲、娱乐、餐饮、购物等多种功能的现代建筑群。

为避免征地拆迁，江湾新村挤占了沿江中路与珠江之间的狭长形公共空地，并填江筑堤，最终形成一块长515米、最宽处达75米的建设用地。填江之后，此段珠江的最宽河道由400米缩窄为325米。江湾新村的业主提出了高层、高容积率的概念。按照设计任务书的要求，在这块面积约3万平方米土地上要建设19万平方米的建筑面积，容积率高达6.52。

图11-2 珠江帆影设计方案（来源：《新建筑》）

1981年，广州市举办江湾新村的设计方案竞赛。重庆建筑工程学院的参赛方案将7座高层建筑塑造为寓意风帆的造型，并以“珠江帆影”的建筑创意，从69个应征方案中脱颖而出，成为中标方案。单纯地从建筑创意来讲，“珠江帆影”是我国现代主义风格建筑的纪念碑，极具雕塑感的建筑造型，通过简洁的建筑形体和鲜明的横向线条进行表达，是一种典型的改革开放初期时代象征，表现当时对改革开放和市场经济的信念和精神追求。

1982年，重庆建筑工程学院与广州珠江外资建设公司设计室合作完成初步设计。1983年，江湾新村项目改为中国南海石油中心，设计方案做了相应的功能调整。1984年，重庆建筑工程学院完成南油中心首期工程施工图，并开始施工建设。

根据当时的方案，“珠江帆影”设计方案的首层为向市民开放的滨江公园，提供休息、餐饮、娱乐、购物等公共空间，实现“还地于民”。裙楼的首层、二层、三层分别提供大众化、中档和高档的公共活动场所，以满足不同的消费群体。裙楼之上安排高级住宅、单身公寓、宾馆、办公等功能的7栋19层至38层不等高度的塔楼。各栋塔楼平面为橄榄形弧线，立面采用中国式风帆的意境，建筑群表现出“扬帆远航”的意境。

有人将“珠江帆影”设计方案与白天鹅宾馆、海珠广场并称为珠江河道的“三颗明珠”。但是，三者完全不可同日而语。海珠广场与前两者的最大区别在于高层建筑没有咄咄逼人的气势。海珠广场上的高层建筑远离珠江80米左右，并有海珠广场宽广的开敞空间作为环境支撑，表现出对珠江的尊重、对环境的尊重、对广州城市的尊重。

图11-3　海珠广场与珠江帆影方案、白天鹅宾馆比较

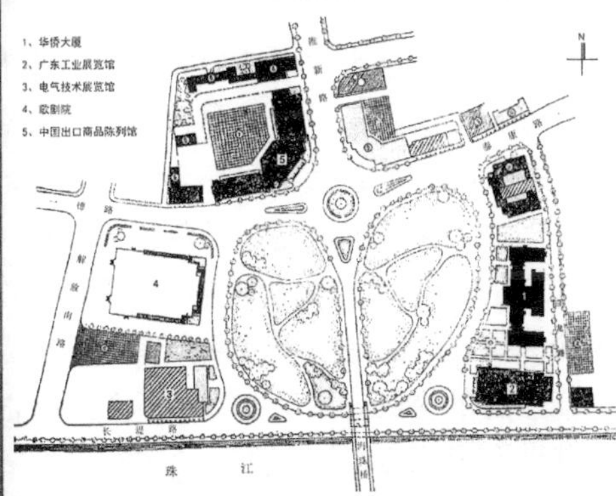

海珠广场（来源：《岭南近现代优秀建筑1949—1990卷》）

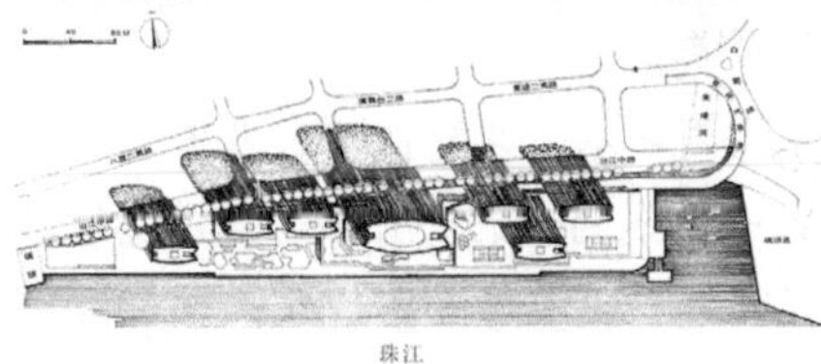

珠江帆影方案（来源：《岭南近现代优秀建筑1949—1990卷》）

白天鹅宾馆

然而，江湾新村的建设项目从一开始就充满了争议。在临近珠江岸边填江造地，设计如此巨大体量的建筑群，无论是从压迫珠江、破坏珠江景观的角度，还是从与周边传统街巷冲突、隔断城市空间与珠江联系的角度都有很大的问题。

在非议不断的压力下，施工中的江湾新村出现地下工程漏水问题，再加上当时的其他商业原因，该工程于1985年被迫停工。

1988年8月17日，人民日报发表头版头条的长篇报道，《“珠江帆影”变泡影——三百多万美圆付之东流，主要责任者迟迟未被治罪》。

多年之后，在江湾新村的原址上建成了今天的江湾大酒店，紧贴在珠江岸边的几座高层塔楼和裙房完全隔离了北部中华全国总工会旧址、团一大旧址、东园门楼等重要文物与江面的空间联系。后来，江湾大酒店北部又出现了几栋高层建筑。

图11–4　江湾大酒店

江湾大酒店和白天鹅的不良影响以及学术界的广泛议论与批评，引起了广州政府的警觉，如何还沿江景观于市民成为广州市经常讨论的话题。我们尚可满意地看到，除了海珠区广州大桥至海印桥一段，因珠江泳场和粮食局战备粮仓的历史存在而导致高层建筑临江岸布置外，所有沿江高层和多层建筑都退缩在沿江绿化带与沿江道路之外。至今，填江建高层建筑是不道德的概念，早已经成为全社会的共识。令人不解的是，这两年在海印桥边临江临桥临路建起了高高的海珠半岛花园，就连路过的普通市民都会嗤之以鼻，那些专业人士又是如何考虑的呢?

对珠江环境的欺压，不仅仅表现在对待一江两岸的态度方面，还表现在对江心岛的态度上。珠江河流广州段共有江心岛数十余座。其中，有常住村民的两个大型江心岛是大坦沙岛和官洲岛。大坦沙岛原住有坦尾村、河沙村和西郊村三个村的村民，拥有陆地面积3.55平方公里。官洲岛原住有官洲村村民，拥有陆地面积1.83平方公里。

二沙岛拥有陆地面积1.26平方公里，是继大坦沙岛和官洲岛之后，广州于20世纪80年代引进开发商，并进行商业开发建设的江心岛屿，也是广州除大坦沙岛和官洲岛之外唯一进行房地产开发的江心岛。

二沙岛[①]是于清朝时期成岛的。二沙岛四周环水，风光优美，北部与东山湖公园、五羊新城隔江相望，东临珠江新城中轴线南端的海心沙。二沙岛呈叶状，东西长3250米，南北宽600米，对外联系主要通过东部的广州大桥和西部桥梁。

①二沙岛是清朝时期珠江扩张段，水流缓慢，流沙淤积而成的河心岛，因成岛晚于大沙头，故名“二沙”。

二沙岛，曾经是民国时期水陆两用机场之一，后荒废。至20世纪50年代，二沙岛西端建设了体育训练基地。1983年，广州市政府决定全面开发二沙岛，开始酝酿房地产开发。同年，广州市规划局制定了《二沙岛规划》①，确定了二沙岛开发建设的性质和主要功能等规划原则。随后的1985年至1987年期间，法国里昂地区开发公司、广州市城市建设开发总公司、广州市城市规划勘测设计研究院等单位对二沙岛规划方案进行了深化和调整。

1987年，广州市规划局批准的《广州市二沙岛控制性详细规划》中，明确了开发建设的目标，“为市民创造一个绿、静、美的公共活动场所和居住休憩环境，要建设成为高标准的，以风景旅游、文化艺术、体育娱乐为主的公共活动中心和高级住宅综合区，以求达到社会、经济和环境三方面的良好效益”。

①吴良镛先生得知广州计划开发二沙岛，曾专门写信给时任主管城建工作的广州市副市长，提议二沙岛的开发要慎重，要面向市民开放，而不是为少数人服务。

图11-5　二沙岛控制性详细规划

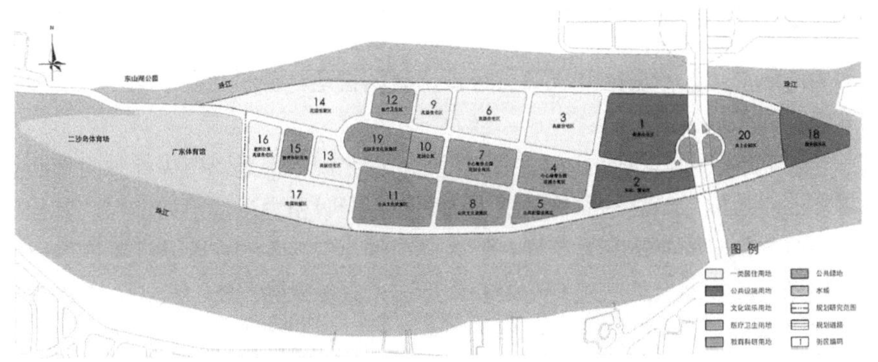

二沙岛控制性详细规划（1987年）

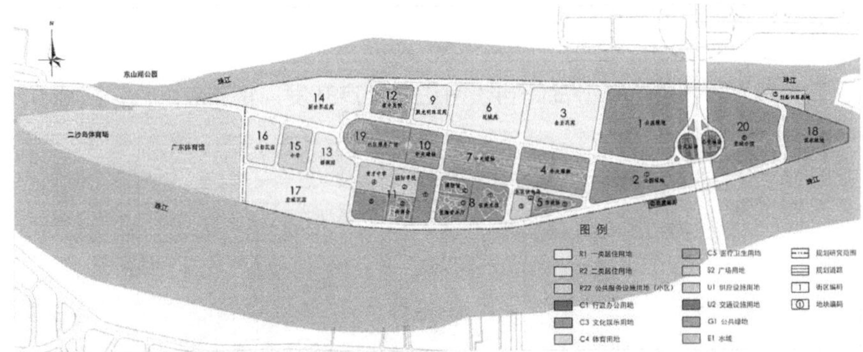

二沙岛控制性详细规划局部调整规划（2001年）

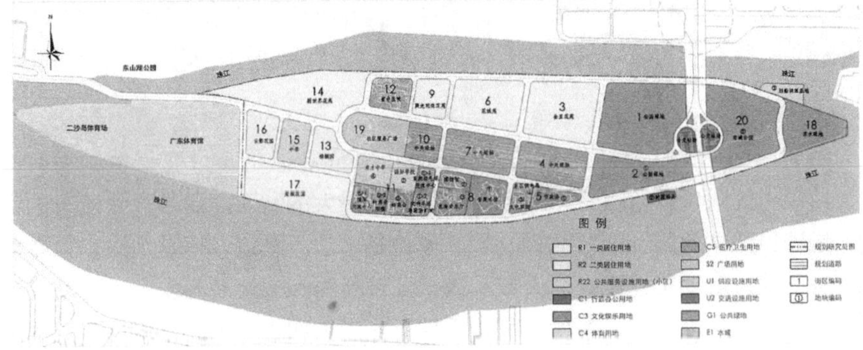

二沙岛控制性详细规划调整示意（2005年）

按照1987年的规划，二沙岛上是一个以高档别墅为主的私人住宅区。按照当时的规划方案，保留西侧已经建成的广东省体育训练基地，其余可开发面积为1.1平方公里，总建筑面积控制在55万平方米，容积率为0.5，绿地面积占30%。二沙岛的规划布局，以中央的长形公园为中心，结合两侧东西向的道路将全岛分为南北两片临江的区域，北部、西部和西南部是高级住宅区，南部是文化、艺术、教育等公共设施。临近广州大桥的地段是高端的办公、商贸、文化及服务中心。

1987年9月，二沙岛开工建设。随后，陆续建成了宏城花园、新世界棕榈园、花城苑、金亚花园等别墅和高级公寓。二沙岛汇聚了广州市最高档的别墅住宅区，也是改革开放后广州中心区最早建设的别墅区[①]。再加上政府投资建设的广东美术馆、星海音乐厅等全市标志性的公共建筑，二沙岛成为广州市高雅时尚的焦点。二沙岛的开发商曾经提出封闭管理，控制社会车辆出入二沙岛的设想，但很快被否决了。

①以20世纪90年代建设的金亚花园为例，它是法国设计师规划设计的高档别墅区，内部的每一栋别墅和高级公寓均可以看到周边珠江优美的江景。

二沙岛的规划与沙面有一点相像之处：两个规划都是以中央绿轴为核心组织规划的。虽然二沙岛的面积是沙面的两倍，但吸引力远远不如沙面。其原因在于沙面的每一栋建筑都是展现在世人面前的，二沙岛的住区永远都在躲避路人的眼光。二沙岛上虽然建有星海音乐厅、广东美术馆、街心公园及广东省中医院等“高大上”的公共场所，但由于富人住区强烈的排斥力，仍不能成为市民娱乐休闲的首选。后来，二沙岛规划做了局部调整，取消了公共地域的别墅，情况略微好转。二沙岛的问题在于创造了一个优美的环境，但没有找到一个最佳的使用方法。

二沙岛之后，广州江心岛屿再没有进行地产开发。官洲岛之后，广州江心岛再没有进行商业开发。

图11–6　二沙岛与沙面比较

二沙岛

沙面

白天鹅宾馆、江湾新村和二沙岛开发的共同特点是：只有征地，没有拆迁，用最小的代价，抢占最稀缺的资源，争取最大的利润。用当时最流行的话讲，是“见缝插针”，或“见缝插房”。无论是水边、路边，还是山边，只要能插进房子的，就动工建设。白天鹅宾馆、江湾新村和二沙岛开发秉承的就是这种精神，只是环境不同，条件不同，后期运作能力和水平不同，最后得到的结果不同而已。

“见缝插房”，代表的是一个特定时期内的一种潮流，一种倾向，一种状态。改革开放初期，对于大多数人来讲，私企、经商或者个体经济还是一道难以跨越的心理门槛的时候，但是曾经沐浴过商贸洗礼的广州人具有得天独厚的心理素质，率先跨过这道心理门槛。他们敢于冲破传统，他们提出了“用好政策，用足政策”的概念。在这个概念中我们似乎能感觉到“见缝插房”的影子。以高第街工业品市场、西湖路灯光夜市等为代表的早期市场经济形态，引领广州的私营、个体经济迅猛增长。开商铺、搞餐饮成了广州人谋生的常见方式。

可见，“见缝插房”的思潮不仅流行于地产界、投资界或企业界，而且还见诸街头坊间、企事业单位。广州“敢为天下先”的名声飞扬五大洲、四大洋，有些政府部门为了发展经济只顾近期效益，甚至把各类违章建设、占道经营、车辆拥挤等看作是城市繁荣的表现。那是一个全民经商、全市经商的年代，许多企事业单位或政府部门打开围墙建商铺，自用或出租给别人做生意，大搞“围墙经济”。

图11-7 东方宾馆外围商铺

在全市皆商的浪潮中，广州火车站候车室改为商用功能是一个经典的案例，具有一定的代表意义。

1984年，广州火车站与香港聚利发有限公司合作经营①，成立广州站旅行服务有限公司。该公司成立的目的是利用火车站得天独厚的地缘优势，经商赚钱。具体做法是挤压火车站原本为旅客服务的空间，整合腾挪出用于商业经营的空间。用现在时髦的话讲，就是变无偿服务为有偿服务，开展客运以外的多种经营活动。

①《广东省志·铁路志》。

广州站旅行服务有限公司成立后，很快将部分旅客候车室、贵宾候车室和会议室等用房进行简单装修，改造为酒楼、商场、旅店、快速冲印彩照等经营性用房，并于4月18日正式开业。

广州火车站的5、6号候车室及之间的走廊是广州站旅行服务有限公司主要经营场所。由于候车室层高较高，改为商业用房后，5、6号候车室都被分隔成上下两层。

改造后的5号候车室以酒店功能为主，上层有28间标准双人间，下层有140间单人房，共计客房168间。虽然酒店的条件比较恶劣，单人房的面积只有5平方米左右，每间单人房只能放下一张床和一个床头柜。但入住率并不差，甚至超过100%。其原因是很少有旅客在候车室住满24小时的，很多旅客都是候车期间找间房子休息一会。因此，客房的周转率非常高，一个房间可能在一天内外租两次，甚至三次。

改造后的6号候车室及一楼对应的位置以餐饮娱乐为主，成为一个4层的大酒楼。一楼经营快餐，二楼为西餐、舞厅、卡拉OK，三楼为中餐大厅，四楼则是包房。由于酒楼的部分食材是从香港采购的，且掌勺大厨也是港方代表从香港请来的，故酒楼出品尚佳。特别是对于来去匆匆的旅客来讲，只要有一口热饭，就足以感叹很长时间。烤乳猪、烧鹅等具有广州地方特色的菜式最受欢迎，是火车站酒楼的招牌菜。

5、6号候车室之间的走廊改造后的主要功能是商场。这个面积有398平方米的走廊，经营的商品种类居然可以超过1300种，平均每平方米经营面积内要容纳近4个商品品种，足见其生意火爆。当时，仅商场部一个月的收入就能达到380万~430万元人民币。

我们可以用形容白天鹅宾馆、江湾新村和二沙岛开发的三个共同特点来描述广州火车站旅行服务有限公司的所作所为：用最小的代价，抢占最稀缺的资源，争取最大的利润。这是另一种形式的“见缝插房”。

在一个特殊的历史发展阶段，“见缝插房”并非完全没有存在价值。改革开放之初，广州一穷二白，经济水平远远低于北京、上海、沈阳等大城市，全市普遍存在的“见缝插房”现象有利于城市经济在短时间内迸发。只是，这些“见缝插房”对未来的影响有多大？无论如何，“见缝插房”是要付出代价的，而且这个代价是昂贵的。

1984年，正值广州总体规划得到国务院批复和实施之年。“84版城市总体规划”为广州城市建设回归理性起到一定的积极作用。但是，由于人口预测明显受到行政的干扰，“84版城市总体规划”不能提供科学的未来人口发展数字，导致城市规模预测不足。1990年之后，城市的实际发展规模大于规划预测规模。“84版城市总体规划”几乎变成一沓废纸，总体规划处于“退休”状态，广州处于总体规划真空状态。城市建设混乱现象再次抬头，而且愈演愈烈。如果说“见缝插房”只是一个表面现象，并没有干涉到城市肌理和发展方向。那么，就可以说，20世纪90年代后城市建设的混乱影响到城市深层次的内容了。

能够比较直观地反映20世纪90年代城市建设混乱的经典案例是“珠江彩虹”。这是一个现代城市管理者对现代城市表现形式判断失误的案例。

何曾几时，香港成为广州城市“顶礼膜拜”的对象。人们在学习香港“伟大”经验的同时，也把广告牌、霓虹灯、高层建筑和高密度建筑群当作现代城市繁华的表现形式，广告牌和霓虹灯成为追求时尚的一个标志。由此，一系列的相关决策也给后面城市的发展质量提升埋下了隐患。城市的管理者对现代化城市表现形式的判断，对城市面貌的建设产生了直接的影响。

1992年，“珠江彩虹”是广州市政府为改善城市环境而批准的一系列灯饰工程之一，由香港和广州的广告公司负责建设和经营①。1994年，“珠江彩虹”动工建设。珠江沿线19个大型广告牌曾带来了一些新鲜感。然而，随着城市发展的回归理性，随着人们眼界的拓宽，“珠江彩虹”的大型广告牌与两岸风光和氛围格格不入的景象日显刺眼。最终，“珠江彩虹”不得不提前拆除，政府为此付出了庞大的资金代价。

①依据1993年市相关部门的发文，广州珠江彩虹有限公司拥有珠江两岸20年的经营权。

图11-8　珠江彩虹（来源：南方日报档案室）

20世纪90年代城市建设混乱的重灾区是广州老城。同新区相比，旧城区拥有相对成熟的开发环境和几十年甚至上百年积累下来的各类市场的产业链。因此，旧城区吸引了大量外来资本投资房地产行业。而政府也希望通过房地产开发来解决当时的城市居住和旧城改造问题。再加上当时规划管理失控带来的大量违章建设和非法运营，广州旧城的空间形态发生急剧的变化。

20世纪90年代初，广州提出旧城改造“学香港”，“高层高容积率”的做法。个别地块的容积率高达15~18。在房地产泡沫经济和规划管理一度失控的双重作用下，广州开始引进房地产商，联手参与广州旧城改造，一味追求高层高容积率的旧城房地产项目“遍地开花”。大量国内外的房地产开发商涌入广州旧城的土地市场争抢“圈地”。许多区位繁华、人口和建设量较少的地块被抢先开发，而一些区位偏僻、人口房屋集中的地区虽然亟待改造，却由于远离繁华地段、安置成本高、项目周期长等问题而无人问津。

据统计，广州旧城改造模式的房地产开发项目的总投资额一般是普通住宅的2.6倍。一方面，开发商往往千方百计提高项目地块容积率，另一方面又想尽一切办法减少或规避公共服务设施配套建设。这导致老城区的居住人口数量和交通出行量非但没有得到疏解，反而都增加了，给原本不足的公共服务设施和交通设施带来了更大的压力。

图11-9　高容积率建设

1993年广州地铁1号线动工建设。为了解决广州地铁1号线[①]的建设资金问题，广州学习了香港的经验，将地铁沿线的土地开发交由地铁公司，通过各种运营方式为地铁建设筹集资金。这期间，划出的28个地铁上盖开发地块全部位于广州历史文化名城的历史城区内。28个地块的开发目的单一，就是解决广州地铁建设的资金投入问题。

28个开发地块的选取仅仅是考虑了地铁站点的规划选址，既缺乏旧城改造层面的整体考虑，又忽视了改造地块与周边历史街区尺度上的协调要求。无序、零星的土地划拨方式，势必带来碎片化的城市形态和旧城改造格局。

旧城改造缺乏政府层面的整体统筹、宏观调控和规划引导。这些地块的开发建设，采用的都是高密度、高容积率为单一目的的大拆大建模式。当时的开发建设并非采用TOD的开发理念，也没有疏解旧城人口和交通等方面的压力。目前，28个地铁融资地块中，已经建设完成了8个地块。[②] 8个地块均采取的是容积率最大化、公共配套设施最小化的模式，给旧城的空间形态、环境容量、通行能力带来了更大的压力。

①广州地铁1号线，1993年动工建设，1999年全线通车。沿途16个车站分别是，西朗、坑口、花地湾、芳村、黄沙、长寿路、陈家祠、西门口、公园前、农讲所、烈士陵园、东山口、杨箕、体育西、体育中心和广州东站。

②这些地块分别是，中山六路以北、人民路以东的越秀新都汇大厦，中山六路以北、光孝路以东的捷泰广场，中山六路以北、解放路以西的新宝利大厦，中山五路以南、解放路以东的中旅商业城，中山五路以北、广大路以西的五月花商业广场，中山五路以南、大马站以东大马站大厦，宝华路以西、长寿西路以南的恒宝华庭，丛桂路以东、和平西路以南、大同路以西的逸翠湾。

地铁融资地块　　表 11-1

序号	已经建成的地铁融资地块
1	中山六路以北、人民路以东的越秀新都汇大厦
2	中山六路以北、光孝路以东的捷泰广场
3	中山六路以北、解放路以西的新宝利大厦
4	中山五路以南、解放路以东的中旅商业城
5	中山五路以北、方大路以西的五月花商业广场
6	中山五路以南、大马站以东大马站大厦
7	宝华路以西、长寿西路以南的恒宝华庭
8	丛桂路以东、和平西路以南、大同路以西的逸翠湾

1996年，广州市政府和有关部门为了吸引港澳台和外商投资广州的新区建设和旧城改造，提出了“三让三得”的政策，即“让市场、让股权、让利益，得资金、得技术、得效益”，全年中外合作完成房地产投资额高达75.42亿元，比1995年高出60%。

“三让三得”的政策导致基础设施原本就不足的旧城区环境不断恶化，旧城建设密度高、人口密度高、交通密度高的“三高”问题更加严峻，给广州旧城造成了严重的破坏，产业低端、功能混杂、空间拥挤、配套不足、交通拥堵、文化破坏等各类“城市病”纷纷出现。

荔湾广场是广州城市建设混乱案例中最为典型的一个，是这个时期留下的刻骨铭心的惨痛教训。荔湾广场自建成后就饱受诟病，成了旧城改造失败的典型“教材”。广州市也为忽视传统价值、忽视文化价值、暴殄天物付出了沉重的代价。

1996年竣工的荔湾广场位于广州市荔湾区上下九商业步行街与康王路交会处的东侧，这里是广州历史上的老西关地区，是拥有1000多年历史的商业繁华地段。临近上下九—第十甫路、华林禅寺、光复中路、光复南路、和平中路等历史文化街区，是广州西关地区传统城市格局和商贸市井生活集中保留和展示的地区。

荔湾广场是一个典型的高层高容积率思路指导下的旧城房地产开发项目。整个项目占地面积4.5公顷，拆除建筑面积9.8万平方米，各种房屋775栋，涉及拆迁的人口达7074人，共2045户，还有30多个工厂和100多个店铺，它们包括沿街骑楼和大面积的历史街区。建设的一座宽约100米、长约300米，6层的商场裙房拥有2000多间商铺，其上是8栋32层的塔式住宅。荔湾广场是一座拥有31万平方米建筑面积的现代化商业建筑。整个项目的容积率高达6.9，而绿化率只有10%。

荔湾广场的现代建筑的巨大尺度与周边的历史街区格格不入，它粗暴地将一个单调巨大的现代建筑植入到层次丰富的旧城环境之中。它与西侧的康王大道一起，把广州西关地区剩下的唯一一条完整的骑楼街——上下九骑楼街拦腰截断，严重破坏了旧城原有致密有序的空间肌理，给广州西关地区传统城市空间的保护造成了无法挽回的损失。

非但如此，由于荔湾广场巨大尺度的室内空间与旧城传统商贸的业态不符，与周边的上下九骑楼街、华林玉器街等传统街道相比，其经营状况自建成以来就一直欠佳。

20世纪90年代初，广州的违法用地和违法建设也达到了空前的高峰。违法建设屡禁不止。在珠江前航道人民桥至大沙头一段的老城区滨江沿线，竟然同

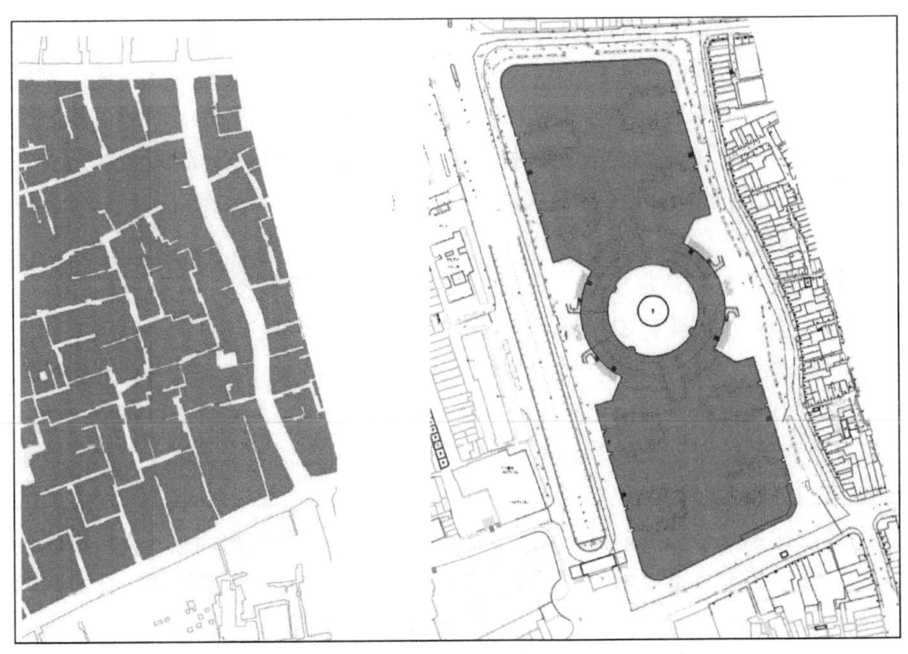

图11-10　荔湾广场改造前后周边空间肌理及尺度示意图

时存在9艘经营餐饮的海鲜舫，对珠江水质的污染严重，也给广州的生态环境和景观环境带来了巨大的负面影响。西坑村的村民在白云山风景区的绝对保护范围内，违法建设的房屋数量多达38栋，建筑面积合计近3万平方米。

城市郊区的违法违规建设的现象与问题更加严峻。以白云区为例，1995年，全区有266.7公顷的耕地被非法用于建设集资房，非法建筑面积合计150万平方米。这种集资房的建设没有任何的行政审批程序。这种非法建设既冲击了广州的房地产市场，又导致了大量国有资源的严重流失，也给今后房屋产权的办理埋下了隐患。

“马路经济”、“围墙经济”等私营、个体经营的泛滥也给城市发展带来了一系列的问题。一方面，大量的车辆、人流甚至是货物滞留在城市干道之上，导致严重的交通混乱、拥堵，尤其是随地摆摊、占道经营的地方更为严重。另一方面，大量的违法搭建、经营垃圾等，尤其是沿街餐饮、大排档等，给城市街道的整洁和美观带来了很大的负面影响。

图11-11　违法建设是导致城市混乱的一个因素

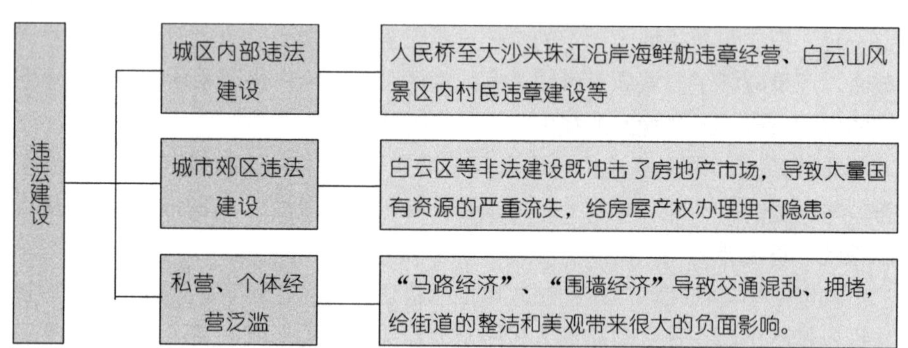

广州城市建设混乱的局面与城市规划体制也有密切的关系。广州城市规划体系和管理制度是在20世纪70年代末逐步建立起来的，到了90年代，因为顾忌对经济发展效率影响而做了大幅度的调整。从1988年3月开始，广州的规划管理机构在荔湾、海珠设立派出机构：区规划土地管理处。至1990年10月，在黄埔设立派出机构。前后用了3年时间，广州市城市规划局完成了在八个区设立派出机构的工作。

这时期，广州市提出了“规划要松绑，权力要下放”的口号①。1992年，广州城市规划体制实行由市统一规划，市、区分级管理的模式。各区的规划土地管理处改为区规划分局。区规划分局由区政府领导，人、财、物归区管理。管理体制调整愿望是能够提高审批效率，但是，由于规划管理权限下放，以及“84城市总体规划”因人口规模问题慢慢失效等因素，以致90年代中后期城市规划管理开始失控。

在缺乏规划依据的前提下，极短的时间内，大量的农用地被转为城市建设用地。其根源并非是城市工业化发展的需要，更多的是在于我国城市化方向的偏差和分税制政策②的实施及其制度设计上的先天缺陷。

①20世纪90年代初，各区规划管理工作以各区政府行政领导为主，跟市规划局只是业务指导的关系。直到1996年，这种规划管理模式才得以结束。

②为了解决20世纪80年代末90年代初中央财政危机导致的“弱中央”状态，中央和国务院决定实施开展分税制改革。1994年，我国实行分税制改革，搭建了市场经济条件下中央与地方财政分配关系的基本制度框架。

这个时期的违法违章审批现象特别严重。东郊公园[①]的西侧及中山大道北侧获批建设商铺，导致违法建设的商铺多达140间，总建筑面积超过3万平方米。在老城区，个别的街道或社区居委会，以马路经济入室经营为由，非法占用内街、公共绿地建设商铺出租盈利。当时六榕路仅有的1米左右宽度的绿化带也被街道全部占用，建成了长达40多米的临街商铺。

①东郊公园，始建于1928年，几经更名后，今为天河公园。

那是一个疯狂的年代：当时中国大酒店的一楼二楼全是商铺，还设了夜总会，东方宾馆的一楼也打开围墙拆了花园做了商铺，还设了夜总会等。在这个有着“铺头文化”美誉的商业都市里，随着个体经营的狂热，商铺急剧泛滥，无处不在。整个城市形态几乎都浓缩在商铺之中，而且从违法建设走向了违法违章审批。

资本追求单个项目在特定时间特定空间上的经济收益最大化。城市规划管理的缺失，导致城市建设整体层面的控制失衡，最终引发市场经济的失灵。在那个“全民皆商”的年代里，人们拥有高涨的经商热情，但是过度追求经济发展和眼前效益而带来的一些盲目建设，给广州的城市发展留下了许多隐患。

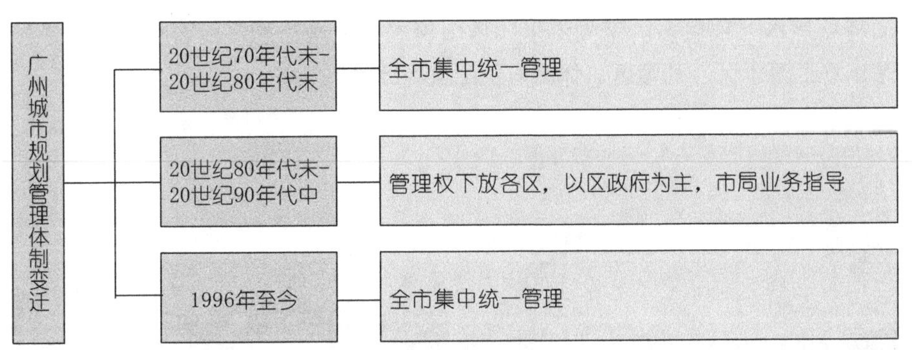

图11-12　广州城市规划管理体制变迁

广州城市建设混乱的不仅仅表现在用地和违章方面，还表现在对市场变化的茫然与迟钝。广州主题公园的建设历史是解读这个问题的一个较有代表性的案例。

广州是首批国家历史文化名城、改革开放前沿城市，地处中国南大门，临近香港、澳门，自改革开放以后，广州旅游业得到迅猛发展。20世纪80年代，旅游业已经成了广州第三产业的六大支柱产业之一，广州接待海外游客人数一度位居全国城市首位。其中，东方乐园、南湖乐园和太阳岛乐园的建设与投入使用功不可没。东方乐园、南湖乐园和太阳岛乐园曾被称为广州三大游乐场。

1984年5月，由广州市东方宾馆与香港建图国际投资有限公司签订协议，在白云山麓脚下兴建东方乐园，试图通过主题公园的建设来弥补广州旅游资源方面的不足。1985年7月，东方乐园正式开业。当年即创下一天10万游客的天文数字，并保持这一国内纪录达20年之久。同年，南湖乐园和太阳岛乐园也开业了。

东方乐园总用地24万平方米，建有大中型游乐项目50多个，包括双环过山车、摩天轮、森林狩猎、环园列车、太空漫游和波浪秋千等现代机械游乐项目；人造海浪、彩虹飞渡、长河游、儿童泳池和旱冰场等健身娱乐项目；赛车、电子射击等竞技性娱乐项目；塑像馆、欢乐中华、环幕电影、东方之旅等观赏性娱乐项目等。

东方乐园的确是广州人童年美好的记忆，也给许多中外游客留下了深刻的印象。当时的东方乐园年接待游客已达500多万人次，国外游客约占20%。东方乐园是国际旅游协会的第一个中国会员，当时国家对游乐设施的检测标准也是比照东方乐园的。

令人遗憾的是：1992年，东方宾馆曾计划与美国佛罗里达拉高房地产公司合作，利用东方乐园附近的1平方公里的土地兴建“东方迪士尼世界”，并计划首期投资10亿美元把东方乐园改造成“东方游乐城”，但这一计划并没有实现。20年后，迪士尼乐园出现在上海，并于2016年开业。

此后，东方乐园一蹶不振。2003年东方乐园接待游客仅30万人次，营业收入仅3000万元。

太阳岛乐园是一个水、陆面积达30多万平方米的现代化大型游乐场。乐园的特点是水上项目多。南湖游乐园依山傍水，风景秀丽，园区包括陆上游乐区、水上游乐区、儿童区、休闲区及配套区五大区域。

图11-13　东方乐园、南湖游乐园（来源：《百年广州》）

东方乐园

南湖游乐园

然而，广州的三大主题乐园竟然没有抵抗住深圳三组模型公园魅力的吸引。深圳的锦绣中华、民俗村和世界之窗，三组以微缩景观模型为主题的乐园毁灭性地打击了广州主题公园的自信心，并扭转了广州主题公园的发展方向。可悲的是，在广州模仿深圳打造模型公园失败后，深圳却把广州的主题公园模式发扬光大，打造了欢乐谷、东部华侨城等游乐乐园，再次创造主题公园的新高地。

1987年11月竣工的深圳锦绣中华园向中国人民展现了主题公园迷人的魅力。锦绣中华园亦称“深圳小人国”，汇集了中华民族五千年历史和全国的风景名胜，是世界上规模最大的微缩景区。

锦绣中华坐落在风光绮丽的深圳湾畔。园区内按照中国版图的相对位置设计建造了82个微缩景点，大部分景点是按照实物的1：15比例微缩的，个别景点为1：10或1：8。

万里长城、秦始皇兵马俑、敦煌莫高窟画廊、布达拉宫建筑群、泰山、三峡、河北赵州桥、山西应县木塔、北京故宫、山东孔庙、漓江山水、黄果树瀑布、陕西黄帝陵、南京中山陵，林林总总都微缩在30万平方米的园区内。所谓“一步迈进历史，一日畅游中国”，祖国的三山五岳，江河湖泊，名塔、名寺、名楼、名窟都可以在这里尽收眼底。82个微缩模型配合5万多个小陶人极为生动地再现了皇帝祭天、光绪大婚、孔庙祭祀等恢宏场面和黎民百姓婚丧嫁娶的生活场景。

锦绣中华开业两年后，民俗村隆重开业。占地20万平方米的民俗村按照“源于生活，高于生活，荟萃精华，有所取舍”的建村原则，复建了22个民族的25个村寨。民俗村通过仿建星罗棋布在祖国大地上的民居，表现出不同民族的风土人情，是集民间艺术、民俗风情和民居建筑于一体的大型园林。民俗村通过民族风情表演、民间手工艺展示、民间节庆活动，生动地再现了五十六个民族的民俗风情和文化特征。

1994年开业的世界之窗位于深圳湾畔，占地48万平方米，由世界广场、亚洲区、大洋洲区、欧洲区、非洲区、美洲区、世界雕塑园和国际街八大区域构成，分别展示了一百多个世界著名的文化景观和建筑奇迹。

世界之窗的口号是“您给我一天，我给您一个世界”，以“想不到的恢宏壮丽、看不尽的盛世繁华”为目标，把世界奇观、历史遗迹、古今名胜、民间歌舞表演融为一体，赢得市场和社会的热烈追捧。

锦绣中华、民俗村和世界之窗的巨大成功极大地刺激了广州旅游界。当

图11-14　锦绣中华（来源：网络）

时，广州旅游接待与旅游收入的增长速度不成比例，广州虽然在旅游接待规模上曾领先全国各大城市，但旅游外汇收入却常常位居北京、上海之后。有人认为，广州旅游收入不如北京、上海的主要原因，在于仅仅靠东方乐园等三个乐园是不够的。广州的其他旅游资源知名度不高，布局相对分散，存在着“繁星点点，不见月亮”的问题。

1994年，中共广州市委、广州市人民政府出台《关于加快发展旅游业的决定》。针对广州旅游业存在的缺乏旅游“拳头”产品的问题,提出增加一批新的旅游景点项目。1995年，广州被列入“月亮工程”，在建或继续完善的大型主题旅游景区数量达到24个。

客观地说，广州对旅游资源的分析是充分的，但如何结合市场环境解决问题的研究是欠缺的。由于对市场研究的欠缺和对抢占旅游高地的渴望，将广州旅游资源建设推向了盲目跟风状态，主题公园如雨后春笋，纷纷涌现，然后又纷纷倒闭。比如：1994年飞龙世界游乐城开业，1995年广州世界大观开业，同年番禺飞图梦幻影城开业，1997年航天奇观开业，同年番禺香江野生动物世界开业。其中，只有番禺香江野生动物世界幸免于难。我们以世界大观和航天奇观为例再现当年的历史。

1995年10月18日，号称投资6亿多元的广州世界大观开业，是当时全国最大的主题公园之一，也是广州旅游业的“月亮工程”和“广州十大旅游美景”[①]之一。广州世界大观，位于天河区东部的东圃地区，临近中山大道、广深高速公路，用地0.48平方公里。世界大观模式与世界之窗几乎一致，是一个以模仿世界各地著名景点、典型建筑、雕塑、自然景观等为背景，并结合高科技手段举办大型舞台表演的主题旅游景区。景区内建有时代广场、阿拉伯剧场、巴黎歌剧院、古希腊剧场、日本剧场、英国剧场六个大型表演剧场和综合游乐场、船模表演、美国娱乐街、水上运动场等四大区，晚上还可以观看湖面上的水幕电影。

①1996年，经广州市政府批准，广州市旅游局组织了“广州十大旅游美景”评选活动，评出的十大旅游美景分别是：百粤冠祠——陈家祠、云山锦绣——白云山风景名胜区、穗石祥楼——五羊石像和镇海楼、辛亥之光——中山纪念堂和黄花岗七十二烈士墓、莲花胜境——莲花山风景区、世界大观、金蛇狂舞(飞龙世界游乐城)、东方乐园、西关商廓——广州市商业步行街、六榕花塔——六榕寺。

1996年，广州世界大观的经营进入鼎盛时期，月均游客接待量超过了10万人，每月的门票收入就高达两三千万元。世界大观甚至曾酝酿在国外上市的宏伟计划，因1997年的亚洲金融风暴，这一计划戛然而止。

1997年，世界大观的经营状况开始走下坡路了，只好取消了国外演员的表演，改请国内演员，旅游吸引力大打折扣。自1998年开始，世界大观的游客接待量出现了直线下滑，经营状况陷入了极度的窘迫状态，只好取消了园内各种类型的节目表演。首期资金远远不能回笼，投资方也无意再追加资金。资金链的断裂导致了后期资金的紧缺，世界大观陷入了长期的债务泥潭。

广州世界大观经营失败的首要原因是缺乏创新的盲目跟风。广州世界大观的建设，无论从规模和主题方面都受到深圳世界之窗成功的影响。不仅仅广州受其影响，继深圳、广州之后，长沙、成都、北京、天津、无锡等城市纷纷建起了具有同样“世界”主题的人造景区。就在广州世界大观建成开业的时候，距离不到100公里的深圳世界之窗正处于鼎盛时期。后者在国内和东南亚地区都有较大的影响力。深圳世界之窗建设在前，广州世界大观建设在后，且缺乏创新，再加上后者区位、经营模式和资金运转等方面的问题，竞争中必然处于劣势地位。另外一个原因在于，改革开放初期，部分先富起来的人们对于旅游充满了好奇，想看看外面的世界。然而，限于当时的条件，很多人无法直接前往国外旅游。在这样的前提下，以浓缩国外著名景点的广州世界大观迎合了当时大部分游客“到此一游”的猎奇心理。但是，随着经济条件的改善和交通、信息技术的高速发展，人们很容易了解世界各地景点的相关信息，或者直接前往世界各地旅游景点亲身体验。而世界大观这类缺乏深度体验的主题情景，市场规模必然日渐萎缩。

图11-15　世界大观

作为广州20世纪90年代“造月工程”的另一个代表性项目，是与世界大观相距不远的“航天奇观”。

1997年11月开业的航天奇观同样位于天河区的东圃地区，是我国第一个航天技术科普类旅游主题公园，占地面积0.213平方公里，投资2.5亿元。园内拥有10多个以航天技术为主题的场馆，如火箭发射指挥中心、升空馆、太空站、月球馆、星际历险、环幕影视、火山地震馆、太空遨游等，其中就包括当地农民花巨资购买的我国运载火箭“长征三号乙”的实体。除此之外，还有水上世界欢乐天地、卡通剧场、傲视蓝天等各类游乐设施。航天奇观将古代嫦娥奔月的神话故事、当时全世界的航天科学技术，以及未来太空技术的憧憬和设想，有机地结合在了一起。

航天奇观所在的天河区东圃镇原本是城市郊区的一个农业镇。广州的城市中心将向东移动，天河体育中心综合区和珠江新城崛起之后，东圃镇的农村耕地被大量征收。世世代代在此耕耘的东圃镇农民失去了历史上赖以生存的土地，换来的是农民手上的部分征地补偿资金。

东圃镇的领导和决策者们亲历了广州改革开放10多年市场经济浪潮的洗礼，培养了“敢为天下先”的经营理念和超前的市场意识。东圃镇的领导们在北京考察的过程中，走进了航空航天部的大门。历经多轮的交涉①，东圃镇的农民们做出了一个惊人的决定：以700万元的价格，从航空航天部火箭研究院购买全球第二大运载火箭。这个决定，创建了中国历史上第一次由农民购买火箭的壮举。紧接着，东圃镇的决策者又考察了江苏无锡的太空城，最后决定建设国内独有的航天奇观。

①东圃镇考察团的三次进京考察中，曾与航空航天部洽谈过关于东圃镇农民入股参与商业广告卫星发射、合作“天葬”（即把人的骨灰送往太空中去）、购买火箭等。最后，东圃农民选择了后者。

航天奇观一经推出，便大受游客的欢迎。在开业的前两年里，航天奇观接待了来自广州、珠三角和香港澳门的游客达到了100多万人次。游客们大多被我国航天科学的先进技术，尤其是长征三号乙运载火箭实体所吸引。更让他们惊叹的是，东圃镇农民购买火箭，创建大型航天科技主题公园的历史创举。

在航天奇观主题公园内，游客们可以近距离观察当时我国运载能力最大、性能最完善的长征三号乙运载火箭；可以在公园内部的火箭发射中心亲身经历火箭发射的全部过程。除此之外，游客们还可以在航天奇观的动感电影船体平台上面亲身体验太空漫游的浪漫旅程；航天奇观里面还建设有全国第一个也是当时的唯一一个火山地震馆，人们可以在这里体验七级地震、火山喷发和建筑倒塌的惊险历程；甚至可以在模拟的太空站上，亲自体验一下水和太空食物的制作过程。

在航天奇观的建设和运营过程中，政府部门也给予东圃镇农民较多的政策支持。当年，广州市政府允许当地农民以土地补偿费入股参与旅游项目建设投资，对于大型科普基地的认定、挂牌、税收等方面都给予了特殊的优惠政策。1998年6月，航天奇观被广东省科学技术协会评选为广东省航天科普教育基地。1999年12月，航天奇观被中国科学技术协会评为“全国科普教育基地”。同年，航天科技被中宣部、科技部、教育部、中国科学技术协会共同评选为“全国青少年科技教育基地”。

与世界大观一样，曾经风光一时的航天奇观，建成几年后就因经营问题日渐衰落。

20世纪80年代中后期至90年代广州建设的主题公园，如今大多已倒闭、转让或停业。据调查，全国这段时间建成的第一代主题公园中，70%处于亏损的状态，仅有10%左右的主题公园处于盈利状态。而作为先行先试的广州，成为第一代主题公园完败的重灾区。大量主题公园的土地长期荒废或低效使用。盲目建设的主题公园，给城市发展带来了巨大的浪费。

图11-16　航天奇观（来源：《百年广州》）

20世纪80年代，是广州城市率先崛起的年代。广州传统文化中固有的重商意识是一种敢于突破传统的禁区的特质，善于“用好政策，用足政策”是一种勇于创新的精神。只要国家政策没有禁止的区域都可以尝试与只要国家政策没有允许的区域都不敢尝试形成了强烈对比。改革开放早期一些城市辞退或拒绝外商投资与广州将外商投资当成财神的态度具有鲜明的区别。

虽然，“全民皆商”的壮举、“见缝插房”的做法、“马路经济”的现象，给城市带来相当大的困扰。但是，广州城市建设高速扩张，城市商贸功能的复兴是城市发展的主流。城市发展基本是健康的，是可控的。城市环境恶化现象只是出现在局部地区，并没有蔓延到全市。同时，造成城市环境恶化的根源也能得到一定的修正。"84版城市总体规划"的编制与出台，为稳定广州城市健康发展起到了一定的作用。

然而，到了90年代以后，"84版城市总体规划"已经逐渐失去了应有的作用。同时，广州没有了政策红利，不太可能通过政策的突破来赢取发展的机会。再加上在经济制度转变的过程之中，商业经营的高度狂热、外来社会资本带来的房地产开发，以及国家税务制度的改革、城市规划管理的失控等因素，快速膨胀的城市建设一度失控。

1993年的金融危机和1997年亚洲金融危机的爆发，将广州的城市发展引入了快速膨胀后的瓶颈阶段，盲目开发、违章建设等一系列的城市问题亟待解决。在广州城市最需要科学发展，需要回归理性的时候，城市总体规划迟迟不能出台。城市出现了四个方面的主要矛盾。首先，各类违章建设导致城市生活环境不断恶化；其次，经济的高速增长带来了人口的激增，再加上城市中心区批发市场的存在导致城市交通环境不断恶化；再者，部分没有足够资金的单位拿到划拨的土地之后才开始寻找合作开发对象，地块开发计划无法落实现象的存在，导致资源环境不断恶化；最后，以追求经济增长为单一目标，造成城市配套设施严重落后，城市用地盲目扩张，河流污染加速导致城市生存环境不断恶化。

此外，由于城市的大政方针的缺失，城市规划定位和发展方向的缺失，城市经济目标、空间目标和管理目标的缺失，导致管理的缺失和盲目发展。此时的城市规划管理让位于经济发展，规划管理部门在城市发展决策中的地位也处于历史的低谷，城市规划建设缺乏应对经济社会快速发展的有效手段，头痛医头、脚痛医脚，最终导致城市发展偏离了理性的轨道，恶果不可避免，城市环境恶化达到了极致。

俗话说，物极必反，处于十字路口的广州何去何从，城市的管理者，城市的规划者，城市的市民们开始认真思索这个严肃的命题。

第十二章　新型城市的整治

1997年，在城市混乱和金融危机的双重压力下，广州这座曾经充满活力的城市，几乎接近崩溃的边缘。

在广州旧城区，20世纪80年代的“见缝插房”现象尚有节制并可控，部分不合理建设尚可得到重视和纠正。到了90年代全民皆商、“马路经济”、“围墙经济”引发的大量违法建设、违章搭建，违法审批也屡见不鲜，28个地铁融资地块的开发缺乏有效的规划引导和控制，“遍地开花”的高层建筑，造成旧城空间拥挤不堪，给旧城原本就超负荷运转的城市基础设施带来了更大的压力，公共服务设施的布局难以合理调配和优化，人口居高不下，城市交通拥堵十分严重。

在旧城边缘地带，违法占地现象非常严重，城市建设用地与违法建设用地之间出现抢夺优质资源的状态，城市公共服务设施建设处于边缘化。城市发展方向也一度出现混乱，1996年上报国务院的城市总体规划中，在城市的北部流溪河水源涵养地规划了北翼大组团，它同东翼大组团一起，进一步强化了以旧城组团为中心的城市格局。与城市的固有发展态势大相径庭。城市空间仍然在一定程度上表现为以旧城区为中心向外无序蔓延，城市结构相对松散。

“拆围墙建商铺，切马路建市场，拆公园作餐厅、填耕地建集资房”是当年城市混乱建设比较真实的写照。广州城市是从此沉沦下去，还是要置之死地而后生，是我们不得不面对的问题。回顾历史，广州城市有两次崛地而起的壮举。

一次发生在唐宋时期，广州迎来了海上贸易的大潮，成为国家通商口岸。但唐朝初期，广州城区还是由篱笆墙、茅草屋构成。完全没有“天朝大港”的形象。于是，广州奋发图强，烧砖制瓦，翻建砖瓦建筑，重砌砖体城墙，数十年后广州城市脱胎换骨。此后，广州传统城市的格局和风貌基本成型，商贸日益繁荣，直至创建清十三行的辉煌。

另一次发生在民国时期，广州迎来东西方文化激烈碰撞的浪潮，成为现代城市建设的急先锋。但民国之前，十三行大火吞噬着广州经商的勇气，两次鸦片战争消磨着广州进取的锐气。民国初期，广州以近代城市建设为己任，拆城墙，建马路，大量建设公共建筑，引进近代城市基础设施，探索近代城市规划和管理机制。数十年后，广州完成了近代城市的格局和风貌建设，并一直延续到20世纪80年代。

面对1997年前的城市无序扩张和单一强调经济增长带来环境的不断恶化，

广州需要再次置之死地而后生，需要再次崛地而起。广州借鉴唐宋时期以砖瓦改变城市形象的成就，借鉴民国时期以马路追赶近代城市的业绩，再次从城市环境整治入手，提出以解决“脏、乱、差”的问题为突破口，通过强有力的干预，树立新的城市形象，引领经济发展，突破城市发展的瓶颈，逐步将广州引入现代城市的格局和风貌建设中，并以此为契机再建历史辉煌。

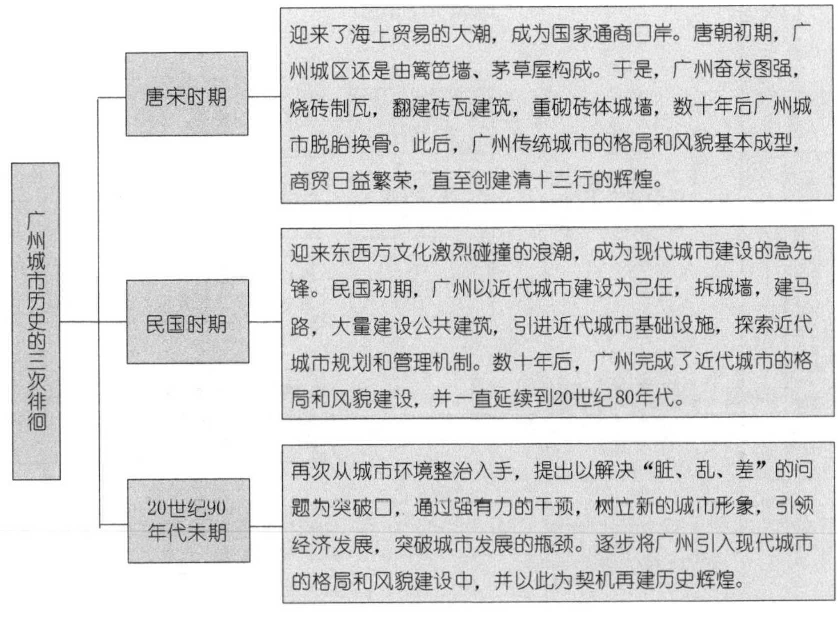

图12-1　广州城市历史的三次徘徊

1998年3月，广州市人大代表向广州市政府提出对城市交通阻塞不满意、对空气污染不满意、对城市面貌脏乱差不满意、对城市治安恶化不满意。市人大代表在人大会议上提出四个不满意是非常严重的问题，说明广州城市环境已经到了忍无可忍的地步。

广州市规划局随即向市政府提交了《关于开展城市形象工程建设问题的报告》，提出了包括109个城市形象工程的建设实施方案。形象工程由市区两级政府各自负责具体实施，其中，市政府主要负责包括火车东站绿化景观广场、二沙岛轴线绿化广场等园林绿化工程，环市路、广州大道等环境整治工程，内环路规划实施等交通工程，黄村地区规划实施、广州新体育馆建设、新机场建设等“迎九运”建设工程，以及广州大剧院等其他建设工程。

为此，广州市政府正式提出“城市形象工程”的口号，专门成立了由时任戴治国副市长为组长的形象工程推进领导小组，副组长为市建委主任和市规划局长担任。同年5月，广州市政府举行新闻发布会，宣布未来三年的时间将完成包括14个公园、11个绿化广场、3条绿化带、2个文化广场以及一批标志性建筑的形象工程。

广州市以整治工作为重要突破口实施“形象工程”的建设。1998年，重点整治的地区包括中山路、东风路、环市路、广州大道、中山大道等城市主干

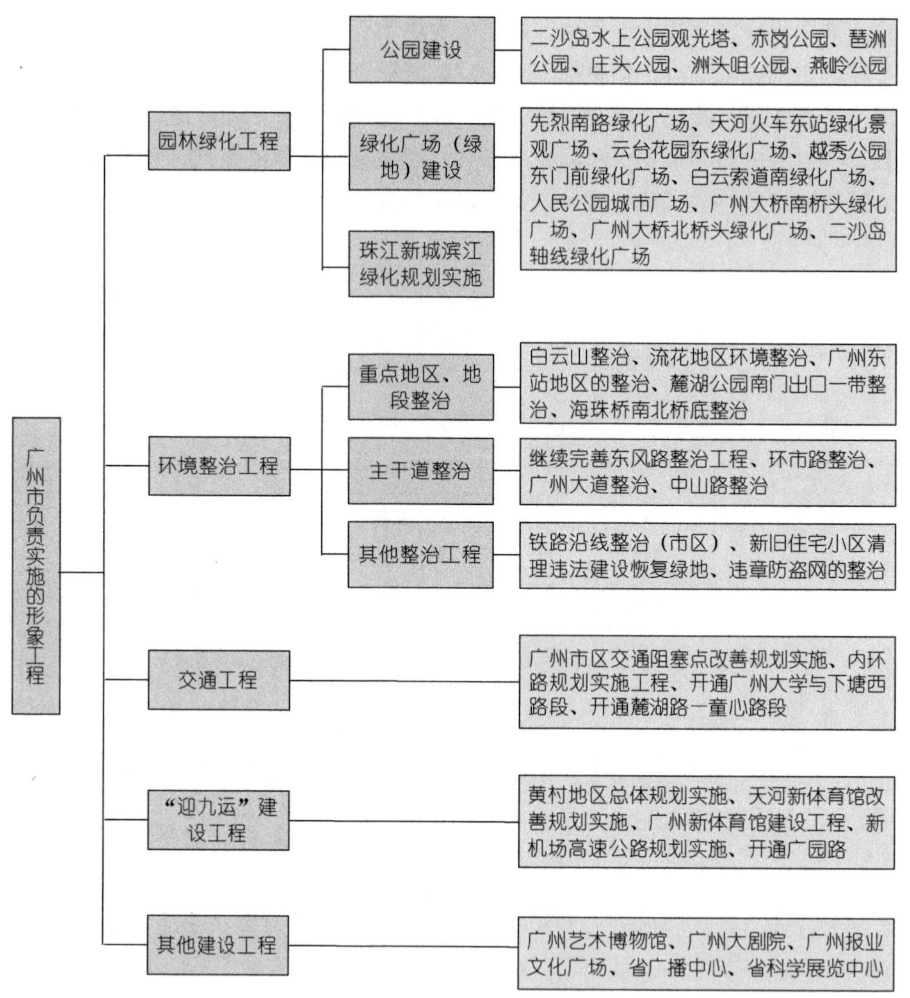

广州市负责实施的形象工程

道和火车站流花湖地区等。按照当时的要求，整治工作需要拆除道路两侧红线范围内的任何违法建筑和违章搭建；除了特殊需要之外的其他地块一律不得设置围墙；道路两侧建筑退缩范围内的用地除了不同宽度要求的人行道或道路之外[①]，一律种植绿化，不得设置停车场；沿路一线建筑进行立面整治，不得设置防盗网和不规则的室外空调安装；开展户外广告清理整治工作；取消主干道沿线的汽车、摩托车和自行车保管站；取消道路沿线全部的“的士”广告亭和多余的公交车站。

①非商业地段人行道3米宽，商业地段人行道5米宽。

形象是能给人深刻印象的一个重要的外在表征，《现代汉语词典》中说形象是能引起人的思想或感情活动的具体形状或姿态。广州市提出形象工程的概念本意并不是仅仅做这几项工程，因为区区109个城市形象工程是不可能改变城市建设的混乱状态。广州形象工程的提出缘由有两个：一个是树立样板，将未来广州城市的环境用形象语言表达出来，并以此为原点由表及里、由点至面地改善城市环境。另一个是由浅入深地优化城市格局，先易后难，从小事做

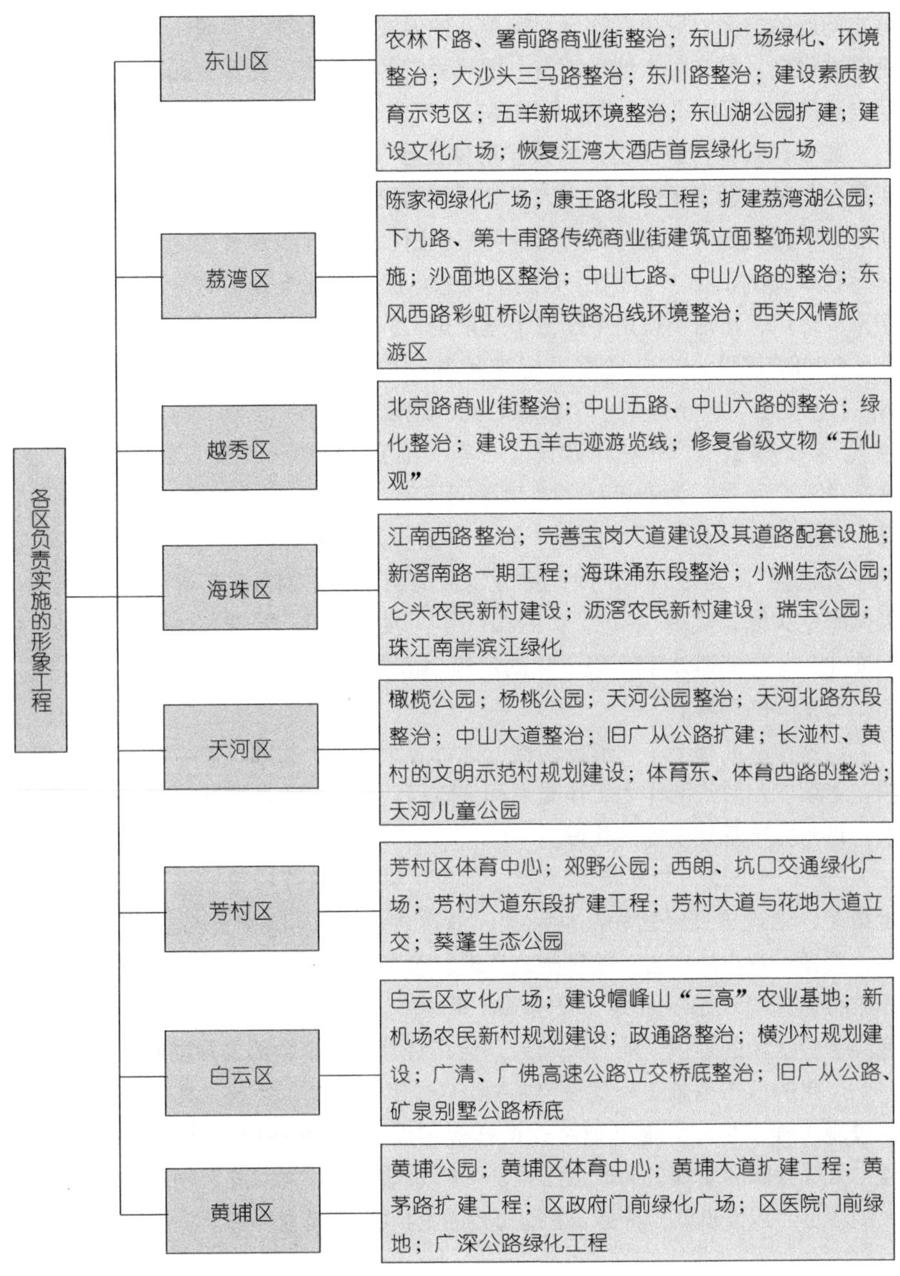

图12-2　广州109项城市形象工程

各区负责实施的形象工程

起，重塑广州人对城市的信心，再逐步进入到解决城市深层次问题的轨道。

广州的形象工程曾经取得一定的成就，也引起很大的轰动。媒体的关注、兄弟城市的效仿，导致形象工程概念在全国各地如雨后春笋迅速涌现。由于对形象工程的解读不同，目标不同，做法也就千差万别。其中，有以形象工程的建设寻求政治资本的。于是，形象工程名声出现了褒贬不一的状态。可悲的是某些部门和权威以批判形象工程为己任，不遗余力地否定之。这种不提出解决城市问题的方案，只是喜欢玩文字游戏的做法，大有将当时城市环境建设逼向绝路的倾向。好在每个城市都有一批热爱它的规划者、管理者和市民，他们为了自己的城市可以忍辱负重，另辟蹊径，一步一个脚印地解决自己的环境问题。

如今，我们打开网页，检索"形象工程"跳入眼帘的仍然是："所谓形象工程，是某些领导干部为了个人或小团体的目的和利益，不顾群众需要和当地实际，不惜利用手中权力而搞出的劳民伤财、浮华无效却有可能为自己和小团体标榜政绩的工程。"一个很普通的概念，遭遇如此不公平的待遇，大有"文字狱"之风，不能不说是中国城市建设史上的一簇小小的污点。

1998年7月，广东省委书记李长春在广州市城市建设工作现场办公会议①上，提出了广州未来一个时期内城市建设现代化中心城市的总体目标和要求②。会上提出了广州城市建设"一年一小变，三年一中变，到2010年一大变"的三个步骤：为迎接1999年建国50周年，通过一年的时间，改变广州脏、乱、差的现象，实现环境面貌一年一小变；为了迎接2001年即将在广州举办的"九运会"，通过三年的时间完成以道路交通为主的市政基础设施建设，弥补原来的欠账，实现"中变"；到2010年，城市建设、管理和面貌发生根本性的变化，与全省基本实现现代化的目标相协调，实现"大变"。由此揭开了广州"三变"的序幕。

①这是广州有史以来最高规格的一次现场办公会。

②会上提出的总体要求是，要以贯彻省第八次党代会精神为动力，以学习上海经验为途径，把广州逐步建设成环境优秀、秩序优良、文明富庶、经济繁荣，具有较强吸引力、辐射力的现代中心城市。

广州市从此卸下了"形象工程"的沉重十字架，捡起"一年一小变"的旗帜，继续以治脏治乱作为工作重点和突破口，通过城市环境整治来改善城市面貌，带动城市基础设施的建设。

"一年一小变"共开展了10个方面的专项整治工作，包括改善市容环境卫生面貌、治理占道经营和乱摆乱卖、清拆违法建筑和违章搭建、整顿交通秩序、整顿违章户外广告、整顿建筑工地、改造城市进出口、整治市内河涌、清理收容遣送"三无"人员③、开展除"四害"活动。与此同时，广州市政府拒绝经营性土地的划拨，从1998年起，全市经营性土地全部公开拍卖。

③通常三无人员指由民政部门收养的无生活来源、无劳动能力、无法定抚养义务人的公民。

广州的城市形象工程建设④纳入到"一年一小变"计划，其中包括珠江两岸景观工程、广州大道南道路改造样板工程、北京路和上下九步行街整治工程、人民公园和黄埔公园改造工程、广州东站绿化广场、陈家祠广场等影响较大的项目，以及珠江两岸以高层建筑为主的"光亮工程"等。

④43个形象工程中，市政府负责实施16项，各区负责实施27项。

图12-3　广州"三变"

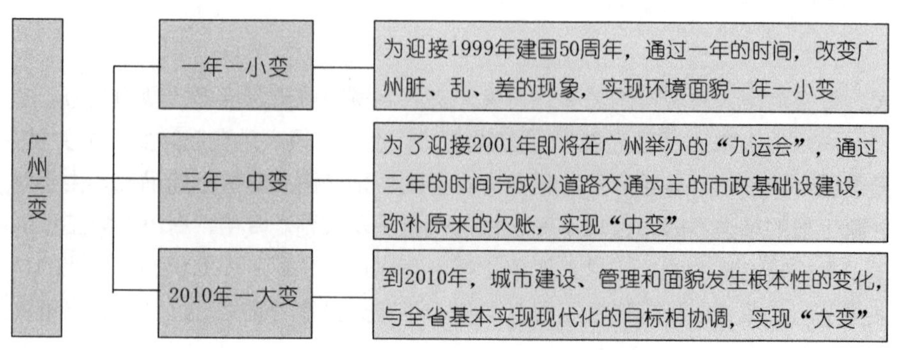

广州109项“形象工程”和“一年一小变”都是以清除清拆违法建筑和违章搭建为起点的。为了保障清拆“两违”工作的顺利开展，广州市政府采用了与相关部门签订责任书的做法。1998年，广州市政府分别与市属8区、广州经济技术开发区、22个职能部门领导分别签订了《广州市城区整治脏乱差实现城市环境“一年一小变”目标责任书》。1999年，时任广州市市长林树森分别与市属8区区长、白云山管理局局长分别签订了《广州城区清拆违法建筑、违章搭建目标责任书》。为了加强考评检查，1999年广州市成立了由规划局任牵头单位的“清拆违法建筑和违章搭建”专项考评检查小组。

图12-4 广州拆除违章建设工作

经过1年的努力，广州脏、乱、差的现象得到了全面的整治，城市面貌和城市形象也发生了很大的变化。1999年9月，广东省委、省政府在广州召开现场办公会，检查验收广州“一年一小变”工作，表达了对广州该项工作的肯定和满意。

云山珠水①，是广州城市空间景观的重要框架，也是2200多年来广州山水城市的最重要的组成要素。无论从历史沿革、景观格局，还是从开敞空间或人文景点上来讲，珠江都是广州城市空间的拓展轴线和景观窗口。随着道路的建设和小汽车的大量使用，人们的出行不再主要依靠珠江水系。在快速城市化和马路经济盲目发展的背景下，珠江两岸的环境不断恶化。珠江逐渐被广州市民淡忘，城市建设亟待回归母亲河畔，重塑广州滨江城市形象。

①云山珠水，指的是广州山水城市重要构成要素——白云山和珠江水道。

“珠江两岸景观工程”是广州市政府负责“一年一小变”的重点工程之一。其实，1998年7月，省委、省政府组织的广州城市建设现象办公会上，广州市政府就提出了建设“珠江广州河段绿化景观旅游带”的思路。当时提出的主要工作包括珠江沿线污水截流、沿线绿化和公园建设、立面整治和灯饰建设等。

1998年，珠江绿化景观旅游带开工建设，首期工程为人民桥至南方面粉厂之间26公里的两岸景观带项目，投资超过2亿元。该项目拆除了两岸违章建筑50多万平方米、窝棚2万多平方米、违建广告6.8万平方米，整治违章工地65个，外迁禽畜养殖场50多个，清理露天垃圾场58个和卫生死角2600多处，每年清捞江面垃圾2万多吨。

1999年4月，广州市政府公布《关于整治珠江广州河段两岸市容市貌的通告》，珠江两岸景观工程正式动工建设。该工程的范围为珠江前航道白鹅潭至华南大桥约23公里长的珠江沿岸景观建设工程，具体内容主要包括铺砌人行道、砌筑石栏杆、沿路植树绿化以及架设灯饰等，总投资2.5亿元。珠江两岸景观工程由广州市市政园林局负责建设，广州市地铁设计院设计，广州市建筑集团公司等单位负责实施。

珠江两岸景观工程的内容除了治违、治脏和绿化工程之外，还涉及沿江道路的疏通、沿江商铺业态升级等工作。后来，人民路高架沿江西路一段被拆除，滨江道路拓宽至4或6车道，著名的《人》字照片中，“人”的一捺从此消失。

图12–5　珠江两岸环境整治

“珠江彩虹”大型广告牌的拆除是珠江两岸景观工程中最困难的一项工作。“珠江彩虹”的建设并没有按照当时的规划要求实施，擅自更改方案，为了追求经济利益最大化，违反“以灯饰美化珠江夜景，以广州促灯饰”的原则，取消灯饰项目全部改为广告牌。在顶住各方压力的情况下，1999年8月10日开始，广州市政府组织相关单位以违法建设为由，强行拆除“珠江彩虹”。

1997年底的一项民意调查显示，老百姓对城市建设管理工作的满意和基本满意率只有27%，1998年上半年为34.6%，“一年一小变”后的1999年，这一指标就上升到93.6%。2000年5月，在“一年一小变”的基础上，广州市委、市政府公布实施《广州市城市建设管理“三年一中变”规划》。该规划提出了“一年一小变”之后两年的发展目标，2000年，在“一年一小变”的基础上，继续改善基础设施，以较好的城市面貌迎接当年在广州召开的世界大都会年会；2001年是“三年一中变”成果验收年，广州要以新的城市形象迎接九运会的召开，并创建省级文明城市。

与“一年一小变”比较起来，“三年一中变”更强调了城市基础设施建设和城市管理，提出了包括城市规划和城市计划，城市基础设施建设，城市环境综合整治，环境保护，园林绿化，城市标志性建筑、形象工程建设和环境艺术，居住小区整治、建设、管理和服务，依法治市和城市管理体制改革8项任务。“三年一中变”更强调观念转变、机制建立、措施健全等多管齐下的综合治理。

2000年，收回珠江南岸已出让的临江30米宽度的用地①，打通了沿江步道。建设白鹅潭风情酒吧街、滨江路和沿江路风情休闲街，打造珠江滨水风情休闲带，满足城市休闲和旅游的需要。

①1999年之前，珠江南岸广州大桥至海印桥段沿江用地已经划分给各房地产商，后为建设珠江两岸绿化景观旅游带，经广州市规划局协同收回临江30米宽度的空间用于建设临江休闲步道。

"三年一中变"　　　　表 12-1

序号	工作内容	序号	工作内容
1	改善市容环境卫生面貌	6	整顿建筑工地
2	治理占道经营和乱摆乱卖	7	改造城市进出口
3	清拆违法建筑和违章搭建	8	整治市内河涌
4	整顿交通秩序	9	清理收容遣送"三无"人员
5	整顿违章户外广告	10	开展除"四害"活动

"三年一中变"期间，广州市继续投入了大量的人力物力用于"两违"的拆除。1998年后的3年时间里，广州对违法建筑和违章搭建的清理和拆除工作，逐渐由珠江两岸、城市进出口和城市主干道转向了居住小区、城乡接合部、内街内巷等区域，拆除的对象也从地面扩展到了建筑立面和建筑屋顶。拆除工作的重点在各商业旅游中心区、珠江两岸沿线地区、内环路的沿线以及主干道的两边，即"一区三边"。

清拆"两违"的重点还包括九运会体育场馆的周边地区和举办九运会期间的64条必经道路、铁路两边20米范围内的"两违"建设。期间，广州市共拆除违法建筑84439座，总建筑面积达924万平方米。

以道路为主的基础设施欠账严重，建筑太密，绿地太少，到了该补偿城市的时候了。在清拆"两违"的同时，政府还大搞以道路为主的基础设施建设。1997年、1998年、1999年全市城市建设投资分别为91.92亿元、140.18亿元、175.3亿元，完成了内环路等主要道路交通项目。另外新建猎德、西朗、沥滘三个污水处理厂。三年的投入是解放以来投资总和的几倍。与清拆"两违"不同，市政拆迁是要给补偿的，而且补偿工作比较到位，给了市民实惠，也得到了市民的拥护和支持。大量的清拆"两违"和复绿施工场地，市政拆迁和市政工程建设场地，给市民的出行带来很多不便。但老百姓一句"长痛不如短痛"，表达了对城市混乱建设的厌恶和对美好未来的向往。

清拆"两违"、突出市政建设和回收闲置土地是改善城市环境的三个重要抓手。由于土地的过量批出，造成城市无序蔓延，城区及城市周边地区能够用于开发的土地红线基本上处于"名花有主"的状态。由此，也激发了一次闲置土地回收运动。广州市政府首次公开明确：2年没有开发的闲置土地一律收回。"三年一中变"期间，广州市共收回用地通知书和注销用地红线共16.6平方公里。收回闲置土地措施，有效地控制了城市的无序蔓延，保护了老城区的风貌，调节了房地产市场的供需平衡，及时抢救了一批文物单位。

"三年一中变"期间，广州进行了城市管理体制的改革，实行两级政府、三级管理、四级网络管理模式①，把管理的权力下放。街道、居委会的工资收入由财政拨款。同时，成立城市管理的综合执法队伍，进行集中行政执法。城市管理的综合执法队伍实行全额拨款，收支两条线。

①实行两级政府（市、区）、三级（市、区、街道）管理、四级（市、区、街道、居委会）网络管理模式。

广州在"三年一中变"中回收闲置土地，用于城市开敞空间的经典案例是

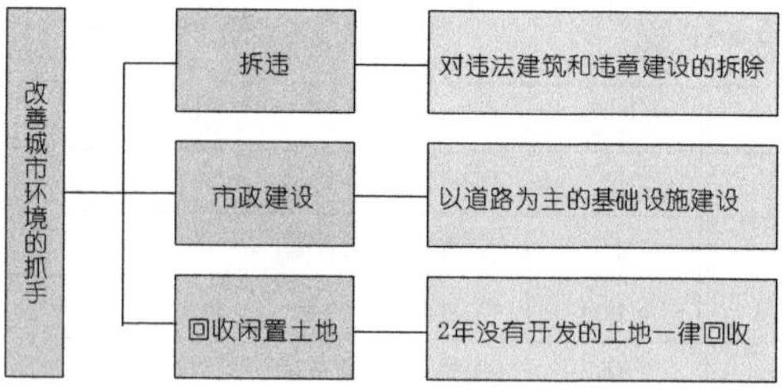

图12-6　改善城市环境的抓手

改善城市环境的抓手	拆违	对违法建筑和违章建设的拆除
	市政建设	以道路为主的基础设施建设
	回收闲置土地	2年没有开发的土地一律回收

东站绿化广场建设。

广州东站绿化广场，位于广州新城市中轴线的北端中信广场大厦[①]与东站站房[②]之间，由北面的瀑布水景工程、中部的绿化广场和南广场三部分组成，以大型的图案花坛草坪和气势磅礴的瀑布水景为主。东站广场的规划建设时间晚于南北两端的广州东站站房和中信广场。早在1997年广州新城市中轴线城市设计工作开展之前，处于广场用地南北两端的两个标志性建筑就已经建成。东站绿化广场于1999年9月动工建设，2001年8月竣工验收。

东站绿化广场所在地块原本为已经出让的商旅建筑用地。1998年，为了改变人们对广州脏乱差的印象[③]，改善广州东站地区的城市面貌，提升城市“窗口地带”的独特城市形象，广州市政府放弃巨额的商业回报，花了1亿多元的代价，从外商手中收回计划用于建设香格里拉的地块，取消原属于城建总公司的商旅六区用地，用于建设一个面积达11.6公顷的绿化广场。

东站广场的水景工程，是利用了火车站二层平台与中央绿化广场之间的高差建设而成，用地面积1.1万平方米，包括水景瀑布、室内广场和室外广场等，总投资5850万元。水景瀑布长达89米，高8米，水流从高平台的上方溢出，顺着玻璃幕墙向下方水池溅落。室内广场透过宽大的水幕和室外广场呼应，供人们从不同的角度观赏水景及南侧的绿化广场。在瀑布水景的上方还设有大型的亲水平台，人们可以在这里俯瞰观赏整个东站绿化广场的景观。

水景瀑布的南侧是中央绿化广场，用地4.7公顷，工程总投资约5千万元。其中，中央矩形草坪的面积达到了2.6公顷，周围布置有41个花池、21个树池、24个花钵，广场的绿化率高达82%。

南广场紧邻中信广场，用地面积约3公顷，投资1300万。在南广场的中央有一个面积多达2500平方米的巨型水池，池中设置36个喷泉，与绿化广场北段的瀑布水景遥相呼应，是当时广州重要的标志性景观工程。

以大草坪为中心的绿化广场扩大了城市开敞空间的尺度感和标志性。东站绿化广场与东西两侧的超高层建筑、南北城市轴线上的中信广场、火车东站站房共同构成了一个反映广州现代城市建设成就的窗口。

2002年7月，广州市委市政府在广州东站水景广场举行“新世纪羊城八景命名仪式”，包括东站瀑布水景、绿化广场、中信广场大厦在内的广州东站绿化广场入选“新世纪羊城八景”，[④]美名“天河飘绢”。

截止到2001年，纳入到广州“三变”计划的109项城市形象工程基本都建设完成。

广州“三年一中变”中回收闲置土地，优化城市环境的另一个案例是二沙岛控规调整。二沙岛的开发建设集中在20世纪90年代，随着美术馆、音乐厅以

①位于天河体育中心北侧的城市轴线位置，高80层，1997年建成时是国内最高建筑，也是珠江新城西塔建成之前的广州第一高楼。

②广州火车东站，始建于1940年，原名天河站。1988年经铁道部批准更名为广州东站。1996年，广州火车东站扩建工程建成完工。建设规模仅次于北京西站，是当时全国第二大客运车站。

③20世纪90年代，有人评价广州是“一个说不清的城市”，认为广州建筑密度高、城市环境脏乱差。

④新世纪羊城八景包括：云山叠翠（白云山）、珠水夜韵（珠江）、越秀新晖（越秀山）、天河飘绢（广州东站水景广场）、古祠留芳（陈家祠）、五环晨曦（广东奥林匹克体育中心）、黄花皓月（黄花岗）、莲峰观海（莲花山）。

及连接广州大道与沿江路的大通路的建成，二沙岛的高档住宅区专属概念逐渐淡化，广州市公共场所氛围日益浓厚。

图12-7 东站绿化广场

2001年，广州市规划局对《广州市二沙岛控制性详细规划》进行局部调整，规划落实了中轴线西段及东侧岛端的公共绿地，并将临近广州大桥的两块商业用地调整为公共绿地。同年4月，出于二沙岛上开敞空间不足的原因，广州市规划局将二沙岛上临近广州大桥西侧原本规划为商业用途的用地调整为公共绿地。已经获得该地块使用权的汉贤国际有限公司因补偿标准问题提出不同意见，并诉讼法庭。后经多次调解，方得到合理解决。

图12-8 二沙岛（来源:《规划广州》）

岛上公共绿地规划变更事件发生在广州“三变”计划期间。基于公共利益和城市形象的考虑，广州市政府收回已出让地块，用于公共绿地，也反映了该届政府及时纠正以往不合理的城市决策，打造面向市民开放、一流的公共空间，提升城市形象的重大决心。

在“拆违”、“收地”和“修路”三个改善城市环境的抓手中，“拆违”最苦，“收地”最难，“修路”最易受人非议。“三年一中变”期间，广州拆除924万平方米建筑，收回16.6平方公里土地，在老城区建设了两条道路。如今，拆除的违章建筑，收回的闲置土地都成为历史，再无人提及。只有那两条道路的功与过仍在争论之中。回想当年，孙科市长力主拆城墙、拆庙宇、拆民宅，为的就是修几条近代城市的马路。最终，广州得到了人民路、起义路，孙科市长为此留下了骂名。

在“三年一中变”期间，广州在老城区修的两条路是内环路和康王路。由于老城区的城市建设混乱太久，积怨太深，包袱太重，为了解决燃眉之急，道路系统的修复与道路工程的建设没有太多时间推敲和研究，只能大刀阔斧地向前冲。虽然，内环路与康王路在一定程度上改善了广州老城的交通出行状况，但也不能不说留下了不少遗憾，或者说在城市格局与环境重组的“三变”过程中留下了一个功过是非的争论焦点。

内环路是广州技术储备较久的项目。

1993年初，广州市交通规划研究所与世界银行选定的亚洲MVA公司联合组成专家组，共同研究改善和发展广州市的交通问题，提出要加快内环快速路及其放射线的建设，在内环路四周建设放射线状的干道和环城高速连接。1994年11月，广州市与世界银行签署备忘录，确认广州中心区交通项目为世界银行改善广州市中心区交通环境项目，内环路是广州市第一次利用世界银行低息贷款建设的大型交通工程项目。但是，由于广州正处于城市建设混乱状态，内环路工程推进极为缓慢。

1998年，广州的“城市形象工程”和“三变”计划实施后，谋划已久的内环路工程于12月28日开始试验性动工，1999年5月开始全面施工，12月主体工程全部完成，至2000年1月28日全线通车，历时共12个月。内环路建成通车后，使广州市中心平均行车速度由原来的18公里/小时提高到了33公里/小时，有效缓解了市内交通紧张状况。

内环路是广州中心城区交通建设的重要核心，是一条以高架为主的环形闭合快速路，全长26.7公里，可绕广州市中心城区一圈。全线途径荔湾、越秀、天河、海珠四个行政区，通过海印桥、江湾桥和人民桥把珠江北岸和南岸连接起来。

内环路共设置了7条放射线接口，与环城高速相连通。其中黄埔大道放射线按照“广州新中轴线”的景观要求，从体育西路口至石牌西路口段，转入地下成为放射线的隧道段。

当然，由于内环路穿行于不少高层建筑之间，部分路段区域噪声增大，对城市景观也有一定的影响，如恒福路整条被高架路覆盖，严重影响了该路段居民的生活。但内环路选择的线路并非城市的主要传统街道，并且带来的交通便利是普通市民都可以感受到的，所以对内环路的怨言就比人民路高架少得多。

随着7条放射线的全部建成，内环路以及环市中路、环市东路的城市快速路改造，广州老城区的交通确实得到极大的改善。可以说，内环路的建成使广州老中心城区重新拥有了生命活力。建成初期，内环上经常可以达到车速80公里/小时，以致交警及时制定了限速措施。

内环路的建成，可以说是以机动车为主要出行方式的广州老城区道路网络系统建设基本定型，内环路结合人民路高架、东濠涌高架和东风路、环市路为主一起构成城市快速路主骨架。至此，老城区范围内大拆大建的改造、扩建等道路建设可以算是基本完成了。

内环路选线尽量减少对老城区固有环境的干扰，但仍不可避免地触及动物园、沙面等敏感地带。为此，内环路采取了一些必要手段，将干扰降低到最小范围。与内环路同时期建成的康王路则无可避免地与老城区发生了激烈的冲突。因此，位于荔湾区的南北走向的康王路的建设引发的负能量远远超过了内环路，成为“三变”计划中的一大遗憾。

2000年，为了缓解旧城的交通压力，广州市在原本保留有广州最为精华传统街巷的西关地区，硬生生开辟了一条南北笔直的城市主干道。康王路的建设贯穿了金华街、龙津街两条二百多年的西关历史内街。这里改造之前都保留着完整的广州明清时期形成的传统城市格局，以及石板巷、竹筒屋构成的宜人空间。

不可否认的是，康王路的开通对于缓解荔湾区的南北向交通压力起到了积极的作用。但是，在广州旧城肌理保存最好的西关地区开辟一条2800米长、40

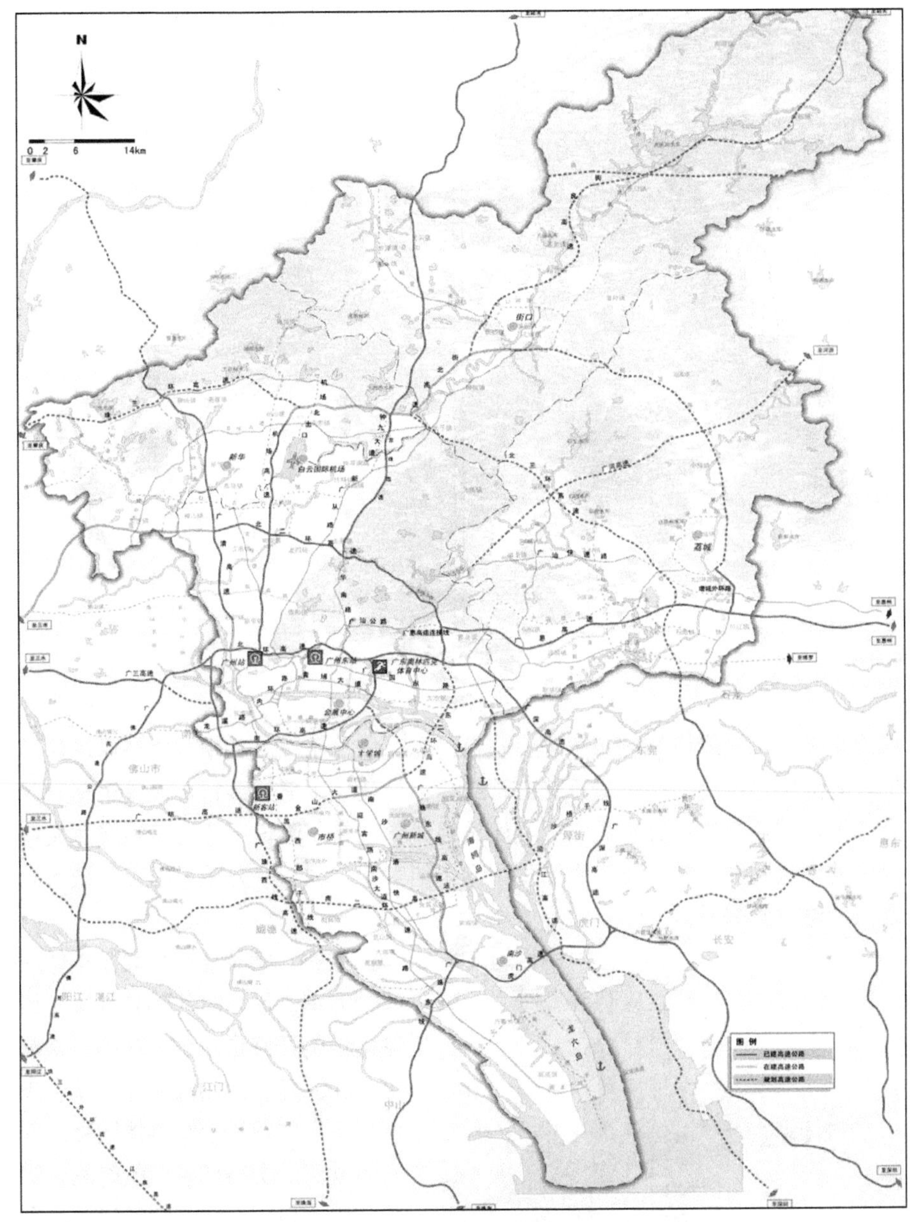

图12-9　内环路及其放射线规划图

米宽的城市道路，开肠破肚，割裂了旧城的整体格局，破坏了许多广州最为精华的传统街区。

位于康王路规划线位中央有一处市级文物保护单位：锦纶会馆。锦纶会馆建成于1732年，是广州丝织业行会会馆，被看作是我国资本主义的萌芽之地。如何处理锦纶会馆是康王路建设必须面对的巨大挑战。为了解决锦纶会馆问题，数次专家研讨，数次部门研究，最后，归纳出四个解决矛盾的思路，即原址保留、整体迁移、分割打包、异地重建。

针对“文物让道路”还是“道路让文物”的问题，文物学者、规划学者、

图12-10　康王路改造前后的空间肌理对比

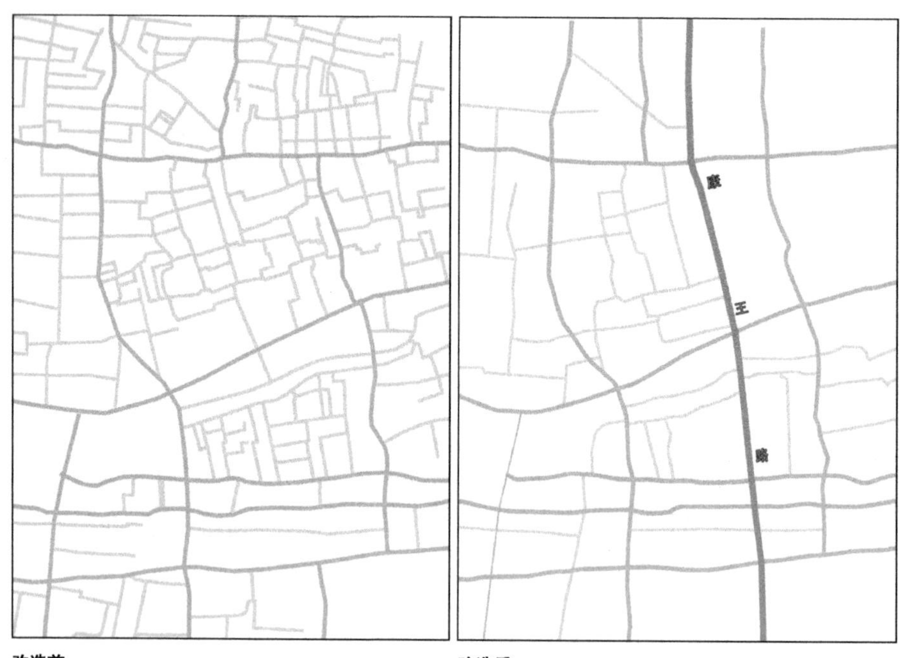

城建学者、历史学者和城市管理者各持己见，争论不休。其中，坚持原址保留的学者提出过两个方案：康王路在锦纶会馆处建地下隧道穿行，或康王路一分为二绕过锦纶会馆，并在后者周围建设绿化隔离带。隧道下穿方案虽经过文物部门的审查同意，但由于工程造价过高未能实现。另一个方案也因存在技术问题未能够得到采纳。

图12-11　锦纶会馆

最终，锦纶会馆采取了整体迁移的方案。就当时的形势来讲，锦纶会馆的迁移是一个折中的无奈选择。2001年，这项被称作“筷子夹水豆腐”的锦纶会馆整体迁移工程开始动工。历经40多天的时间，锦纶会馆被自南向北移动80米，自东向西移动22米，并垂直提升了1.08米。迁移后的锦纶会馆位于康王路西侧的一处1400平方米的地下停车场顶部，周边的历史环境自然都已不复存在。

后来，广州在与泉州等其他城市筹备申报“海上丝绸之路”世界文化遗产的时候①，锦纶会馆在首轮就被专家刷下来了，原因就是不符合文物保护的原真性要求。

①2009年

2000年，广州市曾在康王路沿线划出12个地块用于出让，以筹集康王路建设所需的各项费用。目前，约一半以上的土地已经出让并建设完成。这些高层高容积率的地块建设更进一步加大了对城市传统空间的破坏力度，并给原本紧张的旧城交通和基础运营带来更大的压力。

康王路建设的本意是：通过康王路的开通缓解老城区南北交通的压力，继而拆除人民路高架路，重塑人民路周边旧城风貌。遗憾的是，康王路的开通并没有减缓人民路高架路的交通压力。其结果是康王路建成了，人民路高架路仍保留至今。

图12-12　康王路与人民路高架路

在实施“三年一中变”的计划过程中，除了紧紧把握住“拆违”、“收地”和“修路”三个改善城市环境的抓手外，广州同时启动了城市空间格局重组的工作。琶洲国际会展中心和海珠万亩果园是广州空间重组的两个节点。本章仅将这两个节点的建设过程略加描述，有关广州空间重组问题将在下一章节详细讨论。

如前所述，自1974年广州火车站和流花广交会展馆相继建成，白云机场转为民用机场之后，流花地区成了对外交通的重要枢纽，逐渐发展成为旧城中心区的一部分。广交会期间大量涌入车流人流，周边地区的拓展空间几近枯竭，常常引发大规模的交通拥堵。随着广交会影响力和交易规模的不断扩大，流花展馆已经无法满足广交会的需求。新的广交会场馆的选址、建设已经迫在眉睫。

1998年，广州市规划局经过多个方案的比较，组织完成了会展中心选址比较研究报告，综合考虑用地和交通条件、城市空间拓展和结构调整等原因，最终确定选址琶洲岛。

琶洲岛紧邻珠江前航道，与西北部的珠江新城隔江相望，面积约10平方公里，北部临近广州科学城、五山高校集聚区，南部紧邻被誉为广州“南肺”的瀛洲生态公园，向南紧接广州大学城、生物岛、莲花山等地区。琶洲国际会展中心用地规模2.03平方公里。其中，会展中心用地70万平方米，包括展示场馆、会议中心、商务用房和辅助设施等。

1999年12月，广州市城市规划局组织并邀请了11家国内外知名设计机构参加广州国际会展中心建筑设计国际邀请赛。以“飘”作为设计理念的日本株式会社佐藤综合计画胜出。华南理工大学建筑设计研究院作为中方合作设计单位共同参与设计。

图12-13　琶洲国际会展中心

2001年4月6日，国际会展中心开工建设。首期占地面积41.4万平方米，建筑面积39.5万平方米，其中展示面积包括一、二层13个展场共13万平方米。2002年12月28日，会展中心首期工程竣工，投资超过60亿元。目前，广州琶洲国际会展中心是亚洲最大、世界第二的会展中心，规模仅次于德国的汉诺威展览中心。

万亩果园，位于海珠区的东南部，规模约1.2平方公里，是亚热带潮成的三角洲湿地和广州著名的水果生产基地，内部水网发达，果林密集。这里紧邻城市中心区，是珠江前后航道交汇之地，在广州生态格局和生态环境维育中举足轻重，被誉为广州的“南肺”。

由于地处城市化进程急剧加快的城市中心区边缘的郊区地带，并具有重要的生态价值。1997年，关于万亩果园的保护问题就开始通过各种媒体进入广州大众的视野。

1999年，广州市政府在海珠区东南部划定“广州市海珠区果树保护区”，同年广州市规划局通过了《广州市海珠区果树保护区总体规划》。

2000年，广州行政区划调整，番禺、花都撤市设区，同年通过的广州市战略规划中，万亩果园由广州“南肺”跃升为广州未来城市空间结构战略中的“都市绿心”，与白云山国家级风景名胜区、芳村花卉博览园一并构成广州中心城区的生态屏障。

随之而来的是，政府对万亩果园的管制政策更加严格，广州市为此还专门特批成立了海珠区城管果树中队，加强对万亩果园内各种违法建设和开发行为的巡查工作。这一时期政府的积极保护与村民的消极抵抗共同存在，“政府保卫肺”与“村民保护胃”的矛盾日益突出。

图12-14　万亩果园

2001年是广州“九运会”的举办年，也是“三年一中变”的目标年。历经三年的艰苦奋斗，广州城市面貌发生了可圈可点的变化，广州在承办重大赛事的环境营造方面自然也不能马虎。

节庆事件依托主会场广东奥林匹克体育中心的建设，推动了广州城市发展向天河区东部的第二次“东进”，加快了东圃地区的城市开发。

1987年，国家决定中华人民共和国第九届运动会于2001年11月在广州举办，主赛场在广州广东奥体中心主体育场。当时受到东南亚金融危机的影响，九运会体育设施建设的前期规划建设并不乐观。1998年，省体委、建委召开会议研究广东省奥林匹克体育场建设的可行性时，曾讨论是否改造10年前建成的天河体育中心用于九运会的主赛场。这时候，广州城市建设也由高速的震荡发展转入必须调整的时期。

在随后的关于体育设施改造的讨论中，广州市政府高瞻远瞩，积极支持在城市的东部建设新的奥林匹克体育中心，并承诺提供全面的配套基础设施建设。广州为了九运会在体育设施建设方面投入约17亿元，其中超过16亿元用于5个新建体育设施，其余用于已有的体育设施的改造。

随后开启了广州新体育馆和奥体中心体育场的国际竞赛招标，进一步拉开了广州城市规划与建设设计国际招标的序幕，对后来的广州城市规划和建设工作起到了深刻的影响。不负众望，广州新体育馆和广东奥林匹克体育场均成了广州新的标志性建筑，体现了广州兼容并蓄的文化底蕴和海纳百川的城市性格。

图12–15　广州新体育馆

广州新体育馆选址在城区北部白云山脚下的新广从公路原白云苗圃地区，包括体育馆、体育公园和运动员村，用地面积约24公顷。新体育馆东侧为广从公路和白云山，西侧是两年后即将迁往花都区的白云机场。按照城市规划，原有的机场用地将逐步建成广州的白云新城。广州新体育馆的建设方案是从七个国际竞赛方案中评选出来的法国巴黎机场公司方案，由著名建筑大师保罗·安德鲁[①]设计。收敛的建筑造型巧妙地扮演了白云山与后来的白云新城之间的过渡角色。

①保罗·安德鲁，法国著名建筑师，代表作有戴高乐机场候机楼和中国国家大剧院等。

广东奥林匹克体育中心于1999年动工，2001年建成，是继1987年建成的六运会主场馆天河体育中心之后广州建造的又一大型综合性体育中心。奥体中心的选址位于天河东北部的黄村地区，距离天河体育中心8公里，地处广州中部地区和东部地区两大发展组团的结合地区，北部有尚存一线生机的航天奇观、世界大观等人造主题景区，西部集中了包括华南理工大学、暨南大学、华南师范大学在内的众多高校，是一个集科教、文化、体育、旅游为一体的城市综合地区。奥体中心的选址符合广州城市总体发展战略规划确定的“东进”发展战略方向，周边有充足的可开发用地。当时选址此地的目的是希望能够与天河体育中心一样带动周边地区的全面发展。

奥体中心的规划布局打破了天河体育中心那样传统“品”字形中轴对称的

布局模式，采用了体育公园的建设理念和非对称的布局模式，突出了奥体中心的开放性与社会功能，设置了体育公园、宾馆、商业中心等。

与广州新体育馆一样，广东奥体中心体育场举办了国际建筑设计竞赛，从来自法国、美国、日本、澳大利亚、中国香港等7个国内外著名设计机构的方案中选出美国NEB设计集团的方案。国际一流的建设标准和创新性的建筑造型，成为新世纪广州的城市标志，并于2002年入选广州羊城八景①："五环晨曦"。

①2002年广州评选的新世纪羊城八景包括：云山叠翠、珠水夜韵、越秀新晖、天河飘绢、古祠留芳、五环晨曦、黄花皓月和莲峰观海。

截止到2001年九运会开幕的时候，奥体中心已经建成了8万人体育场、曲棍球场、棒球和垒球场、射击场、射箭场、手球馆和马术场，以及按照国际标准配套的新闻中心等，成功举办了九运会的开幕式、田径和足球决赛。

图12-16　广东奥林匹克体育中心规划图

从现在来看，九运会并没有像当年媒体宣传的那样再造一个天河，而是转入了建设国际大都市的发展目标。当初，奥体中心的规划目标是"立足九运，着眼亚运，放眼奥运"，富有远见的决策为亚运会的成功举办打下了坚实的物质基础。九运会成功举办之后的第二年，广州人大部分代表提案建议广州申报2010年亚运会举办权。广州城市建设也开启了"2010年十年一大变"的工作部署。

2001年11月，"九运会"圆满闭幕，广州市也宣布了"三年一中变"计划圆满完成。在1998年至2001年的"三年一中变"期间，广州市累计投入资金605.19亿元，完成了160多项重大市政工程项目，广州的城市面貌得到彻底改变，树立了崭新的城市形象。2001年，广州被评为"国际花园城市"，并获得建设部颁发的"中国人居环境范例奖"。2002年又获得"联合国改善人居环境最佳范例奖"。

广州市通过"一年一小变"、"三年一中变"计划的实施，彻底改变了脏、乱、差的城市现象，还原了一个现代城市应有的面貌。在大力推进清拆"两违"，回收"闲地"和建设道路的基础上，探索城市的发展方向和城市空间格局的重组，为广州未来城市发展奠定了坚实的基础。

我们可以看到，为纠正城市建设出现混乱并失控后出现的各类问题，广州市付出了巨大的代价。但从另外一个方面来看，这也充分显示了当年广州市委市政府在实施“三变”工作彻底改变广州城市形象中坚定的决心和超常规的执行力度。

图12-17　九运会开幕式（来源：南方日报档案室）

我们不可否认的是，三年时间毕竟太短，要将广州城市从混乱中拉回到正常轨道是一件非常不容易的事情。其过程必然会有失误，康王路选线是一种失误。广州体育馆被炸毁是另一种失误。

广州新体育馆之所以被称作“新”体育馆，是因有“老”体育馆存在。广州体育馆位于流花湖路和解放北路交会处，邻近越秀公园。我们在第5章描述过广州体育馆的建设过程、特点和意义。

这个建于1957年的体育馆，曾是华南地区最大的体育馆，是当时广东重大体育赛事的重要场地。大跨度反梁薄板钢架结构体系的建筑主体和简洁明快的立面设计是早期岭南现代建筑的代表性作品。就在广州新体育馆落成的那一年，原广州体育馆因为要建一个面积大一点、利润高一点的普通建筑而被拆除。

拆除体育馆采用的是定向爆破技术，在“中国爆破史上规模最大、世界爆破史上技术最新的一次城市控制爆破，也是中国建筑史上速度最快的一项爆破拆除工程”的媒体报道声中，著名建筑师林克明先生的设计作品消失了，法国建筑大师安德鲁先生的作品落成了。不得不说，在我们满怀希望迎接新事物的同时，也失去了不少珍贵的回忆。城市在“破旧出新”的历史长河中不断前进，不断失去的美好记忆，不断出现无法挽回的损失，让我们深感痛惜。令人捶胸跌足的是两个体育馆本可以携手共同见证广州城市建设历史的辉煌，只因一点眼前利益而毁掉了一座城市的集体记忆。

图12-18　被拆除的广州体育馆（来源：《规划广州》）

当然，康王路、体育馆之类的错误在城市建设的大潮中在所难免。“三年一中变”计划实施的主流是将城市拉回到正常的发展轨道，让老百姓深切地感受到了广州城市面貌的变化。用当时媒体的话讲，“广州的路顺了、天蓝了、街宽了、坑没了、楼靓了、涌清了。”

在“一年一小变”、“三年一中变”计划实施的过程中，广州深刻理解了城市规划对城市建设的引领作用。多年来，人们对广州的规划存在着深深的误解，这里有受行政区划局限的客观原因，有城市规划管理者的主观因素，更重要的是“84版城市总体规划”过早退出历史舞台，让广州城市建设在城市总体规划缺失的状态下摸索了十余年。

“一年一小变”、“三年一中变”计划的实施树立了广州规划者的信心。2000年，番禺和花都两个广州市的托管县撤市改区，为广州城市规划提供了稍纵即逝的机遇。广州牢牢地抓住了这次机遇，开展城市总体战略规划，为今后有效地引领城市空间的发展做足了功课。

“一年一小变”、“三年一中变”计划实施的过程是城市“治表”的过程。一个现代城市的发展方向、空间格局、生态架构是城市的生命线。如果不解决这些根本问题，数年之后，城市仍然会走回建设混乱的老路。因此，广州“2010年一大变”计划的重点是重组城市空间格局，明确城市发展方向，建构生态安全体系，由表及里地将广州城市建设牢牢地固定在现代城市发展的理性轨道上。

第十三章　战略规划的提出

用一个章节来讲述一个战略规划，难免会陷入专业论文写作的模式，难免会枯燥无味，难免会晦涩难懂。但是，战略规划奠定了广州现代城市空间格局的基础，在2200年的城市发展历史长河中的确占据着非常重要的位置。没有一个篇章不足以描述其苦涩的出台背景、庞杂的规划内容、伟大的现实意义和光辉的专业成就。我们将尽量避开乏味的规划语言和表达方式，期望读者能够耐心地把它读完。

“一年一小变”，“三年一中变”提升了城市的品质，改变了老百姓对广州的看法，树立了对未来的信心。但是，“一年一小变”，“三年一中变”只是铲除了当下城市存在的毛病，没有解决城市的根本问题：广州城市如何发展。2000年前后，广州还处于高速发展期，未来的路怎么走，是摆在人们面前的严肃命题。为此，我们不得不再次聚焦城市总体规划。

城市总体规划是现代城市的生命线，是维持现代城市生存和发展的最根本的因素。城市总体规划的核心是为确定未来城市的规模和发展方向做出土地利用和空间布局等综合部署和具体安排。城市总体规划是城市规划编制工作的第一阶段，也是城市建设和管理的依据。

我们知道，广州解放初在一年内曾经编制过4个城市总体规划。“84版城市总体规划”出台后，广州曾经召开千人大会予以贯彻落实。对城市总体规划的重视，让广州城市建设没有出现太大的差错。然而，20世纪80年代末，情况发生了逆转。“84版城市总体规划”出台不久，广州迎来了城市人口增长的爆发期。城市的实际人口规模与“84版城市总体规划”预测人口规模相差太大，导致“84版城市总体规划”过早退出历史舞台。

我们可以透过火车站的窗口比较感性地窥视到广州人口的变化。1985年前广州火车站“春运”的主要客流来自于香港、深圳、东莞的探亲旅客，以及广东省内不发达地区前往广州、深圳、东莞的打工者。20世纪80年代中后期，“东西南北中，发财到广东”的俗话引来潮水般的内地务工者。随着广东沿海地区经济发展，对劳动力需求不断上升。春运期间的广州火车站变得拥挤不堪。开始有工厂直接上广州火车站门口招工，招工者拿着小旗子，或者搬个活动桌子，在广州火车站出站口一带“逮人”，询问出站乘客是否需要进厂工作。

1988年春运期间，广州火车站春运售票窗口不够用，在行李房旁边搭建了临时售票窗口，只卖当天票。候车大厅拥挤得像新春花市一样，几十米的路走了十几分钟。原本设计能力为日发送旅客3万人次的火车站，到了春运期

图13-1　火车站的民工潮
（来源：南方日报档案室）

间，每天要承载几十万人的客流。20世纪90年代末期铁道部准备花10亿元，拆除重建广州火车站，后因广州市政府的反对而作罢。

根据全国人口普查数据，1982年广州总人口为520万，外来人口的比重为1.55%。1990年总人口为630万，外来人口比重为8.91%。2000年人口近1000万，外来人口比重为33.33%。“84版城市总体规划”预测广州2000年的人口与1984年持平，显然这是一个比较荒诞的结论。城市总体规划是根据人口预测做出土地利用和空间布局等综合部署和具体安排的。如果人口预测失准，规划的众多指标和结论都将产生或大或小的误差。为此，广州于1989年启动了城市总体规划的修编工作，即《广州市总体规划(1991-2010年)》版本。

《广州市总体规划(1991-2010年)》因种种原因迟迟不能成稿上报，直至7年后改为《广州市城市总体规划（1996-2010）》版本后才上报送审。这一审又是几年。2000年，广州市盼来的审批结果是：“总体规划暂缓批复，规划调整期间，广州市的城市规划、建设与管理参照原上报国务院的城市总体规划。”

原上报国务院的城市总体规划就是那个“84版城市总体规划”，那个预测2000年广州市人口与1984年人口持平的总体规划，那个规划期至2000年的总体规划。广州城市规划、建设与管理如何能够参照这样的城市总体规划？书到此处，无言以对。

2000年，正值“一年一小变”，“三年一中变”计划实施的高峰期，广州既需要勇往直前地拆除“两违”、回收“闲地”、完善市政，也需要一部靠谱的总体规划，巩固既有的成果，明确未来的方向。万般无奈之下，广州市多次与国内的城市规划专家深入探讨城市规划变革的问题。

2000年5月，清华大学吴良镛先生在与广州市市长林树森先生谈话中，提到“战略概念规划”问题，他说：“规划设计贵在思路，设计竞赛不是具体内容的竞赛而是概念的竞赛，要比大师意匠手笔，不要太急，要高层次研究，等待概念规划明确了思路之后再开展传统意义上的城市总体规划编制工作。”鉴于城市总体规划编制上报时间漫长、程序繁缛、缺乏弹性，不可能在很短的时间内完成城市总体规划编制和报批工作，借鉴国内外的规划理念和经营，广州决定在再次组织《广州市总体规划(2001-2010年)》编制工作的同时，启动《广州城市建设总体战略概念规划纲要》咨询工作。期望在新的经济发展时期，重新构建广州城市发展的理念，通过提出战略性的研究框架引领未来的城市总体发展。

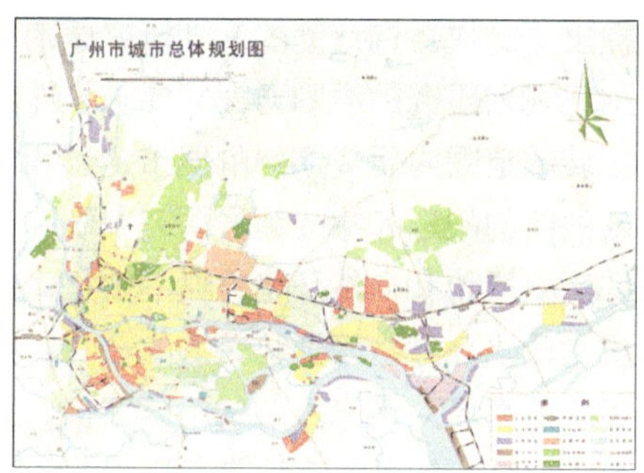

《广州市总体规划(1991-2010年)》

《广州市城市总体规划（1996-2010）》

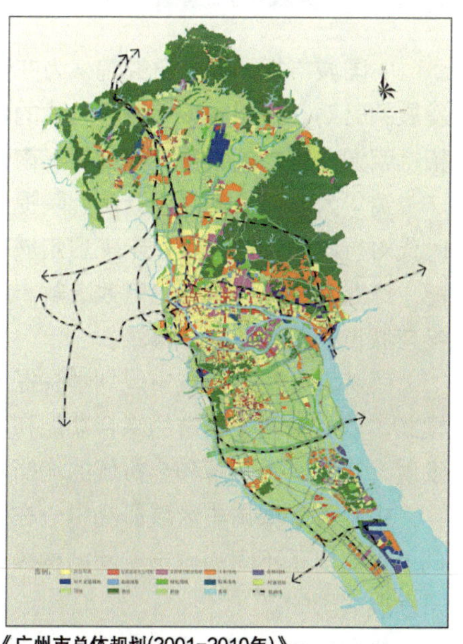

《广州市总体规划(2001-2010年)》

图13-2 《广州市总体规划(1991-2010年)》、《广州市城市总体规划（1996-2010）》与《广州市总体规划(2001-2010年)》

广州之所以快速启动《广州城市建设总体战略概念规划纲要》咨询工作，还存在着另外一个重要的契机：广州市行政区划调整，番禺和花都撤市改区。行政区划调整后，广州市可统筹的规划面积维持7434平方公里不变，但可统一规划面积由原来的1443.6平方公里增加到了3718.5平方公里。广州城市的发展空间产生了结构性的变化。区划调整为广州城市空间的拓展和城市空间结构的优化提供了新的契机。

2000年6月，广州市人民政府正式启动《广州城市建设总体战略概念规划纲要》咨询活动。受邀参加咨询活动的有清华大学城市规划设计研究院、同济大学建筑与城市规划学院、中山大学城市与区域研究中心、中国城市规划设计研究院和广州市城市规划勘测设计研究院五家规划设计机构。由此，引领了全国城市规划体系变革的广州战略规划编制工作，拉开了我国城市战略规划编制工作的序幕。在随后的10年时间里，有超过200个大中型城市编制了战略规划。

当时，广州城市发展面临的各种问题和困扰，迫使广州要反思以往的城市发展策略，力图重新建立广州城市发展的整体框架，充分挖掘和利用广州的各类资源优势，实现“争创新优势，更上一层楼”的发展目标。广州市政府提出了此次咨询活动的规划研究原则和内容要求。

规划研究的原则方面，要求从珠江三角洲、华南地区、全国甚至全球等大区域的范围内研究广州的城市定位和发展结构框架；以现阶段广州城市发展面临的新的问题和挑战为导向开展研究；城市空间形态研究方面要突出广州自身在历史风貌和自然环境方面的特征，突出时代特征和地方特色的城市形象；考虑到政治、经济等形势带来的变化，要求规划研究要具有灵活性和弹性，通过多种方案应对未来发展的不确定性，同时要求规划提供必须控制和不必控制的界限；城市的功能结构要充分考虑自然环境的保护和人民生存空间质量的提高；借鉴国内外同类城市的经验和教训为广州未来的发展提出指导意义的发展策略。

在规划研究的内容方面，有要求受邀机构必须完成的基本研究和自主选取或调整的相关研究。前者包括广州的城市定位、功能、空间结构及总体发展目标的研究，后者主要包括城市合理容量、产业发展、生态建设、重大交通设施与网络、信息化与网络化、整体空间形象等内容。

图13–3 《广州城市建设总体战略概念规划纲要》咨询活动

2000年8月底，5家受邀的规划设计机构提交了各自的规划方案。规划方案的重点放在了城市发展目标与定位、发展规模、空间布局、产业发展、交通和生态等几个方面，提出了针对广州未来的发展思路和对策。5个战略规划方案既有共识，也有差别。

中国城市规划设计研究院认为在全国城市化快速发展和广州经济社会高速发展的时期，广州应该采取跨越式的发展模式，城市空间发展应采取“北抑南拓、西调东移”的策略，并在番禺南部地区建设珠江三角洲的区域中心。

清华大学城市规划设计研究院提出了网络城市的概念，认为由于知识经济时代对行政边界的打破，未来广州城市的发展不仅仅局限于广州市域内部的功能、产业、人口等方面的有效疏解，还要在珠江三角洲区域内同其他城市协同参与城市的整体疏解与集聚。

同济大学建筑与城市规划学院提出了广州在近期时间内采取内聚式的发展模式，以此来增强城市的综合功能和发展实力，在此之后的远期走向外延式的发展，实现有效疏解和全市域的均衡发展。

中山大学城市与区域研究中心在分析广州城市发展的历程和现状特点的基础上，提出了不同的城市空间结构模式，强调了现行规划理念和信息技术对城市发展的影响。

广州市城市规划勘测设计研究院则提出了从“云山珠水”走向“山城田海”的城市生态格局和发展模式，在更大的尺度空间中寻求发展的平衡，在城市空间结构调整方面提出“分散的集中化战略”，提出“巨型绿心”和“一江多岸”两个城市空间结构方案。

中国城市规划设计研究院规划方案　　清华大学城市规划设计研究院规划方案　　同济大学建筑与城市规划学院规划方案

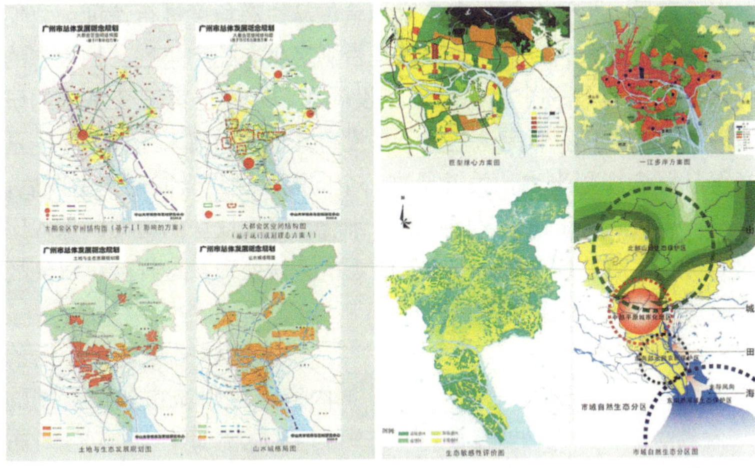

中山大学城市与区域研究中心规划方案　　广州市城市规划勘测设计研究院规划方案

图13–4　五家战略方案

2000年9月3日至4日，广州市人民政府组织召开了“广州城市总体发展概念规划咨询研讨会”。参会人员包括吴良镛、周干峙等13位全国规划、建筑、交通、生态等方面的专家，广州市委、市政府、市人大、市政协的领导和相关政府职能部门。5家规划设计机构在研讨会上详尽地解读了方案的规划思路和特点。

这次研讨会对广州未来的发展策略、发展思路和发展方向等重大问题进行了讨论，并达成多个方面的共识，认为广州仍然是华南地区的中心城市，随着持续的快速增长，广州未来应建设成为国际性的区域中心城市；广州应加强区域合作，在区域整体发展中创造新的优势；协调发展传统产业与高新技术产业、第三产业，强化教育产业，实现科教兴市；采取“北抑南拓、东移西调”的空间发展战略，城市空间结构由单中心走向多中心；重视北部山区、南部珠江口地区的生态维护，加强城市组团之间绿化隔离带的建设；完善轨道交通与高快速路构建的双快交通体系。

广州市市长林树森先生在会议上作了一段很精彩的总结发言，我们全文照登：

"这五个方案刚才周干峙副部长已经说过了，最大的特点是兼容性比较大。这是非常有利的，我们不是经常讲有块块、有条条吗？如果我们把这五个单位做的方案理解为块块的话，那么这些方案是从块块去考虑问题的，总体上什么都考虑了。那么第一步，块块做方案就到这次研讨会为止，接下来我们准备再做一些条条的方案，也就是吴良镛先生讲的，再分系统，分一些子项，作详细的论证。条条会很多，我想主要是三个条条：第一是空间布局，第二是生态环境，第三是交通。在这三个条条里头，我认为，要基本上确定空间状态后才能作生态分析。空间布局没有基本概念怎么作生态分析？最好的生态是大家不盖房子，全部变成森林，但实际上肯定要有地方盖房子，不然怎么叫'城市'？刚才吴良镛先生说的什么地方是永久绿地，什么地方建公园，需要包括功能结构、用地规划定下来后，再请全国生态专家和单位从生态角度进行论证。我们说生态优先就是让生态专家去论证这个空间是否满足生态的完整性。把生态的可持续发展弄清楚，确认从整个生态环境上没问题，才进行第三个系统的研究，即交通网络系统的研究。做完这些并不是没有其他了，将来还有很多子系统要做。我觉得从概念规划来讲，关键是这三个问题。这三个问题定型以后，我们就可以再做一些块块的工作，又回过头来细化，修改块块的方案，深入比较各个方案的优缺点，用条条块块来回交叉逼近的方法处理，这样就可以使战略规划为总体规划搭下一个很好的框架。"

图13–5　广州城市总体发展概念规划咨询研讨会

概括林树森先生讲话的内容：广州城市战略规划的目标是统筹"城市空间布局"、"生态环境布局"和"交通体系布局"，并将三个布局放在一张图上形成一个完整的体系。

受广州市人民政府委托，广州市规划局在广州城市总体发展概念规划咨询研讨会会后临时组建了"广州城市总体发展战略规划深化工作组"，开展广州城市战略规划的综合与专题深化工作，并完成了《广州城市建设总体战略概念规划纲要》。①

①当时广州市规划局和广州市城市规划编研中心提交给广州市政府的文本名字之所以增加了"城市建设"，是为了区别于当时其他城市在做的城市经济社会发展战略规划。

《广州城市建设总体战略概念规划纲要》明确了广州长远发展的总体战略目标："国际性区域性中心城市"和"山水型生态城市"。指出广州的未来要充分发挥中心城市在政治、文化、商贸、信息中心和交通枢纽等方面的城市功能，巩固并提高作为华南地区中心城市和全国经济、文化中心城市之一的地位和作用，在21世纪将广州建设为高效繁荣文明的国际性区域中心城市，以及适宜创业发展又适宜居住生活的山水型生态城市。后来，“两个适宜”成为广州城市环境关注的重点。

“广州城市总体发展战略规划深化工作组”按照“抓住关键、明确重点”①的工作原则，以城市空间拓展为核心，规划深化的内容主要包括城市土地利用、城市综合交通和城市生态环境3个方面的规划和专题研究。“广州城市总体发展战略规划深化工作组”还密切关注和跟踪正在筹划中的《珠江三角洲城市群规划》，并在《珠江三角洲城市群规划》编制过程中积极对接。

①吴良镛、武廷海等专家在总结广州战略规划时提出“抓住关键、明确重点”的原则。

后来编制的《珠江三角洲城市群规划》确定了珠江东西两岸的“人”字形的发展结构。其中，东岸为广州—深圳（香港）城市发展带，西岸为广州—珠海（澳门）发展带。城市群内部的各城市应优势互补，共同发展成为开放式的“区域组合城市”，并以此来保持城市群的经济发展优势和潜力。

广州则位于两条城市发展主轴的交会处，是“人”字形发展结构的焦点，也是7条拓展轴的辐射原点。在珠江三角洲城市群区域一体化发展的背景下，广州需要创造优势，充分发挥广州作为华南地区区域中心城市的作用，突出广州在区域甚至国家发展中的重要地位。

《广州城市建设总体战略概念规划纲要》提炼的广州城市空间布局是多中心组团式网络型的城市结构，并在中国城市规划设计研究院提出的“北抑南拓、西调东移”空间策略基础上，提出了“南拓、北优、东进、西联”的空间发展战略。后来，“南拓、北优、东进、西联”的空间发展表述模式被很多城市变换引用，几乎成了城市战略规划的代名词。

在过去的20年里，广州的城市规模虽有扩展，但城市空间依然是传承着民国时期建构的模式：围绕着旧城区逐步向外蔓延。当城市达到一定规模时，这种蔓延式扩张方法必然会阻碍城市的发展。交通问题、生态问题等各种矛盾必然会产生激烈的碰撞。城市发展空间必然会捉襟见肘。

广州行政区划调整后，消除了城市空间拓展的政策门槛，使广州“云山珠水”的空间格局有可能跃升为“山、城、田、

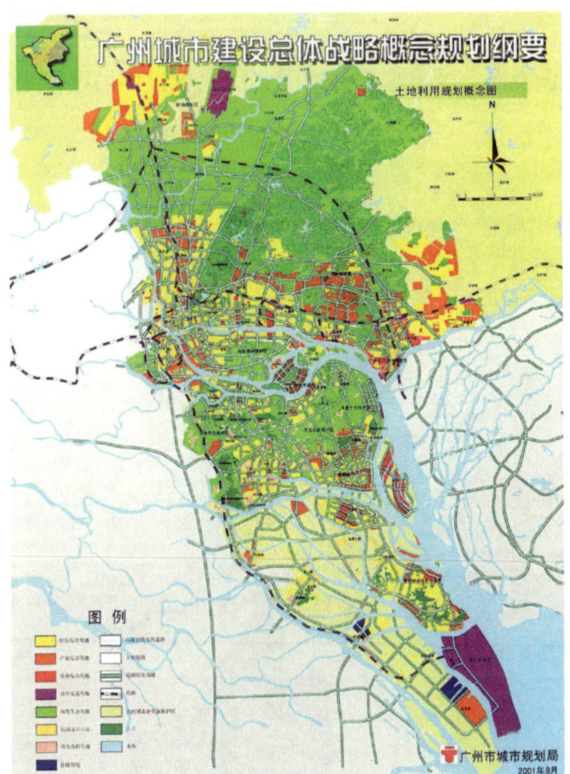

图13-6 《广州城市建设总体战略概念规划纲要》

海”的大山大海格局，也为创建生态安全的区域性中心城市提供了基本条件。为应对城市人口规模的快速增长，《广州城市建设总体战略概念规划纲要》改变以旧城区为重心的空间发展模式，通过有机疏散、开辟新区和拉开建设等措施，建构现代城市格局。如果说，唐宋时期，奠定了广州传统城市的空间格局。民国时期，奠定了广州近代城市的空间格局。那么就可以说，《广州城市建设总体战略概念规划纲要》及其后来的建设奠定了广州现代城市的空间格局。

按照广州城市战略规划纲要，全市域划分成五个片区：都会区、花都片区、从化片区、增城片区、南沙片区。其中，都会区包括原城市规划发展区、增城的新塘镇和永和镇、番禺沙湾水道、东涌镇以北的规划城市建设用地。花都、增城、从化、南沙四个片区与中心城区的距离相对较远，在规划结构上构成相对的独立性，未来形成有一定规模的综合发挥发展区，并强化它们在区域中的优势地位和功能特色。

按照广州城市战略规划纲要，城市发展的主要方向确定为向南、向东。南部是广州城市发展的主导方向，是未来广州完善城市功能、强化区域中心城市地位的重要战略性地区。要充分利用南部广阔的发展空间，将未来的新兴产业、会展中心、生物岛、大学城、广州新城设置在南部地区。东部重在重构东翼产业组团，形成“黄埔—新塘”密集的产业发展带，承接旧城区传统产业的转移。

广州北部是水源保护涵养地。要优化北部地区的功能布局和空间结构，依托白云国际机场，适当发展临港产业。广州西部是佛山。通过广州与佛山的协调发展，建设广佛都市圈，同时促进旧城西部地区的人口和产业疏解。

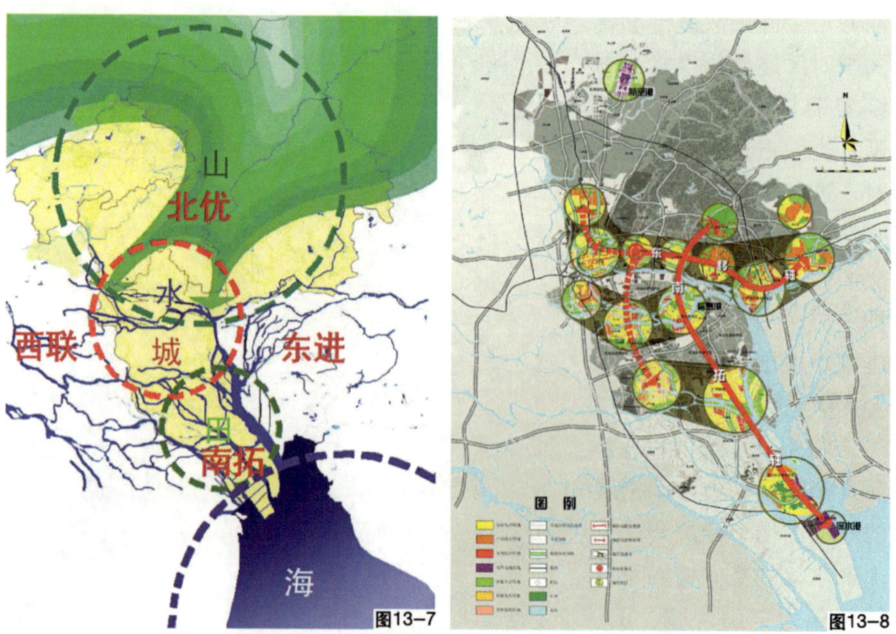

图13-7　广州现代城市的空间格局：“南拓北优东进西联”与“山城田海”
图13-8　战略规划土地利用结构解析

多中心组团式网络型的城市结构确定了广州现代城市空间格局。回顾广州城市的发展历史，我们能够看到一个非常清晰的脉络。唐宋时期，广州古代城市由三湖、三湾、三石护卫，犹如卵翼静静地孕育在大自然的怀抱中。民国时期，广州近代城市破壳而出，头枕白云余脉，脚踏珠江波浪，恰如风华少年立于云山珠水之间。2000年之后，广州现代城市驰骋天地之间，融山城田海为一体，建构人的城市、大自然的城市，如同顶天立地的汉子呵护着两个适宜环境和自然生态环境。

从索取大自然到呵护大自然是城市发展的必然过程。广州是一个因水而生，因水而兴，因水而变的城市。丰富的珠江水网蜿蜒曲折，与城市交织，与原野交织，渗透在广州市域的每一个角落。广州多中心组团式网络型城市结构既可分享得天独厚的山水景观，也利于维护与培育珠江水网生态环境。据此，《广州城市建设总体战略概念规划纲要》提出珠江前航道、珠江后航道、沙湾水道、蕉门水道等几条沿河发展带，与城市传统中轴线、新城市中轴线交会碰撞，构建疏密有序的城市空间与自然空间。

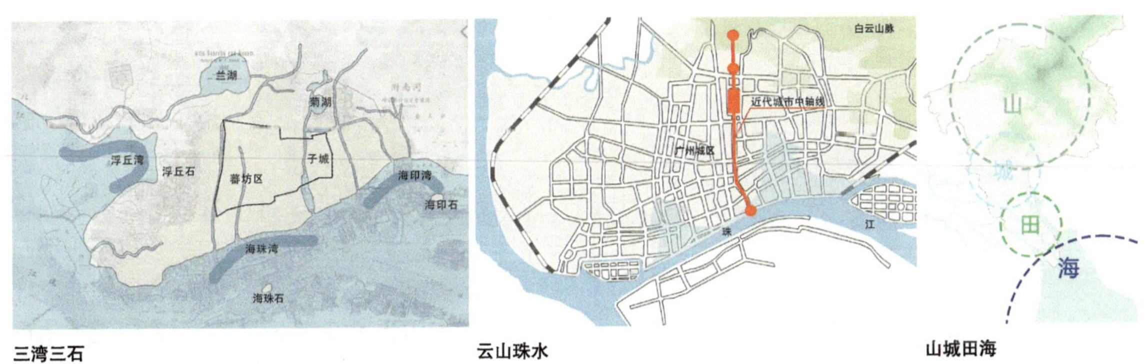

三湾三石　云山珠水　山城田海

图13-9　三个时期城市与自然的关系

与多中心组团式网络型的城市结构相对应的是“多层次、多功能、立体化、网络式”的市域生态结构。两个结构的关系是城市与大自然的关系，是人与自然的关系。当然，市域生态结构不是孤立的，它应该是建筑于区域生态结构基础之上的。

按照广州城市战略规划纲要，广州拟通过区域合作的方式，在广佛都市圈的外围地区构建以广州东南部番禺和东莞的农田水网、广州北部连绵的山体、顺德境内的桑基鱼塘，以及北江流域的农田和绿化共同构成的环绕广州地区的绿色环状生态屏障。即“区域生态圈”，或称“区域生态环廊”。

除区域生态环廊外，广州市域生态结构还涉及更大范围的两大生态体系：一个是九连山脉，另一个是珠江水系。九连山脉为东北西南走向的山脉，主脉位于赣粤边界，白云山是其余脉。传说中秦始皇欲斩断广州的黄气，就是指割断广州城市与九连山脉的联系。我们不讲风水迷信，就生态环境而言，广州应该做到严格保护白云山、帽峰山、天堂顶、三角山、圭峰山等构成的广州北

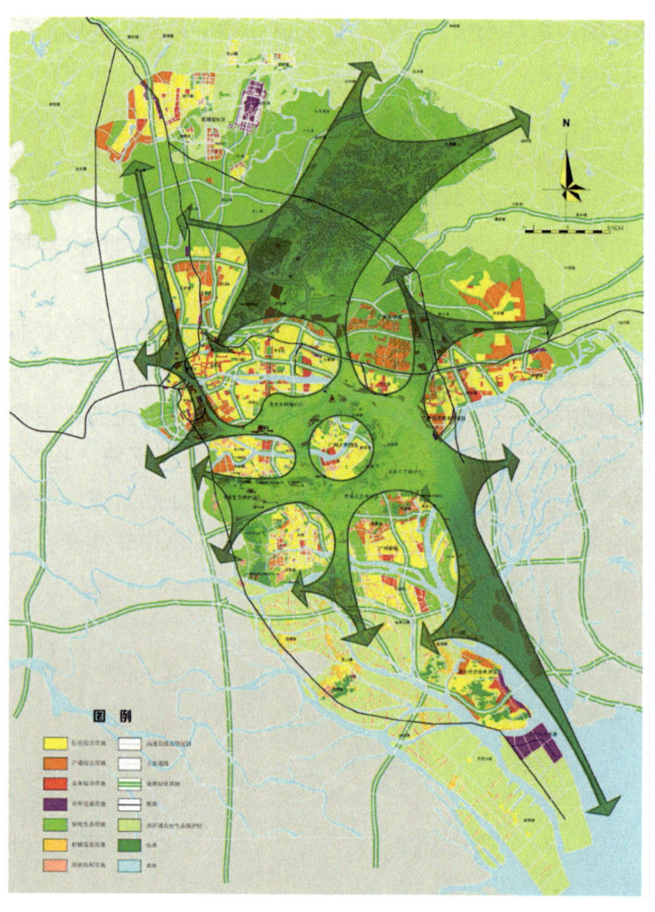

图13-10 区域生态结构分析图

部九连山余脉的丘陵、植被。珠江是广州的母亲河，由西江、北江和东江汇聚而成，广州应该严格控制珠江水系及其沿岸地区，以及沙湾水道以南的沙田耕作区。九连山脉与珠江水系汇集广州，唇齿相依，是不可多得的自然环境。

在广州市域，“多层次、多功能、立体化、网络式”生态结构的骨架是“三纵四横”的“生态廊道”。从宏观环境来看，九连山余脉自东北部向西南方向延伸。珠江水系自西向东流淌，其西部沿广州市域边界承接南下洪流，其东部遇广州市域边界转身向南扑向海洋。所以，广州三条纵向生态廊道以山脉为主，配以水体，称为：西部廊道、中部廊道和东部廊道。四条横向生态廊道以水域为主，配以山体，分别包括：江高—新塘廊道、大坦沙—黄埔新港廊道、钟村—莲花山廊道、沙湾—海鸥岛廊道。

《广州城市建设总体战略概念规划纲要》提出的区域廊道与市域廊道是呵护两个适宜环境和自然生态环境的重要手段，也是实现多中心组团式网络型城市结构的基本手段。广州城市总体发展战略规划深化工作组对生态廊道的归纳是卓有成效的。生态廊道充分考虑了区域生态和城市内部生态环境承载力，防止城市无限制的蔓延，改善城市发展的环境质量，保持生态系统的安全性，发挥正常的生态功能等多方面问题。

所谓“多层次、多功能、立体化、网络式”生态结构，就是说只有生态结构骨架是不够的。在两个生态廊道的基础之上，还需要打通汇聚到珠江河道、市桥水道、沙湾水道等广州城乡地区密布的河网水系，共同构成发达的生态网络体系。还需要建构城市基础设施廊道、防护林带、公园等线状和点状的生态绿地。两个生态廊道，水网，线状和点状生态绿地共同作用，才能构成多层次、多功能的网络式生态廊道系统，塑造“山水中的城市，城市中的山水”的城乡山水一体化生态格局。

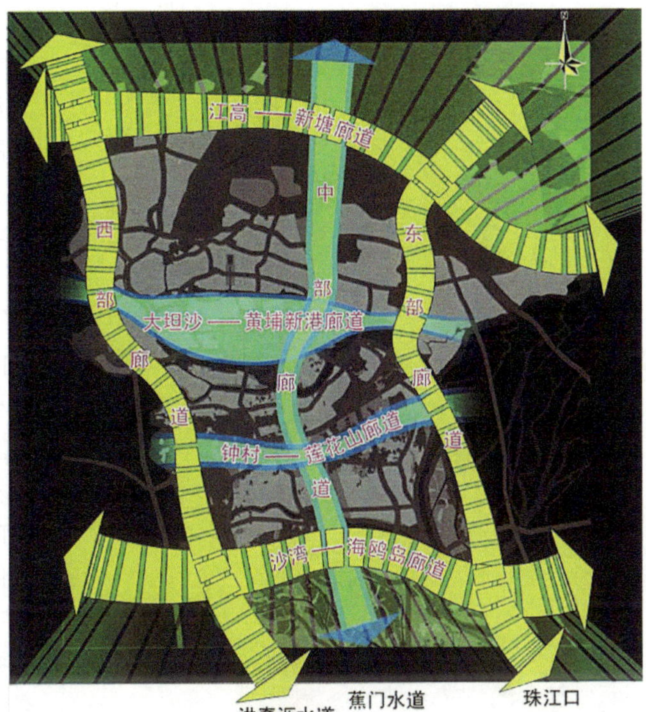

图13-11　市域生态结构分析图

多中心组团式网络型的城市结构与“多层次、多功能、立体化、网络式”的市域生态结构的关系犹如自然界的阴阳关系，相辅相成，相互咬合，相互渗透，又相对独立，分别自成体系。综合交通是两个结构结合的媒介，起着穿针引线的作用。综合交通将多中心组团城市空间串联在一起，并快速跨越生态空间，将对生态环境干预降到最低点。高快速道路和快速轨道交通线路是广州综合交通的骨架，起着支撑综合交通体系的作用。高快速道路和快速轨道交通线路就是我们经常讲的“双快”。

按照广州城市战略规划纲要，广州拟构建以空港、海港、铁路枢纽为龙头，以“双快”交通体系为骨干的高效便捷、安全可靠的交通运输网络，引导未来城市空间拓展与城市发展。

这里讲的空港不是我们前面描述的白云机场，而是位于花都的、现今已经有年均700万客流量的新白云机场。作为国家级枢纽机场和华南地区空运中心的新白云机场，直接与轨道交通、高快速路、铁路等快速交通设施对接，具有对广州甚至珠江三角洲地区的服务功能和对地区发展的带动作用。事实证明，新机场建成后的确大大地提升了服务珠江三角洲地区乃至广东全域的能力。

这里讲的海港也不仅仅是当时广州最大吞吐量的黄埔港，而是重点强调南沙新港的建设。《广州城市建设总体战略概念规划纲要》寄希望于南沙港的建设和广州内港的疏浚，构建“以南沙新港为龙头，新沙和黄埔港为辅助”的广州港区格局。建设南沙港有三个意义：第一个是将广州打造为华南地区的航运中心，第二个是促进广州向海港型城市的转变，第三个是强化广州区域中心城市的职能。

这里讲的铁路枢纽重点讲的是即将建设的番禺南站和花都北站。通过两个铁路客运站的建设，缓解流花湖广州火车站、天河广州东站地区的铁路运输进

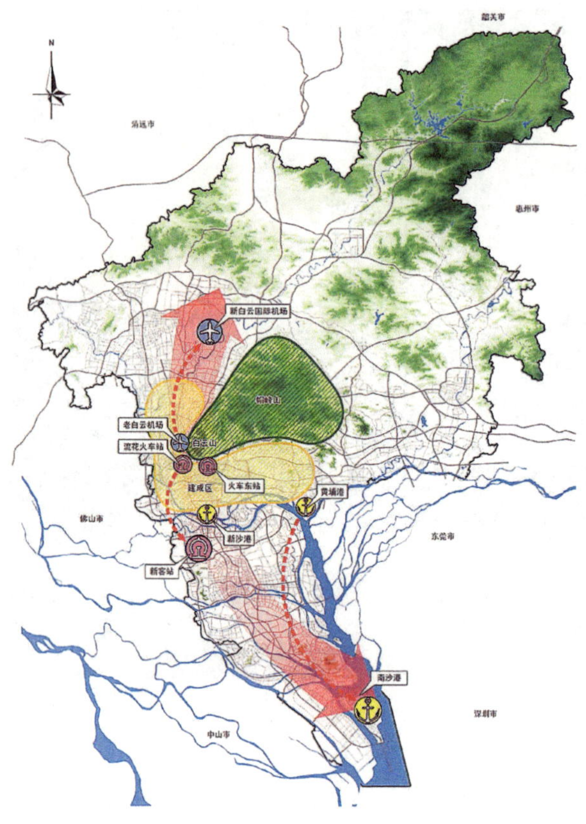

图13-12 空港、海港和铁路枢纽

展局面。同时，通过东北、西北联络线、南部支线的建设，实现市域范围内国铁的客货分流，依托市域客运线大力发展城郊列车。

《广州城市建设总体战略概念规划纲要》编制期间，新白云机场、南沙港和番禺铁路南站尚未成型。数年后，三大交通枢纽相继建成，为强化广州华南地区交通中心枢纽的地位和职能，为拉开广州城市格局，为奠定广州现代城市空间格局起了不可替代的作用。

《广州城市建设总体战略概念规划纲要》确定的城市轨道交通建设目标是构建“南北快线为核心，常规线路为基础，市郊铁路、城际快轨为辅助”的轨道交通网络系统，并以加快常规公交发展为基础，向公交型都市方向发展。战略规划纲要还期望通过TOD、SOD的模式引导沿线的土地开发，有效促进城市空间拓展和人口疏散。

最后要谈的是城市高快速路系统。要促进城市空间的拓展，就要完善都会区旧城区环形放射和新城区方格网快速路网建设，加强区域、枢纽之间的快速联系。

城市高快速路系统是城市的主动脉，会不断地向城市提供养分。但是城市高快速路系统与人体的主动脉不同，城市高快速路系统在给城市提供养分的同时，还会带来污染。因此，城市高快速路系统特别提到一个细节：在高快速路建设的同时，应配套建设生态走廊，一方面可以尽量减少高快速道路对城市生态环境的影响，另一方面可以补充和提高生态覆盖面积。同时，要求在新区边缘地区布置高快速路，并结合新区外围的客货运交通枢纽的建设，提高高快速路的区域服务能力。

按照城市高快速路系统的理想，广州应依托海港、空港、铁路枢纽，及轨道交通和快速路，在城市北部、东部和南部建设三个国际性的物流中心，在旧城区和新发展区域的边缘、外围，结合轨道交通、高快速路建设一级客流中心。两个中心可以服务于广州及周边地区，进一步强化中心城市职能，强化对周边地区经济社会发展的吸引力和辐射力。

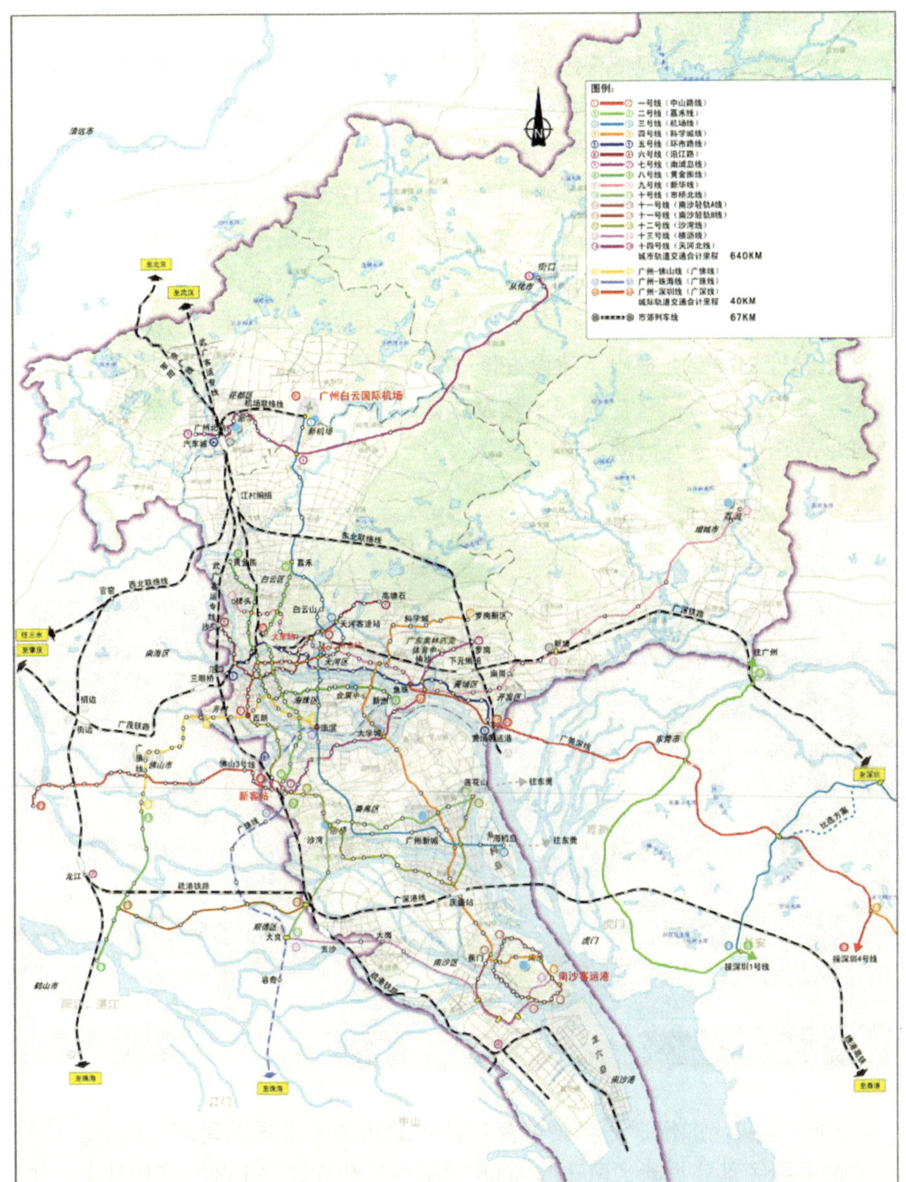

图13–13　轨道交通线网概念图

概括起来，《广州城市建设总体战略概念规划纲要》的核心思想是拉开城市空间，通过“城市空间布局”、“生态环境布局”和“交通体系布局”三个核心要素建构广州现代城市的基本格局。《广州城市建设总体战略概念规划纲要》的基本原理源自于“全域规划”，与当下流行的“三规合一”或“多规合一”无本质差别。

按照《广州城市建设总体战略概念规划纲要》的理想，在现有的生产力和人们生活方式的条件下，广州未来可容纳人口规模在1500万到2200万之间。超出这个规模，广州城市环境将极度恶化。当然，如果出现科幻界描述的城市场景：交通工具可以在空中自由翱翔，建筑可以冲向云霄，生态环境可以随意打造，则另当别论。

我们说广州人口规模可以达到1500万～2200万，并非指当下的城市建设目标，而是模拟人口达到这个规模的时候，广州的城市环境和生态环境将会是什么样子。这个人口规模可能在20年后，可能在50年后，可能在100年或200年后出现，也可能永远不会出现。我们祈祷广州人口永远不会超过这个规模。

少叙闲话为佳，我们书归正传。2000年12月21日，广州市人民政府组织召开了“广州总体发展战略规划（深化）研讨会”。与会人员认真讨论了广州的整体发展策略、发展思路和发展方向等重大问题，并对《广州城市建设总体战略概念规划纲要》提出了建设性修改意见。2001年4月广州市人民政府第76次常务会讨论通过了《广州城市建设总体战略概念规划纲要》。至此，广州总体发展战略规划进入行动与实施阶段。

图13-14　广州总体发展战略规划（深化）研讨会

2001年初，广州“三年一中变”计划的实施尚未进入尾声。因此，广州一方面要继续落实拆除“两违”，回收“闲地”和完善“市政”三项基本工作，另一方面又要以重大项目的建设为抓手，启动城市空间发展战略的实施工作。

为此，广州做足了功课。比如在城建资金投入方面就表现出广州实施“三年一中变”计划和实施《广州城市建设总体战略概念规划纲要》的决心。2001和2002年，广州市级的城建投资就分别高达147.01亿元和142.70亿元。这两年的城建投资之和，远远超过了1949年至1996年的城建投资总和，后者约250.4亿元。

2002年末，广州的GDP已经由2000年的2083.07亿元增加到了3001.69亿元，位居全国第三[①]，占到广东省GDP总量的1/4，人均GDP超过5000美元。也许，我们可以说，这就是“三年一中变”和《广州城市建设总体战略概念规划纲要》实施的威力。广州改变的不仅仅是城市面貌，更重要的是改变了广州城市

①2002年，北京、上海的GDP分别是3130亿元、5409亿元。

发展的动力。

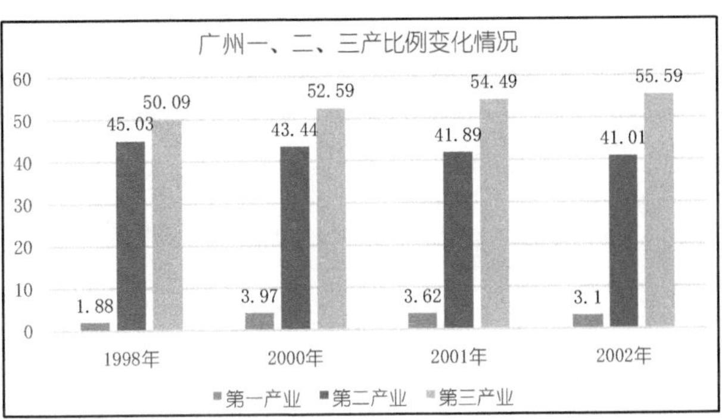

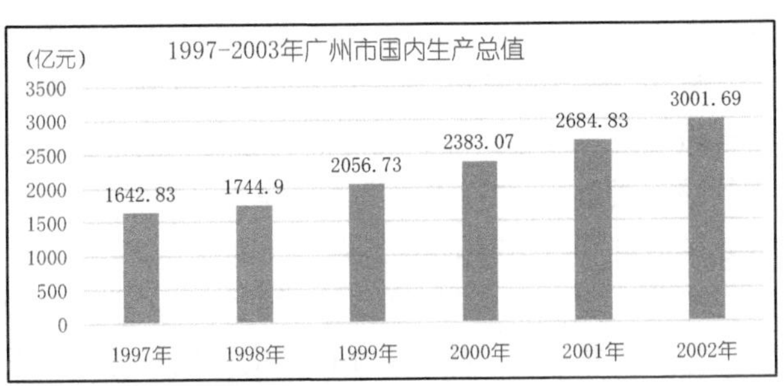

图13-15　广州市一、二、三产业比例变化情况（1998、2000～2002年）以及广州市国内生产总值变化情况（1997～2003年）

序号	拓展方向	具体内容
1	南拓	以重要节点建设带动南拓空间战略的实施，安排琶洲国际会展中心、大学城、亚运城、广州南站、南沙地区等重大建设项目，构建串珠式的南拓轴线。
2	东进	依托广州经济技术开发区和广州科学城的建设，以组团整合的方式推进东进战略的实施，逐步形成黄埔—增城—东莞方向的产业空间拓展带。通过强化生态保护，构建并维育生态屏障实现北优战略。通过加强与佛山的沟通合作实现西联空间战略。
3	北优	通过强化生态保护，构建并维育生态屏障实现北优战略。通过加强与佛山的沟通合作实现西联空间战略。
4	西联	通过加强与佛山的沟通合作实现西联空间战略。

图13-16　“南拓、北优、东进、西联”实施计划

广州在《广州城市建设总体战略概念规划纲要》后续规划的编制和研究方面也做足了功课。比如就“南拓、北优、东进、西联”空间发展战略提出了行动计划：

以重要节点建设带动南拓空间战略的实施，安排琶洲国际会展中心、大学城、亚运城、广州南站、南沙地区等重大建设项目，构建串珠式的南拓轴线。依托广州经济技术开发区和广州科学城的建设，以组团整合的方式推进东进战略的实施，逐步形成黄埔—增城—东莞方向的产业空间拓展带。通过强化生态保护，构建并维育生态屏障实现北优战略。通过加强与佛山的沟通合作实现西联空间战略。

有人这样评价《广州城市建设总体战略概念规划纲要》：

首先，广州战略规划抓住了关键，明确了重点。正如吴良镛先生所讲：规划设计贵在思路，贵在大师意匠手笔，贵在明确思路。战略规划避开了城市总体规划编制内容繁琐和审批周期漫长的弊端，用简要的方式解决了关键的问题。

其次，广州战略规划建构了现代城市的空间格局。并通过城市总体规划调整、近期建设规划、年度城市规划实施计划，以及专项规划、重点地区规划等不同层面的100多项规划和研究。将战略规划的宏观战略逐级转化为可实施的行动计划。

再者，广州战略规划实现了规划全域覆盖的目标。当今世界城市环境与自然环境交融混合的趋势不可逆转，战略规划勇敢地将生态廊道穿插于城市之中，城市空间以组团方式包容生态，将城市融入区域发展。战略规划不仅顾忌到城市空间的完整性，还考虑了生态空间的系统性。

图13-17　广州战略规划的五个特征

序号	主要特征	具体内容
1	抓住关键，明确重点	战略规划避开了城市总体规划编制内容繁琐和审批周期漫长的弊端，用简要的方式解决了关键的问题。
2	建构现代城市空间格局	通过城市总体规划调整、近期建设规划、年度城市规划实施计划，以及专项规划、重点地区规划等不同层面的100多项规划和研究。将战略规划的宏观战略逐级转化为可实施的行动计划。
3	实现规划全域覆盖	当今世界城市环境与自然环境交融混合的趋势不可逆转，战略规划勇敢地将生态廊道穿插于城市之中，城市空间以组团方式包容生态，将城市融入区域发展。战略规划不仅顾忌到城市空间的完整性，还考虑了生态空间的系统性。
4	充分考虑和模拟环境容量	战略规划从土地、水源等资源的供应、生态环境容量、基础设施支撑等多方面出发，确定区域生态安全的发展框架和战略。依据对资源环境承载力的模拟，提出城市终极规模的警戒线。
5	交通引领城市空间发展	交通网络是联系各种城市经济社会生活的纽带，也是城市空间发展的重要支撑，是城市空间结构的核心要素。“交通引导发展”模式，加快了快速交通沿线新区建设的步伐，有效地促进了城市空间的拓展。

还有，广州战略规划充分考虑和模拟了环境容量的问题。战略规划从土地、水源等资源的供应、生态环境容量、基础设施支撑等多方面出发，确定区域生态安全的发展框架和战略。依据对资源环境承载力的模拟，提出城市终极规模的警戒线。

最后，广州战略规划确定交通引领城市空间发展的思路。交通网络是联系各种城市经济社会生活的纽带，也是城市空间发展的重要支撑，是城市空间结构的核心要素。“交通引导发展”模式，加快了快速交通沿线新区建设的步伐，有效地促进了城市空间的拓展。

战略规划是一个宏观的、定性的规划，战略规划需要通过微观规划转化为行动计划，并在城市建设中予以落实。战略规划需要实时跟踪，滚动推进，阶段总结。战略规划需要在适当条件下进行评估和检讨，需要不断补充、完善，甚至修正发展思路。①

为此，在《广州城市建设总体战略概念规划纲要》实施三年后，广州组织召开了“广州市城市总体发展战略规划实施总结研讨会”。会议邀请了参加2000年广州总体发展战略规划研讨会专家、5家原规划咨询机构代表、建设部、省建设厅、香港规划署等参加会议。在会上，广州市规划局和广州市城市规划编制研究中心提交了广州战略规划实施总结的主题报告，回顾总结战略规划的实施情况。原来参与广州战略规划的5家咨询单位也各自提交了考察调研之后的相关报告。

会议认为，“广州实施战略规划实施评估再开先河，是国内城市的一个创举，有可能是建立新的城市规划体制的一个启发，对全国具有指导意义”②。“广州在实施国家城市化发展方面取得了历史性的突破”③，推动了国内城市规划制度的创新，引领了国内城市战略规划的研究与编制，为我国城市规划体制的完善作出贡献。

会议认为，以重点项目和重大基础设施建设为突破口的城市建设，推动了城市空间拓展战略的实施，构建了现代城市空间发展的框架。同时，城市空间结构的优化和拓展带动了城市产业的合理布局和产业结构的优化调整，经济增长也进一步加快了城市建设的步伐。

除此之外，战略规划实施评估大会还提出了几点建议：首先，广州应该进一步拓展腹地，强化中心城市的区域综合服务职能。其次，要继续加强广佛都市圈的联系与合作，构建30分钟交通圈。再者，要进一步整合和优化产业空间的布局，发挥优势产业的集聚效应和集群优势，同时，优化和调整产业结构。

①2006年以后广州城市发展战略中的“中调”战略的提法便是来源于2006年的战略规划实施总结会议上的专家建议，后经研究提炼后，在“南拓、北优、东进、西联”的八字方针基础上，于2006年12月经广州市政府大力推广宣传，成为“南拓、北优、东进、西联、中调”十字战略方针。

②2003年，吴良镛院士、时任建设部规划司唐凯司长在广州市城市总体发展战略规划实施总结研讨会上的讲话。

③2003年，周干峙院士在广州市城市总体发展战略规划实施总结研讨会上的讲话。

广州市城市总体发展战略规划实施总结研讨会对广州以新区建设带动旧城改造的做法给予了充分肯定，提出新区的建设要相对集中发展，形成规模效应之后再转移战线的战略思维。大会在公共交通、文化建设、生态保护等方面提出了未来广州要继续坚持或完善的发展战略。

图13–18　广州市城市总体发展战略规划实施总结研讨会

2005年底，广州终于盼来了国家对广州市总体规划的批复意见。在2005年12月22日的批复意见中，原则同意修订后的《广州市城市总体规划（2001—2010年）》。

批复意见的核心内容是：到2010年，市区城镇人口控制在920万人以内。其中，中心城区人口要控制在628万人以内；市区城镇建设用地控制在785平方公里以内。其中，中心城区建设用地规模要控制在549平方公里以内。

从1989年起，广州市就开始琢磨总体规划，并启动了编制工作。在编制过程中，受不可抗拒的外界因素的干扰，《广州市城市总体规划》三易其稿，规划周期由最初的1991—2010年调整到1996—2010年，后来又由1996—2010年调整到2001—2010年。总体规划的可实施期由20年调整到15年，后来又调整到10年。当总体规划履行完行政审批手续，得到正式批复的时候，广州总体规划的实施期只有5年的时间了。

按照国家有关规范，城市总体规划周期宜20年左右。广州城市总体规划实施期只有5年时间，似乎短了许多。因此，广州一方面要执行《广州市城市总体规划（2001—2010年）》，另一方面要启动《广州市城市总体规划（2010—2020年）》的编制工作。同时要在战略规划的引导下，马不停蹄地加快城市建设的步伐。

2006年9月22日至23日，广州市召开了第二轮的战略规划实施总结检讨会议。这次会议的结论认为，战略规划有效地指导了广州的城市管理和城市建设，在生态城市格局、国际大都市空间架构、产业优化升级、历史文化保护与城市形象升级等方面，发挥了较好的引导和宏观调控的作用。同时，也指出了广州城市建设和管理中存在的几个需要面对的问题和不足，如新区配套设施不足、组团之间联系有待加强，日益增大的机动车交通压力与非机动车交通设施的匮乏，生态廊道和非建设用地的控制，农村地区的城市化建设等。

第二轮的战略规划实施总结检讨会议之后，广州市将战略规划的宏观研究方向转为以城市近中期发展目标的研究，以期通过战略规划强化对城市建设的引导。

2007年3月至7月，广州市邀请了中国城市规划设计研究院、同济大学、北京清华城市规划设计研究院、中山大学城市与区域研究中心、广东省城乡规划设计研究院、广州市城市规划勘测设计研究院等6家单位，开展了新一轮的

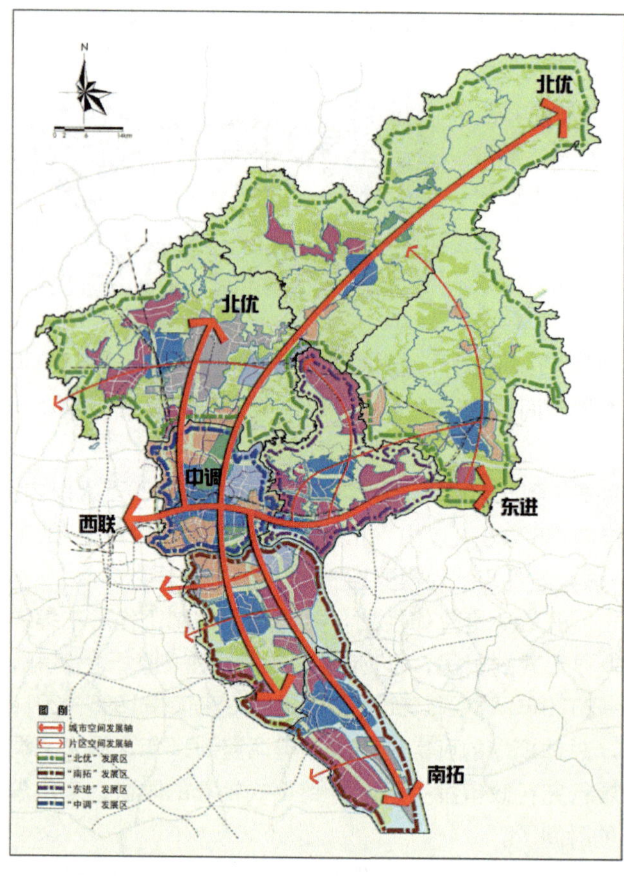

图13-19 《广州2020：城市总体发展战略规划》

战略规划咨询，即《广州2020：城市总体发展战略规划》。

2007年9月，广州市规划局组成战略规划工作组，完成了新一轮战略规划的初步成果。9月7日至8日，广州市组织召开了“广州城市总体发展战略（2010-2020）研讨会”。至此，广州进入第二轮的战略规划实施阶段。

2010年9月，广州战略规划获得第46届国际规划大会授予的“国际杰出范例奖”。

在结束战略规划讨论前，我们需要简单描述一下广州“西联”战略的实施情况。因为，广佛都市圈的演变历程，其间的分分合合，以及取得的各项成就与遗憾，是广州区域协同发展的真实写照。

广州、佛山两地同属珠江三角洲的河网密集区域，发达的水网系统将二者在地域上连为一体。北江、西江先后流经佛山、广州，汇入南海。两市的行政边界接壤处长达200公里左右。目前，广佛都市圈交会处已经连绵发展，城市边界日渐模糊。此外，广州、佛山两市的GDP分别位于广东省的第一和第三位，二者之间的经济交往频繁。

直到21世纪之前，广州、佛山两地的交往与联系多限于民间的自发需求，而较少涉及两市政府之间的交流与合作。进入21世纪以来，两市之间的交往则发生了质的变化，广佛都市圈的一体化进程明显加速。

自广州战略规划提出了“西联”战略后，强调了广州中心城区与佛山老城在传统的经济、社会和文化方面的联系，并在两市交接的地区通过新机场、客运站和城际轨道交通等重大基础设施的建设，加强广州、佛山两市的联系和协调，提升广佛在珠江三角洲甚至更大区域范围内的辐射和领导能力。

2001年，广州、佛山两地社科界首次举办了“广州—佛山区域合作论坛”，在这个以民间学术讨论和理论研究为主的论坛上，首次提出“广佛经济

图13-20　广州"西联"与佛山"东承"

圈"概念。2003年的7月和11月，广州、佛山两市的宣传部门和社科联先后两次分别在佛山和广州芳村举办了"广佛区域合作与协调发展"的座谈会。随后，佛山市与广州市的"西联"相对，提出了"东承"战略。

2004年起，两市政府走向携手合作，共同建设的道路。

2004年3月18日，"广佛都市圈与泛珠三角"高层论坛在佛山南海举行。同年4月20日，广州、佛山两市共同签署了《建设广佛区域公交电子收费一卡通系统备忘录》。2005年12月，"广州—佛山区域合作发展论坛"在广州召开，围绕广佛都市圈的会议内容，由前两次的理论为主的探讨转向了产业链建设、城市基础设施建设等实质性合作的问题。

2006年，广佛两地的规划、交通部门联合组织编制了《广佛两市道路系统衔接规划》。2007年6月28日，地铁广佛线开始动工建设。

2008年12月12日，国务院出台了《珠江三角洲地区改革发展规划纲要（2008-2020）》，广佛都市圈首次上升到国家战略层面。2009年3月19日，广佛两市签署了《广州市佛山市同城化建设合作框架协议》，以及环境保护、交通基础设施、产业协作和城市规划4个方面的专项合作协议。至此，广佛都市圈正式上升到两市政府战略合作的层面。

2009年4月，在广州首次召开了广佛市长联席会议，确定了本年度两市合作的52项重点工作计划，并确立了广佛市长联席会议每半年举行一次的常态化机制。同年，广佛两市共同编制了全国首个同城化发展规划《广佛同城化发展规划（2009-2020）》。

战略规划确定了广州现代城市的空间格局，确立了广州市“南拓、北优、东进、西联”的拓展方针，并相继编制了番禺、花都两个新区发展规划，完成了《近期建设规划》，形成了城市规划实施跟踪评价制度，及时地对规划进行政策调校，为广州成为国家中心城市奠定了基础。

当然，战略规划是纸上的东西，广州现代城市的空间格局不仅要画在纸上，还要画在大地上。下一章我们要描述的是广州如何在7434平方公里的山山水水中刻上现代城市空间格局的烙印。

图13-21 广佛同城化发展规划（2009—2020）

第十四章　现代城市的格局

21世纪初，广州做了一件非常伟大的事情：开展《广州城市建设总体战略概念规划纲要》咨询工作，确定广州现代城市空间格局。当然，战略规划只是纸上的东西，战略规划付诸实施才能真正建构实际意义的广州现代城市空间格局。为此，广州付出了艰辛的努力。这是一个艰辛并愉悦的过程。从2001年至2010年的十年里，广州实施《广州城市建设总体战略概念规划纲要》行动造就了许多可圈可点的案例。我们浓缩了几个与广州现代城市空间格局关系密切的经典案例，依循“北优、南拓、东进、西联”的方位，逐一与读者共享。

当然，在实际行动中产生的案例与战略规划的理想之间难免会有差距，难免会出现失误。我们可以用当下网络流行的语言来描述战略规划与实际行动的关系：“理想很丰满，现实很骨感”。但是，俗话说，人非圣贤孰能无过，也许正是这种差距，这种失误，才能够让我们更能直观地感受到战略规划实施过程的复杂性和真实性。

2010年是广州一大变的目标年，是广州亚运会的举办年，是广州城市总体规划的规划期限年。因此，《广州城市建设总体战略概念规划纲要》实施行动的结果也是2010年广州一大变的成果，是广州备战亚运会的成果，是《广州市总体规划（2001-2010年）》的实施成果。

我们与诸位分享的案例从北优开始，重点放在南拓，然后再是东进与西联。

“北优”战略是从中国城市规划研究院提出的“北抑”概念演化而来的。

面对广州北部如何发展问题，《广州市总体规划（1996-2010年）》提出要把北部地区建成广州城市三大组团之一。战略规划咨询期间，中国城市规划研究院认为应该实施“北抑”战略。前者要加快北部城市建设速度，扩大北部城市规模。后者要抑制北部建设速度，抑制北部城市规模。两种思路形成强烈的对比，是广州空间拓展战略的转折点。两种思维模式激烈交锋后达成的成果是“北优”战略。即：发展是客观存在的，但要优化发展，要与北部生态环境相适应，不能与中心组团和东部组团相提并论。

我们将广州新白云机场作为北优战略的案例。虽然新白云机场是在战略规划之前确定选址，在战略规划实施中建成的。但新白云机场的建设在广州城市空间拓展中扮演着举足轻重的角色。

我们知道，搬迁白云机场是在“84版城市总体规划”中提出来的。历经

图14-1　战略规划成果案例分布

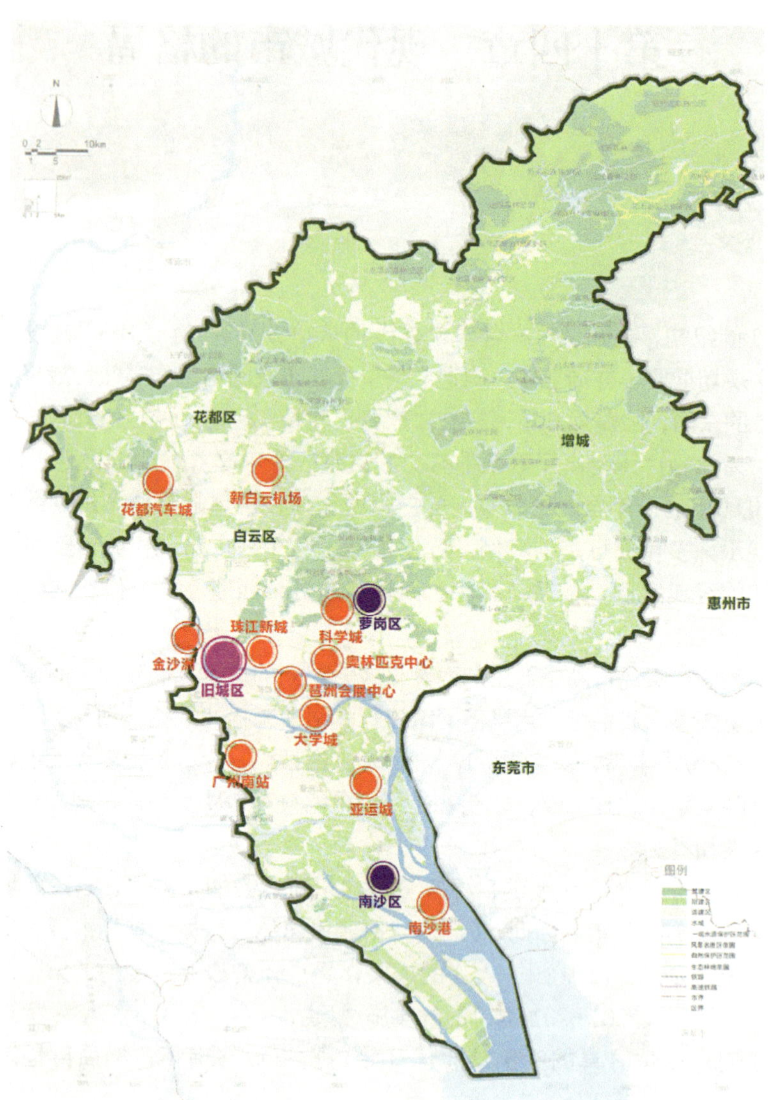

白云山

帽峰山

图14-2　优美的生态环境

十年才正式启动选址工作。1993年，民航中南管理局和民航广州白云国际机场共同组成选址工作组。后工作组和广州市政府提出了番禺、从化和花都三个备选方案。

从区域规划的角度来看，番禺选址无疑是广州机场搬迁的最佳方案。偌大的珠江三角洲绝非是一个机场能满足需求的，必然需要一个大型国际航空枢纽和若干大中型机场组成的机场群方能解决珠江三角洲的航空需求。番禺位于珠江三角洲的核心位置，是众星捧月机场群中枢纽机场的最佳选址。如果配以建设深圳沙田机场、珠海斗门机场、佛山机场，以及广州北部第二机场，再加上香港和澳门两个外围机场，将会形成空间布局最为合理的珠江三角洲机场群。但是，由于种种原因，番禺机场选址方案被放弃了。由此，珠江三角洲机场群的格局发生了重大的变化。

最终，白云机场搬迁选址方案落地在白云区人和镇以北、花都区新华镇以东交界的地区。就广州市本身而言，花都选址方案并没有太多的硬伤。这里与广州市中心海珠广场的直线距离是28公里，通过快速路直达市区只需要40分钟。旧机场的搬迁大大地扩展了广州中心城的规模，“彻底解放广州半个老城区”，有利于改善广州北部的城市环境，有利于城市空间布局更趋合理，有利于拓宽城市发展框架。

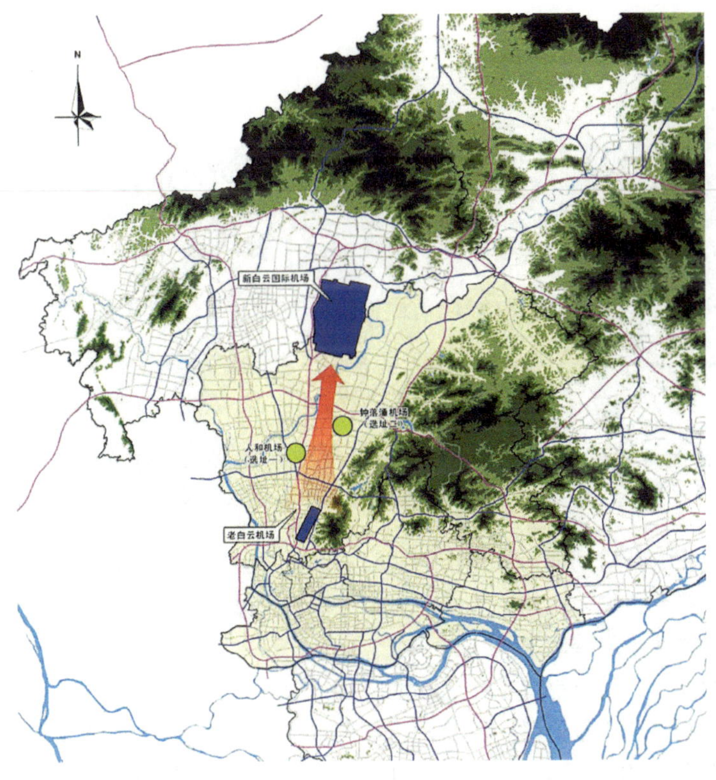

图14-3 新白云机场选址方案示意图

1998年，广州新白云机场航站楼举行国际招标，美国Parsons+URS Greiner公司的设计方案中标，并与广东省建筑设计研究院合作开展深化设计工作。新白云机场是按照中枢理念设计并按照中枢结构模式进行运营的国际机场。在广州“一年一小变”，“三年一中变”计划实施的过程中，机场征地拆迁工作推进速度很快，2000年8月新机场开始动工建设。

2004年8月5日，广州新白云国际机场建成并投入使用。新机场一期占地面积15平方公里，航站楼建筑面积37万平方米，是我国三大枢纽机场①之一。新白云机场开通之后，形成了强大的集聚功能和大容量的中枢结构航线系统，极大地提升了广州一级干线机场的运输业务总量。

①我国三大枢纽机场分别是北京首都机场、上海浦东机场、广州白云机场。

广州新白云国际机场是中国南方航空、深圳航空、海南航空的枢纽机场及中国国际航空的重点机场。后来，美国联邦快递②关闭了位于菲律宾已经运行了13年的苏比克湾亚太转运中心，核心业务全数转移至广州白云国际机场。

②联邦快递（FedEx）是一家国际性速递集团，是全球规模最大的快递公司，为全球220多个国家和地区提供快捷可靠的快递服务，总部设于美国。

新机场建成后，广州北部交通体系也得到了优化。机场高速东连京珠高速，西通广清高速，南接北二环高速、华南北路和北环高速，并通过环城高速与广深、广佛、广珠、广珠东等高速公路连接。

顺畅的高速公路网促进劳动密集型产业由深圳、东莞等沿海发达地区向清远、肇庆等北部内陆地区转移，优化了珠江三角洲产业布局，加快了区域产业经济发展。

图14-4 新白云机场

建成后的新机场成为广州市的北门户。依托新机场，周边地区的商务交易设施，以航空货物为主体的流通中心，进出港物品的存储、加工、生产设施群等经济实体逐步发展起来。

2003年，广州花都汽车产业基地成立，形成了以广州现代、东风日产为代表的汽车制造产业集聚群。目前，花都汽车产业基地现有产业总量位居广东首位，拥有企业200多家，其中世界500强企业14家，投资总额超过220亿元，是日产汽车全球最大的生产基地，也是我国华南地区最大的汽车制造基地。

这就是我们所说的广州新白云国际机场与广州战略规划提出的“北优”战略的关系。

接下来，我们将目光转移到“南拓”。首先分享的两个案例与白云机场有关联：琶洲国际会展中心和广州铁路新客站。

图14–5　花都汽车制造基地（来源:《图说花都文化》）

和广州新白云机场一样，琶洲国际会展中心也是在广州战略规划出台前就确定选址了。我们知道，中国出口商品交易会流花展馆、广州火车站和白云机场汇聚在广州旧城北部，曾对广州摆脱珠江水系引力，沿陆路发展，营造流花商圈，刺激经济活力，起到了相当大的作用[①]。但是，20世纪90年代，城市规模暴涨，经济市场异常活跃，流花地区已经容纳不下中国出口商品交易会、火车站和白云机场了。流花湖地区大规模的交通拥堵逼走了白云机场，也逼走了中国出口商品交易会。1998年，随着“一年一小变”和“三年一中变”计划的实施，广州决定再造一个中国出口商品交易会：广州国际会展中心。

综合考虑用地和交通条件、城市空间等因素，经过多个方案的比较，广州最终确定选址，于琶洲岛建国际会展中心。琶洲岛面积约10平方公里，北邻珠江前航道，与珠江新城隔江相望，南邻万亩果园。会展中心的选址在琶洲岛的中部，东侧紧邻华南快速路，西侧靠近规划中的科韵路。换句话说，国际会展中心选址时，除了华南快速路之外，一切美好的前景都在规划的图纸上。

①20世纪70年代广州火车站建成之后，流花湖地区已经成了广州对外交通的重要枢纽。

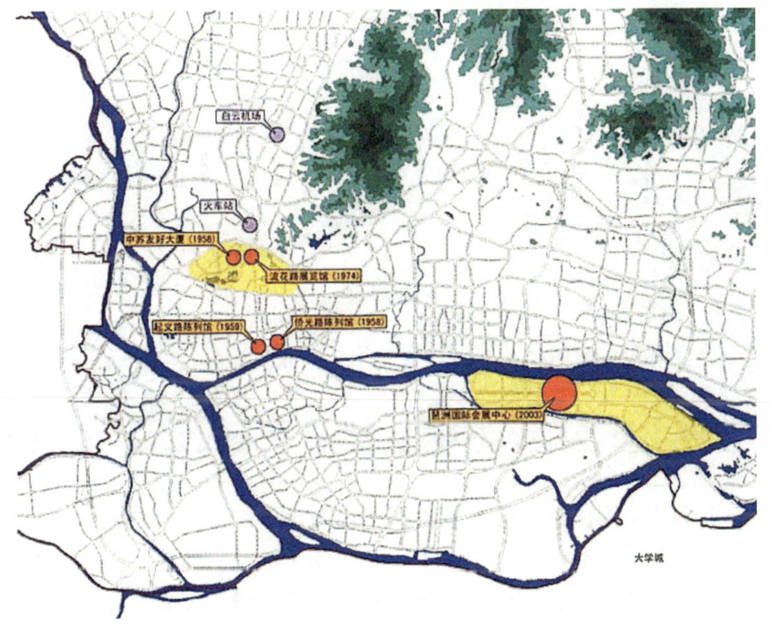

图14–6　历届广交会场馆分布图

当时，国际会展中心选址尚未被中国出口商品交易会认可。但机不可失，失不再来，广州只能孤独地执着向前冲刺。

广州国际会展中心用地规模2.03平方公里，其中，会展中心用地70万平方米。1999年12月，广州市城市规划局组织了国际会展中心建筑设计国际邀请赛。2000年，广州组织《广州城市建设总体战略概念规划纲要》咨询工作的时候，正值琶洲国际会展中心组织建筑设计阶段。故而，琶洲被定位为广州国际博览城，自然而然地成为广州城市空间“南拓”战略的重要节点。按照“南拓”战略，广州国际博览城将以会展中心的建设为契机，发展成为以会展、国际商务、高新技术研发、信息交流、旅游等为主导功能的城市副中心。

2001年4月6日，国际会展中心一期开工建设。一期会展中心投资额达60亿元，占地面积41.4万平方米，建筑面积39.5万平方米。2002年12月28日，工程竣工。后经多方协调，2003年10月，第94届广交会首次在国际会展中心设分会场，启用了3000个展位。2004年3月，中国对外贸易中心与广州市人民政府签订备忘录，前者正式取得了国际会展中心的经营管理权。在一段时间内，中国出口商品交易会期间出现了两个会场协同运作的格局。这段时间，科韵路跨江桥梁及城市快速路建成，在会展中心东西两侧各设置一个站点的地铁2号线通车，琶洲塔公园、体育公园和瀛洲生态公园品质提升工程取得了较好的效果，自然环境优美。与此同时，琶洲的国际博览城的建设初见成效，与珠江新城一起构成广州更大范围的CBD地区，进一步引领城市空间的南拓和城市结构的优化调整。

2008年，中国出口商品交易会移师琶洲国际会展中心，流花展馆圆满地结束了其历史使命。

图14-7　琶洲国际会展中心

白云机场和中国出口商品交易会搬离流花地区的同时，广州铁路客运站的功能也发生了很大的变化。广州一直是我国四大铁路枢纽之一，但流花地区客运站已经不堪重负，随着广州武广客运专线、广深港客运专线和广珠城际轨道

交通线等规划的提出，广州新建客运站的议题也日渐紧迫。

铁路客运站往往被看成是推动新城建设、带动经济社会发展的新的增长极。因此，广州新客站的建设不仅仅要考虑铁路运输的需要，还要充分考虑客运站建设与城市经济社会发展及城市空间布局之间的关联性。

依据“南拓”的战略思维，新客运站选址锁定在广州城市南部地区的大石、沥滘、沙湾、石壁。2003年，经过多轮的专家论证和各级政府及铁道部门的多方协调，新客站的选址最终确定在番禺区西北部钟村镇石壁村，定名为广州南站。

石壁地处广佛交会之地，也是广佛都市圈的地理中心，与广州市中心、佛山市中心和番禺区中心之间的距离分别是17公里、18公里和10公里，距离南沙新区和白云国际机场的距离均为45公里。从广州城市发展和珠江三角洲城市群结构布局的角度来看，广州南站的选址具备服务于周边大量外向型企业的区位优势，具有推动周边地区城市经济发展和城市建设的作用。从这个角度来讲，广州南站的选址也有助于“西联”的城市空间拓展与建设发展战略的实施。

广州南站聚集武广客运专线、广深客运专线、广珠客运专线，以及后来的南广高铁和贵广高铁，成为广佛都市圈乃至珠江三角洲地区的综合交通枢纽，大大减缓了广州客运站的压力，进一步释放了流花地区的城市空间，改善了城市交通环境。

不可否认的是，广州南站的选址位于沙湾水道生态廊道与西部生态廊道的交会之地，属于广州生态结构战略的重要节点。未来周边地区的开发建设依然面临着生态保护的制约与协调问题。南站选址是福是祸，是正确还是错误，尚难最终定论。

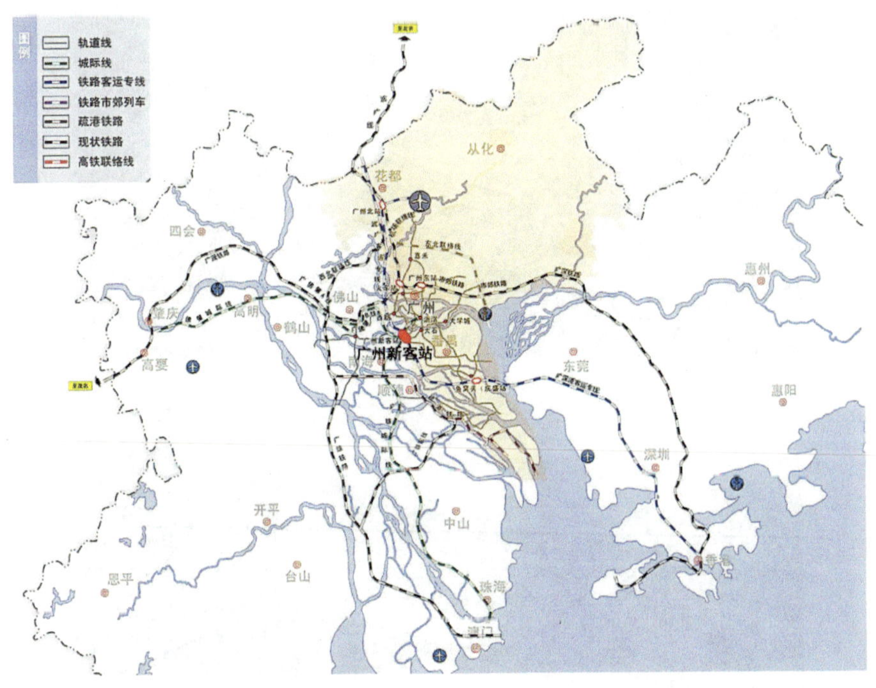

图14–8　新客站与珠三角

广州南站占地25.8公顷，总建筑面积约56万平方米，拥有15座站台、28条到发线，预计2020年客运发送量为8014万人次，远期年旅客发送量为1.16亿人次。它是广州铁路枢纽中最主要的客运枢纽，也是华南地区最大的客运枢纽，辐射广佛地区乃至珠江三角洲及港澳台地区。

2004年8月，广州市邀请了五家国内外著名的规划设计机构参与广州铁路新客站地区概念规划方案国际咨询活动。2005年4月，在五家咨询方案整合与深化的基础上，编制完成了《广州铁路新客站地区规划》。在新客站地区分区规划35.7平方公里的范围内，将开发建设规模控制在10平方公里，其中新客站周边集中开发5平方公里。

2010年1月30日，广州南站的正式启用标志着广州进入了“高铁时代”，成了名副其实的珠江三角洲客运中心，也标志着流花地区城市空间得到完全的释放。

从1949年开始，广州全盘接收民国时期的近代城市格局，用了25年的时间，将东山的火车站、天河的机场和珠江边上的广交会汇聚到流花地区。之后的35年，广州重塑现代城市格局，将机场搬到花都，将广交会搬到琶洲，将火车站的主要功能搬到番禺。由“聚”而“散”的过程中，演绎了一个城市由近代城市格局走向现代城市格局的过程。“聚”是一个200万人口城市规模的必然需求，“散”是一个2000万人口城市规模的必然需求。聚与散，印证着一个城市发展的必由之路。

图14–9　广州南站

机场和铁路客运站的搬迁，自然会让人联想到另外一个重要的交通枢纽：港口。南沙港的建设是广州“南拓”战略实施的另外一个案例。

广州虽然是一个以海洋贸易而闻名的千年商都，但长期以来，广州一直是一个“河港城市”。古代广州港口沿珠江向东发展，遇扶胥镇而止。尔后，黄埔老港、黄埔新港及新沙港陆续建成，虽然超出扶胥镇的界限，但仍没有摆脱“河港城市”的魔咒。战略规划提出之后，南沙港口①的建设打破禁忌，越过扶胥镇，越过新沙港，长驱南下，直逼海洋。

南沙新港位于珠江入海口西岸的龙穴岛。2000年“南拓”战略提出之后，南沙港启动建设，将广州由“河港时代”引入到“海港时代”。作为珠江三角洲城市群几何中心的南沙新港具备突出的区位优势和港口资源优势。依托海港发展临港工业，有利于广州产业结构的优化调整，提升城市的整体经济实力。

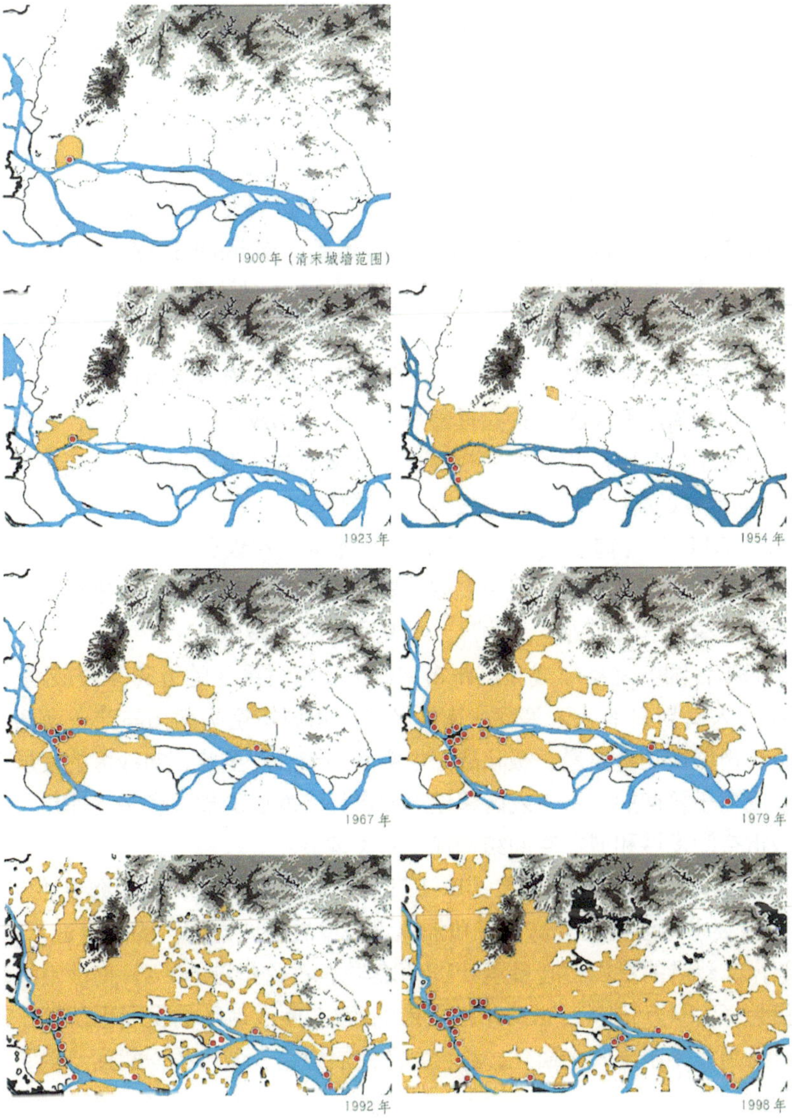

①自古广州就是一个典型的港口城市，在世界航海史、贸易史上具有重要的地位。两千多来年来，广州城市的形成发展与港口的兴衰息息相关。早在秦汉时期广州就是我国对外贸易的重要港口。广州是古代“海上丝绸之路”的发祥地，“港因城而建，城以港而兴”。
直到解放前，广州一直都是一个内河港。解放初期建成的黄埔港是按照孙中山先生之前的《建国方略》中的“南方大港”建设而成的。之后，随着船舶大型化发展和吞吐量的不断增加，广州的内港区和黄埔港已经难以满足广州港发展的需要，港口开始沿着珠江河道不断地向河口方向转移。1973年，广州开辟黄埔新港区。1986年，作为国家“七五”重点建设项目的新沙港区开工建设。黄埔新港和新沙港区的建设，实现了广州由内港向河口港的转变。

1900年（清末城墙范围）

1923年

1954年

1967年

1979年

1992年

1998年

图14-10　广州港口选址演变示意图

南沙新港拥有华南地区最优良的深水港口，也是“适度重型化”产业战略指导下广州中心城区产业拓展，疏散地之一。南沙新港的建设有利于广州城市功能的拓展，提升对珠江西岸广大地区的服务能力，促使广州由河港城市走向海港城市，加强广州对外的辐射力，提升区域中心城市和国际性城市的功能。新港的建设与东岸的黄埔老港、黄埔新港和新沙等港区一起，构成了广州“两翼齐飞”的港口格局。

南沙港位于广州市的最南端①、珠江虎门水道的西岸，东面与东莞隔江相望，西面与中山和佛山顺德接壤，北接番禺区，南濒珠江出海口——伶仃洋。这里是珠江的出海口和珠江三角洲的几何中心，也是广州唯一的出海通道和海上门户，距离香港、澳门分别为38海里和41海里。

南沙港是广州港最为重要的港区，是珠江三角洲地理几何中心，也是广佛都市圈和珠江三角洲西翼城市通往海洋的必经之路。以南沙港区为圆心，100公里的范围内涵盖了珠江三角洲城市群，因此，南沙港区也成了连接珠江三角洲两岸城市群的重要枢纽。

随着南沙港码头的建成投产，南沙港周边地区建成了以先进装备制造业、船舶制造业和化工制造业三大产业为主的临港集群式产业格局。南沙港的建设带动了南沙滨海新城、南沙新区的发展。南沙新区自北向南形成了三大发展组团，即北部的工业组团、中部的中心城区组团、南部的临港产业组团。再次提醒一下，南沙新区的发展，推动了广州由“云山珠水”的河港城市向“山、城、田、海”的滨海城市转变。

为了便于南沙港的建设，2001年8月21日，广州南沙开发区建设指挥部正式成立。广州南沙开发区建设指挥部是广州市人民政府的派出机构，具有广州市市级审批管理权限。指挥部的成立标志着南沙的开发建设由以霍英东基金会为代表的社会投资为主转向政府投资主导的阶段。

2004年12月，《南沙发展规划》经广州市人大审议通过。这是南沙第一个具有法律意义的纲领性规划成果。依据规划，南沙未来的建设将遵循“生态优先”原则，构建“大工业、大物流、大交通”的发展思路。

2005年，国务院批准成立广州市南沙区，将番禺区的近500平方公里的土地和14万人口划归南沙区管辖。南沙区是广州城市空间南拓与产业南拓的核心，是广州城市的重要增长极和战略性空间的节点。至此，南沙区的发展已经不仅仅局限于普通的经济开发区建设对城市经济发展的贡献和带动作用，还是广州城市空间发展和城市空间结构优化的关键节点。

2008年，国务院批复实施《珠江三角洲地区改革发展规划纲要（2008-2020）》，要求南沙按照“珠江三角洲建设成世界级城市群”的高度进行建设。2009年，南沙港的货物吞吐量累计1.278亿吨，占广州港的35%，南沙港集装箱吞吐量为663.54万TEU②，占广州港全港的59%。南沙地区的发展也从单一的生产功能为主，逐步走向全面化、综合型的发展道路，城市的职能逐步得到完善和提升。

①南沙的开发最早可以追溯到20世纪90年代。1998年，霍英东首次提出开发南沙，计划到2005年将南沙建设成为拥有30万人口和工业产值过百亿元的现代化滨海新城。1990年6月，广东省、广州市将南沙确定为重点对外开放区域和重点开发区，并成立了隶属番禺县人民政府管理的局县级单位南沙经济区管理委员会。南沙开发初期的规划面积只有22平方公里，位于南沙的东部，由霍英东先生投资建设。1993年5月12日，国务院正式批准成立南沙国家级经济技术开发区，享受沿海城市经济技术开发区的各项政策，拉开了南沙大规模开发建设的序幕。

②TEU，即Twenty-feet Equivalent Unit，是以长度为20英尺的集装箱为国际计量单位，也称国际标准箱单位。通常用来表示船舶装载集装箱的能力，也是集装箱和港口吞吐量的重要统计、换算单位。

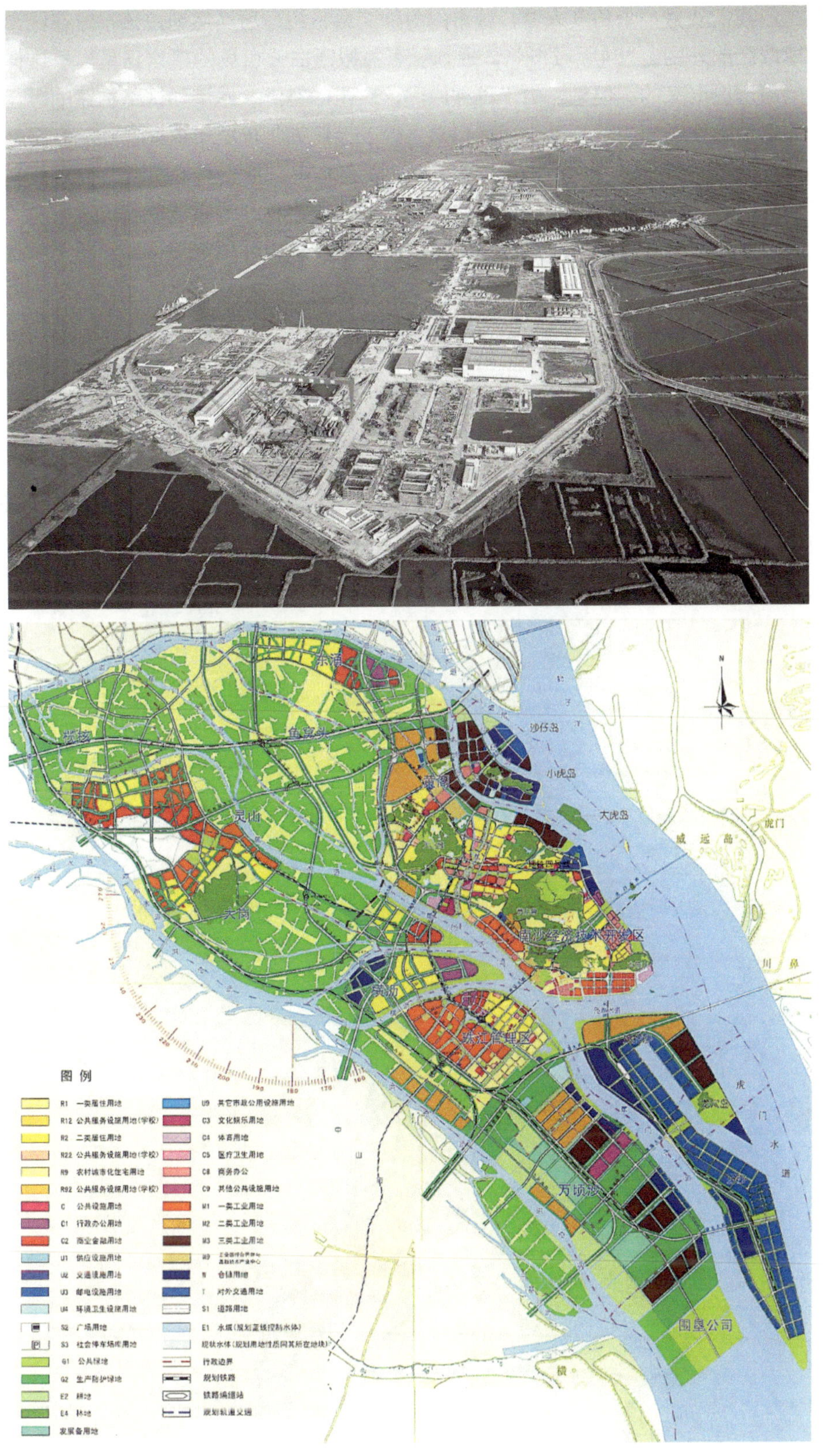
东涌
榄核
鱼窝头
黄阁
沙仔岛
小虎岛
大虎岛
灵山
威远岛
虎门
大岗
南沙经济技术开发区
川鼻
珠江管理区
万顷沙
虎门水道
图例
R1 一类居住用地
R12 公共服务设施用地(学校)
R2 二类居住用地
R22 公共服务设施用地(学校)
R9 农村城市化住宅用地
R92 公共服务设施用地(学校)
C 公共设施用地
C1 行政办公用地
C2 商业金融用地
U1 供应设施用地
U2 交通设施用地
U3 邮电设施用地
U4 环境卫生设施用地
S2 广场用地
S3 社会停车场库用地
G1 公共绿地
G2 生产防护绿地
E2 耕地
E4 林地
发展备用地
U9 其它市政公用设施用地
C3 文化娱乐用地
C4 体育用地
C5 医疗卫生用地
C8 商务办公
C9 其他公共设施用地
M1 一类工业用地
M2 二类工业用地
M3 三类工业用地
M9
W 仓储用地
T 对外交通用地
S1 道路用地
E1 水域(规划蓝线控制水体)
现状水体(规划用地性质同其所在地块)
行政边界
规划铁路
铁路编组站
规划航道义道

图14-11 南沙港

我们从另一个角度来看，城市的对外交通枢纽理所当然地应该布置在城市建成区的外围。"84版城市总体规划"有关搬迁白云机场的建议正是出于这样的原理提出来的。但是，由于种种原因，广州的空港、水港和铁路枢纽的搬迁迟迟没有落实到实际行动中。这也是导致20世纪90年代城市建设混乱的原因之一。"一年一小变"和"三年一中变"计划实施中，首当其冲搬迁三大对外交通枢纽。战略规划提出之后，加快了三大对外交通枢纽的搬迁速度。重组的三大对外交通枢纽布点对广州拉开城市布局、建构现代城市空间格局起着至关重要的作用。

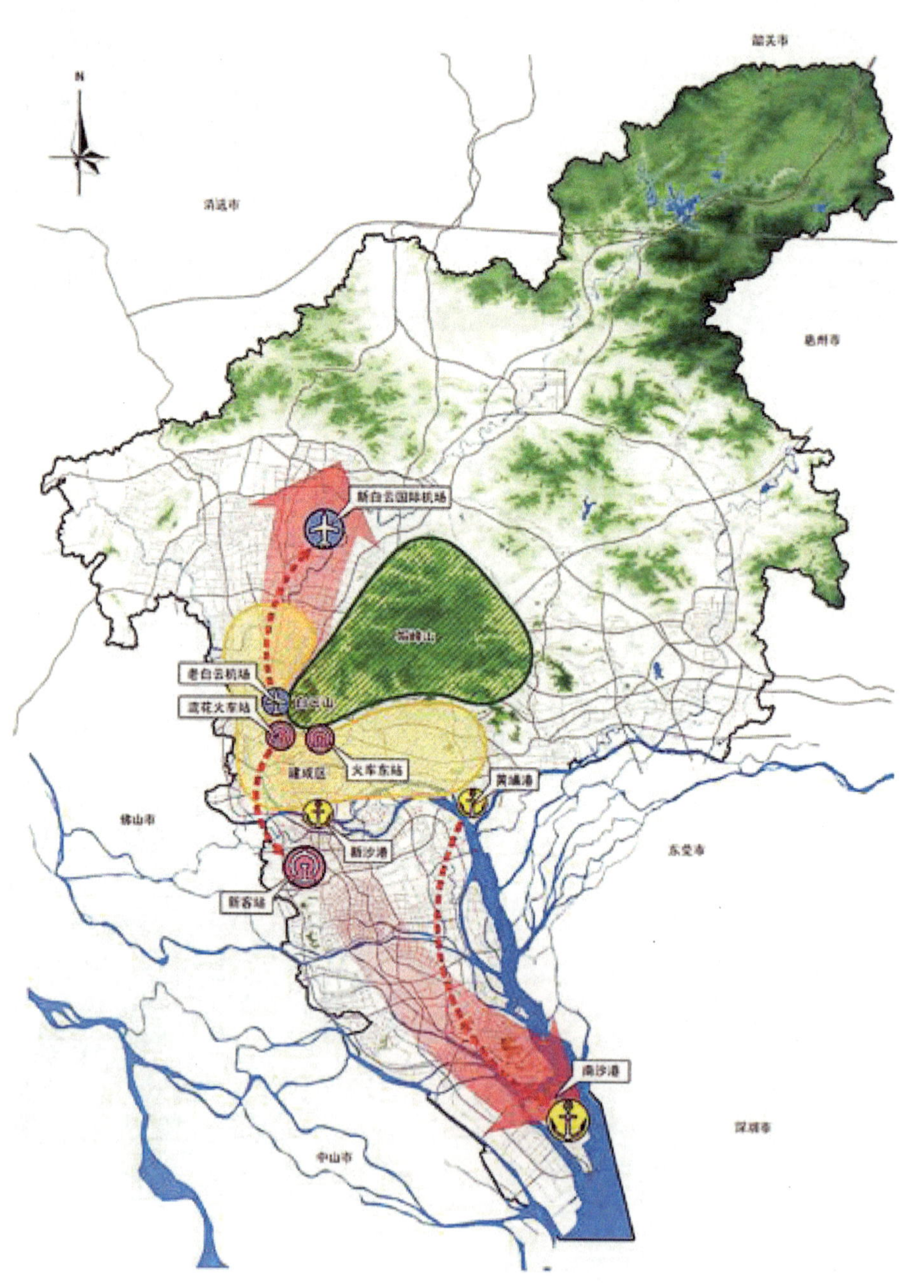

图14-12 三大交通枢纽布局示意图

广州之所以一而再，再而三地推迟三大对外交通枢纽的搬迁，有一个显而易见的原因：对外交通枢纽的搬迁需要投入大量的资金。而且，仅仅投入交通枢纽搬迁费用是不够的，还要投入因交通枢纽搬迁引发的高速公路等交通设施建设和其他基础设施建设的资金。因此，启动三大对外交通枢纽的搬迁，不仅需要有战略性的睿智眼光，还需要有足够的资金储备，更需要有“前人栽树，后人乘凉”的宽广胸怀。

回到现实，随着三大对外交通枢纽的搬迁，广州南部的海珠和番禺地区的城市潜力被再度激发出来，它们与主城之间交通的便捷性便成了关注焦点。广州花大力气建设了新光快速路、新港快速路、科韵路和东新高速路，建设了地铁3号线、4号线，并完善了城市交通体系。这是广州在“南拓”征途中另一种经典案例。

新光快速路由三部分组成：连接海珠区和番禺区的南北向快速路，位于海珠区东西向的城市主干道和向北延伸至广园路的北延线。新光快速路是广州城建史上颇为罕见的，在建设过程中一改再改的道路。不断修改的过程折射出规划的摇摆性和城市“南拓”的探索方向和积累经验的过程。

新光快速路原规划呈“十”字形布置。南北向的新光快速路北起海珠区的新港东路，南至番禺市桥的光明北路，长约17公里。快速路于2003年8月开工建设，原计划2005年建成，由于征地等原因，一直到2007年1月20日才投入使用。东西向的新光城市主干道西起广州大道，东至北山村接新港中路，长6公里，2006年5月28日建成通车。后东西向的新光城市主干道向东延伸到科韵路，向西延伸到工业大道，全长10余公里。因南北向的新光快速路与东西向的新光城市主干道并非同一等级的道路，用“新光”二字统而概之，实属概念不清。东西向的新光城市主干道后被正式命名为：新滘路。新光快速路则专指南北向的快速路。

新光快速路并非就此结束道路规划纠偏的历史。因新光快速达海珠区后须经新滘南路或新港中路转向广州大道，经广州大桥[①]方能进入主城区，而广州大桥通行能力不足。为弥补新光快速路规划的缺陷，新光快速路不得不再建北延线，将快速路直接引入珠江新城，并延伸至广园东路。

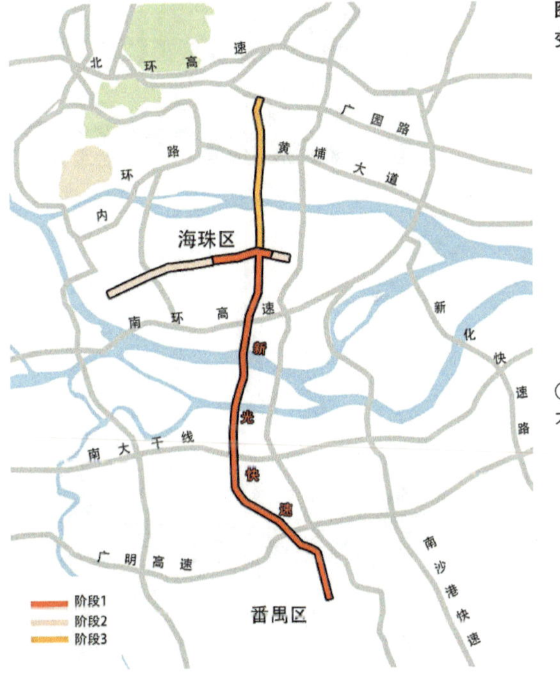

图14-13　新光快速路的演变过程

①当时琶洲大桥两端道路还不畅通。

制约新光快速路北延线建设速度的节点工程是猎德大桥。猎德大桥于2004年动工建设，到2008年大桥主体完工。2009年7月30日，猎德大桥及其中四个匝道正式通车。2010年，猎德大桥北延线，猎德大桥北端至天河东路华旭街路段完工通车。同年，广州南站建成通车后，新光快速路与东南环高速相连的南州立交建成，实现了新光快速和环城高速的互通。至此，在亚运前，从番禺区政府所在地的市桥镇及广州南站均可全程高速经新光快速路到达广州主城区。

猎德大桥的造型曾经被宣传过一阵子。由于猎德大桥位于广州新城市中轴线景观带的核心区域内，所以被要求要建成艺术精品型的桥梁。猎德大桥是一座独塔两跨自锚式悬索桥，索塔为贝壳状，故有“珠江之贝”的噱头。造型创意来源于贝壳的完美曲线，建成后犹如一只巨大的贝壳屹立珠江之上。其实，这种象形的设计手法不值得鼓励。桥梁的设计应重在结构合理，形式得体。

2011年，建成通车的东新高速公路与广州绕城高速公路、广珠西线高速、广州南环高速以及南沙港快线等衔接，完善了广州南部地区的交通网，并改善了广州东部地区及佛山地区与广州南站的交通联系。从芳村到南站，只需8分钟。从佛山、南海、顺德等地开车到广州南站，不必再绕路行驶洛溪桥或新光快速路。

图14–14　猎德大桥（摄于2015年）

与新光快速路平行并同时期开工建设的南沙港快速路是“南拓”战略的骨架道路之一。南沙港快速路北起海珠区仑头立交，南至南沙龙穴岛广州港深水港区。南沙港快速路分为主线和支线两部分。主线全程65公里，双向6-8车道，于2003年1月动工，2004年12月31日竣工通车。鱼黄支线在细沥立交接主线，至黄阁立交市南路止，也是6-8车道，长7公里，鱼黄支线于2005年12月28日竣工通车。

如果我们仔细阅读上面的数字，会惊叹地发现一条65公里的快速路仅用两年的时间就建成了。这种速度创下了广州城建史纪录的新高。同时，我们也在反思这种速度的必要性。若干年后，我们回头看南沙港快速路的建设速度，能够冷静地认识到南沙港快速路的建设速度对南沙港发展有一定的促进作用，但是与因建设速度带来的质量问题相比较，弊大于利。

为解决南沙港快速路到仑头立交后的往北延伸问题，2004年4月，又启动了科韵路的建设。科韵路南于仑头立交与南沙港快速路对接，北至天河区的云溪路，全程11.2公里。科韵路原是20世纪90年代天河高新区连接中山大道和黄埔大道的一条小路，南北走向，属于园区内道路。

科韵路跨北环高速、广园快速、中山大道、黄埔大道，经琶洲大桥过珠江，再跨新港东路、新滘东路，经仑头、生物岛进入大学城。南沙港快速路与科韵路的贯通，造就了连通广州市区到大学城、番禺、南沙的又一条南北大动脉。2006年5月28日，科韵路至北环高速以南线路全部建成通车。2012年，跨北环高速互通立交至云溪路的800米路段建成。

科韵路上的琶洲大桥①原称黄州大桥，属于琶洲会展中心的配套项目，是海珠区的重点建设工程，由海珠区政府组织实施，两家民营企业投资建设，是广州市第一座由社会集资，政府协调兴建的桥梁。

①琶洲大桥桥长1205米，桥宽32米。2003年8月29日建成通车。

图14-15　南沙港快速路

琶洲大桥系统工程路线全长3.6公里，南接海珠区的新港东路，北至天河区的黄埔大道。

分别与新光快速路和南沙港快速路平行并同期建设的是地铁3号线和地铁4号线。这两条地铁线也是在规划和建设中不断地调整、不断地优化、不断地修改过程中完成的。

地铁3号线最早的规划方案是广州火车站至黄埔的东西走向。2000年后，为了加快城市空间南拓的步伐，将3号线改为天河客运站至番禺市桥的南北走向。地铁3号线在三枝香以南潜行新光快速路下方。在三枝香水道以南长约9.26公里的线路沿线，当时大都为荒地、丘陵。当时的设想是，从轨道交通经营的角度出发，如果没有同步进行道路和基本市政配套设施的建设，就难以形成支撑地铁3号线的基本客流规模。而新光快速路的建设，必将带动周边区域土地开发，为地铁3号线带来客流。从这个角度讲，新光快速路和地铁3号线是相互补充、相互依托的交通线路。

地铁3号线规划之初，众多专家是担心没有客流的。2006年，地铁3号线开通初期，按6节车厢设计的站台只投入4节编组车厢运营。令人始料不及的是地铁3号线自开通之日起，就出现了客流拥挤不堪、运力严重不足的状况。2010年4月，地铁3号线不得不改为6节编组车厢运营。4节编组车厢改为6节编组车厢后，又出现了车厢不足问题。于是，又要紧急定制车厢，又要增加从番禺广场到跑马场的地铁线路，加密南北向地铁密度，以解决地铁3号线①拥挤的问题。

①所幸3号线的站台在规划设计时做了6节车厢的预留，还有纠错的空间。令人百思不得其解的是，后来建设地铁6号线时居然还有专家坚持4节车厢的站台设计并被采用，导致连纠错的机会都没有了。

新光快速路和地铁3号线的建设比较集中地实现了战略规划中提出的“以交通引导发展”模式。两条线路提升了沿线的土地价值，并引发了沿途地区土地利用和功能的完善，带动了番禺地区楼盘的快速繁荣。两条交通线的建成对促进城市空间拓展、强化区域及枢纽间联系提供重要支持。

图14–16 “交通引导发展”模式（番禺地区地铁3号线沿线楼盘）

广州地铁4号线属于通勤铁路，全长43.65公里，最高运营速度仅有90km/h。4号线是南沙区唯一的轨道交通路线。车厢编组为4节。

4号线的雏形是1997年规划方案A中的5号线：从琶洲到世界大观。2000年，该段支线规划调整为4号线，北端延伸到科学城，南端延长至新造镇。2003年，4号线确定向南进入南沙，全线规划走向基本定型。同年，4号线试验段正式开工。2005年，大学城专线正式通车。2006年，新造至黄阁段开通，成为广州地铁第一段高架线路。2007年，二期路段全线通车。2009年，万胜围至车陂南开通。2010年，4号线成为亚运专线，为亚运会提供快速的交通通道。

至此，广州出现了两条贯通南北的快速通廊：新光快速路及其北延线配合地铁3号线，南沙港快速、科韵路配合地铁4号线。加之原有的广州大道的拓宽改造，以及东西向的新滘路和东新快速路的穿插联络，基本实现了战略规划提出道路交通建设要"适应、促进并能合理引导城市空间拓展与未来的持续发展"的要求，践行了对老城区的"疏"，对新城区的"拓"。

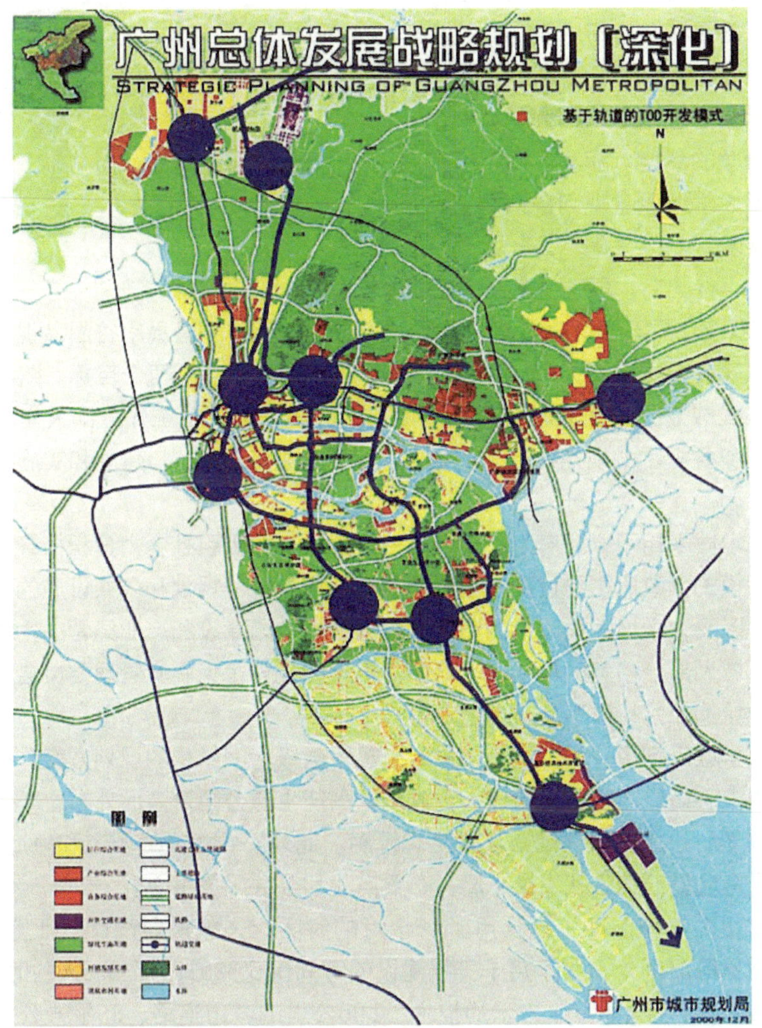

图14-17　广州南拓快速路网骨骼

在描述广州“南拓”快速路网骨骼建设过程之后，我们可以回过头来，回味一下“南拓”空间中的两颗明珠：大学城和万亩果园。

大学城的选址是在广州战略规划酝酿和出台期间完成的。2000年8月，广州市在番禺新造小谷围、从化中部、花都的狮岭、花都的花山镇、天河五山高校区、规划中的番禺广州新城等选址方案中锁定了番禺区新造镇小谷围岛及南岸地区。

图14-18　大学城选址示意图

有选址方案的比较，就说明不同选址均存在着长处和不足。番禺区新造镇小谷围岛的选址契合了广州战略规划的“南拓”思路，并能给大学城一个安宁、清净的环境。也就是这个安宁、清净的环境，在大学城与城市生活主旋律之间筑起了一道隐形的篱笆，大学城与城市将出现物理空间的隔离。熊掌和鱼翅不可兼得，2001年3月，广州市委常委会议审议通过广州大学城选址意见，给大学城一个安宁、清净的环境。随后，广州市完成了广州大学城概念规划咨询和《广州大学城发展规划》编制工作，确定了先建设小谷围岛，再开发南岸地区的建设时序。

2003年1月21日，时任广东省委书记张德江同志到番禺小谷围岛视察，提出了“建设全国一流大学城”和“2004年9月开学招生”两个目标。随即，广州市正式成立了广州大学城建设指挥部，同步开展四项工作，即大学城的总体规划和各组团的规划设计、征地、建设进岛施工通道①、建立和实施标准化管理。

①大学城建设之前的小谷围岛无对外联系的桥梁，村民对外的交通出行依靠渡轮摆渡。

大学城采用了以政府为主导，高校为主体，并吸引社会力量积极参与的开发建设模式。政府主要负责大学城的土地征用、统一规划和公共设施的建设投资等，以及大学城相关政策的制定。各高校是校园建设和产业经营的主体，拥有大学城大部分事务的领导权。此外，还专门成立了大学城管理委员会负责处理大学城的公共行政事务。

大学城确定了“城—组团—校区”三个层级空间结构的规划方案：在小谷围岛的中心设置了生态公园和公共设施，围绕生态公园自内而外布置学生生活区和教学科研区，最外围是滨江生态绿廊。此外，依托交通干道和轨道站点，形成了南北贯通的带状发展走廊，布置商业和公共服务中心。

广州大学城一期工程仅用了19个月的时间，去除规划设计、征地拆迁、工程招标等时间外，真正用于工程建设的时间仅仅300天。在300天的时间里，大学城共建设了230万平方米的校舍、186公里的城市道路、86平方公里的公园绿地和其他基础设施。建设速度之快，令人咂舌。

2004年9月1日，大学城一期10所高校①的3万多名新生和4000多名教师进驻。

超强的建设速度让规划者无暇进行深度的研究和思考。原本大学城中环路可以采取下沉方式解决交通问题，将地面留给学校的学生生活区和教学科研区。无奈时间紧迫，这项研究尚未提到议事日程就被高速运转的建设节奏冲得无影无踪。现在，地面上宽阔的中环路、滚滚的车流将学校的学生生活区和教学科研区生生地隔离开来，且中环路下方的共同管沟抹杀了未来道路下沉的可能性。不能不说，这是大学城规划建设史上最大的遗憾。

①2004年9月，广州大学城一期进驻的10所高校，分别是：中山大学、华南理工大学、华南师范大学、广州大学、广东外语外贸大学、广州中医药大学、广东药学院、广东工业大学、广州美术学院、星海音乐学院。

图14-19　大学城

万亩果园有广州“南肺”之称。1990年，广州城市的发展触角尚未延伸到这一地区，万亩果园有1859公顷果林面积。1999年，“三年一中变”计划实施时期，万亩果园缩小为1470公顷。十年时间，近390公顷果林被占领或非法占领。之后，政府出台了各种规划和相关政策，主导推进万亩果园的保护工作。然而，在“南拓”的浪潮中，城市持续向南推进，村民违章建设屡禁不止，万亩果园的面积再度减少。2004年，万亩果园保护区内的果树种植面积仅存1100公顷。历时5年，370公顷果林又消失了。

面对如此严峻的形势，广州市开始反思，探索万亩果园保护的多方参与的治理模式。2007年，海珠区政府以龙潭社区为试点，采用政府补贴的形式，按照每亩1500元的价格从农民手中租用园地，正式实施“租地建公园”的政策。

2009年，又开始探索征地、流转和生态补偿相结合的保护与开发运营策略。目前，关于万亩果园生态保护与利益补偿的问题依然是媒体和学者讨论的焦点，政府也在积极探索更加合理的保护机制。可喜的是万亩果园的边界越来越稳固了。“万亩果园”的保护与维育过程中所做的各种努力是维系城市生命的一种探索。

广州“南拓”战略的推进十分艰难困苦。“南拓”，没有过多的规划积累，也没有过多的历史关联，几乎是在一片荒芜中杀出的血路，具体项目有成功之笔，也有遗憾之实。宏观地看，“南拓”的成功是完美的。有了“南拓”的成功，才有广州现代城市的空间格局。

无论如何，广州十年“南拓”，硕果累累。对外交通枢纽的移植和快速交通网络的建构是取得“南拓”丰硕成果的根基。以大学城为代表的城市建设和以万亩果园为代表的生态环境建设折射出“南拓”战略的双重性：既要城市建设，也要保护生态环境。

图14–20　万亩果园

广州“东进”战略的推进没有“南拓”那么复杂。战略规划之前，广州向东发展一直是城市的主旋律，东西向道路历来都比南北向道路发达。以黄埔大道、中山大道、天河路、广园快速路为主的道路骨架，为城市“东进”提供了极大的便利。

广州开发区的成长是城市“东进”的一个经典案例。广州经济技术开发区于1984年成立，占地9.6平方公里的西区于1991年基本开发完毕。1992年，占地7平方公里的东区和34.7平方公里的永和经济区相继投入开发建设。1998年，规划用地面积44.87平方公里的广州科学城开工建设。

战略规划出台之后，开发区扩大了用地规模，加快了建设速度。为了整合资源，2001年11月，白云区的萝岗街道、领投公司、黄陂公司、黄埔笔岗村、天河玉树村委托广州开发区管辖，结束了广州开发区的分散发展状态，实现了空间上的连片整合发展。

2002年，广州经济技术开发区、广州高新技术产业开发区、广州保税区、广州出口加工区，实行“四区合一”合署办公，广州开发区总规划面积已经达到了78.92平方公里。

2005年4月，经国务院批准，在广州开发区的基础上，整合周边的农村地区，设立萝岗区，辖区面积389.06平方公里，总人口14.12万人。

萝岗区是实施“东拓”战略的一个有效举措，是广州开发区由单一的工业区向综合性的城市新区转变。行政区划的整合，带动了广州开发区公共服务设施的不断完善。随着大量公共设施的投入建设，萝岗区的产业服务和生活服务功能逐渐加强。

2009年萝岗行政中心的建成搬迁，周边地区的配套建设不断成熟，进一步推动了地区的职住平衡和广州东部的建设发展。萝岗区成了整合广州东部区域、实施一体化发展①的核心区域。

纵观广州开发区20余年的演变历程，我们看到了一个单一的工业区向产城一体化方向发展的过程，看到了一个跳开主城区的工业布点，如何生根、开花、结果，最终成为城市副中心的空间拓展模式。

①2014年2月，国务院同意撤销广州市原萝岗区、黄埔区，将二者行政区域合并，设立新的黄埔区。

从开发区到萝岗区的演变过程　　表 14-1

时间	阶段	具体内容
1984年	开发区成立	广州经济技术开发区成立，占地9.6平方公里的西区和占地7平方公里的东区、34.7平方公里的永和经济区。
1998年	科学城开工	广州科学城开始建设，规划用地面积44.87平方公里。
2011年	连片整合发展	实现了空间上的连片整合发展，白云区的萝岗街道、领投公司、黄陂公司、黄埔笔岗村、天河玉树村委托。
2002年	“四区合一”	广州经济技术开发区、广州高新技术产业开发区、广州保税区、广州出口加工区，实行“四区合一”合署办公，广州开发区总规划面积已经达到了78.92平方公里。
2005年	设立萝岗区	设立萝岗区，经国务院批准，在广州开发区的基础上，整合周边的农村地区，设立萝岗区，辖区面积389.06平方公里，总人口14.12万人。

广州“西联”战略的实施重点在于行政沟通，我们在上一章已经将广佛都市圈区域合作发展探讨和机制建立的过程略加梳理。能够表现“西联”战略成果的经典案例是火车南站、地铁广佛线和金沙洲建设。

火车南站在前面已经介绍过，它的选址与建设最大限度地满足了珠江三角洲地区人们交通出行的方便。在火车南站选址确定后，地铁2号线、7号线、12号线相继调整，直接与火车南站对接。

地铁广佛线是我国第一条跨行政区域的城市轨道交通线路，是广东省政府的重点项目，对广佛都市圈的同城化建设具有重要的意义。地铁广佛线是广州和佛山两个城市按照一定比例共同投资建设的，广东省政府提供了一部分财政补贴。地铁广佛线于2010年11月3日开通运行。

图14–21　广佛地铁1号线沿途站点示意图

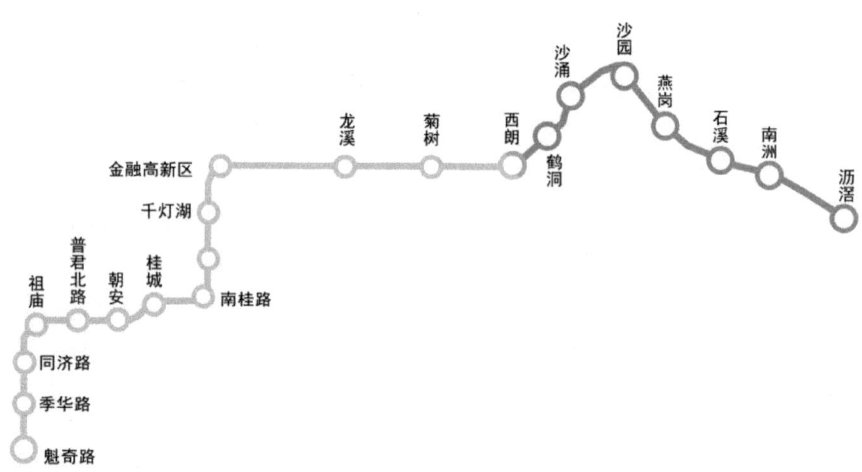

金沙洲是广州和佛山之间的一个岛屿。岛屿上的土地分别属于广州市白云区和佛山市南海区的里水镇和大沥镇。金沙洲的建设过程是两个城市从对峙、戒备、寸利不让和老死不相往来的状态走向和谐共建的过程。

当然，两市之间的沟通并非一帆风顺。广佛两市都期望在金沙洲北部建设一座沉香大桥，以加密两市的联系通道，但选线方案因两市的想法不同而迟迟不能落地。

沉香大桥选址的案例不仅折射了“西联”战略实施的艰难，也说明广州空间拓展战略实施任重而道远。

广州一方面强力推行战略规划的实施、努力拓展城市的空间、脚踏实地地建构现代城市的空间格局，另一方面也在认认真真地打造和重塑主城区的空间环境和提升建筑的品质。

自民国政府打造近代城市空间以来，广州城市一直努力向东发展，解放后的30年建设将城市边界推到了广州大道。六运会和珠江新城的规划建设打破城市隔离带的禁忌，天河地区经历了短时间的混乱。在“一年一小变”和“三年一中变”计划的实施过程中，天河地区很快进入快速发展状态，并取代老城区，成为现代城市的中心区。珠江新城的“四馆组团”和“三塔夹江”的建设

图14–22　金沙洲

是广州打造和重塑主城区空间环境、提升建筑品质的经典案例，也是建构现代城市核心区的重要支撑项目和打造现代城市中轴线的关键点。

“四馆组团”是指珠江新城中四个文化建筑：大剧院、省博物馆、图书馆和第二少年宫。这四个文化建筑都是通过国际设计竞赛获得的建筑方案，并由政府投资建设完成的。

2002年，广州少年宫选择了美国SBA国际设计集团设计的“探索宝殿”方案，广州歌剧院①选择了英国著名建筑师扎哈·哈迪德的“圆润双砾”方案。2003年，广东省博物馆选择了香港建筑师许李严建筑有限公司的“宝盒”方案。2005年，广州图书馆选择了日本株式会社日建设计和广州市设计院联合设计的“美丽书籍”方案。

①2010年5月，广州歌剧院正式更名为广州大剧院。

四个风格迥异、各领风骚的建筑，恰如四大金刚散落在现代城市中轴线和珠江的交汇处，守卫着广州城市的新大门。

“三塔夹江”是指在珠江新城中，依现代城市中轴线对称布置的东、西两塔，及其与东、西塔隔江相望的广州新电视塔。“三塔夹江”是广州现代城市的定海神针，统领着广州现代城市空间格局。

东西双塔在原珠江新城规划中是临近黄埔大道的，后调整到现在的位置。调整后，双塔与广州新电视塔的空间关系更加和谐。三塔汲珠江之源，共同撑起了广州现代城市的一片天地。遗憾的是，后来建设的东塔比西塔高出了100多米，破坏了平衡，“三塔夹江”的效力损失了不少。

广州新电视塔因塔身通体扭转，中部2/3高度收紧形成“芊芊细腰”的椭圆形，而被广州市民昵称为“小蛮腰”。小蛮腰塔身主体高454米，天线高150米，荷兰建筑师马克·郝梅尔对小蛮腰的构思如此表述：“椭圆形的扭转形式赋予电视塔一种特性和人类身材的姿态。她就好似一名舞者，挺拔高挑，优雅地站在珠江三角洲地区。”

图14-23　珠江新城城市设计总平面图及花城广场四大文化建筑

设计方案

现状

图14-24　东、西塔设计方案与实际建设情况对比图

西塔高432米，采用英国威尔森·艾尔建筑师事务所的“通透水晶”方案。西塔以巨型斜交网柱勾勒出的弧线外形和全隐框的玻璃外墙创造了精美流畅、晶莹剔透的流畅造型，宛如一块光滑挺拔的水晶呼唤着隔江相望的小蛮腰。

然而，美中不足的是西塔没有按照设计方案选择玻璃，失去了一些表现力。有人据此戏称之“大烟囱”。

“四馆组团”和“三塔夹江”是广州现代城市的守护神。它们神态各异，都不失为当代世界建筑巅峰之作。我们之所以如此评价它们，不仅仅是因为它们自身的魅力，更重要的是它们能够融入这个城市中。

图14-25　三塔夹江

苍鹰之所以能够展现雄姿，是因为它在蓝天中翱翔。骏马之所以能够展现雄姿，是因为它在草原上奔腾。失去了蓝天，失去了草原，苍鹰和骏马的雄姿都将大打折扣。蓝天失去了苍鹰，草原失去了骏马，也会失去活力，失去生命。

“四馆组团”、“三塔夹江”与广州现代城市空间格局的关系也是一样的，广州现代城市会因这些建筑的存在而更加生机勃勃，这些建筑也会因城市的衬托而更加英姿飒爽。

第十五章　亚运盛会的余音

2010年是广州城市建设与发展收官的一年。从城市空间战略规划的角度来看，《广州城市建设总体战略概念规划纲要》实施顺利，历经十年努力，广州现代城市空间格局已趋于稳定状态。从“一年一小变”、“三年一中变”、“2010年一大变”的角度来看，历经十二年的奋斗，城市面貌有所提高，城市环境品质上升到一个新的高度。从城市总体规划的角度来看，《广州市总体规划(2001-2010年)》执行情况良好，历经十年的磨难，广州的城市性质、定位和功能得到了较好的落实。从第16届亚洲运动会的角度来看，历经6年的付出，广州终于能够拿出一个像样的城市奉献给亚运。

2010年是广州停下脚步回头看，总结经验向前走的一年。按照“拉开建设，有机疏散，新区先行，带动老区”的思路，从2000年到2010年，广州完成了由圈层蔓延向点轴跨越发展的转变，城市建设主要做了两件事：壮大主城区，拓展新空间。

壮大主城区的工作重点放在了打造主城区核心形象，整合主城区有效资源，完善主城区主体功能，提升主城区环境质量。拓展新空间就是指“南拓、北优、东进、西联”战略规划的实施。两者相辅相成，共同缔造。2004年7月1日，亚奥理事会宣布广州获得第16届亚运会主办权后，依赖亚运会筹办工作的穿针引线，壮大主城区和拓展新空间两个目标推进得更加有声有色。

图15-1　亚奥理事会宣布广州获得第16届亚运会主办权

2004年，广州市组织编制了《亚运城市——广州：面向2010年亚运会的城市规划建设纲要》。这个“纲要”按照“多中心、多功能”、“场馆建设一区域发展联动”的原则，提出了广州2010年亚运城市的空间格局：“两心四城”。即，围绕天河新城中心和广州新城中心，在紧邻广州城市中心区的外围重点建设奥体新城、大学城、白云新城和花地新城。以此推动广州由单中心城市向多中心的城市空间结构转变。

《亚运城市——广州：面向2010年的城市规划建设纲要》试图对广州“三变”计划和“战略规划”进行优化整合，落实2003年广州实施战略规划实施评估会议精神。但是，回顾后来广州城市发展的状况，亚运规划提出的“两心四城”的思路并没有取得明显的效果。

《亚运城市——广州：面向2010年的城市规划建设纲要》的意义仅仅表现对广州“三变”计划和“战略规划”进行了技术性的整合和提升，在亚运设施和时间进度方面做出了具体安排。在“亚运规划”的基础上，广州统筹了近期需要建设的重点项目，提出了亚运城市行动计划，即八大实施工程：亚运场馆、交通顺畅、重点建设、人文景观、设施配套、青山绿水、碧水蓝天、市容改善。从亚运城市行动计划中我们可以看出，广州城市建设依然环绕着“壮大主城区，拓展新空间”的主题，但是在广州亚运助推因素的影响下提升了运作速度。

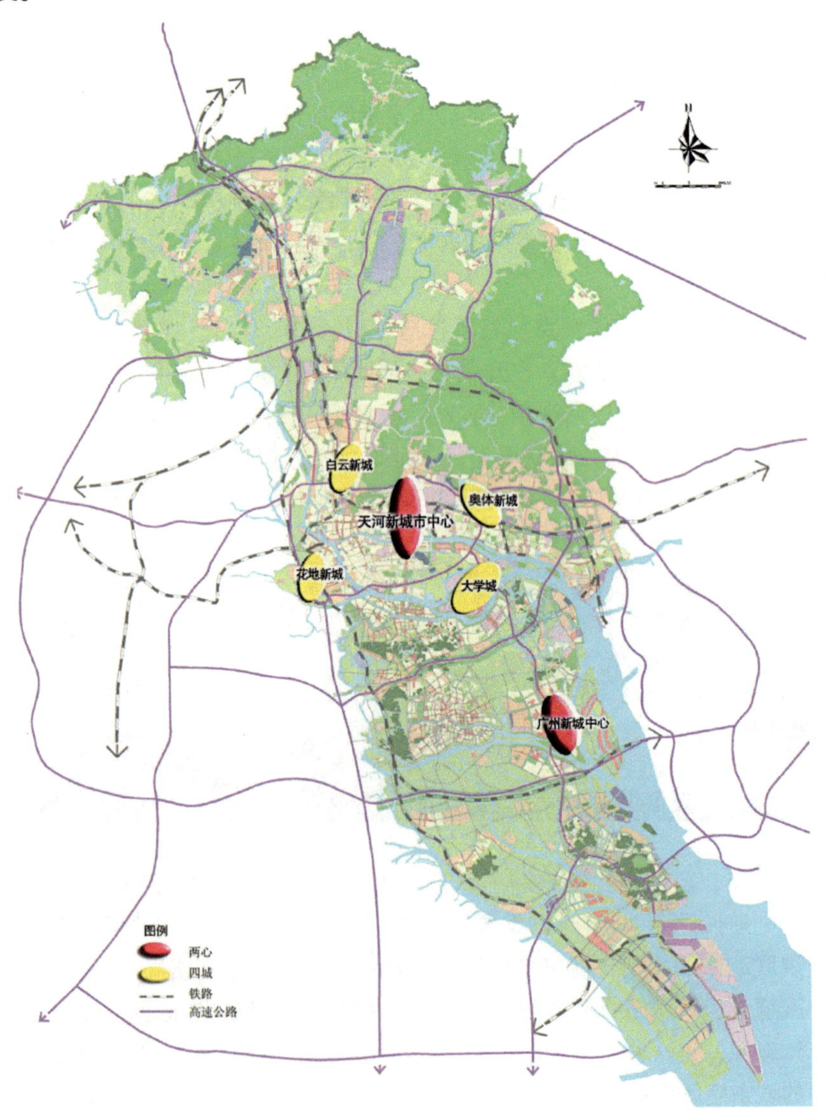

图15-2 《亚运城市——广州：面向2010年的城市规划建设纲要》

主城核心区是统筹城市空间发展的纲，是城市空间建设的魂，是城市空间的聚焦点和城市空间拓展的原点。打造主城区核心形象是壮大主城区，凝聚主城区能量的重要的一步。

唐宋时期，广州传统城市的核心区是北京路。至今我们还不知道那个年代北京路的名称，只知道清朝的时候北京路叫双门底，民国的时候叫永汉路，但这些并不影响我们去感受千年古道散发出来的昔日辉煌。民国时期，广州近代城市的核心区是起义路。虽然核心区移师不远，但民国时期的城市中轴线上营造出大量的公共建筑，散发出磅礴的气势，非北京路的商业氛围所能抵御的。

当今，广州现代城市的核心区在珠江新城，一个违反城市总体规划建设的区域。自1993年珠江新城启动规划建设以来，一路坎坷，几经周折，逐渐得到了广州城市的认可。随着CBD的成功建设，最终融入主城区并成为主城的核心区。

从城市职能的演变过程，我们更容易理解广州城市核心区交替移位的缘由。传统城市生活单一，核心区主要聚集的功能是政府衙门和商业。近代城市涌现了大量的公共建筑，与政府相结合的公共场所成为城市核心区的主打功能。现代城市丰富多彩，城市经济与城市生活融为一体，政府对核心区的影响力越来越弱，城市核心区必然会向经贸繁荣、娱乐城所丰富的地区转移。广州作为经济大省的省会城市，城市核心区移师天河区是必然的，是不以人的意志为转移的。

珠江新城之所以能够成为主城区核心，除了CBD的因素外，还有另外一个重要因素：打造了一条中轴线。这条中轴线最终演绎成为广州现代城市中轴线。珠江新城中轴线向北与天河体育中轴线对接，延伸至火车东站，止于白云山脉。向南跨越珠江，拥抱小蛮腰，伸向远方。极目望去，广州已经在这条轴线上布了两个重要的节点：海珠湿地公园、后航道水运中心。一旦抓住时机，中轴线的威力将进一步放大。唯此规模的中轴线方能掌控广州现代城市空间格局。

后来建设的火车东站前广场、天河城与正佳广场、花城广场、“四馆组团”、“三塔夹江”，以及林林总总、高高低低的建筑都在为这条中轴线摇旗呐喊，强壮声势。

城市公共交通体系和市政体系的完善是整合主城区有效资源、完善主城区主体功能的前提。以地下轨道交通线网建设为主，以绿色公交发展、城市步行系统和静态交通系统建构为辅的城市公共交通体系是整合主城区有效资源、完善主城区主体功能的主要支撑。

2002年至2010年期间，广州投入700多亿元用于地铁建设。建成并通车的轨道交通线路包括1至5号线、8号线、广佛线以及APM等8条线路，全长222公里，覆盖9个行政区，其中6条轨道交通线路为亚运筹备期间建成。据统计，2010年，广州轨道交通全年输送旅客11.8亿人次，占到了广州市公交运量的31%，比2009年增长75%①。

①数据来源：2010年广州交通发展年报

图15-3　城市中轴线演变与主城区重心东移

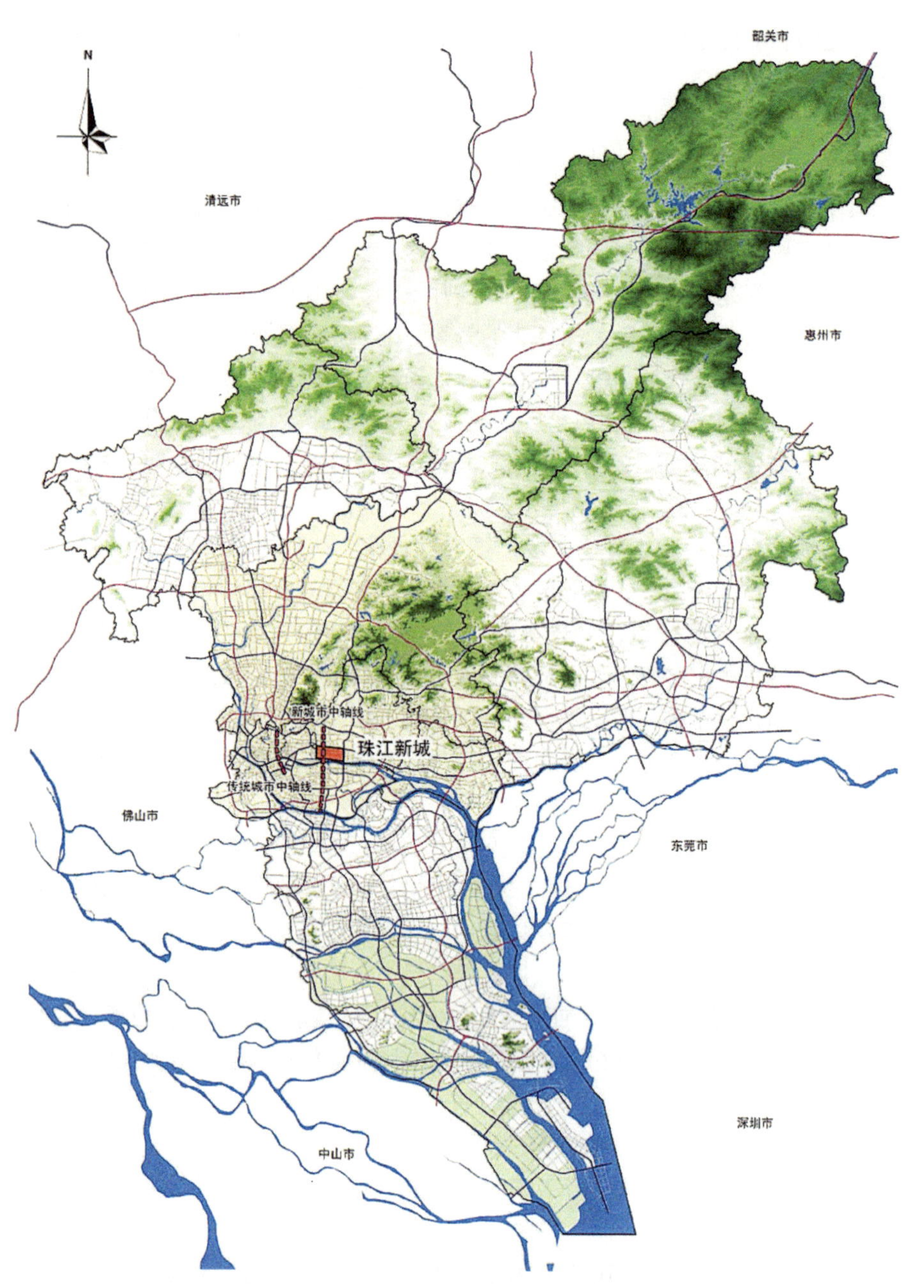

发达的轨道交通线网，准时稳定的运营状态，给广州市民的出行提供了极大的方面，也缓解了城市地面机动车的交通压力，增进了主城区的凝聚力和向心力。直到目前为止，广州的轨道交通仍然处于密集建设的时期。

我们通过最早建成的地铁1号线来看看地下轨道交通凝聚和向心的强大威力。早于战略规划和亚运规划的地铁1号线于1999年全线通车。

地铁1号线改变了天河区与旧城区的关系，打破了“新城繁荣之时便是旧城衰败之日”的铁律。地铁1号线的使用不仅加快了旧城区商贸活动向上下

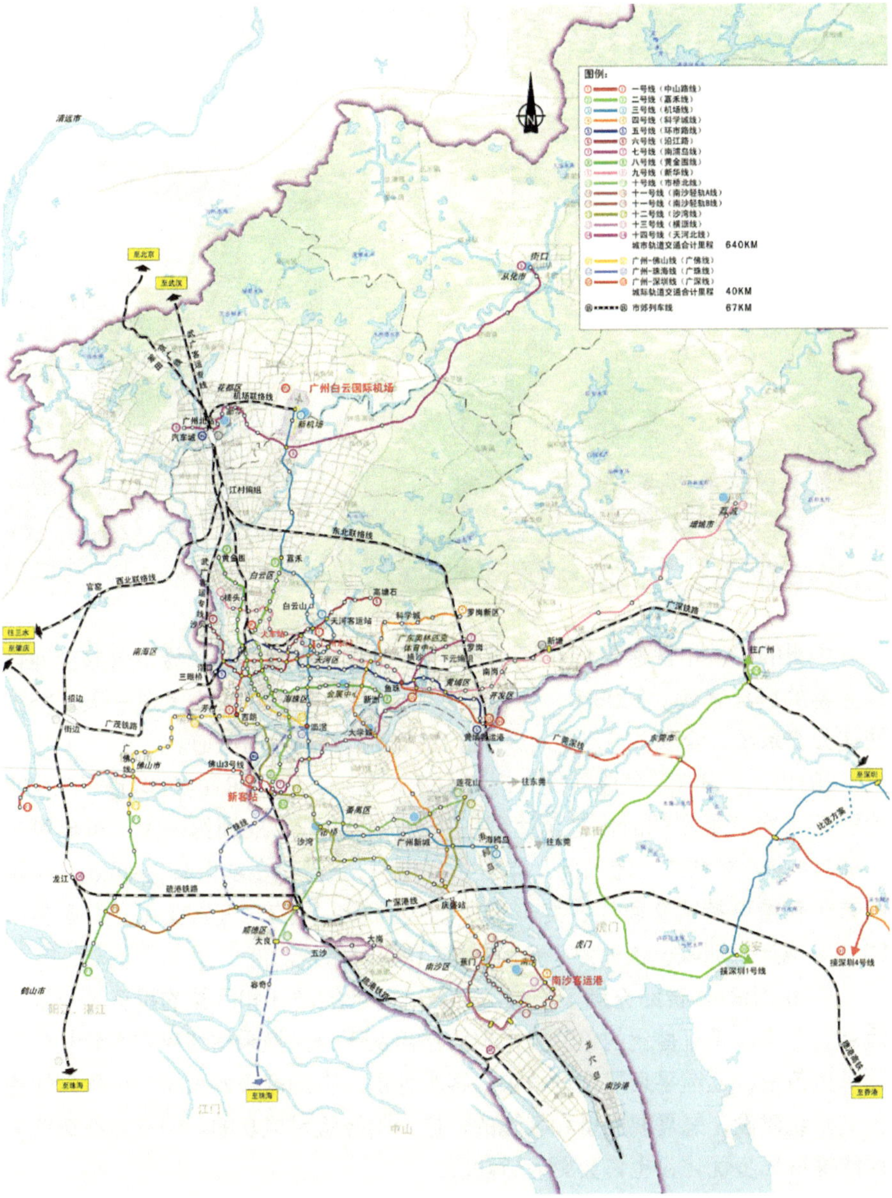

图15-4 2015年广州轨道交通网络规划图

九、中山路、中旅商城、北京路、中华广场聚集。而且在新城区还催生了天河城、正佳广场、维多利广场、天娱广场、中怡时尚购物中心和太古汇广场等一批大型商场。

地铁1号线在新老城区之间架起了一道桥梁，改变了交通出行条件，让从事的生活、工作、贸易、投资等各类活动变得更加便捷。地下轨道交通加速了新老城区的融合，加之地面上建设空间的无缝对接，老城区与天河区共同缔造了广州的主城区。主城区的核心自然而然地移师珠江新城。

同理，地铁2号线的建成通车，将海珠地区也纳入了主城区的范围。

图15-5　地铁与广州主城区（天河路商圈）

广州的"城市快速公交系统"（即BRT①）建设是辅助广州城市公共交通体系完善的经典案例。2008年，广州投入13亿元，建成了中山大道—天河路的快速公交系统，全长22.9公里，成了全市公交换乘的枢纽通道。

2010年，"BRT"建成并投入运营。开通以来，广州BRT的日均旅客流量高达85万人次，最高的时候甚至达到了96万人次，成了亚洲第一大、世界第二大BRT快速公交系统。随后的几年里，广州BRT获得了多项荣誉，如2011年国内首个获得可持续交通发展奖，2012年获得联合国应对气候变化"灯塔奖"，2013年成为亚洲唯一被评为"金牌系统"的BRT系统。

广州"BRT"曾经充满了争议。对城市环境的破坏和巨额的投资是争议的焦点。但是，无可替代的公交换乘枢纽作用及因公交换乘枢纽存在而延长公交的可达范围，逐渐平息了这场争议。客观地讲，在国家级特大城市中探索快速公交系统建设，是需要胆量和气魄的，广州的经验是成功的。但是，在选线方面能够进一步优化，也许会更为成功。

此外，广州在亚运筹备期间建设了包括35座天桥和16个地道的过街设施，市区停车泊位新增65万个。亚运时期，广州所有的公共汽车和出租车都使用LPG燃料。

整合主城区有效资源，完善主城区主体功能的另一个重要举措是行政区划调整。在主城区核心移师天河之前，主城的核心区与主城区的关系是和谐的。环绕主城核心分布的东山、越秀、荔湾辖区面积分别是17平方公里、9平方公里、12平方公里，总体是均衡的。

主城核心区移师天河区之后，这个均衡被打破了。天河辖区面积约96平方公里，一半以上为建成区。相比较而言，东山、越秀、荔湾辖区面积偏小，难以取得空间上的平衡和经济上的对应。2005年，借助于萝岗和南沙行政区的建

①即快速公交系统，起源于1974年的巴西，是一种介于常规公交与快速轨道交通之间的新型公交系统，通过开辟公交专用道、建设新型公交站点，并结合智能交通和运营管理的现代公交技术，实现轨道交通模式的运营。是一种高效率、高品质、低成本、低能耗、低污染的公共交通形式。

图15-6　中山大道BRT

立，广州将越秀区与东山区合并，新越秀区面积接近30平方公里。天河区与新越秀区共同建构了主城区的经济地位，打造了主城区不可动摇的、主导全市发展的光辉形象。同时。广州还将荔湾、芳村二区合并，辖区面积达54平方公里，相当于广州解放初期的城市建成区面积，以利于统筹广佛联络，促进广佛同城化进程。

主城区内的行政区划调整，解决了发展空间狭小、资源分散和产业雷同等问题，避免了行政区划规模过小、数量过多造成的管理资源和公共财政浪费，巩固了主城区的地位，明晰了主城区与其他副中心的层级关系。

在亚运筹备期间，广州在提升主城区环境质量方面下足了功夫。可将亚运城市行动计划的八大实施工程概括为三个方面：建筑及其环境品质的提升与改造、水环境的治理、绿量品质的提升。

给残、破、旧、危建筑涂脂抹粉是亚运工程中最没有“含金量”的工作。不管房屋功能、不管建筑风格、不管楼龄长短、不管地域特色，只要是残、破、旧、危的，就泼上一堆乱七八糟的颜色，美其名曰：建筑立面整饰。个别的建筑还要在屋顶上盖上一个没有功能的铁皮顶，美其名曰：平改坡。还有的会用几盏灯照一照，美其名曰：光亮工程。当然，我们这样描述只是对这种简单粗暴处理建筑的行为表达一种否定态度，现实中的建筑立面整饰要比我们描述的理性一点。

以广州大道南为例。广州大道南长13公里，涉及需要整治的建筑130栋。整治工程从拆除违章建筑开始，然后是统一防盗网、雨篷、空调机、广告招牌的位置和做法。再对电力、通信和有线电视电缆三线进行整理，接着就是外立面整饰了，通常一线建筑物都会贴上瓷砖，二、三线建筑物都会刷上涂料。最后是光亮工程、绿化升级改造、道路维修等。这些工作要在5个月之内完成。

图15-7　行政区划调整

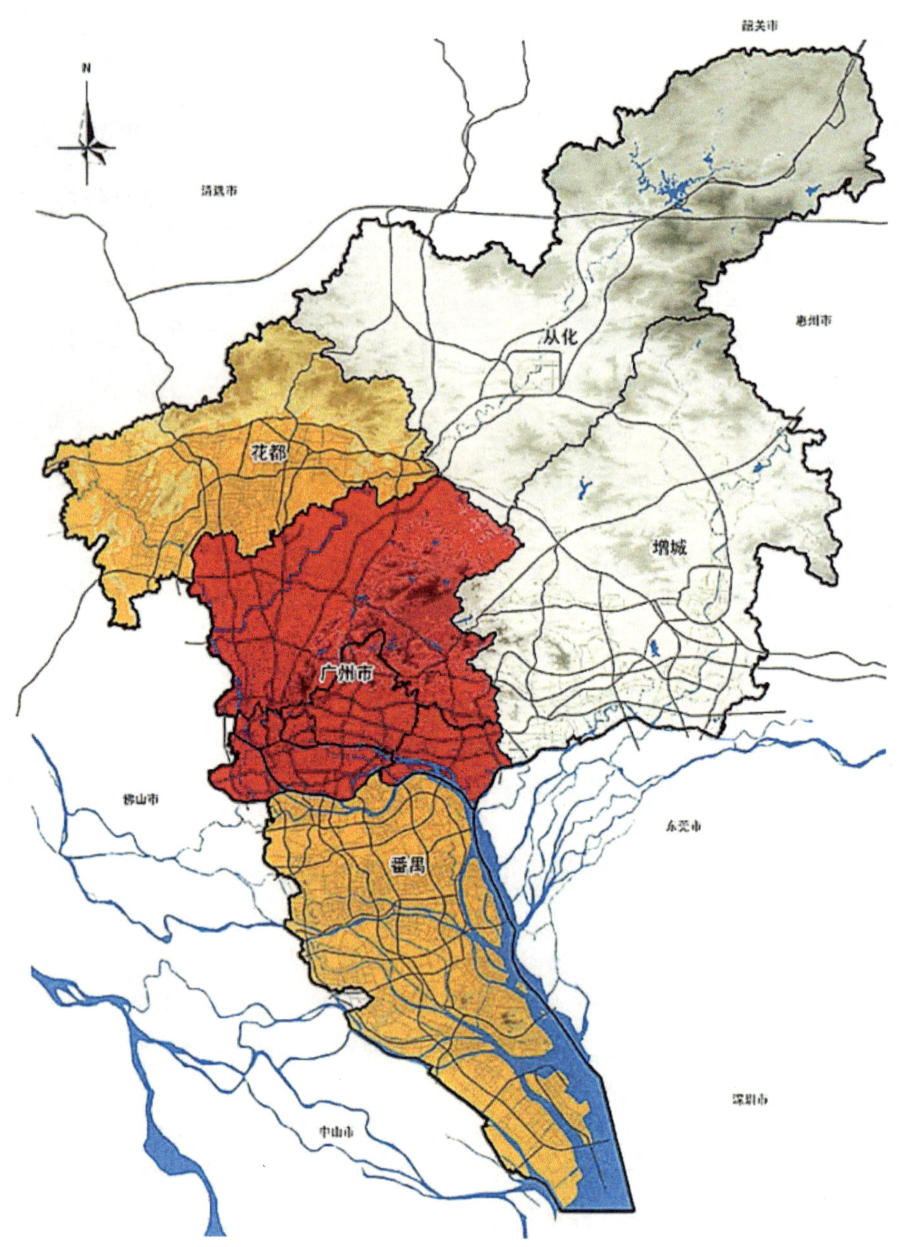

这种建筑立面整饰的方法曾被称为“穿衣戴帽”，会留下诸多后遗症。姑且不说工程质量、材料好坏、设计优劣，仅仅一个建筑真实性的问题就很值得商榷了。如果只是一两栋建筑用一些虚假立面尚不会出现大问题，但是亚运筹办期间，广州将城市重点区域和主要干道沿线的残、破、旧、危建筑物都戴上了面具，让城市变得十分不真实，与广州城市性格相去甚远。

当然，戴上面具的建筑在短时间内可以给人一种耳目一新的感觉。只是这种感觉很难持久。公正地说，亚运筹备期间的“穿衣戴帽”工程是很受老百姓欢迎的。从树立对广州城市建设的信心，减少残、破、旧、危建筑视觉冲击的

图15-8　戴上面具的建筑

角度来讲，这种在短时间内将全市残、破、旧、危建筑统一进行立面整饰的做法是成功的。

在亚运会筹办期间，广州的社区环境综合整治、户外广告的整治、城中村的整治、烂尾楼的整治等工作还是很值得称赞的。尽管这些整治也并非是一朝一夕的事情，但与建筑立面整治不同，这些整治需要一个循环往复、不断提升的过程。通过亚运会加大整治力度，促进了建筑及其环境品质的提升与改善。

促进建筑及其环境品质的提升与改善还表现为对历史风貌、历史文化和历史建筑的尊重，推进历史文化景观的保护、修缮工程和文化设施建设工程。大元帅府、南越王宫署博物馆建设工程、辛亥革命纪念馆建设工程、黄埔军校旧址保护工程等9个重点历史文化设施得到了较大的提升和改善。

以大元帅府为例。大元帅府于1996年被列为国家级重点文物保护单位，随后进行了修缮。经过两期工程的修补，南楼、北楼、门楼基本上都恢复了原来的真面目。但大元帅府原网球场、后花园、卫兵营和马夫房的位置上矗立着两幢8层宿舍楼，大元帅府的门楼前数米处有两个高压变压器，在大元帅府的北面有近在咫尺的江湾大桥引桥、一间小学校、一片居民楼。总而言之，文物本体修好了，但周边环境仍旧恶劣。2002年，市政府投入1500万元安置住户并拆掉一幢宿舍楼，修复了门楼，但原貌仍未得到完整恢复。2010年，大元帅府广场建成，拆除了严重影响文物周边历史风貌的江湾桥引桥及其部分民居，搬迁了小学，恢复了大元帅府旧址与珠江江面的直接联系，彻底改善了大元帅府的环境。

如果将主城区、亚运会、水环境治理和广州“三变”等四个概念叠加在一起，我们的脑海里会出现两个河涌：东濠涌和荔湾涌。因种种原因，我们不谈

图15-9　大元帅府广场与南越王宫署博物馆

东濠涌，单表荔湾涌。

荔湾涌是荔枝湾的一个组成部分。荔枝湾由湖泊和河涌构成，因遍布荔枝而得名。荔枝湾的历史可追溯到汉朝的陆贾先生，盛于唐宋时期。解放前夕，大量菜农、贫民聚集荔枝湾，城市西部工业也不断向荔枝湾逼近，荔枝树被一伐而空，只留下荔枝湾的虚名。1958年，荔湾湖至多宝桥的水道被覆盖，保留了部分湖泊和水道，建立了荔湾湖公园。随着周围的工厂建立和人口聚居，荔枝湾水系沦为大污水池，1992年，随着泮溪酒家至逢源桥的最后一段水道被覆盖，荔湾涌成为历史。

1999年，荔湾区政协提出了关于“复建荔枝湾故道”的提案，十年后正式实施。2009年通过拆除违章建筑增加绿化空间、揭盖复涌恢复历史水系、修复文塔广场、沿线的立面整饰与景观塑造以及相关的配套工程建设，在广州西关地区重现了“一湾江水绿，两岸荔枝红”的岭南水乡风貌，成了亚运时期广州重要的旅游景点之一。如今，荔枝湾涌故道北至洗马涌，和流花湖公园相通，南至黄沙注入珠江。

图15-10　荔枝湾涌

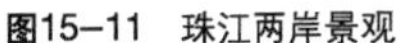

图15-11　珠江两岸景观

沉香岛（摄影：黄维德2016）

谈到水环境治理，自然会把我们再次带回珠江两岸。自1998年广州“一年一小变”计划实施后的五年里，珠江两岸的城市景观得到较大的提升，成了广州市民休闲和外来游客参观的场所，珠江河道上恢复了中止多年的“珠江夜游”。

2005年，广州启动了新一轮的珠江两岸景观工程，范围包括西至广州南站、鹤洞大桥东至琶洲大桥21公里范围的一江两岸沿岸地区。这次提出了定位的三个区段，中部沙面至广州大桥之间8公里长的旧城中心区段，主要是提升原有历史文化景点的档次；西部鹤洞大桥至南站地区之间7公里长的城市再开发区段，通过历史建筑的活化利用，将滨江的工业遗产营造成为新的景点；东部广州大桥至琶洲大桥6.2公里的新城发展区段，将依托珠江新城中轴线和琶洲国际会展中心建设一些充满时代气息的滨江景观。

当然，珠江两岸景观工程不可避免地涉及珠江沿岸建筑立面整饰、屋顶整饰、绿化改善、光亮工程、广告整饰和拆除违建等工作。

对于绿量品质提升来讲，号称“羊城第一秀”的白云山自然是首当其冲的提升对象。

白云山的主峰摩星岭，海拔382.4米，如果放到山区的话，不过是一个小山岗，但在广州却被称为“南国第一峰”。白云山拥有“优越的区域位置、古老的地质资源、深厚的历史积淀、突出的文化价值、鲜明的景观特色、多彩的游览内容、适度的环境规模以及内在的发展潜质”，在岭南地区都具有突出的代表性，国内外享有较高的知名度。2002年5月，白云山风景名胜区被国务院审定为国家重点风景名胜区。

白云山风景名胜区南至越秀公园，北临南湖国家旅游度假区，西邻东方乐园、白云机场，东至通泰路。无论是广州传统的“云山珠水”景观格局，还是更大的市域范围内的“山、城、田、海”自然格局中，白云山都扮演了重要的生态、景观角色，是自然山水在城市环境中得以延续的重要空间节点，也是广州市民休闲、健身的良好场所。

从空间景观的角度来看，白云山风景名胜区以北环高速为界，南部为城市公园区，北部为森林公园区。南部以麓湖公园、云台花园和雕塑公园为主，形成麓湖、飞鹅岭、三台岭三个景区。北部以亚热带植被，“山瞰城景、城观山色”为主体景观，以鸣春谷、柯子岭、摩星岭、明珠楼和何依岭五个景区为主。

按照资源保育特征的不同，将整个风景名胜区划分为生态保护区、自然景观保护区、史迹保护区、风景恢复区、风景游览区和发展控制区。白云山风景名胜区以贯通全山的消防车行道路为主线，以若干条登山步道为脉络，串联了各个景区和不同的保护区。

白云山风景名胜区与海珠湿地公园遥相呼应，共同肩负起绿色亚运的重任，并为城市生活提供了良好的环境支撑。

在亚运会筹备期间，绿量品质提升的大量精力用在了城市干道路网绿化、街头绿地和公园建设方面，实实在在地为广州主城区及外围地区的环境提升作出了很大的奉献。

东风路、广州大道、黄埔大道、广园西路的绿化及绿化设施升级改造、广园东路绿化升级是城市干道路网绿化品质提升的代表作。星罗棋布的街头绿化点缀在城市的各个角落，温暖着广州市民的心。借助举办亚运的契机，一批城市公园和森林公园横空出世。龙潭果树公园、二沙岛中心公园、赤岗塔公园、莲花山森林公园、大夫山森林公园、火炉山森林公园等，进一步巩固和扩大了广州创建“国家园林城市”的成果。

提高绿量率，提升绿量品质是营造良好城市环境的有效办法，也是创建宜居城市的基础条件。广州人民不会忘记因亚运引起提高绿量率、提升绿量品质的运动。而且，这场运动会持久而深远地发展下去。

图15-12　白云山区位图及白云山风景名胜区规划图

图15-13　路网绿化，街头绿地、城市公园和森林公园

广州亚运场馆建设跨越了“壮大主城区”，“拓展新空间”两个领域。亚运体育场馆建设包括体育场馆的新建、改建和扩建工程，运动员村工程、新闻中心工程。广州亚运场馆建设注重借助大型赛事的举办和筹办工作，促进城市整体、长远发展目标的实施。

成功举办六运会、九运会，给广州留下了天河体育中心、广东奥林匹克体育中心、广州新体育馆等大量高水平的体育场馆，再加上2004年投入使用的广州大学城内的中心体育场及10所高校计划配套建设的体育场馆，广州既有的体育设施已经基本能够满足亚运会期间的使用要求。

广州提出了亚运场馆建设的三条基本原则：节俭、符合国际惯例、实事求是。在最终确定的用于亚运会的70个体育场馆中，58个场馆是为分散在各大城区内的既有场馆，通过改造升级满足亚运会的使用要求。另外新建12个场馆，由广东省、广州市和区分别负责。各场馆以达到亚组委的使用要求为原则，不做超标或超规模的建设。

广州将举办亚运会作为加快实施广州城市发展战略的重要机遇，结合广州城市发展战略规划、广州“三变”等城市发展目标，通过城市近期建设规划的实施，将亚运筹办工作与城市的整体和长远发展战略结合在一起，加速推进城市战略目标的实现。简要地说，广州仍以战略规划为纲，将“亚运”规划转化为“亚运城市”实施行动计划。

广州既有体育设施已能满足亚运会要求　　表 15-1

序号	体育场馆名称	序号	体育场馆名称
1	天河体育中心游泳馆	13	从化体育场
2	越秀山游泳场	14	增城体育场
3	天河体育馆	15	广州体育馆
4	天河棒球场	16	华南师范大学手球馆
5	黄埔体育馆	17	番禺英东体育馆
6	增城体育馆	18	广州体院体育馆
7	海珠体育馆	19	番禺大夫山森林公园
8	天河体育场	20	花都体育馆
9	越秀山体育场	21	荔湾体育馆
10	花都体育场	22	大世界保龄球馆
11	番禺英东体育场	23	芳村网球中心场
12	黄埔体育场		

广州确定了亚运场馆的布局原则包括多中心多功能、有效利用现有场馆、与城市发展空间格局相适应、与社区体育发展需求相结合、紧密衔接城市轨道交通、与周边历史文化史迹相结合等。

广州亚运场馆由5大群组和分布在佛山、花都、从化、增城、东莞、汕尾等地的零星比赛用地组成。5大体育场馆群组分别是天河体育中心、广东奥林匹克中心、大学城、亚运城、老城区。另外，直接服务于亚运会的还有亚运大家庭总部酒店及周边酒店。其中，广东奥林匹克中心、天河体育中心和大学城都是成熟的体育运动场馆。

天河体育中心是1987年六运会的主会场，同时又是广州现代城市主城区中轴线上举足轻重的开敞空间。按照亚运会的标准和赛事要求改造后，天河体育中心变身为广州主城核心区内具有国际水平的体育文化中心和综合性公共活动场所。

广东奥林匹克体育中心是2010年广州亚运会的主会场，位于天河东圃地区。奥林匹克体育中心采用新建与改造相结合的方式，在原规划预留的用地上新建了游泳跳水馆等多功能的比赛场馆和与比赛相关的其他设施，同时也整治和美化了周边的环境，重点改善了该地区同城市中心区、其他体育场馆之间的交通联系。

大学城体育场馆虽然历史不长，但在十所高等学校师生的锤炼下，想不成熟都不可能。亚运会利用大学城中心共享区的4万人体育场，并结合大学城内10所高校的配套建设的需求，新建部分体育场馆。用于承接亚运会的柔道、摔跤比赛的华南理工大学体育馆就是为了迎接亚运会新建的。

在临近亚运会开幕的时候，大学城及其周边地区已经进入了成熟发展期。随着广州交通网线的成熟，大学城与传统的五山高校群，新兴的天河高新技术开发区、科学城、开发区的关系越来越密切，形成了密切的产学研合作关系。周边的广州国际生物岛、琶洲国际会展中心等地区也有利于大学城的国际交流与合作，黄埔军校、南海神庙、宝墨园等大量的文化资源，有利于大学城形成一个综合性文

图15-14　亚运广州5大场馆群

化区域。因而，亚运会的众多赛事都是在这里举办。客观地说，大学城是亚运会的主打体育场馆。

亚运大家庭总部则位于环市东路，是以花园酒店为中心的非比赛场馆群，但与亚运村和70个亚运场馆都需要保持便捷且不间断的联系。而亚运城却被布置在番禺中东部地区，规划中的广州新城。

亚运会设施的布点规划基本上契合了广州城市发展的态势，为广州后亚运时代的城市建设与发展打下了坚实的基础。但是，这种布局也会给亚运会期间的交通疏解造成巨大的压力。广州之所以敢于采用这种分散式组团布局方案，说明当年广州城市交通已经达到了前所未有的水平，也显示了广州在城市管理方面的自信。

分散式组团布局检验了广州交通系统和设施的运营能力，广州提出了三个目标。首先，比赛期间各国运动员、教练员和亚运官员从驻地到达各比赛场馆的时间不得超过30分钟，且道路交通优先，平均车速不得低于60千米/小时，亚运专营轨道交通①线路的平均车速不低于80千米/小时。其次，广州市民一次出行到达市区范围内场馆的时间不得超过1个小时，珠江三角洲的观众一次出行到达市区范围内场馆的时间不得超过2个小时。还有，高效的突发应急能力确保20分钟之内能够完成备用通道与正选通道之间的调度和置换。

①亚运专营轨道交通线路，是亚运期间在一个小时内定期划定比较密集的班次，只对几个站点进行专门的停靠，以提高运行车速。

分散式组团布局方案有利于促进广州体育设施的均等化发展，亚运体育场馆的布局充分考虑了赛后各区、县级市体育设施的完善和周边社区居民使用的方便，并充分考虑了与广州地铁线网建设的高度融合，以轨道交通结合高快速路系统，加强分散布局的各体育场馆之间的交通联系。

分散式组团布局方案是建立在城市整体发展的长远目标、战略部署，以及珠江三角洲区域城市群发展规划的基础之上的；是建立在将亚运体育场馆的布局与广州城市空间发展、城市空间结构优化以及各地服务设施完善相结合的基础之上的。

分散式组团布局方案还有利于引入社会资金建设体育场馆。广州亚运体育场馆建设总投资的1/4以上的资金来自社会投资。

比如，位于从化的马术比赛场地，全部的土地费用、场馆建设、竞赛设施、竞赛器材以及技术服务全部由香港赛马会出资，费用达14亿元。作为交换的条件，这里赛后将作为香港马会的驯马基地。除此之外，保龄球馆利用社会场馆进行维修后供赛事使用，高尔夫球场利用九龙湖高尔夫球场，政府仅出维修费用。

最后，我们要比较详细描述的是亚运城。

广州筹备申办第16届亚运会时，亚运村的选址并不是现在的亚运城所处的番禺地区。当时亚运村的选址有多个备选方案，广州申办亚运会时初步的选址是东圃奥林匹克体育中心附近的广氮社区。

2004年，亚运会申办成功给广州城市空间发展战略的实施提供了一个重要的契机，广州新城的选址和建设也被提上了议事日程。直到2006年，为了配合

图15–15　亚运设施布局

广州城市空间“南拓”的战略部署，最终确定将亚运城的选址定在番禺区广州新城内的石碁镇海傍村。亚运城作为广州规模最大的亚运工程，成了广州新城的启动区。

广州新城位于番禺区的东南部，是珠三角的中心区域。广州新城规划范围228平方公里，其中建设用地面积约140平方公里，规划容纳人口100万人。2000年，广州战略规划首次提出了广州新城的构想，并在2005年国务院批准实施的广州城市总体规划中得以落实。

广州新城是广州城市空间“南拓”轴线上的核心节点和重点区域。广州新城的功能定位是，广州南部的都会中心、珠三角服务中心、国际亚运旅游休闲地、创意水都和生态宜居新城。主要城市功能包括居住、创意产业、旅游、总部基地和生产性服务业。但是，直到广州申办亚运之前，广州新城一直未能明确具体的建设时序，而只是作为城市远景发展的战略性增长区域和城市发展储备用地进行预留和控制。

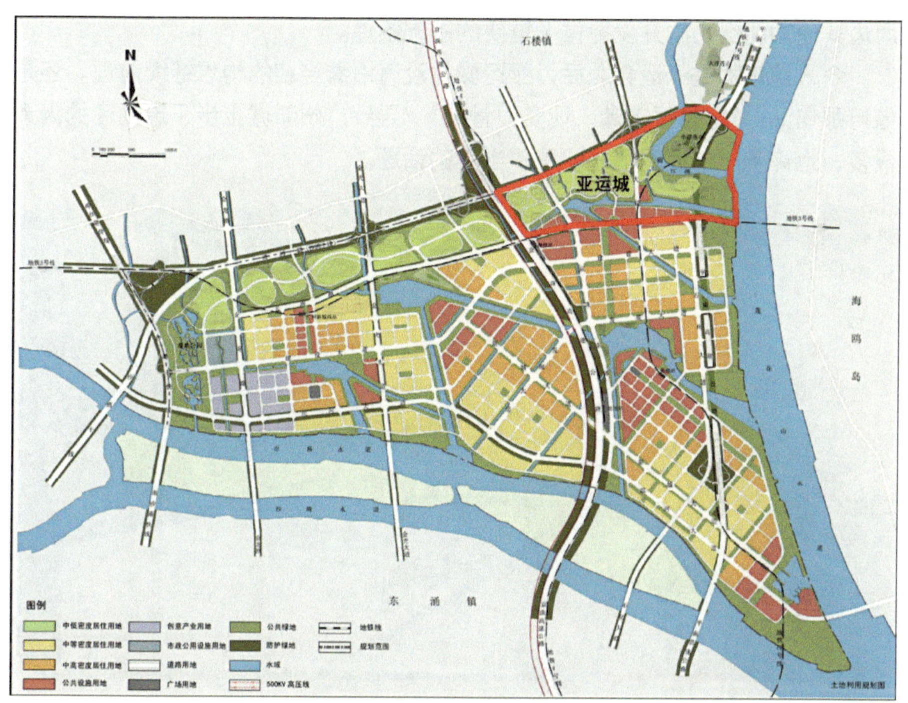

图15-16 亚运城选址示意图

亚运城选址介于大学城与南沙之间，相对于烦嚣的广州主城区来讲，这里安宁且荒芜。这里北临莲花山，周边有莲花水道、京珠高速公路、地铁4号线等。广州亚运城的建设除了满足亚运赛事的需要之外，还肩负着广州新城启动区的功能。亚运城原定名为亚运村，在开工建设之际，广州市的决策者将“亚运村”更名为“亚运城”，这也揭示了广州寄予的期望。这个曾经是一处偏僻的乡村地区，因为规划中的广州新城，因为亚运会而一跃成为城市建设的热土。

亚运城是一个以居住功能为主的非比赛场馆，主要功能是为亚运会提供生活保障和后勤保障。用地面积2.73平方公里，赛时总建筑面积148万平方米，由运动员村、技术官员村、媒体村、国际广播电视中心、主媒体中心等组成，可容纳1.4万名运动员和随从官员、1万名媒体人、2800名技术官员、1.8万名其他人员。

亚运城中还有亚运综合馆和亚运公园，是按照配套齐全、环境优美的新城组团建设的。亚运城总投资200亿元，是2010年广州举办亚运会投入最多、规模最大的亚运直接项目工程。

亚运城继承了1987年六运会天河体育中心及周边地区的开发建设模式，试图以体育场馆的建设带动周边地区的持续发展，抓住亚运赛事的契机，通过品牌效应吸引更多的社会投资，带动广州新城的后续开发。一方面，亚运城赛后直接转化为房地产开发项目，也带动了周边地块的房地产开发建设。另一方面，亚运城内建设的公共配套设施如轨道交通和高快速路、体育设施、购物休闲设施、教育设施、医疗设施等，成了赛后广州新城后续开发的重要资源，为周边其他功能组团的开发提供了重要的基础条件。

令人惋惜的是亚运会之后，亚运城并没有沿着当初的构想继续前进。还是借用那句话："理想很丰满，现实很骨感"。导致广州新城止步于启动区的因素很多，也许若干年后我们才能重叙当年的话题。

图15-17 亚运城规划图

无论如何，亚运城规划之初是充分考虑了赛事和赛后利用问题的。运动员村、媒体村、技术官员村、综合体育馆和服务区等，赛后将被转变为娱乐、购物、餐饮、医疗、教育等公共配套设施完善、能够容纳10万人居住的综合性生活社区。

其中，运动员村、记者村和技术官员村的建设采用了90平方米为主的户型，赛后直接作为商品住宅出售。后勤服务区的志愿者居住区赛后则被改造为广州市的示范中小学，广铁一中已经进驻。亚运期间配套的医院设施，成功引进了广州医学院第四附属医院，成为拥有500个床位的三级甲等医院。亚运主媒体中心被改造为主题商城，成为亚运城的综合商业中心。亚运综合体育馆赛后被改造成8000座的篮球馆、台球馆和壁球馆，和周边的亚运博物馆、亚运公园一起构成了集体育、商业、休闲等多种功能于一体的文化体育综合体。

2009年12月22日，广州亚运城以255亿元的拍卖总价成交，这也是国内有史以来总价最高的土地出让项目，一时间成了中国的总价地王。耗资约130亿元的亚运城成功拍卖，使得广州市在亚运期间能够有更多的财政资金用于城市基础设施建设和城市环境。

广州新城因亚运会启动而后却没有发展，的确是一件非常遗憾的事情。我们曾经设想将对城市所有的未来理想都放在广州新城的打造，因为未来的广州新城拥有极其珍贵的生态资源：海鸥岛。

海鸥岛位于番禺区东部石楼镇莲花山水道之上，南邻狮子洋，东面与东莞隔江相望，面积32.4平方公里，岸线长28.5公里，是广州新城的重要组成部分，也是广州少有的大型未开发内河生态岛。

图15-18　广州亚运城

作为珠江三角洲城镇群中稀缺的绿色生态岛屿，海鸥岛就像珠江水面上漂浮的一片静谧的绿叶，是未来珠三角的“翡翠绿心”，是珠三角甚至更大区域范围内的生态节点。

海鸥岛将与未来的广州新城形成“城市”与“郊野”对比的景观格局，是广州新城的后花园，也是广州郊区旅游的重要目的地。海鸥岛还是广州南拓轴线上的重要节点，随着周边大学城、广州新城、南沙等地区的崛起，海鸥岛在广州城市空间发展上的战略性地位越发突出。

同时，海鸥岛位于广州战略规划确定的主要生态廊道网络的敏感部位，与

图15-19　海鸥岛规划图

莲花山以及南沙黄阁沙仔岛、小虎岛北部生态维育区一起，沟通中部、北部两条东西向的生态廊道，是广州乃至珠江三角洲的“生态锁扣”。因此，海鸥岛未来的开发定位是一个绿色的“生态岛”。

由于广州新城建设的搁浅，海鸥岛尚未进行开发，但放任式的生态休闲和农业园也将海鸥岛推向了生态恶化的边缘，亟待进一步加强管理和整体提升，以更好地保护和发挥海鸥岛独特的生态和旅游资源优势。

2010年11月12日，第十六届亚洲运动会在广州如期举行。盛大的开幕式以珠江和广州主城核心区为背景，给亚洲人民留下了深刻的印象，将广州推向了世界的舞台。27日，亚运会成功闭幕，期间广州借此重大节事向世界展示了崭新的城市形象。

亚运会加快了广州城市现代化建设的进程，将广州城市建设的辉煌成就推向了又一个历史的高峰。借助成功举办亚运会，广州进一步增强了区域中心城市的地位和作用，扩大了城市的国际影响力。

亚运会为广州的“形象工程”和“一年一小变，三年一中变，2010年一大变”画上了句号。亚运会也是对广州战略规划实施的一次总结。城市规划与实施建设没有绝对的完美。无论如何，亚运会是一个转折点，广州的城市发展将进入另一个历史阶段。

图15-20　亚运会开幕式

在2010亚运之前，广州的大型体育场馆主要集中在天河、越秀、海珠、白云、黄埔等中心城区，而外围的增城、从化、花都、番禺、萝岗、南沙等区或县级市竟没有一个大型体育场馆，体育设施的布局严重失衡。亚运会新建的12个场馆充分考虑了体育设施的均等化和周边居民使用的需要，场馆选址都布局在城市的新区和城市发展的战略性地区。

亚运之后，广州的12个区或县级市都有了自己的体育场馆，这极大地方便了各区市民的体育锻炼。如亚运城的亚运体育综合馆、大学城的广州自行车轮滑极限运动中心、白云区横枝岗路的广州棋院，均位于广州新开发或即将开放的城市地区。而增城广州飞碟训练中心、南沙体育馆、海珠体育中心、黄埔体育中心、花都新体育馆等都位于城市中心区以外公共服务设施相对落后的地区。游泳跳水馆和网球中心均建于原奥体中心内的预留用地，以便于进一步增强广州东部地区的设施密度，为加快奥体新城的开发建设提供支撑。

分散式组团布局方式，能够使得场馆的建设和周边地区的发展结合起来，场馆本身以及亚运赛时相关的配套设施也与赛后城市公共配套设施完善结合起来。一方面，场馆的建设和亚运的品牌效应完善了地区的配套设施，带动了地区的发展；另一方面，周边的发展也给场馆的赛后利用提供了稳定的使用人群，有利于场馆运营的可持续发展。

承办亚运藤球比赛的海珠区体育馆赛后成为海珠区的全民健身中心；位于亚运城的综合体育馆亚运期间承办体操、艺术体操、蹦床及壁球项目，赛后成为番禺的社区体育馆，可以举办篮球、排球、羽毛球等各种项目的比赛，还能举办展览会、演唱会等各种活动；位于增城市区亚运期间举行龙舟比赛的龙舟赛场，赛后改造成了滨水公园；亚运期间举行马术比赛的从化马术场，赛后将与从化的高新农业发展相结合，成为香港赛马会的驯马基地；而增城的亚运射击馆赛后与白水寨旅游区相结合，成了一个新的旅游项目。

亚运会新建体育场馆进社区的决策，让公共建筑终于回归到功能的本质，回归到以民为本的本质。在亚运会结束后，政府不需要花费巨资去维护空置的大型场馆，进入社区的比赛场馆全部成了居民日常运动休闲的公共活动空间，公共资源真正得到全民共享，切实做到了利民便民惠民，深受广大群众欢迎。

后亚运时代广州城市的发展转向了城市功能布局优化、绿道网建设、生态建设、城市生态和文化资源保护、“三旧”改造，“三规合一”规划。这是城市快速增长之后的理性回归和科学发展思路。

后亚运时代，广州行政区划再做调整。2012年，国务院正式批复《广州南沙新区发展规划（2012-2025）》，南沙成为第六个国家级新区[①]。2014年，经国务院批准，原萝岗区、黄埔区合并为新的黄埔区，从化、增城两个县级市撤市设区。区划调整之后的广州市辖区面积由3843.43平方公里扩大到7434.4平方公里。2000年的时候，因番禺、花都撤市设区，引发了广州战略规划的出台，并引领了广州城市发展十余年。当今从化、增城撤市设区的意义相信在不久的将来也会彰显。

①其余五个国家级新区为上海浦东新区、天津滨海新区、重庆两江新区、舟山群岛新区、兰州新区。

2015年中共中央政治局审议通过广东自由贸易区总体方案，作为广东自贸区三大片区之一的广州南沙自贸区的定位是粤港澳全面合作示范区。南沙区的开发和建设步入国家级新区和自贸区的双重国家战略发展时期。开发区，是为促进经济发展，由政府划定实行优先鼓励工业建设的特殊政策地区。它们一般都依托城市发展，在明确的区域范围内实行特殊的经济政策、管理体制。目前，广州拥有广州开发区、南沙开发区和增城经济技术开发区三个国家级的开发区。

后亚运时代，广州轨道交通网络出现了变化的端倪。轨道交通线网规划和建设的目标不再仅仅是为了输送城市客流，而是将轨道交通线网布置在城市发

图15-21　新建场馆布点

图15-22　广州国家级经济开发区

展轴上，实现促进城市空间发展并兼顾城市客流输送的双重目的。形成了以主城区为依托，沿城市发展轴线扩展轨道交通线网，向周边珠江三角洲城市延伸，预留共同建造珠江三角洲快速轨道交通网络的条件。

至2014年，广州地铁已经开通9条线路，开通里程260.5公里。规划包括14条轨道交通线路（长610公里）、3条城际轨道交通线路（长40公里）、1条市郊列车线路（长67公里）、314座车站，线网总长度达到717公里。

图15–23　广州历次轨道交通线网变化（广州交通规划研究院提供）

1981年地铁规划图

20世纪80年代末"两线线网"

20世纪90年代初"五线线网"

20世纪90年代末"七线线网"

2000年近期线网实施调整方案

2005年轨道交通线网规划示意图

2010年轨道交通线网规划示意图

高快速道路系统没有什么本质的变化，只是路网密度和长度有所增长。广州市域高速道路系统仍保持着以主城区为核心，连接全省，辐射华南的“四环十九射”网络型高速公路路网结构。

高快速道路是城市道路系统的主骨架，也是支撑城市空间的骨架。高快速道路系统优化完善了城市各组团之间的联络，支撑、引领城市空间的拓展和重点地区的开发建设，也进一步强化了广州的对外辐射能力。

2014年，全市高速公路建成通车里程已经有684公里，预计到2016年广州高速公路通车里程将超过850公里。

道路体系建设仍保留着战略规划的构想：建构“四环十九射”的高快速公路体系及地铁快速交通网络体系；建构以内环路、广园快速、新光快速、华南快速为主的快速路体系；建构以东风路、解放路、中山大道、黄埔大道、新滘路等为主的城市主干道体系；建构对外四通八达，对内出行便利，编织立体的交通网络；打造区域交通枢纽和建构辐射泛珠三角地区的广州综合交通新格局。

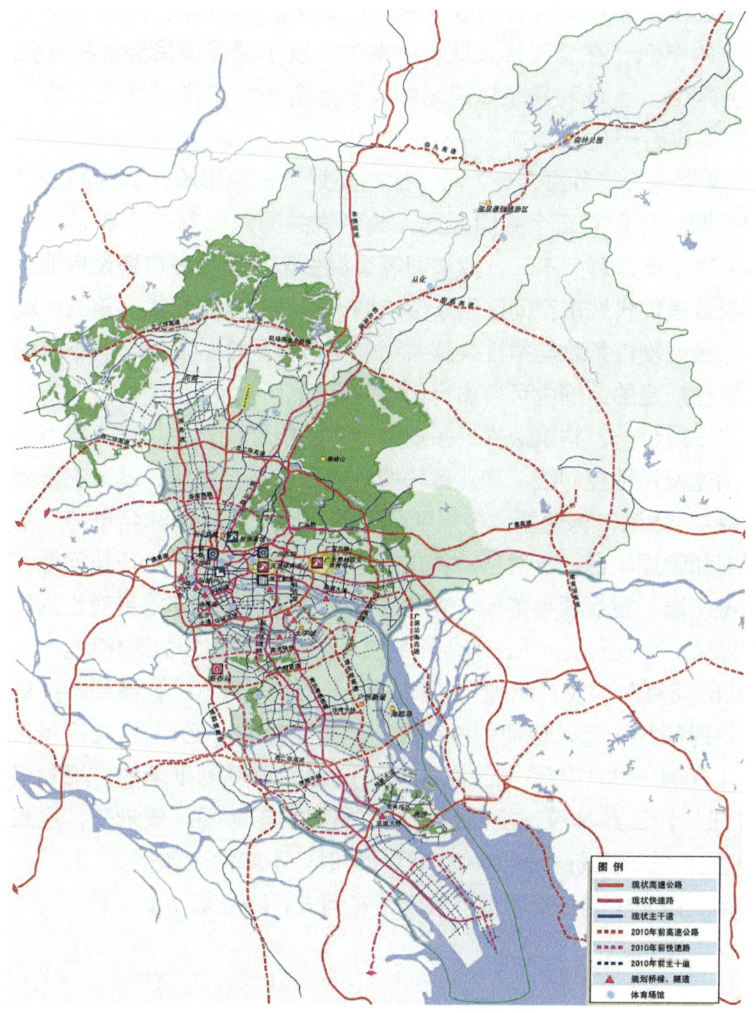

图15-24 “四环十九射”规划图

广州的城市道路同样保持着原有的交通体系。新光快速路按照规划继续向北推进。2014年，穿过天河北路，打通了天河东路华旭街至天寿路珠江水利大厦一段，全长860米。以后，北延线还要跨过广园快速，沿东莞庄路向北，直达广汕路和北环高速路。

图15-25　市政道路建设

广州大桥拓宽工程已于2014年底开工，中山一路立交和天河路立交二层圆盘改造工程已完成设计准备动工，BRT系统也正进行建设论证。

后亚运时代，广州的规划体系再次出现变化的端倪。2000年的时候，广州提出了战略规划的概念。随后，提出了战略规划检讨和数字总规的概念。2012年，广州又提出了"三规合一"的概念，在全国特大城市中率先开展了涵盖国民经济和社会发展规划、城乡规划、土地利用总体规划的"三规合一"工作。后来，"三规合一"进化为"多规合一"。

"三规合一"、"多规合一"与"战略规划"一脉相承，讲的都是"全域规划"的问题。它们有三个共同原则，或者说共同点：第一，规划必须全域覆盖，不能有半点遗漏。第二，应该同等重视生态用地和城市建设用地，两类用地穿插咬合是现代城市空间区别于传统城市空间的基本特点。第三，规划实施过程中，强调刚性条款与柔性条款共同使用。有刚性的底线，有不可触摸的红线，也有在规定的范围内可自由行使的裁量权。

在"三规合一、构筑边界、多规融合、功能优化"的思路指导下，广州建立了包括建设用地控制线、产业区块控制线、生态控制线、基本农田控制线的"边线管控"体系，构建了"多规融合"的空间规划框架和全市"一张图"的成果内容和管理平台。针对当前城市规划建设中的建设用地矛盾问题，提出了差异图斑协调、重点项目落地、功能区土地利用规划调整等针对性的工作机制和处理办法。由此可见，"三规合一"的本质是战略规划的深化版。

2016年2月5号，《广州城市总体规划（2011-2020）》得到了批复，规划编制累计时间约十年，但规划执行期不足五年时间。忆往昔，《广州市城市总体规划（2001—2010年）》是在2005年12月22日得到批复的，规划编制累计时间约16年，三易其稿，规划执行期仅剩下五年时间。望未来，广州市在编《广州市城市总体规划（2020—2030年）》时，不知命运如何。

借用阎肃先生的一句歌词：敢问路在何方，路在脚下。

图15-26　"三规合一"与"战略规划"一脉相承

主要参考文献

[1] Le Corbusier著．雅典宪章．施植明，译．田园城市文化事业有限公司出版．

[2] 马丘比丘宪章

[3] J．L．卜凯．中国的土地利用[M]．南京大学，1937．

[4] 莫俊英，郑旺．广州北园酒家．建筑学报，1958，(09)

[5] 广州华侨新村编辑组编．广州华侨新村[M]．建筑工程出版社，1959．

[6] 华揽洪．重建中国城市规划三十年1949-1979[M]．三联书店．

[7] 莫伯治，吴俊英，郑昭，张培煊．广州泮溪酒家．建筑学报，1964，(6).

[8] (清) 李宝嘉．南亭四话．广文书局，1971．

[9] 广州市设计院．广州建筑实录——北郊部分新建筑．广州建筑实录编辑小组，1976．

[10] 马克思恩格斯全集 (第 37 卷) [M]．人民出版社，1979．

[11]佘畯南．低造价能否做出高质量的设计？——谈广州友谊剧院设计．建筑学报，1980，(03).

[12] 谭其骧．中国历史地图集．中国地图出版社，1982．

[13] 黄菘华，杨万秀．广州 中国历史文化名城丛书．中国建筑工业出版社，1988.

[14] 武进．中国城市形态：结构、特征及其演变[M]．江苏科学技术出版社，1990.

[15] 联合国．人类发展报告．1990．

[16] 方方．方方文集[M]．广东人民出版社，1990．

[17] 曾昭璇．广州历史地理[M]．广东人民出版社，1991．

[18] 郭彦鸿．城市规划概论．中国建筑工业出版社，1992．

[19] 杨秉德．中国近代城市与建筑．中国建筑工业出版社，1993．

[20] 政协广州市委员会文史资料研究委员会．广州文史资料 (第四十五辑) [M]．政协广州市委员会文史资料研究委员会，1993．

[21] 蒋祖缘，方志钦．简明广东史．广东人民出版社，1993．

[22] 黄佛颐．广州城坊志．广东人民出版社，1994．

[23] 中国21世纪议程——中国21世纪人口、环境与发展白皮书．中国环境科学出版社，1994．

[24] 范文澜，蔡美彪．中国通史1-10册．人民出版社，1994．

[25] [日]卢原义信．隐藏的秩序——东京走过二十世纪[M]．田园城市出版社，1995．

[26] 广东历史地图集编委会．广东历史地图集．广东省地图出版社，1995．

[27] 贺业钜．中国古代城市规划史．中国建筑工业出版社，1996．

[28] 曾菊新．空间经济:系统与结构[M]．武汉出版社，1996．

[29] 广东中华民族文化促进会，岭南文库编委会．广州历史文化图册．广东人民出版社，1996．
[30] 杨万秀，钟卓安．广州简史．广东人民出版社，1996．
[31] 广州大事记．广州出版社，1996．
[32] 广州市地方志编纂委员会．广州市志（卷三）．广州出版社，1996．
[33] 曾昭奋．佘畯南设计选集．中国建筑工业出版社，1997
[34] 孙施文．城市规划哲学．中国建筑工业出版社，1997．
[35] 姚士谋．中国大都市的空间扩展．中国科学技术大学出版社，1998．
[36] 潘安．客家民系与客家聚居建筑．中国建筑工业出版社，1998．
[37] 龚兆先，潘安．教育建筑．武汉工业大学出版社，1999．
[38] 潘安，段险峰．广州体育建筑方案国际设计竞赛作品集．中国建筑工业出版社，1999．
[39] 广州市地方志编纂委员会．广州市志（卷十六）．广州出版社，1999．
[40] 广州市城市建设档案馆．广州城市建设五十年 城建档案选编，1949-1999．
[41] 傅崇兰，杨重光，刘维新，史为乐．广州城市发展与建设[M]．中国社会科学出版社，1999．
[42] 广州解放史录．广东人民出版社，1999．
[43] 广州市东山区人民政府侨务办公室．广州市东山区侨务志[M]．1999．
[44] 目击中国100年．广东旅游出版社，1999．
[45] 郑毅．城市规划设计手册．中国建筑工业出版社，2000．
[46] 广州市侨务办公室编著．广州侨务与侨界人物[M]．广州出版社，2000．
[47] 广州年鉴编纂委员会．广州建设年鉴，2000．
[48] 齐康．城市环境规划设计与方法．中国建筑工业出版社，2000．
[49] 广州市地方志编纂委员会．广州市志（卷四）．广州出版社，2000．
[50] 张京祥．城镇群体空间组合[M]．东南大学出版社，2000．
[51] 汤国华．岭南历史建筑测绘图选集（一）．华南理工大学出版社，2001．
[52] 吴良镛．人居环境科学导论．中国建筑工业出版社，2001．
[53] 庄国土．华侨华人与中国的关系[M]．广东高等教育出版社，2001．
[54] 邹德侬．现代建筑史·天津科学技术出版社，2001．
[55] 广州市发展计划委员会．走向现代化的广州．广东经济出版社，2002．
[56] 广州市设计院建院50周年纪念作品集．2002
[57] 陆元鼎，潘安．中国传统民居营造与技术．华南理工大学出版社，2002．
[58] 潘安，袁奇峰，赵卓文．广州新锐建筑设计机构作品精华．广州科技出版社，2003．
[59] 齐豫生，夏于金．二十五史．吉林摄影出版社，2002．
[60] 莫伯治．莫伯治文集[M]．广东科技出版社，2003．
[61] 广州市档案局等．广州历史地图精粹．中国大百科全书出版社，2003．
[62] 广州近代史博物馆编撰．李明主编．近代广州．中华书局，2003．

[63] 吕俊华，彼得·罗，张杰．中国现代城市住宅 1840-2000[M]．清华大学出版社，2003．
[64] 左正．广州:发展中的华南经济中心[M]．广东人民出版社，2003．
[65] 胡鞍钢，王绍光，周建明．第二次转型：国家制度建设．清华大学出版社，2004．
[66] 陆元鼎．岭南人文．性格．建筑[M]．中国建筑工业出版社，2005．
[67] 黄勋拔主编．当代广东简史[M]．当代中国出版社，2005．
[68] 郭志刚．新时期城市总体规划编制研究[D]．天津大学，2005．
[69]《广州城市规划发展回顾》编纂委员会．广州城市规划发展回顾：1949~2005．广东科技出版社，2005．
[70] 周霞．广州城市形态演进．中国建筑工业出版社，2005．
[71] 仇保兴．中国城市化进程的城市规划变革．同济大学出版社，2005．
[72] 潘安．中国城市规划创新与数字城市规划探索．广州出版社，2005．
[73] 林树森，戴逢，施红平，王蒙徽，潘安．规划广州．中国建筑工业出版社，2006．
[74] 潘安，周鹤龙，贺崇明，王峰．城市交通之路——广州交通规划与实践．中国建筑工业出版社，2006．
[75] 石楠，潘安．规划50年．中国建筑工业出版社，2006．
[76] 潘安．广州市城市现状与规划图集．2006．
[77] 熊国平．当代中国城市形态演变[M]．中国建筑工业出版社，2006．
[78] 侯全华．小城镇规划后评价理论与方法初探[D]．长安大学，2006．
[79] 珠江三角洲城镇群协调发展规划．中国建筑工业出版社，2007．
[80] 段进，比尔·希列尔．空间研究 3——空间句法与城市规划[M]．东南大学出版社，2007．
[81] 储金龙．城市空间形态定量分析研究[M]．东南大学出版社，2007．
[82] 陈淮等编著．国际大都市建设与住房管理[M]．中国发展出版社，2007．
[83] 梁江，孙晖．模式与动因——中国城市中心区的形态演变[M]．中国建筑工业出版社，2007．
[84] 李勇．中国城市建设管理发展研究[D]．东北师范大学，2007．
[85] 艾定增．京沪广当代建筑潮流及文化背景微言．南方建筑，2008，(1)
[86] [德]格哈德．库德斯，杨枫译．城市形态结构设计[M]．中国建筑工业出版社，2008．
[87] 中共广州市委宣传部，广州市文化局．海上丝绸之路 广州文化遗产．文物出版社，2008．
[88] [美]傅高义（EZRA F. VOGEL）著．共产主义下的广州：一个省会的规划与政治[M]．高申鹏，译．广东人民出版社，2008．
[89] 邵松．广东省优秀建筑创作奖作品集．华南理工大学出版社，2009．
[90] 广州市地方志编纂委员会．广州市志[M]．广州出版社，2009．

[91] 郭炎．广州天河城市中心区演进与开发体制研究[D]．中山大学，2009．
[92] 陈鹏．中国土地制度下的城市空间演变[M]．中国建筑工业出版社，2009．
[93] 石安海．岭南近现代优秀建筑1949-1990卷[M]．中国建筑工业出版社，2010
[94] 潘安著．商都往事 广州城市历史研究手记．中国建筑工业出版社，2010．
[95] 周莉华．何镜堂建筑人生．华南理工大学出版社，2010．
[96] 霍华德．明日的田园城市[M]．金经元，译．商务印书馆有限公司，2010．
[97] 广州市规划局，广州市城市建设档案馆．图说城市文脉——广州古今地图集．广东省地图出版社，2010．
[98] 沈克宁．建筑类型学与城市形态学[M]．中国建筑工业出版社，2010．
[99] 于一凡．城市居住形态学[M]．东南大学出版社，2010．
[100] 庄少庞．莫伯治建筑创作历程及思想研究．2011．
[101] 康泽恩（著）．城镇平面格局分析：诺森伯兰郡安尼克案例研究[M]．宋峰等，译．中国建筑工业出版社，2011．
[102] 任天阳，魏海波，王景春．广州十年城建启示录．2011．
[103] 田银生．走向开放的城市：宋代东京街市研究[M]．生活·读书·新知三联书店，2011．
[104] 广州市地方志编纂委员会．广州政府决策志[N]．广州市志（1991-2000），2011．
[105] 王蒙徽．广州城市发展中失地农民城市化的问题研究．中国建筑工业出版社，2011．
[106] 广州市规划局，广州市城市规划勘测设计研究院．新城市 新生活．天津大学出版社，2011．
[107] 广州市规划局，广州市档案局，广州市国家档案馆，广州市城市建设档案馆．宜居宜业 魅力羊城．广东人民出版社，2011．
[108] 广州市规划局，广州市城市建设档案馆，广州建筑师学会．五羊城脉——1911-1949广州城市建设．广东人民出版社，2012．
[109] 王蒙徽，李洵，潘安编著．云浮实践．中国建筑工业出版社，2012．
[110] 广州市设计院六十周年作品选．
[111] 潘安，郭惠华，魏建平，曹轶著．客家民居．华南理工大学出版社，2013．
[112] 林树森．广州城记．广东人民出版社，2013．
[113] 广州市规划局，广州市城市建设档案馆．天工筑韵岭南风．广东人民出版社，2013．
[114] 潘安，吴超，朱江．规模、边界与秩序——“三规合一”的探索与实践．中国建筑工业出版社，2014．
[115] 袁奇峰．从规划研究到城市研究 一个广州城市规划师的立场．中国建筑工业出版社，2015．

后　记

上回书《商都往事》，追溯广州两千余年城市的演绎过程。揪其象，追其意，汇为一体，挥墨成册，稍甚欣忭。

再酌部分，回顾广州60年的城市规划轨迹，思索广州未来城市的发展方向，从未懈怠。

然，内容庞杂，不可不察。历史缘由，不可不究。万千思绪，提纲挈领，前师后辈，决断甚难。

踌躇有数年，不敢妄自落笔！

又，拊掌欣慰之时，痛心疾首之事，不述不快。也恐往事日久淡忘，方又提笔，姑且为之。

国计民生，匹夫有责！

故此，笔者再次斗胆妄评广州城市。

是次，邀惠华、许滢、永生三位小友共著完成。一则，各有专长，工作、研究着眼处不同，易于理清历史成因脉络。二则，视野不同，行业迥异，分工协作，利于探寻城市发展源流。实则也是可以自我减负。

广州城建，上下2230年，寥寥230字。

秦屠睢南征，后任嚣筑城，广州始建。

唐制砖瓦，宋修六脉，广州渐定型。明，城墙固定。清，拓荔湾，十三行兴。至英法沙面租借，城区趋稳定。

民国起，拆城筑路，跨江，东进。东山、石牌、黄埔，貌似星星点点，实则全域规划，受益百年。

建国后，继之。西堤商圈复兴，城市东进延续，跨江发展成真，北部商圈形成，广派建筑鼎盛，法定规划实施，交通环境改善，都市商贸觉醒，广州重心东移。

人口暴增，规划缺失，空间受损。纠，拆违建绿，环境渐嘉。

新世纪，战略规划引领，南拓北优，东进西联。山、城、田、海，构城市空间新格局。建综合交通枢纽，国际区域中心，又是百年。

考资源禀赋，计环境容量，城至2200万人，恐为极限。

今日完成《羊城春秋》，供世人指点，思考，回味，警惕。“抛砖引玉”依然是笔者初衷。城市日新月异，生活千变万化，不变的，许是笔者不可抑制地热爱广州、热爱生活的情怀。

感谢陆元鼎先生、陈建华先生、王蒙徽先生在本书写作过程中给予的帮助与指导。

感谢杨汉伦、徐小梅、陆琦、李郇、王海滨、袁奇峰、李明、黎云、熊天翔、邓兴栋、景国胜等在本书写作过程中给予的帮助与指导。

感谢冯廉基、方锋、曹孟君、徐穗、叶安东、马小义、郑棣华、陈小林、李步明、尹广、黄亮华、周志华、王学敏、萧慧瑶、区国群、孙诗溢、梁相、袁焕光等在本书写作过程中给予的帮助和支持。

感谢张文图、梅明思等同志对文中部分图纸的绘制。

感谢摄影师冯彦辉、黄伟东、黄远见、黄丹枫、庄少立、黎良辉对文中部分照片的提供。

感谢本文写作过程中给予支持与协助的诸位同仁。

感谢笔者家人们的支持。

潘安

于广州

2016年5月

图书在版编目（CIP）数据

羊城春秋 广州城市历史研究手记 / 潘安等著. —北京：中国建筑工业出版社，2016.9（2023.4 重印）
ISBN 978-7-112-19858-0

Ⅰ.①羊… Ⅱ.①潘… Ⅲ.①城市史–研究–广州 Ⅳ.①K296.51

中国版本图书馆CIP数据核字（2016）第222968号

《羊城春秋》是《商都往事》的姊妹篇，讲述了1949年后广州城市的发展历程：从商圈的兴衰、工业的布局、交通枢纽的变迁等独特视角，梳理广州城市规划及城市空间格局演变的脉络；反思20世纪90年代广州高速发展、人口暴增，规划缺失的惨痛代价；回顾战略规划引领城市发展、重构广州城市空间新格局、实现广州城历史上第三次蜕变的进程……

本书用平实手记式的笔触，以探求历史与规划未来的情怀，力求客观，或抚掌欣慰，或痛心疾首，抛砖引玉，启迪世人对广州城市未来发展的理性思考。

责任编辑：唐 旭 杨 晓
责任校对：李欣慰 赵 颖

羊城春秋 广州城市历史研究手记
潘安 郭惠华 许滢 孙永生 著
*
中国建筑工业出版社出版、发行（北京海淀三里河路9号）
各地新华书店、建筑书店经销
北京锋尚制版有限公司制版
北京中科印刷有限公司印刷
*
开本：787×1092毫米 1/16 印张：21¼ 字数：450千字
2017年2月第一版 2023年4月第二次印刷
定价：98.00元
ISBN 978-7-112-19858-0
（29332）